ciberbullying

S531c Shariff, Shaheen.
        Ciberbullying : questões e soluções para a escola, a sala de aula e a família / Shaheen Shariff ; tradução: Joice Elias Costa ; revisão técnica: Cleo Fante. – Porto Alegre : Artmed, 2011.
        399 p. ; 23 cm.

        ISBN 978-85-363-2449-4

        1. Psicologia da educação. 2. Ciberbullying. I. Título.

CDU 37.015.3

Catalogação na publicação: Ana Paula M. Magnus – CRB 10/2052

Shaheen Shariff
Professora na McGill University, Montreal

ciberbullying

Questões e soluções para a escola, a sala de aula e a família

Tradução
Joice Elias Costa

Consultoria, supervisão e revisão técnica desta edição
Cleo Fante
Pedagoga. Pós-graduada em Didática do Ensino Superior.
Vice-Presidente do Centro Multidisciplinar de
Estudos e Orientação sobre o Bullying Escolar.
Autora do programa antibullying Educar para a Paz.

2011

Obra originalmente publicada sob o título
Cyber-Bullying – Issues and solutions for the school, the classroom and the home
ISBN 978-0-203-92883-7
©2008 Shaheen Shariff
This translation published by arrangement with The Continuum
International Publishing Group. All Rights Reserved

© Portuguese language translation by Artmed Editora S.A., 2010.

Capa: *Tatiana Sperhacke - TAT Studio*

Preparação de originais: *Carlos Henrique Lucas Lima*

Leitura final: *Marcelo de Abreu Almeida*

Editora sênior – Ciências Humanas: *Mônica Ballejo Canto*

Editora responsável por esta obra: *Carla Rosa Araujo*

Editoração eletrônica: *Formato Artes Gráficas*

Reservados todos os direitos de publicação, em língua portuguesa, à
ARTMED® EDITORA S.A.
Av. Jerônimo de Ornelas, 670 – Santana
90040-340 Porto Alegre RS
Fone (51) 3027-7000 Fax (51) 3027-7070

É proibida a duplicação ou reprodução deste volume, no todo ou em parte,
sob quaisquer formas ou por quaisquer meios (eletrônico, mecânico, gravação,
fotocópia, distribuição na Web e outros), sem permissão expressa da Editora.

SÃO PAULO
Av. Embaixador Macedo Soares, 10.735 – Pavilhão 5 – Cond. Espace Center
Vila Anastácio – 05095-035 – São Paulo SP
Fone (11) 3665-1100 Fax (11) 3667-1333

SAC 0800 703-3444
IMPRESSO NO BRASIL
PRINTED IN BRAZIL

Este livro é dedicado à minha família

Hanif, meu pilar.

*Farhana, você vai se curar e
será curada... seja sempre feliz.*

Zahir, minha alma gêmea sempre presente.

Em memória de Hamed Nastoh e de seu apelo pela educação

Querida mãe e querido pai:

Em primeiro lugar, amo vocês, meu pai e minha mãe, mesmo que vocês não entendam porque eu tive que me suicidar. Tinha tanta coisa acontecendo e tentei enfrentar todas elas, mas não pude suportar mais...

Era horrível. Todos os dias, eles me provocavam o tempo todo, todos me chamavam de gay, bicha, veado, e eu sempre agia como se aquilo não me incomodasse...

Mas, por dentro, eu chorava. Aquilo me magoava tanto porque eu não sou gay. E quando as pessoas diziam essas coisas, os meus próprios amigos nunca me apoiavam. Apenas riam. Eu rezava a Deus todas as noites para que eles parassem de falar isso.

Sei que vocês sentirão a minha falta e que jamais me perdoarão, mas vocês nunca vão entender. Vocês não viviam a minha vida. Eu me odeio por fazer isso com vocês. Eu me odeio muito, de verdade, mas não há outra saída pra mim.

É claro, eu poderia ter pegado uma arma e atirado nas cabeças de todos eles... Mas de que adiantaria?

Sei que deixei o meu quarto bagunçado. Vocês podem limpá-lo se quiserem, mas, por favor, não vendam nada nem joguem nada fora. Embora eu não vá estar lá, ainda assim quero aquele quarto. Ele tem de ser o meu quarto...

Pai, mãe, eu amo vocês. Por favor, por favor, digam às pessoas da escola porque eu fiz o que fiz. Não quero que mais ninguém faça o que eu fiz.

Mãe, por favor, após a minha morte, por favor, vá às escolas e fale para as crianças que o bullying e as provocações têm consequências sérias. E diga a elas que, por favor, parem de chorar. É só isso o que eu desejo, e espero que as pessoas sintam a minha falta. Por favor, visitem o meu túmulo com frequência para que eu não me sinta sozinho.

(Utilizado com a permissão de Nasimah Nastoh, mãe de Hamed)

Agradecimentos

    Quero começar agradecendo a Srta. Frances Helyar, doutoranda, sem cujo comprometimento, persistência, eficiência, esmero e paciência este livro não teria sido organizado. Frances trabalhou comigo para reunir anos de trabalho de fontes dispersas, incluindo artigos de jornal, capítulos de livros, estudos de casos e reportagens jornalísticas, mas insistiu em não adotar nenhum atalho que pudesse comprometer a qualidade do livro, apesar dos prazos rigorosos. Frances, obrigada pelos seus altos padrões que refletem a pessoa incrível que você é.

    Quero também agradecer ao Social Sciences and Humanities Research Council of Canada (SSHRC)[*] por tornar possível a pesquisa e os projetos relacionados que integraram este livro. É animador ter um órgão federal de subsídio de bolsas de pesquisa que reconhece a necessidade da pesquisa de vanguarda sobre um alvo móvel, reunindo paradigmas da pesquisa interdisciplinar como o direito, a tecnologia e a educação em um fórum internacional. Ligados aos meus projetos junto ao SSHRC, quero agradecer aos meus colegas: Professor Colin Lankshear, que me ajudou a compreender as mentalidades adotadas pelas pessoas com relação aos letramentos digitais; Dr. Dawn Zinga, Dra. Dianne Hoff, Sr. Roderick Flynn, Dr. Roland Case, Dr. Edward Brown, Professor Hasegawa,

---

[*] N. de T.: Literalmente, Conselho de Pesquisa em Ciências Sociais e Humanas do Canadá. Sigla em inglês.

Sr. Zhang, Dr. Jaishankar, Dra. Patricia Ehrensal, Sr. Kusminder Chahal e Sr. John Fenaughty, todos eles colaboradores, coinvestigadores ou consultores envolvidos no projeto internacional no que diz respeito aos seus aspectos educacionais ou jurídicos. Toda a sua colaboração e contribuição incondicionais me ajudaram a obter uma perspectiva informada para percorrer as complexidades emergentes do ciberbullying no mundo todo. Obrigada à PREVNet pela sua parceria no nosso projeto.

Sou também grata à Sra. Cathy Wing e à Sra. Catherine Pearce do Media Awareness Network por seu apoio inestimável, suas contribuições de pesquisa e apresentações conjuntas em conferências. Espero em breve poder trabalhar com elas para elaborar programas tão necessários de aperfeiçoamento profissional *online* e de formação de professores. Agradeço à Sra. Nancy Hain, Diretora Assistente das Escolas de Ensino Médio do conselho escolar da Lester B. Pearson, por seu apoio quando realizamos a pesquisa nas escolas, e a sua iniciativa de instalar uma força tarefa local; ao Sr. Myles Ellis da Canadian Teachers' Federation (CTF) por autorizar o uso da recente resolução da CTF neste livro; à Sra. Joyce Mason e à Sra. Beatrice Schriever da Ontario College of Teachers (OCT) por transmitirem a minha mensagem e aprovarem o uso da pesquisa mais recente da OCT sobre o ciberbullying no caso dos professores; ao Sr. David Birnbaum, Diretor Executivo da Quebec School Boards Association, por tomar a iniciativa de colaborar; ao Dr. Jamshid Beheshti e ao Dr. Alan Large, por autorizarem a referência ao seu valioso modelo de ligação; e a todos os gestores escolares, professores e pais – que são muitos e é impossível mencionar todos – que de algum modo contribuíram para a minha pesquisa.

Aos assistentes de pesquisa que trabalharam nos meus projetos de pesquisa do SSHRC sobre o ciberbullying, quero agradecer pelo seu comprometimento consciencioso e por sua dedicação. Em especial, gostaria de agradecer a Andrew Churchill por sua liderança, seu entusiasmo e suas ideias inteligentes; Tomoya Tsutsumi, por sua precisão na codificação dos dados em Québec; Julie d'Eon, Yasuko Senoo e Lanxu Zhang por me ajudarem a criar redes de colaboração no Japão e na China e por traduzirem o trabalho; e aos meus assistentes de pesquisa da área jurídica, Pavel Matrosov, Sujith Xavier, Amar Khoday, Katy Frattina e Sarah O'Mahoney por suas valiosas contribuições.

Agradeço aos seguintes editores pelas permissões concedidas para a utilização das fontes originais do meu trabalho atual e anterior: Sense Publishing; Education and Law Journal; Atlantis – A Women's Issues

Journal; International Journal of Cyber-Criminology; International Journal of Learning; McGill Journal of Education; The Educational Forum; University of Toronto Press; Trentham Books; Peter Lang e Cambridge University Press.

À família Nastoh, obrigada por permitirem que eu publicasse a carta tão pessoal escrita pelo seu filho. Nasimah, você teve um impacto enorme ao ensinar às pessoas sobre as consequências devastadoras de toda e qualquer forma de bullying.

Por último, mas de forma alguma menos importante, um agradecimento muito especial ao meu filho, Hanif Shariff, por me emprestar o desenho que, aos 10 anos, ele criou sobre as "cornetas do dilema"*, e por sua ajuda paciente (como estudante universitário) com as tabelas e figuras deste livro. Ao meu marido, Zahir, por sua paciência e apoio intermináveis durante o período em que escrevi este livro, por sua crença em minha capacidade de produzir bons textos a qualquer hora da noite, pelas xícaras de chá na cama para me acordar na manhã seguinte a fim de que eu pudesse começar mais um capítulo, e a Hanif e Farhana, por iluminarem os meus dias.

---

*N. de R.: No original, *horns of the dilemma*. Em inglês, a palavra *horn* pode se referir tanto a cornetas quanto a chifres (de um touro, por exemplo). A expressão os "chifres do dilema" refere-se às duas opções de um dilema (o chifre da esquerda ou da direita). Aqui, contudo, a autora faz uma brincadeira com o significado da palavra *horn*, querendo dizer "cornetas" para se referir à figura do Capítulo 8.

Sumário

Prefácio 13

1 O ciberespaço: campo de batalha ou oportunidade? 19

2 O perfil do bullying tradicional e do bullying virtual 32

3 Um panorama transnacional 78

4 O papel do gênero: as influências biológicas e ambientais 140

5 Controlando os espaços dos jovens e das crianças................ 170

6 O poder dos envolvidos 220

7 Contrabalançando a liberdade de expressão:
    privacidade e segurança no ciberespaço 276

8 Soluções harmônicas 322

Referências 365

Índice 389

Prefácio

Quando elaborei o projeto deste livro, não imaginara que, ao terminar de escrevê-lo, a questão do ciberbullying teria se expandido tanto e alcançado tamanha proporção. É uma questão que está agora em primeiro plano na pauta das políticas educacionais no mundo todo. Além disso, o estudo do ciberbullying é, mais do que nunca, um alvo móvel, o que dificultou a tarefa de interromper o acréscimo de informações novas a este livro à medida que surgiam diariamente. Se eu tivesse continuado, jamais teria terminado de escrevê-lo.

Há 12 meses, eu nem teria imaginado que, em tão pouco tempo, o ciberbullying teria evoluído a ponto de se tornar a questão polêmica que é hoje, resultando em protestos de revolta e abaixo-assinados que exigem uma atitude enérgica por parte dos sindicatos e dos legisladores. Em um lado dessa controvérsia, os professores solicitam que os conselhos escolares e os sindicatos imponham expulsões aos alunos; e proíbam os sites de redes sociais com a intenção de recuperar o controle do respeito dos alunos pelas autoridades escolares. A percepção em níveis nacionais e internacionais é que a internet fornece poder demais aos alunos, permitindo que eles estejam muito à frente de seus supervisores. Para controlar essa situação, alguns governos estão investindo milhões de dólares em tecnologias de filtragem que restringem o acesso a salas de bate-papo e a sites de redes sociais que, em alguns casos, chegam a ser "hackeados" em poucos minutos por alunos de 16 anos! No outro extremo, alunos, pais, bibliotecários e defensores dos direitos civis insistem que as expulsões, as suspensões e as tentativas de bloqueio de sites na internet, de usar filtros e sistemas de bloqueio são iniciativas inúteis. Argumentam que as escolas não têm nenhum direito de intervir na expressão *online*, porque isso infringe os direitos de liberdade de expressão dos alunos fora do ambiente escolar e do horário de aulas. Argumentam que as medidas de "tolerância zero" não promovem ambientes positivos e respeitosos, ao contrário, criam ambientes tóxicos e de indiferença que perpetuam o ciberbullying.

Os meios de comunicação têm caracterizado essas questões como uma "batalha", sendo o ciberespaço o seu campo de batalha. O que está no centro dessa polêmica calorosamente discutida? O que mudou ao longo do ano passado para que a situação alcançasse tamanha intensidade? Enquanto os pesquisadores e as autoridades responsáveis pelas políticas públicas tentavam entender o fenômeno do ciberbullying entre as crianças em idade escolar (em que pré-adolescentes e adolescentes perseguiam, ameaçavam, humilhavam e intimidavam uns aos outros na internet), muitos professores e diretores de escola encolhiam os ombros, dando a entender que aquilo tivesse muito pouco a ver com eles. Este era o consenso pelo fato de grande parte do ciberbullying ser praticado em casa, por meio de microcomputadores pessoais e de telefones celulares, fora do horário da escola. A responsabilidade era, portanto, dos pais. E, como tal, argumentavam que o problema deveria ser resolvido em casa. Muitos professores, conforme evidenciado pelos estudos apresentados nas páginas seguintes, pouco sabiam sobre a extensão do ciberbullying que acontecia entre os alunos, ou sobre as suas próprias responsabilidades legais de proteger os alunos do abuso praticado por colegas.

O que mudou foi o advento e a súbita popularidade de uma série de sites de redes sociais na internet entre os adolescentes. Esses websites involuntariamente abriram as portas para discussões *online* entre os alunos, nas quais os professores e os funcionários das escolas passaram a ser o foco (intencional ou não). Embora a maior parte dos alunos use essas redes de relacionamento com responsabilidade, jovens de muitos países começaram a humilhar e, muitas vezes, a expressar críticas profundamente ofensivas a determinados professores e funcionários de escolas, faculdades e universidades. Por exemplo, o Facebook.com, um website lançado inicialmente por um aluno da Universidade de Harvard para estimular as relações sociais *online* entre os alunos das universidades que integram a chamada Ivy League[*], tornou-se subitamente popular entre alunos do ensino médio por permitir a

---
[*] N. de T.: Entidade que agrega estudantes de várias universidades e escolas nos Estados Unidos.

publicação de centenas de fotos e textos e pela sua capacidade de conectar grandes grupos de amigos. Ao mesmo tempo, o site YouTube.com também ganhou a atenção dos adolescentes, que descobriram que poderiam publicar vídeos amadores na internet sem objeções.

No Reino Unido, uma forma de ciberbullying entre pares conhecida como *Happy Slapping*[*] já era muito comum. Essa forma de bullying implica grupos de adolescentes, que agridem e batem em vítimas escolhidas; essas ações são filmadas e publicadas na internet. Outras formas de ciberbullying entre colegas inclui construir websites e murais que contenham fotografias de um colega de aula e atrair a publicação de insultos, comentários humilhantes de natureza sexual e avaliações de modo a serem vistos por um público virtual infinito. Uma terceira forma de ciberbullying entre colegas envolve filmar ou tirar fotos das vítimas, modificar essas fotografias com o objetivo de retratar imagens sexualmente reveladoras, publicá-las na internet e solicitar comentários do público. Todas essas formas de ciberbullying entre os jovens nao receberam atenção das autoridades escolares de um modo geral. Agora que os professores e os funcionários das escolas se tornaram sujeitos ou focos de discussões em alguns sites de redes sociais e murais na internet, a questão chegou a um ponto crítico. Os comentários sobre os professores são publicados nos "painéis" públicos dos participantes do site Facebook da mesma forma que as gerações anteriores de alunos escreviam pichações sobre os professores nas paredes dos banheiros das escolas. No entanto, a internet tem um alcance público muito maior. As insinuações de que alguns professores sejam pedófilos, combinadas com outros insultos de natureza sexual; as críticas sobre suas características pessoais, como maneira de vestir, aparência, sotaque, higiene e estilo de ensino podem ter um impacto psicológico prejudicial, arruinar a reputação dos professores e causar constrangimentos significativos.

Enquanto digitava e editava os capítulos finais deste livro, fui contatada por diversos gestores de escolas públicas e privadas da minha região. A maioria deles parecia estar muito aflita em busca de aconselhamento antes do reinício do ano escolar. Recebi também ligações de vários pais e mães preocupados. Todos eles queixaram-se pelo fato das escolas e dos conselhos escolares não terem feito nada no ano anterior para proteger os seus filhos do bullying no espaço escolar e virtual, ape-

---

[*] N. de T.: O *Happy Slapping*, cuja tradução literal pode ser algo como "agressão feliz", é um fenômeno que teve início em Londres, no qual um indivíduo realiza um ataque violento e repentino a uma vítima geralmente aleatória, enquanto um cúmplice grava o ataque normalmente usando uma câmera de telefone celular.

sar dos inúmeros pedidos de ajuda. Estavam com medo de mandar os filhos de volta para a escola.

Várias organizações estão começando a adotar medidas com o objetivo de compreender melhor essas questões. A Federação Canadense de Professores (CTF) me convidou para integrar uma força tarefa criada pelos seus representantes em resposta às reivindicações dos professores de que alguma atitude fosse tomada; a Faculdade de Professores da Província de Ontário (OCT) realizou um questionário e o divulgou simultaneamente a uma nova pesquisa sobre as experiências dos professores com o ciberbullying nesta província canadense; e a Associação dos Conselhos Escolares da Província de Quebec me convidou para participar de uma força-tarefa sobre ciberbullying. O Conselho Escolar da Escola Lester B. Pearson, graças aos esforços da Sra. Nancy Hain, já implementou uma força tarefa e oficinas para os professores.

A maior parte dos pedidos de orientação foi recebida na época imediatamente anterior ao início de um novo período letivo. Essas solicitações indicam que há um vácuo de políticas e ações que gera inquietação, tensões e dilemas graves para os pais, às autoridades responsáveis pela elaboração de políticas educacionais, aos gestores e aos professores. As questões que surgiram a partir da intensificação do uso da tecnologia modificaram profundamente a ideia de educação, bem como a sua administração, tal como a conhecíamos tradicionalmente. Embora todas as organizações que me contataram sejam canadenses, as descobertas preliminares de um projeto de pesquisa internacional que iniciei no ano passado, com colegas do Japão, da China, da Índia, da Austrália, da Nova Zelândia, dos Estados Unidos e do Reino Unido (www.cyberbullying.co.nr), revelaram que cada um desses países está vivenciando questões semelhantes ligadas ao ciberbullying. Por isso, neste livro, tentei destacar algumas das questões emergentes em nível internacional; analisar as diferenças culturais e contextuais quanto ao modo como os jovens de diferentes partes do mundo atuam na internet; e examinar as respostas jurídicas e governamentais que surgiram em nível mundial para enfrentar o ciberbullying. Infelizmente, estamos em um estágio ainda incipiente da investigação desse fenômeno. Em muitas partes do mundo, a pesquisa está apenas começando a entrar em andamento. Consequentemente, não há uma quantidade significativa de pesquisas especializadas disponíveis em muitos países da Ásia além dos exemplos de casos de ciberbullying que causaram preocupação. No Reino Unido e na América do Norte, houve uma ação bem mais significativa com relação ao estudo do bullying tradicional, o que naturalmente levou a iniciativas de pesquisa que também consideram o ciberbullying nas escolas ocidentais, resultando em uma investigação mais especializada do assunto. Entretanto, até mesmo essa produção especializada ficou em grande parte restrita a perspectivas comportamentais ao longo da última década. Apenas recentemente as questões estão sendo estudadas a partir de perspectivas críticas e interdisciplinares que levam em consideração as influências contextuais e sistêmicas nas crianças quando se envolvem em atividades na internet.

Dado esse contexto, acredito que o este livro será oportuno e de grande valor como orientação para educadores, legisladores, pais, meios de comunicação, provedores de tecnologia e, sem dúvida, para qualquer pessoa que tenha interesse em entender as complexidades do ciberbullying. O meu objetivo é ajudar os leitores a reconceituar o modo como eles próprios pensam a educação, a cidadania dos estudantes, o discurso socialmente responsável e a disciplina em um mundo digital. Apresento uma ênfase especial na necessidade de *valorizar* as nossas crianças e jovens, e de buscar mais atentamente a sua participação e o seu potencial como condutores para a solução das questões que hoje enfrentamos. Acredito que, ao receberem responsabilidade e respeito suficientes, os jovens podem trabalhar em colaboração com os adultos voltados para a criação de formas de aprendizagem novas e digitais que reduzirão o foco do uso negativo das ferramentas *online*.

A minha metodologia consiste em fornecer aos leitores uma base que os informa sobre o perfil do bullying tradicional e do ciberbullying; as influências biológicas e sociológicas no comportamento infantil; as hierarquias de poder entre os envolvidos dentro dos sistemas escolares, que, em última análise, controlam o que jovens e crianças aprendem e expressam dentro e fora do mundo virtual a fim de ajudá-los a avaliar por que o uso das abordagens convencionais para enfrentar o bullying tradicional e o ciberbullying são aparentemente sensatas, mas não funcionam.

Reúno, em termos leigos, as noções da lei substantiva e da pedagogia educacional crítica que demonstram maior comprometimento em fundamentar as respostas educacionais ao ciberbullying. Apresento modelos de indivíduos envolvidos e diretrizes simples que podem informar o ensino dos professores e a formação profissional voltada para a criação de programas não arbitrários, éticos, educativos e juridicamente justificáveis.

Devemos lembrar que a nossa geração desenvolveu e continua a propor ferramentas de comunicação *online* que criam realidades digitais para as crianças. Elas estão crescendo em um mundo que é ao mesmo tempo físico e virtual. O ciberespaço é de fato um aspecto essencial do mundo delas. Além disso, o meu livro explica por que acredito que as atitudes discriminatórias que os jovens manifestam por meio do ciberbullying são meros reflexos das atitudes e das hegemonias que permeiam as nossas sociedades, incorporadas nas próprias estruturas das nossas instituições. Muitas vezes deixamos de admitir ou de reconhecer a existência dessas posturas e hegemonias. Embora o objetivo declarado dos termos da nossa missão escolar fale em criar "ambientes escolares inclusivos e respeitosos", em muitas escolas parece haver uma lacuna na implementação real desses objetivos declarados. A internet simplesmente forneceu espaços livres que permitem que posturas de preconceito e desrespeito da sociedade venham à tona, abrindo assim uma "Caixa de Pandora de desafios".

Muitos jovens não conseguem imaginar um mundo sem computadores, telefones celulares ou a troca de mensagens de texto. Essas ferramentas, apesar dos seus incômodos crescentes, apresentam infinitas oportunidades de aprendizagem aperfeiçoada e o desenvolvimento de redes sociais, amizades e conexões globais que jamais imaginaríamos quando crianças, sem falar no aspecto da participação e do compartilhamento. São essas oportunidades fascinantes e inovadoras que devemos integrar em uma abordagem reconceituada da educação, em vez de nos estendermos insistentemente no lado obscuro das tecnologias. Embora seja certamente importante abordar as formas de ciberbullying que surgiram, espero conseguir mostrar neste livro que, se contextualizarmos o que está ocorrendo e revisitarmos o modo como controlamos e administramos o processo de aprendizagem e a expressão das crianças, faremos avanços muito mais importantes na condução dos dilemas da comunicação virtual. Devemos aprender e crescer *com* as nossas crianças, nesta que é uma era dos letramentos digitais, e capacitar as futuras gerações de modo que venham a ser constituídas de cidadãos responsáveis e participativos, tanto no universo físico quanto no universo virtual do ciberespaço. Em última análise, precisamos confiar que os jovens e as crianças de hoje se tornarão cidadãos melhores do que nós.

Shaheen Shariff, Ph.D.
Faculdade de Educação
Universidade McGill

1
O ciberespaço
campo de batalha ou oportunidade?

Os professores declaram guerra ao ciberbullying!
(Brown, 2007)

A guerra das escolas contra os bullies* *gera bons resultados escolares!*
(Asthana, 2007)

Professora dá o alarme sobre o ciberbullying!
(Lampert, 2006)

Professora incentiva a contenção dos bullies *virtuais!*
(Bohn, 2006)

A internet oferece aos bullies *as armas para causar danos a distância!*
(Harmon, 2004)

INTRODUÇÃO

Até muito recentemente, a menção do termo "ciberbullying" invocava, imagens de um jogo de computador com personagens ao estilo "Guerra nas Estrelas" travando combates. Foi difícil convencer as pessoas de que esse assunto atrairia imensa atenção mundial e que logo chegaria

---

* N. de T.: A palavra *bully* (no plural, "*bullies*"), da qual deriva o termo *bullying*, aceita diversas traduções, como: "valentão", "tirano", "brigão", "bruto", "provocador", ou, no contexto deste livro, "autor do bullying".

ao primeiro plano dos debates sobre as políticas públicas relacionadas à educação e à criação dos filhos. Esse momento chegou. A questão do ciberbullying ocupa muitas vezes posição de destaque entre as prioridades dos representantes dos governos, dos educadores, dos pais, dos defensores das liberdades civis e dos profissionais do direito. O rápido avanço dos telefones celulares e das tecnologias da internet abriu novos e infinitos espaços que os jovens podem explorar com menos restrições. Se acreditarmos nas manchetes dos meios de comunicação mencionadas acima, ironicamente a questão do bullying virtual se *torna* uma batalha comum no ciberespaço. Parece que os alunos, os defensores das liberdades civis e alguns pais defendem os direitos dos alunos à liberdade de expressão no ciberespaço, ao passo que os educadores, os sindicatos de professores, outros pais e os representantes do estado desejam restringi-los.

O objetivo deste livro é apresentar aos leitores as principais questões que determinam a essência desse debate ou "batalha" e fornecer diretrizes para que as escolas, os pais e outros interessados influentes busquem solucionar o vácuo emergente de políticas públicas. O meu livro apresenta os perfis internacionais do bullying tradicional e do ciberbullying, e chama atenção para as tensões que surgem em consequência das relações de poder entrecruzadas entre as partes envolvidas, sendo que todas elas são significativamente afetadas pelas formas de expressão emergentes usadas pelos alunos na internet. O meu objetivo é elevar a conscientização quanto aos dilemas fundamentais que confrontam escolas, alunos e pais, com a intenção de estimular a reconceituação do ciberbullying, tendo em vista a elaboração de respostas proativas, educativas e juridicamente legítimas. Da mesma forma que um pintor poderia interromper a pintura para descansar os olhos e reajustar as suas lentes de modo que as imagens que pinta em suas telas fiquem menos confusas, convido também os leitores a interromperem as suas atividades por um momento para que reajustem as suas pressuposições e percepções relacionadas a essas questões e as reconsiderem a partir das perspectivas diferenciadas expostas aqui. A internet e o letramento digital se tornaram parte das vidas dos jovens, das suas relações sociais e do seu processo de aprendizagem. Espero que as abordagens que apresento neste livro facilitem esse aprendizado em ambientes escolares e domésticos, tanto físicos quanto virtuais, que conduzam ao bem-estar, à aprendizagem e ao desenvolvimento de jovens e crianças enquanto cidadãos socialmente responsáveis, com uma preocupação genuína em relação às questões da cidadania, e participantes de uma sociedade global. Os jovens não conseguirão contribuir positivamente se, ao redor deles, houver uma batalha enfurecida.

AS BATALHAS NO CIBERESPAÇO

Essa batalha repercute sistematicamente nas manchetes dos meios de comunicação onde hoje com frequência aparecem, dando a impressão de que se esteja lendo a respeito de algum episódio de Guerra nas Estrelas no ciberespaço, com a internet como espaçonave e as crianças e jovens como inimigos alienígenas. Analise as seguintes manchetes: "Um presente diabólico: a preocupação com as atividades *online*" (Soloyon, 2005); "ciberbullying: a internet é a mais nova arma no arsenal de um *bully*" (Leishman, 2002); "A internet fornece armas aos *bullies* adolescentes para que possam ferir a distância" (Harmon, 2004); e "O ciberbullying arruína nossas vidas" (Reading Evening Post, 2006). Esses exemplos são uma gota no mar de manchetes que proliferam nas matérias jornalísticas que têm alcance global pela internet. A maior parte das reportagens é concebida para destacar os riscos, e não o potencial da comunicação *online*, não raro retratando as ferramentas da internet como "armas".

As matérias jornalísticas, como sugerem as manchetes, concentram-se mais nos riscos da utilização das redes de comunicação *online* do que nos motivos pelos quais jovens e crianças possam estar utilizando-as para humilhar outros indivíduos. Se observarmos essas manchetes com mais atenção, descobriremos que há também outra "batalha" em andamento. Essa outra guerra utiliza outra variedade de "armas", normalmente conhecida dos adultos como "políticas públicas" e "legislação". Imagine as seguintes manchetes: "Os professores *declaram guerra* ao ciberbullying" (Brown, 2007); "A guerra das escolas contra os bullies *gera bons resultados escolares!*" (Asthana, 2007); "Lei municipal da cidade de Regina *tem como alvo* os ciberbullies" (CBC News, 2006); "Gigantes da internet como o You Tube são pressionados para que tenham uma postura inflexível com os ciberbullies que usam os seus sites para transformar as vidas de alunos e professores em um inferno" (Goff, 2007). Um artigo escrito pelo decano de uma escola é intitulado "*Derrotando* os ciberbullies no *New Wild West*"[*] (Franek, 2006). (Grifos nossos em todos os exemplos.)

Parece irônico que essas manchetes sensacionalistas gerem um medo das tecnologias da internet, porém concentrem-se em "combater", "inibir", "controlar" e "agir com rigor" com os *bullies virtuais*. As manchetes referem-se a crianças, a adolescentes e a adultos jovens que parecem

---

[*] N. de T.: Aqui, aparentemente, o autor do artigo mencionado pela autora faz um jogo com o som das palavras da expressão original *World Wide Web*, usando o termo *New Wild West* que pode ser traduzido literalmente como "Novo Oeste Selvagem".

"enfeitiçados" pelas tecnologias do mal. É ainda mais estranho que tantas reportagens da mídia façam sensacionalismo e sugiram apoio a uma postura antagônica por parte dos educadores no sentido de controlar e supervisionar a expressão dos jovens no universo da internet.

Armas válidas?

As "armas" que são utilizadas nas tentativas de controlar o ciberbullying consistem na pressão exercida por parte dos sindicatos de professores, dos pais e dos gestores escolares que querem que os seus governantes executem leis e políticas públicas que proíbam o acesso a ferramentas de comunicação social como os sites Facebook e o YouTube nas escolas. Alguns pedem a proibição dos telefones celulares e outros aparelhos de telefonia móvel que tenham recursos fotográficos e de envio de mensagens de texto. Outros querem restringir o uso do computador durante o período em que as crianças estão na escola; impor aos conselhos escolares o uso de *firewalls* controlados; e exigir a aplicação de políticas de tolerância zero que incluem suspensões e, em alguns casos, expulsão como meios de impedir o bullying (Education Act, R.S.O., 1990). No sul dos Estados Unidos, alguns governadores também consideraram o ciberbullying uma questão grave a ponto de ficar sujeita à legislação de "segurança local" (Shariff e Johnny, 2007b).

Duas das manchetes no início deste capítulo – *Professora dá o alarme sobre o* ciberbullying (Lampert, 2006) e *Professora incentiva a contenção dos* bullies virtuais (Bohn, 2006) – se referem a uma apresentação pública que fiz na McGill University em fevereiro de 2006. Essas manchetes nacionais me surpreenderam no dia seguinte. A minha palestra para educadores havia pedido respostas ao ciberbullying que estivessem fundamentadas em respostas proativas educativas, e não arbitrárias. Não quero aumentar o alarme, mas sem dúvida quero elevar o grau de conscientização. A última coisa que desejo fazer é deixar as pessoas assustadas. Como mostrei, os meios de comunicação já fazem isso o suficiente.

O que desencadeia essa "batalha"?

As manchetes da mídia discutidas acima não esclarecem *o que* estamos combatendo. Se a *tecnologia* é perigosa, então por que, ao invés de combatê-la, estamos agindo com rigor com os "*bullies* virtuais"? Neste livro, quero analisar criteriosamente a noção de que a violência pode ser controlada, proibida, censurada, bloqueada, orientada ou extinta em um mundo contemporâneo globalizado com o uso de políticas violentas ou intolerantes (tolerância zero e suspensões). O que buscamos alcançar como sociedade com as nossas respostas atuais à utilização da tecnologia entre os jovens? Há realmente um "inimigo"? É preciso haver bodes expiatórios? E a sociedade vincula noções infundadas de perigo à internet e aos jovens que se envolvem na prática de provocar e atormentar colegas e autoridades? O ciberespaço pode ser "controlado"?, e a comunicação que se dá por meio de ferramentas e meios eletrônicos podem ser efetivamente "controlada" ou "supervisionada"?

Há dois aspectos da questão do ciberbullying virtual que pretendo abordar neste livro.

O ciberbullying entre colegas

O primeiro, que é menos controvertido, abrange o ciberbullying entre colegas. Embora este aspecto da questão tenha por si só chamado atenção significativa dos meios de comunicação, há poucas reivindicações eloquentes por parte dos educadores exigindo uma atitude mais firme. Há uma pressuposição de que o ciberbullying entre alunos seja uma extensão do bullying tradicional que não se relaciona com as responsabilidades da escola pelo fato de geralmente ser praticado por meio de computadores domésticos e de telefones celulares. Há divergência entre os pais e as escolas em relação a quem seja responsável por controlar e impedir que crianças e jovens pratiquem o ciberbullying contra os colegas. Como explicarei quando apresentar os perfis do bullying tradicional e do ciberbullying, há sempre um diferencial de poder na ocorrência do bullying. No bullying entre colegas (seja ele físico ou virtual), o diferencial de poder está ao nível dos jovens, onde determinado número de colegas tem uma vantagem de poder sobre o(s) seu(s) alvo(s).

A ciberexpressão antiautoridade

A segunda forma de expressão dos alunos, também em geral referida como "ciberbullying", recentemente atraiu muito mais atenção. Há reivindicações mais enérgicas de atitudes por parte das escolas, das autoridades do estado, dos professores e dos sindicados de professores, porque essa forma de bullying virtual envolve postagens feitas por alunos em sites de redes sociais na internet. Embora a maioria dos jovens use os sites de redes sociais com responsabilidade, muitos alunos os utilizam para humilhar e degradar os professores ou os diretores das escolas, ridicularizá-los, modificar fotografias e estimular outros alunos a publicarem ofensas e críticas. Há divergência entre os alunos (apoiados por defensores das liberdades civis e por alguns pais) e as autoridades escolares com relação a se essa forma de expressão *online* por parte dos alunos constitui ou não "bullying virtual". Embora os capítulos seguintes tratem da análise dessa discussão, decidi incluí-la neste livro como uma forma de bullying virtual por ter atraído tanta atenção e preocupação dos educadores e responsáveis pela elaboração de políticas públicas. O diferencial de poder envolvido nessa forma de comunicação dos alunos na internet é invertido. As "vítimas" dessa expressão são os professores e diretores de escolas, e também os professores de faculdades e universidades (figuras de autoridade), que perdem poder porque não têm nenhum controle sobre quem vê as críticas publicadas na internet a seu respeito. Como ainda não foi tomada nenhuma decisão no que se refere a se essa forma de expressão dos alunos constitui ou não "bullying virtual"[*], refiro-me a ela também como "ciberexpressão antiautoridade" ou "expressão *online* antiautoridade".

"DESTROIDORES, DESTROIDORES"

A minha primeira experiência com o bullying virtual começou com um e-mail recebido de "Destroidores, Destroidores" (sic). O e-mail foi enviado para a nossa filha Selina (pseudônimo) quando ela tinha 15 anos e cursava o ensino médio em uma escola em British Columbia, no Canadá. Certa tarde chegamos em casa e a encontramos pálida e assustada, o que era incomum para uma adolescente normalmente corajosa. Ela nos entregou uma cópia impressa do e-mail, que dizia:

> Você não me conhece (...)
> Mas eu te conheço (...) tenho te observado na escola (...)
> E se você não quiser morrer (...) se eu fosse você, dormiria com um olho aberto
> Ajoelha, vadia!
> Destroidores, Destroidores
>
> (Shariff, 2001)

---

[*] N. de T.: No Brasil, por consenso entre os pesquisadores, o termo bullying somente é empregado quando ocorre na relação entre pares, seja no espaço físico escolar ou virtual.

Como mãe, fiquei preocupada com a segurança de Selina. Será que aquele e-mail era de algum pedófilo? Será que era de algum adulto da escola? Se havia um aluno envolvido, será que ele sabia o caminho dela da escola para casa? A referência de que a observava no ambiente escolar trouxe a ameaça para a esfera da escola, apesar do fato do e-mail ter sido enviado de um computador doméstico, durante o final de semana. Os oficiais de ligação entre a polícia e a escola não conseguiram rastrear o e-mail, e os nossos esforços para rastrear sua origem através do provedor de serviços de internet encontraram um obstáculo intransponível. No início não houve nenhuma resposta às nossas ligações e e-mails. Quando finalmente conseguimos entrar em contato, um gerente do provedor de serviços de internet explicou que não poderia bloquear a origem do e-mail em função da proteção dos direitos de liberdade de expressão do cliente.

Algum tempo depois, um colega de aula confessou que ele e outros três colegas enviaram o e-mail do computador dele. Após saber que havia o envolvimento da polícia no caso, o menino admitiu francamente ter sido coagido pelo principal instigador, Mike (pseudônimo). Ao que parece, Mike quisera namorar Selina, que havia rejeitado suas investidas, e ele então quis se vingar por e-mail. Embora os nomes dos autores do e-mail tenham sido fornecidos aos diretores da escola, os meninos não foram punidos porque o e-mail não fora enviado da escola. Consequentemente, aquela perseguição continuou ocorrendo no ambiente escolar, onde Selina foi atacada e intimidada verbalmente pelos meninos, que continuaram a usar o nome de "Destroidores". Durante um trabalho de sala de aula, os meninos insistiram que Selina fizesse parte do grupo deles. O professor não viu nenhum problema nisso, ficando impaciente com a relutância de Selina em se juntar a eles. Selina desatou a chorar. Após o problema ter sido explicado, o professor admitiu não ter nenhum conhecimento prévio sobre o incidente, apesar de o diretor ter assumido um compromisso conosco de que informaria todos os professores de Selina sobre as ameaças feitas pelos quatro meninos.

Mal sabiam os meninos "Destroidores" o quanto as palavras contidas no seu e-mail seriam repetidas em contextos educacionais – em apresentações de conferências, em artigos publicados em revistas acadêmicas, capítulos de livros, matérias jornalísticas (Shariff e Strong-Wilson, 2005) e, hoje, no primeiro capítulo de um livro sobre ciberbullying. Os "destroidores" me ajudaram a começar uma carreira dedicada em grande parte à investigação e à abordagem de questões complexas da comunicação dos alunos no ciberespaço, o efeito de contaminação para o espaço físico e os limites imprecisos da segurança, da privacidade e da liberdade de expressão do aluno. O que é mais importante, ajudaram-me a pesquisar a medida das responsabilidades da escola e das responsabilidades dos pais, das autoridades responsáveis pelas políticas públicas e dos responsáveis pelo cumprimento das leis de intervenção quando do envolvimento de colegas de escola com a prática do bullying fora do período escolar, usando os seus próprios computadores ou telefones celulares. Embora esse e-mail tenha sido enviado há oito anos, as questões que ele levantou continuam desafiando pais, diretores de escola e professores do mundo todo, com a intensificação do uso da tecnologia entre adolescentes e pré-adolescentes. O caso do "Destroidor" prepara o terreno para a discussão de alguns dilemas fundamentais que vieram à tona com a proliferação das novas tecnologias entre os jovens, e que continuam se tornando significativamente mais complexos à medida que ferramentas de comunicação social inovadoras como Facebook, MySpace, YouTube, Bebo, LinkdIn, Orkut e as tecnologias dos telefones celulares que avançam rapidamente consagram-se como formas contemporâneas de comunicação entre as gerações mais jovens.

Acredito ser importante fornecer aos leitores uma compreensão de um contexto social mais amplo que destaque a variedade de influências das partes envolvidas como o poder dos meios de comunicação, dos representantes dos governos, dos conselhos escolares, dos diretores de escolas, das empresas de tecnologia, dos professores e dos pais para determinar o modo como conceituamos, percebemos e reagimos à tecnologia e aos letramentos digitais. É necessário que questionemos criticamente se devemos ou não ser tão controladores em relação ao que as crianças aprendem em casa, na escola e na internet. Alternativamente, precisamos refletir sobre como podemos dar-lhes autonomia por meio do envolvimento em esforços que desenvolvam o respeito e a confiança, e que lhes permitam tomar decisões informadas e bem pensadas ao utilizarem as tecnologias. Penso que as mentalidades adultas que enfatizam o controle do comportamento sobre o aconselhamento e a orientação têm como consequência medidas e práticas ineficazes. Estas, por sua vez, evidenciam as formas de expressão que os jovens adotam para afirmar a sua identidade em desenvolvimento, o seu senso de espaço, a sua privacidade e a sua segurança. Torna-se um ciclo vicioso, porque as nossas reações às ações e expressões das crianças e dos jovens na internet determinam a extensão de sua autonomia para assumir responsabilidade e liderança em relação ao seu próprio crescimento, ao seu processo de aprendizagem e às suas interações sociais, ou se resolvem ou não violar regras, burlar programas de *firewalll* e buscar espaços independentes onde os adultos não podem intervir. Sugiro que o modo pelo qual as conversas e diálogos na internet são definidos, compreendidos e respondidos pode também determinar as ações e reações das crianças e dos jovens dentro de um espaço e um tempo determinados, dependendo das influências do ambiente, das experiências anteriores e dos agentes biológicos. O ambiente eletrônico pode ser visto como algo que complica os problemas. Alternativamente, pode ser visto como algo que oferece oportunidades que dão acesso aos universos dos jovens. A mentalidade com a qual encaramos as tecnologias faz toda a diferença (Boyd e Jenkins, 2006; Lankshear e Knobel, 2005). Embora as regras tenham o seu espaço nas escolas, seria melhor se os funcionários que aplicam essas regras pudessem usar alguma flexibilidade em certos contextos. O uso de regras inflexíveis para as pessoas que não têm muita experiência com tecnologias pode causar problemas consideráveis. Observe a situação apresentada a seguir, que quase custou a liberdade de uma professora substituta inexperiente.

Em um caso polêmico envolvendo Julie Amero, uma professora substituta estado-unidense em Connecticut, a Srta. Amero foi acusada e condenada por acessar conteúdo pornográfico em um computador da sala de aula e permitir que os alunos o vissem. Os alunos haviam anteriormente acessado a um site pornográfico e instalado um vírus de computador que continuava abrindo telas com conteúdo pornográfico, o suficiente para a diversão deles.

Com o auxílio de pesquisadores e especialistas em tecnologia (Willard, 2007), Amero manteve a versão de que ela era inocente e que não havia acessado intencionalmente ao site pornográfico. Ela tentou explicar que simplesmente ligou o computador da sala de aula e começou a aparecer repetidamente uma tela *pop-up* para um site de conteúdo pornográfico, o que foi provocado pela instalação de um gatilho para uma "armadilha". Segundo Willard, esse gatilho é causado por um programa *malware* – um vírus que espreita em segundo plano e é projetado para entrar em ação quando determinados sites pornográficos são acessados intencionalmente ou por engano. Julie argumentou que as crianças poderiam ter acessado o site que acionou o gatilho. Em algumas escolas, não é permitido que os professores desliguem os computadores. Por esse motivo, Julie, tentando obedecer às regras da escola, virou a tela de modo que ela ficasse fora do campo de visão dos alunos e foi buscar ajuda. Apesar das regras, talvez um professor mais experiente tivesse desligado o computador para livrar-se desse gatilho e depois saído para buscar ajuda. O fato de ela ter saído da sala de aula deixando o site pornográfico aberto na tela do computador fez com que alguns alunos vissem o site, e que depois ela fosse formalmente denunciada. Após seis apelações e imenso protesto público, a Srta. Amero foi absolvida e liberada de uma sentença que poderia tê-la condenado a 40 anos de cadeia – a pena prevista no Connecticut's S. 53–21 do General Penal Code on Risk of Injury to a Minor*.

Nessa situação, as regras da escola que proíbem os professores de desligar o computador exacerbaram o problema. É por isso que os meus objetivos com este livro incluem uma revisão das complexidades emergentes do ciberbullying para os professores, as escolas, os pais e as autoridades responsáveis pelas políticas públicas de um modo geral. Quero levar um elemento mais humano para a investigação de alguns dos desafios da definição de medidas e da elaboração de regras relacionadas ao ciberbullying e à utilização das tecnologias. Para esse fim, destacarei a variedade de influências e atores que podem afetar a nossa compreensão e a nossa *reação* aos tipos de atividades nas quais os alunos estão começando a se envolver na internet. Em cada capítulo, vou decompondo a complexidade do assunto para, no Capítulo 8, elaborar diretrizes jurídicas e educacionais que culminem em soluções pragmáticas, porém práticas. Embora essas soluções não incluam deliberadamente listas de verificação ou instruções, acredito que apresentem maior potencial para ajudar as partes envolvidas a conduzir os desafios da expressão dos alunos no ciberespaço.

A análise que apresento neste livro traz um foco específico na promoção dos ambientes escolares (físicos e virtuais) que devem ser inclusivos e contribuir para o fortalecimento da autonomia, bem como apoiar a educação das crianças que crescem em um mundo cada vez mais interligado. Espero que as questões que levanto ao longo deste livro, assim como as abordagens pedagógicas criticamente informadas que defendo no final do livro, elevem o grau de conscientização de que o bullying foi sempre algo complexo. As tecnologias simplesmente levaram essas complexidades para novas esferas. Argumento que as causas básicas e os principais motivadores desse tipo de comunicação *online* não se modificaram, e que as tecnologias proporcionaram novas esferas nas quais as trocas de informação podem ocorrer a velocidades muito maiores e entre um público infinito.

---

* N. de T.: Literalmente, "Código Penal Geral sobre o Risco de Dano a Menor do Estado de Connecticut".

Portanto, hoje mais do que nunca é importante adotar medidas e respostas educacionais bem informadas, não arbitrárias, éticas e juridicamente legítimas, por mais transtornados que fiquemos com o conteúdo e com as contestações às figuras de autoridade presentes nas expressões dos jovens na internet. Este livro explica um pouco da tensão existente entre equilibrar a liberdade de expressão, a privacidade, a segurança e a vigilância à medida que a expressão dos alunos se move com fluidez entre os limites das instalações da escola e os espaços virtuais. Reitero que, embora eu não apresente uma "lista de atitudes a serem tomadas", um "modelo" ou uma "orientação", posso, sem dúvida, contribuir para uma avaliação da natureza do bullying tradicional e do ciberbullying e chamar a atenção para as lacunas e estabelecer considerações sistêmicas que são muitas vezes negligenciadas no momento em que os adultos reagem com raiva e frustração.

Como revela a minha experiência com o "Destroidor", sou uma mãe e educadora que vivenciou o ciberbullying e considerou as tensões jurídicas algo fascinante de se estudar. Ao longo desse processo, sondei com mais profundidade as causas fundamentais do bullying tradicional e do ciberbullying e constatei a necessidade de uma mudança no modo como enquadramos o ciberbullying e conceituamos a elaboração de políticas educacionais e a forma como lidamos com os dilemas na prática para enfrentá-los. Muito embora o desenvolvimento acelerado das tecnologias dificulte o estudo do ciberbullying por se tratar de um alvo móvel, continuo afirmando que estamos lidando com questões que atormentam há muito tempo a interação social da humanidade. As hierarquias de poder ainda existem a fim de manter e perpetuar a discriminação e a opressão sistêmica, baseada no racismo, no sexismo, na homofobia e no preconceito contra a incapacidade física que marginaliza algumas pessoas mais do que outras. Não podemos enfrentar uma questão complexa como o ciberbullying sem levar em conta os interesses políticos das partes envolvidas e as prerrogativas dos pais que influenciam o que as escolas ensinam e o que os alunos aprendem. São essas as questões que conduzem esses indivíduos ao bullying virtual a um ritmo cada vez mais veloz e ilimitado, dadas as capacidades das novas tecnologias. As atitudes e motivações subjacentes não são novas. São as mesmas que sempre foram. São esses aspectos do bullying tradicional e do ciberbullying que temos de enfrentar por meio da *educação* aperfeiçoada – e não do controle e da censura.

Antes de nos voltarmos para essas questões, quero apresentar aos leitores uma compreensão geral da natureza do bullying tradicional, as suas formas e o seu perfil, bem como as condições nas quais ele ocorre, tal como tem sido estudado dentro dos paradigmas da sociologia e da psicologia do desenvolvimento. Os perfis do bullying tradicional e do ciberbullying que apresento no Capítulo 2 demonstram que avalio o impacto devastador do bullying tradicional e virtual que tragicamente têm tirado as vidas de muitos jovens por meio do suicídio ou mesmo do homicídio. Pesquisei o assunto o suficiente para compreender as consequências psicológicas permanentes do bullying tradicional e do ciberbullying em crianças e adultos que são vitimados, em especial nas mãos de grandes grupos de pares ou de indivíduos desconhecidos na internet. E embora eu apoie totalmente a necessidade de alguma forma de consequência para aqueles que se envolvem na prática do bullying virtual, afirmo que atribuímos uma ênfase exagerada à disciplina e à punição depois do fato. Gostaria que pensássemos em respostas proativas de longo prazo que podem não ter um impacto imediato, mas que ao longo do tempo devem se notabilizar de uma forma mais permanente.

A contextualização do bullying tradicional é importante porque estabelece a base para uma compreensão aprimorada dos perfis emergentes do ciberbullying. O Capítulo 3 apresenta um panorama transnacional de como o ciberbullying está surgindo e sendo percebido em vários países com a utilização da tecnologia emergente. No Capítulo 4, discuto as influências biológicas e sociais que influenciam enormemente a propensão dos jovens a envolverem-se na prática do bullying, particularmente a partir da perspectiva das diferenças de gênero. O Capítulo 5 contempla a forma como os adultos supervisionam e controlam os espaços das crianças e dos jovens, desde os espaços domésticos e áreas de recreação às políticas públicas e à legislação. O Capítulo 6 examina as hierarquias de poder entre os diversos atores envolvidos que influenciam o que as crianças aprendem e o modo como elas, por sua vez, se expressam nas esferas do mundo real e do mundo virtual. O Capítulo 7 aborda o debate sobre a liberdade de expressão e a supervisão do aluno ao examinar uma variedade de decisões judiciais baseadas nas leis de responsabilidade civil, nos direitos humanos e nas leis constitucionais para culminar em uma série de padrões que podem orientar os educadores nas suas responsabilidades. Por fim, o Capítulo 8 contempla soluções pragmáticas e práticas em relação a como podemos satisfazer essas responsabilidades jurídicas, mas, o que é mais importante, envolver as crianças por meio de esforços educacionais que incorporem os letramentos digitais e uma perspectiva pedagógica crítica que permita capacitar alunos e professores por intermédio de um diálogo colaborativo e coesivo. Essas diretrizes revelam um maior potencial para enfrentarmos as "cornetas do dilema" do ciberbullying do que as "armas" e "batalhas" que são endossadas com tanto entusiasmo nas concepções e abordagens atuais do ciberbullying.

NOTA

1 A maior parte dos estudos apresentados no Capítulo 2 sobre o bullying tradicional foi extraída da minha tese de doutorado sobre as pesquisas realizadas entre 1999 e 2001. Embora não sejam tão atuais enquanto pesquisas sobre o ciberbullying, são relevantes para uma compreensão abrangente do bullying como um todo.

2
O perfil do bullying tradicional e do bullying virtual

> *Mãe, por favor, após a minha morte, por favor, vá às escolas e fale para as crianças que o bullying e as provocações têm consequências sérias. (...) É só isso o que eu desejo, e espero que as pessoas sintam a minha falta. Por favor, visitem o meu túmulo com frequência para que eu não me sinta sozinho.*
>
> (Hamed Nastoh, vítima de bullying)[1]

O QUE É BULLYING?

O bullying entre crianças em idade escolar é, sem dúvida, um fenômeno bastante antigo, embora não tenha sido objeto de estudos sistemáticos até o início da década de 1970. Nas escolas, o bullying normalmente ocorre em áreas com pouca ou nenhuma vigilância dos adultos; pode ocorrer dentro ou no entorno dos prédios das escolas, embora se dê com maior frequência nas aulas de educação física, nos corredores e banheiros, ou durante aulas que requeiram trabalhos em grupo e/ou após as atividades escolares. Às vezes o bullying na escola se configura por um grupo de alunos se aproveitar de, ou isolar um aluno em particular e ter superioridade numérica sobre ele. Os alvos do bullying na escola em geral são os alunos que são considerados estranhos ou diferentes pelos colegas, o que dificulta ainda mais a situação. O bullying pode também ser praticado por professores ou instigado contra eles*.

Historicamente, o bullying não foi visto como um problema que precisasse de atenção, tendo, por outro lado, sido bastante aceito como elemento fundamental e normal da infância (Campbell, 2005; Limber e Small, 2003). Nas duas últimas décadas, no entanto, essa visão mudou; atualmente o bullying que ocorre nos pátios das escolas e o ciberbullying são vistos como problemas graves que requerem atenção.

Na década de 1990, os Estados Unidos assistiram a uma epidemia de tiroteios nas escolas (entre os quais o mais notório foi o massacre da Columbine High School**). Essa situação continuou em 2006, no estado de Virginia (EUA), e na cidade de Montreal (Canadá), onde, em incidentes isolados, dois jovens realizaram tiroteios em série em duas instituições de ensino, tirando da mesma forma as próprias vidas e as dos seus colegas e professores. Embora a maior parte dos jovens que executa esses tiroteios acabe se suicidando, há um padrão que revelou que todos eles haviam sido, em algum período de suas vidas, vítimas de bullying praticado por seus pares (Dedman, 2000).

Na maioria dos casos, foi constatado que eles recorreram à violência somente após a administração das escolas ter deixado de intervir por repetidas vezes, como no caso dos tiroteios em Virginia e Columbine. Como consequência dessa tendência, proliferaram inúmeros programas antibullying e políticas de tolerância zero à medida que as escolas tentavam reduzir e controlar o bullying. Segundo Hoover e Olsen (2001), até 15% dos alunos das escolas americanas são perseguidos com frequência e severidade pelos seus colegas. Apenas uma pequena maioria, entre a quinta série do ensino fundamental e o terceiro ano do ensino médio (55,2%), informou não ter sido nem vítima nem autor do bullying contra outros colegas (ibidem). Além disso, verificam-se ciclos autor-vítima em que indivíduos são tanto autores quanto vítimas (Ma, 2001; Pellegrini e Bartini, 2000; Schwartz et al., 1993, 1997).

---

* N. de R.T.: Note-se que no Brasil, como já mencionado, o termo bullying é empregado somente nas relações entre pares. Um dos critérios da identificação do bullying é o desequilíbrio do poder entre as partes, fato que possibilita a vitmização. Esse diferencial de poder está ao nível dos jovens, em que um aluno – ou um grupo de alunos – tem vantagem de poder sobre seu(s) alvo(s), que pode ser notado na diferença de forças físicas, sociais ou emocionais. Na relação entre pares adultos, empregamos o termo assédio moral, sendo mais comum sua identificação no local de trabalho.

** N. de R.: Aconteceu em 1999, quando dois estudantes invadiram a escola armados e mataram 12 alunos e 1 professor. Feriram, também, outros 21 alunos e se suicidaram. Esse é o quarto massacre escolar em número de mortes na história dos EUA.

Inúmeras pesquisas com alunos constataram que o bullying praticado de forma direta e pessoal por colegas na escola é uma experiência frequente para muitos jovens e crianças (Genta et al., 1996; Kumpulainen et al., 1998; Whitney e Smith, 1993). Uma em cada seis crianças informa ter sido vítima de bullying pelo menos uma vez por semana (Rigby, 1997; Zubrick et al., 1997) embora esse quadro chegue a 50% se considerarmos a duração do bullying como sendo apenas uma semana (Smith e Shu, 2000). Em outro estudo, 40% dos adolescentes informaram ter sofrido bullying em algum momento ao longo da sua educação escolar (Mynard et al., 2000). Contudo, o percentual de alunos que informa casos de bullying que ocorrem por um período mais longo – seis meses ou mais – diminui, ficando entre 15 e 17% (Slee, 1995; Slee e Rigby, 1993).

O bullying é entendido e definido como um problema social antiquíssimo que começa no pátio da escola e muitas vezes evolui para a sala da direção (Campbell, 2005; McCarthy et al., 2001). O "bullying" é frequentemente definido pelos psicólogos do desenvolvimento como uma ação ou um comportamento agressivo e intencional que é praticado por um grupo ou indivíduo repetidamente e ao longo de um determinado período contra uma vítima que não consegue se defender com facilidade (Campbell, 2005; Olweus, 2001; Whitney e Smith, 1993). O bullying é uma forma de abuso que se baseia em um desequilíbrio de poder; pode ser definido como um abuso de poder sistemático (Rigby, 2002; Smith e Sharp, 1994). O bullying pode ser físico, incluindo comportamentos como bater, esmurrar e cuspir, ou pode envolver a linguagem de uma forma amedrontadora, com o uso de agressões verbais, provocações, ridicularizações, sarcasmos e bodes expiatórios (Campbell, 2005; DiGiulio, 2001; Slee e Rigby, 1993). Envolve no mínimo dois indivíduos, sendo um deles o autor e o outro a vítima. Entretanto, pode haver um grande número de pessoas envolvidas de uma maneira indireta, como público. Esses espectadores podem ser outros alunos que testemunham o fato, mas que permanecem sem se envolver. Eles em geral temem tornar-se a próxima vítima caso interfiram de fato. Muitas vezes sentem-se impotentes e demonstram uma perda de respeito próprio e de autoconfiança (Campbell, 2005; Harris e Petrie, 2002).

Estudos realizados no Canadá informam que aproximadamente de 10 a 15% das crianças são vítimas de bullying ou se envolvem com sua prática pelo menos uma vez por semana[2]. O bullying começa na educação infantil, envolve variados graus de violência e compreende diversas formas de perseguição. O bullying pode ser físico ou psicológico, declarado ou dissimulado, aleatório (indiscriminado) ou discriminatório. Por uma série de razões, os educadores podem não reconhecer o bullying pelo que ele é, e as vítimas às vezes acham difícil conseguir provar o bullying nas suas formas dissimuladas ou psicológicas. Isso ocorre porque esse comportamento é facilmente confundido com brincadeiras e em geral ocorre nas áreas de recreação, nos corredores e hoje, com maior frequência, no ciberespaço (e-mail, mensagem de texto, sites), longe dos olhos vigilantes dos professores ou outros supervisores.

O litígio emergente contra as escolas indica que as vítimas e os seus pais estão preparados para processar as escolas quando estas deixam de protegê-los do bullying tradicional e do bullying virtual. Se as escolas quiserem zelar pela segurança dos alunos e evitar litígios, o primeiro passo é aprender a como reconhecer as diversas formas de bullying dentro do ambiente físico da escola e, em especial, as condições nas quais ele ocorre.

A etimologia do termo bullying

Ironicamente, a palavra bullying na língua inglesa era originalmente um termo de expressão de afeto. O Oxford English Dictionary observa que ela se originou nos anos de 1600 como *boel*, que significava "amante de ambos os sexos" (Simpson e Weiner, 1989, p. 645). Esse dicionário também faz referência a uma edição do *Bailey* que contém a palavra *boolie*, significando *beloved*[*]. A palavra era também usada para descrever o "irmão"[**] de uma pessoa (ibidem, p. 645). De amante a irmão, com o tempo a palavra atraiu o significado de amizade íntima, próxima entre bons camaradas, parceiros e companheiros. Estava implícita nessa relação a brincadeira em tom cordial, lisonjeiro e divertido. Por exemplo, Shakespeare prefixou *bully* em um título, por exemplo, em *Blesse thee, bully doctor* (ibidem, p. 645).

Trabalhadores britânicos de minas de carvão relataram colegas de trabalho como *bullies* e, assim, deram início a uma associação dos *bullies* como "valentões" ou "brigões". Ao final da década de 1800, o termo bullying começou a se referir a covardia, fraqueza, tirania e violência[3]. Começou também a ser associado a gangues: "Uma gangue de *bullies* foi enviada secretamente para cortar o nariz do ofensor (ibidem, p. 646). Por volta de 1883, agir como um bully era "tratar de maneira autoritária"; intimidar, apavorar" (ibidem), ou "compelir ou forçar por meio do bullying; afugentar para uma determinada direção" (ibidem).

---
[*] N. de T.: Literalmente, amado, adorado.
[**] N. de T.: No original, *brother*.

A etimologia diz muito sobre o problema de identificar o bullying. A sua transição de um comportamento valentão de um modo geral para um tratamento de real hostilidade destaca uma comparação interessante entre a evolução histórica da palavra e o bullying nas escolas contemporâneas. A princípio, muitos pesquisadores (Glover, et al., 1998; Roher, 1997; Smith e Sharp, 1994; Tattum, 1997) reconhecem que, até mais ou menos 20 anos atrás, o bullying nas escolas era amplamente aceito como parte inevitável do processo de crescimento. Smith e Sharp (1994) assinalam que, embora o tema tenha sido abordado na literatura de ficção como ocorreu em *Tom Brown's Schooldays*, não se publicou quase nenhuma pesquisa sobre o assunto fora da Noruega e da Suécia até o final da década de 1970, quando o norueguês Olweus (1978), especialista em bullying, publicou uma versão em inglês do seu livro *Agression in the schools: Bullies and whipping boys*. Como a etimologia revela, foi mais ou menos nessa época que as noções sobre o bullying se modificaram de modo a incorporar características negativas.

Entretanto, o bullying não foi reconhecido como algo problemático no Reino Unido e na América do Norte até a década de 1980. No exército e nas associações estudantis dentro das universidades, o bullying assumiu a forma do "trote" que é aplicado aos novos membros desses grupos. Nos internatos britânicos que frequentei, os novos alunos normalmente passavam por uma forma de bullying conhecida como *squashing* pelos seus monitores. As autoridades responsáveis estavam muito conscientes da ocorrência desse procedimento, porém o permitiam por considerá-lo um processo de endurecimento necessário aos novatos para a construção do seu caráter. Semelhante ao bullying que ocorre nas áreas de recreação, havia uma suposição subjacente por parte dos professores de que esse comportamento era aceitável porque obrigava as crianças mais quietas a aprenderem a afirmar-se.

Bullying ou brincadeira?

No contexto da etimologia, é importante explicar por que os professores podem não reconhecer a brincadeira provocativa como bullying. O bullying tem duas formas: física e psicológica (que inclui a provocação verbal). Curiosamente, nas escolas contemporâneas, o bullying verbal oscila entre palavras de afeto e um tratamento hostil. Por exemplo, uma parte significativa do discurso adolescente ocorre por meio eletrônico e é, em geral, influenciada por letras de músicas do rap e do grunge (Ashford, 1996). Baseados nessas letras, os adolescentes podem cumprimentar uns aos outros dizendo: "E aí, mano?" (derivado de letras de músicas do rap). Eles podem repreender um amigo dizendo: "Vou acabar com você". Podem dizer a um amigo que ele é "mau" (na verdade querendo dizer que ele é "legal"). Podem desafiar um amigo a brigar, dizendo: "Cai dentro que vou te arrebentar essa cara, mané" ("vamos brigar").

A maior parte dessa linguagem, quando dirigida a amigos, não é usada com intenções negativas. Veja como exemplo um processo de direitos humanos de um caso de bullying recente (*Jubran vs. North Vancouver School Distr. Nº. 44* [2002] B.C.H.R.T.D. Nº. 10 (Q.L.) 221) no qual Azmi Jubran, aluno do ensino médio de descendência iraniana, passou por quatro anos de bullying incessante na escola de ensino médio *North Vancouver*, na província de British Columbia. Após formar-se, Jubran fez uma denúncia de direitos humanos contra a escola por não o proteger da discriminação homofóbica em que consistia grande parte do bullying que sofreu. Ele insistia que não era homossexual, mas era perseguido em função da sua aparência. Um dos perseguidores de Jubran, referido como Sr. Richardson, declarou que, no ensino médio, insultos que podem ser interpretados por adultos como sendo homofóbicos nem sempre são usados dessa forma quando dirigidos a amigos:

> Em seu testemunho, o Sr. Richardson declarou que as palavras usadas pelos alunos faziam "parte do vocabulário do ensino médio", e que palavras como *gay* eram usadas para designar alguém, alguma coisa ou uma situação que o aluno não gostava. O Sr. Richardson declarou que ele próprio usava aquelas palavras "o tempo todo". Declarou que, caso um aluno não gostasse de alguma coisa, seria normal ele dizer coisas como: "essa camisa é tão *gay*" ou "salto em distância é uma coisa tão *gay*. Ele também afirmou que as palavras "bicha", "veado" e "homo" são frequentemente usadas como parte da conversa normal e até mesmo entre amigos, como *palavras de afeto*. Mais adiante ele declarou que ainda tem um amigo que diz a ele "e aí, homo?", e que essas palavras são usadas sem referência à orientação sexual. [grifo nosso]
> Robertson, Juiz de Direito, *Jubran vs. North Vancouver School Distr. Nº. 44* (2002) B.C.H.R.T.D. Nº. 10 (Q.L.) 221, p. 7

Esse discurso reproduz a brincadeira cordial entre companheiros do início dos anos de 1800, como em "Meu menino formidável super animado, deixe estar"* (Simpson e Weiner, 1980, p. 645). O bullying

---

* N. de T.: No original, *My over jolly bully-boy, let be.*

começa a refletir a alteração na sua etimologia de uma relação "entre companheiros" para o seu aspecto mais hostil e autoritário quando palavras e ações idênticas são dirigidas a alguém que não é um amigo. Por exemplo, as palavras "homo" e *gay* fazem a transição de serem termos de expressão de afeto entre amigos para se tornarem palavras hostis com a intenção de ofender. O testemunho extraído do caso *Jubran* é aqui outra vez útil para ilustrar como isso acontece. Vários dos autores do bullying, referidos pelos seus sobrenomes nas transcrições do tribunal, deram o seguinte depoimento:

> O Sr. Howard, o Sr. Higgins, o Sr. Kai e o Sr. White declararam que, quando ditos por alguém que não era um amigo, os termos "fresco", "nerd", *gay* e "veado" eram usados alternadamente como palavras de insulto ou de desprezo. O testemunho deles era de que as palavras não tinham a intenção de sugerir que o Sr. Jubran fosse homossexual, e que nem eles nem os outros meninos que usavam aquelas palavras para se referir ao Sr. Jubran tinham a opinião de que o Sr. Jubran fosse homossexual. O Sr. Howard e o Sr. Kai afirmaram que não havia nada no "veneno" das palavras que fosse consequência do fato destas estarem relacionadas à homossexualidade; declararam que as palavras eram usadas meramente como qualquer outra forma de insulto.
> Robertson, Juiz de Direito, *Jubran vs. North Vancouver School Distr. N°. 44* (2002) B.C.H.R.T.D. N°. 10 (Q.L.) 221, p. 7

Essa linguagem, usada de duas maneiras distintas, pode explicar por que os professores continuam tolerando o bullying verbal. Embora tentem impedir que os alunos usem xingamentos e uma linguagem sexista, não podem monitorar cada palavra ou cada conversa.

Glover e colaboradores (1998) mencionam o estudo britânico realizado por Boulton e Hawker (1997) que constatou que os professores normalmente procuram lesões físicas e geralmente ignoram o bullying verbal. De acordo com o adágio popular, "paus e pedras quebrarão meus ossos, mas palavras jamais me atingirão", descobriram que muitos professores fazem vista grossa ao bullying verbal. Os alunos de escolas de ensino médio relataram que a brincadeira em tom de provocação era o aspecto mais comum do bullying que sofreram (90% do tempo), e as suas respostas sugeriram várias razões pelas quais os professores toleravam o bullying. Um aluno observou que "os professores fazem vista grossa aos xingamentos porque acreditam que aquilo não te fere" (Boulton e Hawker, 1997, p. 32). Outro observou: "parece que só tomam alguma atitude caso alguém realmente se machuque [fisicamente]", e um terceiro queixou-se, "os professores querem uma escola sem bullying, então eles fingem que isso não existe" (ibidem).

Outros estudos corroboram essas descobertas[4], e embora muitos pesquisadores tenham se afastado das noções estereotipadas a respeito do bullying como mero ataque físico[5], aparentemente muitos professores e alunos ainda percebem o bullying como algo físico, não verbal. Por exemplo, Glover e colaboradores (1998) estudaram as respostas de professores e alunos britânicos de escolas de ensino fundamental e médio, a quem foi fornecida uma lista de comportamentos (incluindo uma série de ações físicas como chutar, bater e empurrar, e comportamentos verbais como provocar, xingar e ameaçar). Nesse estudo, uma proporção significativamente alta das respostas fornecidas pelos professores (90%) descreveu comportamentos físicos como bullying, em comparação com comportamentos verbais. Os alunos também identificaram o bullying físico como sendo mais grave que o bullying verbal, mas em menor proporção se comparados aos professores.

Além disso, a maior parte dos professores entrevistados achava que os jovens e as crianças deviam enfrentar as provocações sozinhos. Um professor respondeu: "acontece tanto que eu apenas digo a elas [as crianças] para aprenderem a lidar com isso. Não é bom estimulá-las a serem sensíveis demais, elas devem aprender a ignorar essas provocações" (ibidem, p. 55). Esses resultados são significativos na medida em que as percepções dos professores em relação ao bullying influenciam o modo como eles reagem às queixas, e as percepções dos alunos em relação ao bullying verbal como algo inofensivo pode estimulá-los a participar dele.

Esses resultados ilustram o quanto é importante assegurar que os educadores e os tribunais compreendam suficientemente as complexidades do bullying para reconhecer e avaliar a variedade de comportamentos ligados ao bullying e os seus efeitos. Também é importante termos isso em mente ao nos voltarmos para o perfil do ciberbullying – porque uma porção significativa se dá de forma verbal, com ramificações psicológicas mais relevantes que o bullying físico.

Características gerais

O bullying envolve inevitavelmente um comportamento declarado ou dissimulado e assume a forma verbal ou física. A grosseria gentil e as provocações se intensificam até chegar ao bullying quando a(s) vítima(s) e o(s) autor(es) deixam de estar de acordo em relação a quando o comportamento deva ser interrompido e quando se estabelece um desequilíbrio de poder entre eles. Askew (1989), por exemplo, sugere que o bullying compreende um *continuum* de comportamentos que envolvem a tentativa do(s) autor(es) de obter poder e dominância sobre os demais.

As meninas e os meninos apresentam níveis de bullying semelhantes. Entretanto, os meninos relatam o bullying com maior frequência e em geral envolvem-se com o bullying em suas as formas declarada e física, ao passo que as meninas tendem a se envolver com o bullying dissimulado e psicológico (Crick et al., 2002; Hall, 1999; Pepler e Craig, 1997; Rauste-Von Wright, 1992). Apesar disso, fica hoje evidente uma tendência de aumento do bullying físico e de violência por parte das meninas[6]. Tremblay (1991) sugere que a disparidade entre os gêneros ocorra devido ao foco sistemático na agressão masculina e a ausência de foco na agressão feminina[7]. A disparidade dessa proporção também pode ser explicada pelas mudanças no modo como as meninas se integram no convívio social e a forma como os indivíduos do sexo feminino são retratados na mídia e na sociedade – outro ponto a ser lembrado ao iniciarmos uma discussão das diferenças de gênero e o ciberbullying.

As pesquisas sugerem que há maior probabilidade de que alunos do sexo masculino levem uma arma para o domínio da escola, e eles constituem 83% de todas as vítimas de homicídios e suicídios ligados à escola. Além disso, existe maior probabilidade de os meninos brigarem entre si, enquanto que as meninas brigam com pessoas de ambos os sexos. Após períodos prolongados de bullying implacável, é mais provável que vítimas de ambos os sexos levem armas para a escola para a própria proteção do que alunos que não sofram bullying (DiGiulio, 2001; Olweus, 1993).

As pesquisas atuais identificam um amplo consenso de que os fatores gerais relacionados a seguir contribuem para o bullying nas escolas. Observe essas particularidades, porque elas também estão presentes no ciberespaço e determinam o perfil do ciberbullying:

- Há sempre um desequilíbrio de poder que favorece o(s) autor(es) em relação à vítima.
- Os autores são em geral apoiados por um grupo de colegas, alguns dos quais estimulam ativamente o autor e outros indivíduos que assistem, porém não fazem nada para ajudar os seus colegas que são alvos do bullying.
- Os alunos vítimas de bullying atraem a atenção negativa dos seus pares e são efetivamente afastados do grupo e isolados (Bukowksi e Sippola, 2001; Crick et al., 2002; Schuster, 2001).
- A exclusão e o isolamento do grupo como um todo fortalece o poder do(s) autor(es).

- O comportamento dos autores não é nem solicitado nem desejado pela vítima.
- As ações dos autores são deliberadas, repetidas e muitas vezes implacáveis.

Por que a combinação de poder e exclusão é tão característica no bullying escolar? Outros tipos de violência podem envolver a questão do poder, porém não necessariamente a exclusão. No bullying, o principal objetivo do autor é o isolamento e a exclusão de determinados colegas, e, como veremos no perfil do ciberbullying, os professores e outras figuras de autoridade são também isolados e humilhados no ciberespaço. As ações dos autores atraem o apoio do grupo como um todo, elevando assim a vulnerabilidade da vítima. Além disso, embora nem todos os membros do grupo apoiem o bullying, a realidade assustadora é que um número maior de colegas (uma média de 30%) (Henderson e Hymel, 2002; Olweus, 2001; Salmivalli et al., 1996) apoiará os indivíduos autores do bullying ao invés de ajudar a vítima. Essa é uma reflexão fundamental a ser considerada ao passarmos para o perfil do ciberbullying.

Outros pesquisadores concordam que o aspecto mais letal do bullying é o efeito no grupo, que perpetua e mantém o abuso dos indivíduos que são vítimas (Bukowski e Sippola, 2001; Crick et al., 2002; Henderson e Hymel, 2002; Juvonen e Graham, 2001; Perry et al., Perry, 1990; Salmivalli, 2001; Schuster, 2001). Os autores são, em geral, movidos pela necessidade de poder e reconhecimento a fim de compensar uma falta de segurança e de autoconfiança. Eles desejam a aceitação. O fato de conseguir atrair o apoio do grupo de pares por meio do isolamento e da humilhação de uma pessoa satisfaz essa necessidade. Observe que nesta etapa eu prefiro usar a palavra "autor" em vez de usar o rótulo de *bully*, porque um autor inicia uma determinada ação ou determinadas ações dentro de um contexto específico, enquanto que rotular um indivíduo como um *bully* dá a impressão de que esse indivíduo é uma pessoa malvada ou "má" em qualquer circunstância – implica uma mancha negativa no caráter da pessoa, ao passo que um autor pode se envolver na prática do bullying apenas uma vez – ele ou ela pode, como a pesquisa constatou, ser também vítima do bullying praticado por outros indivíduos. Por esse motivo, em minha opinião, é importante que nos afastemos dos rótulos. Embora ao longo deste livro eu tenha usado as palavras "vítima" e "alvo" alternadamente, seu uso depende do contexto da discussão. Basta dizer que rótulos como "destrutivo", "agressivo", "mau" e "terrorista" essencializam e justificam a atribuição de culpa e os bodes expiatórios.

Os autores e os alvos

As pessoas geralmente perguntam sobre as características dos jovens e das crianças que se envolvem com o bullying. São os jovens e crianças mais bem aceitos ou os chamados "fracassados"? Há na pesquisa uma divergência quanto a essa questão. O NCPC (1997) informou que os autores do bullying costumam ser pouco aceitos no grupo, ao passo que diversos estudos mais recentes confirmam que os autores do bullying apresentam altos níveis de liderança e confiança, e são normalmente bem aceitos entre os seus pares e professores (DiGiulio, 2001; Katch, 2001; Olweus, 2001). DiGiulio (2001)[8], por exemplo, argumenta que os instigadores são populares com os professores em função de sua capacidade de liderança e de sua competência acadêmica. Diferentemente do suposto estereótipo do *bully* que é percebido como alguém que deva ser deprimido e pouco aceito, os autores são muitas vezes os líderes na sala de aula e tutores dos seus pares (Salmivalli et al., 1996) – aqueles que os professores poderiam presumir que defenderiam as vítimas, e não que instigariam ou reforçariam o bullying. No entanto, é plausível que os pares líderes que se envolvem com o bullying possam não ser tão autoconfiantes quanto pareçam. Eles podem desejar atenção e querer se encarregar de papéis de liderança entre os seus pares como forma de obter prestígio e poder.

Assim, os indivíduos que são alvos do bullying podem ser escolhidos com base no fato de serem ou não vistos como alguém que promove ou impede o funcionamento efetivo do grupo de pares. Os indivíduos que são considerados como "diferentes" são escolhidos para a exclusão, o que então desencadeia o bullying (Artz e Riecken, 1997; Katch, 2001; Olweus, 2001; Salmivalli, 2001).

Para obter informações mais específicas sobre a motivação de jovens e crianças para selecionar e praticar o bullying contra determinadas vítimas, Glover e colaboradores (1998) entrevistaram 3.417 alunos de escolas de ensino fundamental e médio no Reino Unido. Perguntou-se aos alunos se e por que eles haviam praticado comportamentos antissociais específicos, sem precisarem admitir que houvessem "praticado bullying". Os pesquisadores também avaliaram as razões fornecidas pelas crianças para a discriminação. Curiosamente, a principal justificativa para praticar o bullying contra uma pessoa (14% no caso dos meninos e 12% no caso das meninas) estava baseada no fato da vítima ser ou não vista como alguém "inteligente demais" (ibidem, p. 27). A aparência da vítima era outro motivador (14% no caso dos meninos e 13% no caso das meninas).

Outras respostas incluíam o seguinte: "eu não me dava bem com ela desde o ensino fundamental (...)", "não sei por que (...) é o jeito como ele me olha e me faz ter essa sensação de que não gosto dele" (ibidem). A pressão por parte dos pais ou dos pares forneceu outra motivação para a exclusão da vítima: "não era permitido que nos misturássemos com eles (...)" (ibidem). O autor resumiu as suas descobertas da seguinte maneira:

- As origens étnicas e religiosas são mencionadas com maior frequência entre indivíduos mais velhos do sexo masculino como razões para o bullying, ao passo que o gênero sexual costuma ser a razão para a discriminação por parte de adolescentes do sexo masculino, como uma forma de insulto masculino (assédio sexual).
- A percepção em relação a ser rico ou pobre ou quanto à origem familiar é algo que desperta pouca preocupação, porém a aparência de uma pessoa e o modo como ela se veste constituem uma motivação significativa para praticar o bullying, em especial no que se refere às meninas.
- Na adolescência, os meninos atacam mais do que as meninas aqueles alunos que são mais dedicados, mas a "inteligência" da vítima motiva alunos de ambos os sexos a praticar o bullying até o segundo ano do ensino médio. Os problemas de aprendizagem e a falta de aptidão para o esporte são também motivações para que os meninos pratiquem o bullying até o segundo ano do ensino médio.
- Ser diferente faz com que 10% discriminem, com pouca redução até o segundo ano do ensino médio. Isso é particularmente verdadeiro no caso dos alunos recém-chegados em uma escola e que falem com sotaques diferentes.

Uma vez que um alvo é identificado, pressupõe-se que ele mereça a punição e "receba o que é dele". Isso justifica a exclusão, que é um aspecto generalizado do bullying. Katch (2001) descobriu "sem querer" que a motivação das crianças para culpar, excluir e vitimar começa já na pré-escola:

> No início, quando comecei a gravar em áudio as crianças brincando e conversando, eu cortava todas as discussões sobre exclusão. Achei que aquilo não tivesse relação com o meu tema da violência. Porém, a partir do momento em que a questão da exclusão continuou aparecendo, decidi ouvir aquelas discussões e constatei que a exclusão e a violência pareciam estar inextricavelmente entrelaçadas. Excluir alguém do grupo parecia justificar a violência, tanto por parte da criança que era excluída quanto por parte daqueles que a excluíam, da mesma forma que Seth e Patrick chamaram Joel de "gracinha" antes de derrubá-lo, e quando Caleb chamou Nate de "menina" antes de dar-lhe um soco. Por outro lado, (...) como aprendemos

com os assassinos de Columbine, a criança excluída pode achar justificável que ela use a violência para ferir aqueles que a excluíram. Gostaria de poder simplesmente dizer às crianças para serem mais inclusivas, mas nunca é tão fácil assim.

(Katch, 2001, p. 129-130)

Wason-Ellam (1996) acredita que a etnia, combinada com a classe social, é com frequência uma razão para a exclusão, embora as meninas tenham maior tendência de excluir com base no critério da etnia o que os meninos. Ela também observa que brinquedos, como a boneca *Barbie*, podem reforçar estereótipos negativos que contribuem para o bullying. A boneca *Barbie* ainda é popular entre as meninas mais jovens, e Wason-Ellam observa o modo como o brinquedo se tornou um instrumento de privilégio e discriminação racial que as meninas usavam para excluir uma aluna *punjabi*[*] que não tinha a boneca. As meninas vestiam as suas *Barbies* e compartilhavam brilho labial, maquiagem e presilhas de cabelo como "sinais de intimidade" (ibidem, p. 97), mas quando a aluna, Surinder, tentava participar, ela era rejeitada com frases como "vá embora, não queremos você no grupo" (ibidem, p. 96) e "vou para a casa da Renee brincar de maquiagem depois da aula porque somos grandes amigas. Não vou convidar você porque as suas roupas são esquisitas e porque você é uma *paki dot*"[**] (ibidem). Wason-Ellam (1996, p. 97) recorda a resposta de Surinder quando a chamou de "princesa": "Inadvertidamente, chamei a Surinder de 'princesa' quando ela chegou na escola usando um traje sofisticado. De uma forma comovente, ela olha pra mim e diz: 'Não posso ser uma princesa porque não pareço uma princesa, Linda'".

A resposta de Surinder ilustra o quanto esse tipo de exclusão influencia negativamente a autoimagem do aluno. Esses resultados também sugerem que os autores praticam o bullying para preencher um vazio emocional que resulta de uma falta de autoconfiança ou de autoestima. Vitimar outros indivíduos com base nas suas diferenças permite ao *bully* obter *status* e reconhecimento (quer seja positivo ou negativo) dentro do grupo de pares. A conclusão de que o gênero seja um motivador relevante, em especial para os meninos, não é algo surpreendente. O que é surpreendente é que alunos talentosos, ou aqueles com uma forte ética para o trabalho escolar, parecem atrair o bullying – possivelmente pelo fato dos

---

[*] N. de T.: Punjabi – Natural ou habitante do Punjabi (região da Índia/Paquistão).
[**] N. de T.: O termo "*paki dot*" se refere ao *bindi*, ou Sagrado Ponto *bindi*, que é um artefato ou maquiagem usado na testa originariamente pelas mulheres indianas, hoje usado também por mulheres de outras origens étnicas como item decorativo. O termo "*paki dot*" é usado de um modo geral em tom pejorativo para ridicularizar indivíduos de origem e religião oriental.

jovens subconscientemente desejarem alcançar bons resultados acadêmicos quando percebem que isso traz sucesso profissional e *status* social. O Capítulo 4 entra em maiores detalhes a respeito dessas influências relativas às atitudes e à socialização.

OS TIPOS DE BULLYING

Como comentei, há dois tipos principais de bullying: o físico e o psicológico. Tanto um quanto o outro podem ser realizados de formas declaradas e/ou dissimuladas e podem envolver formas de comportamento indiscriminadas ou discriminatórias.

O bullying físico

O bullying físico é, em geral, retratado como "declarado" porque normalmente envolve ataques públicos a uma vítima (Olweus, 1993), ficando ainda piores quando outros indivíduos observam. De fato, estudos revelam que quanto maior o incentivo recebido pelos autores, mais grave se torna o abuso físico (Salmivalli et al., 1996).

O bullying físico extremo pode assumir muitas formas, incluindo bater, trancar os colegas nos armários escolares, estrangular, atirar com arma de fogo ou usar outras armas ou objetos para machucar. Outros métodos de perseguição incluem chicotear o rosto da vítima com uma tira de borracha, jogar tachinhas e aparas de madeira nos olhos, borrifar as vítimas com substâncias tóxicas, despejar ácido ou gasolina no corpo da pessoa, amarrá-la ou vendar-lhe os olhos (NCPC, 1997; Olweus, 1993). Estes são apenas alguns dos muitos exemplos dos tipos de ações que os alunos realizam para impor uma relação de poder na qual as vítimas ficam dominadas e indefesas.

Contudo, o bullying físico pode também ser "dissimulado". Esse tipo de bullying ocorre na ausência de supervisores ou de adultos e pode envolver ações como trancar uma vítima em um armário escolar – ou estuprar. Um exemplo bem conhecido de bullying dissimulado resultou no assassinato de uma adolescente do sul da Índia. Renna Virk (Jiwani, 1997) foi induzida a encontrar suas colegas em um mercado e em seguida foi espancada até a morte e jogada no rio. Ela foi acusada de roubar o diário de uma amiga e ligar para todos os meninos cujos nomes constavam nesse diário. As formas indiscriminadas de bullying físico não identificam a vítima com base em um preconceito permanente como etnia, sexo, gênero ou capacidade, mas podem ser desencadeadas por um capricho ou por uma sensação natural de contrariedade ou de desconforto. A aparência ou a linguagem corporal de uma vítima, se interpretada equivocadamente como hostil, pode desencadear o bullying, ou um autor pode identificar uma vítima conveniente como alguém que pareça vulnerável (Artz, 1998a).

Na maioria dos casos, o bullying físico assume formas discriminatórias como o assédio sexual ou a perseguição racial de natureza física, ou ataques a crianças e jovens com necessidades especiais. A generalização do bullying e do assédio sexual nas escolas está bem documentada, e os estudos atualizados sobre o bullying virtual de natureza sexual apresentados no Capítulo 4 confirmam que ele persiste. Por exemplo, Stein (1991, 1995, 1999) revelou que aproximadamente 80% das meninas e 60% dos meninos relatam ter sido vítimas de assédio sexual[9]. O assédio sexual incorpora pelo menos quatro das características do bullying descritas anteriormente:

1 Há normalmente um desequilíbrio de poder entre o(s) autor(es) e a vítima.
2 O assédio não é desejado.
3 É deliberado e implacável.
4 É baseado no sexo da vítima.

O assédio sexual está incluído na descrição de tipos de bullying dos NCPCs canadenses (1997). Embora beijar e abraçar sejam gestos de carinho, eles se transformam em bullying quando são indesejados e impostos às vítimas contra a sua vontade. Este tipo de bullying poderia incluir abaixar as calças de uma pessoa; levantar a saia, ou estalar ou desenganchar o sutiã das meninas; fazer gestos grosseiros; exibir os órgãos genitais, ou forçar alguém a praticar um ato sexual contra a sua vontade (todos eles podem também ser definidos como ataque sexual) (Stein, 1995, 1999; Welsh, 1998). Esse tipo de assédio sexual é discriminatório porque a vítima é escolhida em função do gênero (sendo as meninas em geral mais vitimadas que os meninos).

O bullying físico homofóbico incorpora as formas aleatórias de bullying físico descritas acima, combinadas com insultos verbais sobre a orientação sexual do indivíduo. Tolman e colaboradores (2001) constataram que os meninos adolescentes do primeiro ano do ensino médio são mais suscetíveis ao bullying homofóbico, baseado em sua aparência. Caso eles não sejam atletas vigorosos, ou sejam fisicamente menores que os outros, podem se tornar alvos. Entretanto, é importante não simplificar demais as razões desse tipo de bullying, uma vez que a pesquisa sugere que a identificação da vítima depende também da autoconfiança, das atitudes relacionais e do bem-estar emocional das vítimas.

Os ataques raciais incluem as formas de bullying físico descritas anteriormente ou podem ser combinados com o assédio sexual ou outras formas de discriminação. A diferença é que estes são provocados tanto por alunos do grupo predominante contra vítimas de grupos étnicos visíveis baseados na cor, na aparência, na maneira de vestir, na maneira de falar e na origem cultural (Dei, 1997; Janovivek, 2001; Jiwani, 2001; Razack, 1998), quanto por alunos de grupos étnicos visíveis que se atacam mutuamente. Por exemplo, em seu estudo sobre meninas imigrantes e refugiadas, Janovicek (2001) relata que alunas de descendência iraniana praticavam bullying contra alunos de origem iraquiana; coreanas praticavam bullying contra filipinas; alunas hispânicas e afro-americanas entravam em conflito e assim por diante. Isso ilustra o quanto os ataques raciais podem ser complexos e nos lembra que nem sempre são os alunos do grupo predominante que instigam o bullying racial.

Sugeriu-se que a etnia fosse certamente um fator no caso de Reena Virk, cujo brutal assassinato foi mencionado anteriormente (Jiwani, 2001). A agressão inicial foi pública: ela foi atacada por um grupo de adolescentes em uma ponte pública e depois embaixo de uma árvore. No entanto, após a maior parte das adolescentes ter ido embora, Kelly Ellard e Warren Glowatski seguiram a vítima até a água e continuaram a bater e a tentar afogá-la de forma "dissimulada". Enquanto fumava um cigarro, Ellard segurava com o pé a cabeça de Reena embaixo da água até que ela não voltou mais à superfície. De forma significativa, embora a notícia de que Reena havia sido morta tivesse se espalhado, nenhuma das muitas alunas que sabiam do assassinato o denunciaram durante pelo menos uma semana. Outro alerta ao leitor, pois se refere ao ciberbullying – o código de silêncio e o sentimento do direito à privacidade entre os autores do bullying, as testemunhas e os instigadores. Esses exemplos ilustram o quanto o bullying físico dissimulado pode ser mais difícil de provar do que o bullying declarado, em particular se houver um código de silêncio entre os autores e as testemunhas dos eventos. Os pesquisadores (Glover et al., 1998; Smith e Sharp, 1994) relatam que os observadores têm medo de "delatar" ou "denunciar" os ofensores e acabarem se tornando a próxima vítima.

Essa rede de apoio velado aos autores do bullying ficou também evidente no caso Jubran. O bullying declarado fazia parte do bullying homofóbico a que Jubran fora submetido durante quatro anos na Handsworth Secondary School, na cidade de North Vancouver, província de British Columbia. Amigos protegeram um colega de aula que ateou fogo na camiseta de Azmi Jubran e, embora todos os meninos tenham admitido o abuso, posteriormente todos eles negaram. Os gestores da escola tiveram dificuldades para identificar o indivíduo que havia realizado o ataque, o que dificultou a sua punição.

As crianças com necessidades especiais são também altamente suscetíveis ao bullying, porque podem ter dificuldades de fala ou de mobilidade, e, por esse motivo, já se encontram em uma posição de vulnerabilidade. Smith e Sharp (1994) relatam que crianças e os jovens com incapacidades físicas, por exemplo, podem não ser suficientemente fortes ou rápidos para se proteger ou para revidar. Eles descobriram que aproximadamente dois terços das crianças e jovens com necessidades especiais entrevistadas relataram sofrer ou ter sofrido bullying, em comparação com um quarto dos demais alunos. Um aluno com necessidades especiais queixou-se: "eles me chutam e me dão socos e são horríveis consigo. Eles me batem e cospem nas minhas costas" (p. 222). Outro afirmou que, por ele ter tido dificuldades para carregar a sua bandeja do almoço, o amigo dele sempre a carregava, mas depois ele foi desafiado a brigar porque os outros alunos o acusaram de ser preguiçoso.

Por fim, como DiGiulio (2001) observa, os alunos das escolas contemporâneas crescem em uma sociedade voltada para o aspecto comercial e para os meios de comunicação, que dizem a eles como a sua aparência deve ser e como eles devem se vestir para serem "bacanas" ou aceitáveis. As crianças e os jovens que não podem dispor das roupas da última moda ou que podem simplesmente se recusar a se sujeitar às regras de vestuário mais bem aceitas, estão sujeitos a ser atacados fisicamente. Na outra extremidade do espectro, as crianças e os jovens abastados que usam as roupas desejadas são também vulneráveis a ataques físicos nos quais têm suas roupas e relógios roubados. Essa forma de bullying é também conhecida como "taxação". Uma pesquisa realizada pelo governo na província de Québec, no Canadá (Seguin, 2002), constatou que 11% dos 16.600 jovens da província relataram terem sido vitimados dessa maneira.

O bullying psicológico

O bullying psicológico geralmente envolve infligir um sofrimento mental de modo que os alvos temam por sua segurança física, ou destruir-lhes a autoestima e a autoconfiança. Este é obviamente um aspecto essencial do ciberbullying, conforme discutido no Capítulo 3. Mais uma vez, pelo menos três ou mais características do bullying estão sempre presentes:

1 o assédio não é desejado nem é solicitado;
2 é implacável;
3 a vítima é escolhida para sofrer o abuso.

O bullying psicológico verbal é "declarado" – no sentido de que as brincadeiras e os insultos podem ser ouvidos ou lidos por testemunhas e provados pelas vítimas.

O bullying psicológico dissimulado (não verbal) visa excluir ou isolar por meio da perseguição e/ou do ostracismo da vítima. Esta é a forma de bullying mais difícil de se provar porque os professores não podem vê-la nem comprovar que tenha ocorrido. Os autores podem de uma hora para a outra ignorar as vítimas ou se recusar a trabalhar junto com elas nos trabalhos de aula ou em outras atividades. Podem espalhar boatos não confirmados que constranjam a vítima ou a façam parecer desonesta ou desleal aos seus pares.

O bullying psicológico, da mesma forma que o bullying físico, pode também ser indiscriminado ou discriminatório. O bullying psicológico indiscriminado pode envolver a provocação, o autor fazer repetidamente afirmações depreciativas sobre a vítima ou outros tipos de perseguição verbal. Por exemplo, um menino pode ser chamado de "fracassado" por não ter uma namorada ou por não poder comprar as roupas que o ajudariam a se enquadrar na turma "bacana". Ele pode ser chamado de "bebê chorão" caso a pressão provocada pelo bullying o atinja, ou de "quatro olhos", "nerd" ou "fresco" caso ele use óculos (NCPC, 1997; Olweus, 1991).

O bullying muitas vezes se origina das injustiças sociais que a sociedade adulta produz, cultiva, mantém e com as quais continua a lidar. As pesquisas confirmam que uma porção significativa do bullying psicológico é discriminatória (Dei, 1997; Glover et al., 1998; Janovicek, 2001; Wason-Ellam, 1996). Os alunos são excluídos e intencionalmente isolados por meio do bullying psicológico dissimulado em função de etnia, gênero, orientação sexual, incapacidade, sotaque ou pelo fato de serem bons alunos e se saírem bem nas aulas. As crianças dessas categorias já são marginalizadas devido às suas diferenças, que são então exacerbadas pelo bullying. Os colegas podem não escolhê-las para as equipes esportivas ou para os trabalhos de aula, e elas podem ser ignoradas, perseguidas ou encaradas. Os pesquisadores observam que essas crianças não são apenas marginalizadas por uma forma de discriminação, muitas vezes elas enfrentam uma combinação de fatores discriminatórios (por exemplo, podem sofrer o bullying dissimulado por meio da exclusão devido à sua etnia, bem como ao seu sexo e à sua orientação sexual, e possivelmente por apresentar algum tipo de dificuldade de aprendizagem ou por ser superdotada) (Jiwani, 2001). Isso resulta em barreiras de discriminação cruzadas e entrelaçadas que as vítimas consideram difíceis de superar, entender e explicar. Elas sabem que são isoladas, no entanto podem não entender por quê.

O bullying psicológico dissimulado dificulta que os professores possam apoiar a vítima. Por exemplo, os professores não podem punir alguém simplesmente por encarar outro colega, e podem não conseguir determinar com certeza que aquilo foi feito com uma intenção maliciosa. Os pretensos perseguidores, por exemplo, poderiam defender as suas atitudes dizendo que simplesmente aconteceu de estarem andando pelo mesmo caminho em que a vítima andava. De modo semelhante, os jovens e as crianças não podem ser punidos por rir, a menos que o professor casualmente ouça uma linguagem imprópria ou insinuações injustas. E os alunos sem dúvida se sentirão constrangidos em ter um professor insistindo para que sejam aceitos em um grupo ou em uma equipe esportiva quando são claramente indesejados.

A perseguição sexual psicológica também pode ser declarada ou dissimulada, compreendendo propostas e ameaças de natureza sexual, xingamentos ou exigências de atos sexuais, entre outras. As meninas podem ser chamadas de "cadelas", "vadias", "sapatonas", "machorras" ou "lésbicas", enquanto os meninos podem ser chamados de "*gays*", "bichas", "maricas" ou "menininha". Da mesma forma que ocorre com o bullying físico, os jovens e as crianças que são de grupos étnicos com características visíveis são especialmente vulneráveis ao bullying psicológico. Os estudos realizados sobre alunos refugiados ou imigrantes que fazem parte desses grupos revelam que esses alunos são significativamente mais sujeitos ao bullying que os demais alunos. As difamações étnicas incluem comentários como "volte para a Índia... ou para a China... ou para o Irã", e insultos relativos à aparência ou ao modo de vestir. Os alunos que são refugiados ou imigrantes são muitas vezes referidos como "FOBs" (*fresh off the boat*)[*] e muitas vezes são perseguidos pelos pares das suas próprias comunidades que nasceram já no novo país e que os veem como um constrangimento (Handa, 1997).

Finalmente, as crianças e jovens com necessidades especiais são especialmente vulneráveis ao bullying verbal devido às suas incapacidades. Smith (1995) explora o quanto esse tipo de bullying é devastador para es-

---

[*] N. de T.: A expressão *fresh off the boat*, que literalmente significa "recém saído do navio", é usada para descrever imigrantes que chegam de outros países e ainda não assimilaram a cultura, a língua e o comportamento predominantes no novo país.

ses indivíduos. As crianças relataram ser chamadas de "repolho", "verme" e "baleia" (Smith, 1995, p. 223-224) e o fato dos colegas ridicularizarem as suas notas baixas em aula. No outro extremo do espectro, as crianças superdotadas também são submetidas à perseguição, sendo chamadas de "cachorrinho do professor", "fresco", "nerd" ou "enciclopédia ambulante".

Boulton e Hawker (1997) explicam que pelo fato das brincadeiras de provocações serem caracterizadas por uma combinação de atributos incômodos e engraçados e muitas vezes conterem mensagens ocultas, pode ser difícil de os professores e os alunos as reconhecerem como bullying. De fato, o que uma criança considera perturbador, outra pode achar divertido, e o que uma criança considera divertido em uma circunstância pode não ser apreciado no momento em que se torna algo persistente. Por isso, pode ser difícil tanto para a vítima quanto para os observadores adultos determinar a intenção do provocador, e também para os autores do bullying avaliarem completamente o efeito das suas palavras e das suas ações.

A INVERSÃO DE PAPÉIS

À dificuldade de identificar e de enfrentar o bullying soma-se o fato de que os papéis de autor e de vítima podem ser intercambiáveis. O National Crime Prevention Council[*] (1997) informa que as crianças que são vitimadas podem também cometer violência e são em geral vistas como *bullies*. Estudos realizados na Escandinávia por Salmivalli (Salmivalli, 1999, 2001; Salmivalli et al., 1996) identificaram seis papéis de participantes distintos que as crianças e jovens assumem: *bully*/vítima; a vítima; o assistente (junta-se ao *bully*); o incentivador (incentiva o *bully* ao observar e rir); o defensor (dá assistência à vítima ao tomar partido dela ou ao tentar deter os outros); e os *outsiders* (alunos que não têm conhecimento do bullying ou que evitam essas situações, mantendo-se afastados). Os pesquisadores estudaram 573 alunos da 7ª série do ensino fundamental e descobriram que eles representavam seis papéis de participantes nas seguintes proporções:

	Percentual
Bullies	8,2
Vítimas	11,7
Assistentes	19,5
Incentivadores	17,3
Defensores das vítimas	23,7
Outsiders	12,7

---
[*] N. de T.: Literalmente, "Conselho Nacional de Prevenção ao Crime. Sigla em inglês: NCPC.

Embora esses pesquisadores tenham constatado que 23,7% dos alunos afirmaram que defenderiam a vítima, uma porcentagem maior (um agregado de 33% das crianças desta amostra) demonstrava algum grau de apoio à conduta.

Pepler e Craig (1997) descobriram que, embora 83% dos alunos descrevam algum incômodo ao ver alguém sofrer bullying, as suas circunstâncias reais de observação demonstraram que 25% dos espectadores apoiavam os autores do bullying. Henderson e Hymel (2002) mencionam que os pares espectadores que observam, mas não tomam nenhuma atitude, contribuem significativamente para o problema. Igualmente perturbador é o fato dos espectadores serem em geral mais favoráveis aos instigadores depois desses episódios, o que intensifica seu entusiasmo e sua agressão.

O'Connell e colaboradores (1999)[10] identificaram três razões principais para a inação dos colegas:

1 A responsabilidade pessoal é difundida por causa da presença de outros indivíduos.
2 As crianças são intimidades pelo diferencial de poder entre elas e o autor do bullying e têm medo de elas próprias passarem a ser vítimas.
3 As crianças podem não ter estratégias para lidar com o bullying e optam por não intervir.

Observe-se que outro grupo de estudos confirma que os pares que são testemunhas não têm coragem de denunciar o bullying porque não se sentem seguros quanto a receber apoio e proteção dos professores e gestores das escolas (Besag, 1989; Henderson e Hymel, 2002; O'Moore e Hillery, 1991; Tattum e Herbert, 1993). Em resumo, a inação dos pares contribui para um ambiente escolar negativo onde as vítimas não podem confiar no apoio dos seus pares. E, como veremos no capítulo seguinte, o apoio dos pares em favor dos autores do bullying pode se multiplicar no ciberespaço chegando a milhões de espectadores e observadores. A inação dos pares aumenta significativamente a humilhação da vítima e gera um ambiente negativo para elas na internet e na escola.

Henderson e Hymel (2002) também informam que, quanto maior o número de crianças presentes, mais tempo durava o comportamento e, concomitantemente, o abuso se intensificava. Mais uma vez, esse aspecto deve ser observado, porque é especialmente verdadeiro no caso do ciberbullying, em que um grande número de crianças e jovens pode se envolver a qualquer momento do dia ou da noite. Esses estudos corroboram as conclusões de Boulton e Hawker (1997) de que uma proporção maior de alunos, como os seus professores, não via a perseguição verbal como bullying. É possível que os espectadores não se vejam como verdadeiros participantes, embora observem e possam contribuir verbalmente para a perseguição.

OS EFEITOS DO BULLYING

Como esclarece a mensagem de Hamed Nastoh apresentada no início desse livro, as consequências trágicas do bullying extremo – conforme testemunhado nos casos que envolvem suicídios e assassinatos[11] – são bem conhecidas. O impacto do bullying nas crianças e nos jovens no que se refere ao curso normal da vida escolar não é igualmente reconhecido, mas também pode ser devastador. O sofrimento mental provocado pela exclusão social causada pelo bullying físico ou psicológico é suficiente para destruir a autoconfiança de qualquer adulto – quanto mais uma criança – em quem poderá ter efeitos para toda a vida. Como ilustram os dados, o impacto do bullying (nas vítimas e nos autores) não pode ser considerado com leviandade.

Pesquisadores (Haynie et al., 2001; Hodges e Perry, 1996; Juvonen e Graham, 2001; Kochenderfer-Ladd e Wardrop, 2001; Rigby, 2001) constatam que as vítimas e os *bullies* passam por maiores problemas psicossomáticos, incluindo depressão, ansiedade, baixa autoestima e apresentam um estado geral de saúde física e mental pior que aqueles indivíduos sem envolvimento com o bullying. Curiosamente, as crianças que são tanto vítimas quanto autores do bullying apresentam um risco psicológico ainda mais grave que aqueles que são apenas vítimas ou autores (Haynie et al., 2001; Kumpulainen et al., 1999; Nansel et al., 2001). Revelam problemas psicológicos mais graves, tendem a procurar pares fora dos padrões e apresentam um desempenho escolar precário. Eles também referem um autoconceito menos satisfatório e maior insatisfação social. Boulton e Hawker (1997) destacam um crescente corpo de pesquisa que revela que a provocação e a exclusão em especial podem ter consequências devastadoras, incluindo a evitação da escola e o funcionamento ineficiente na escola. Essas conclusões são corroboradas pelas próprias descrições das vítimas em suas denúncias contra as escolas e pelos pais cujos filhos cometeram suicídio (*Dufour vs. Howe Sound Board of Education* (2000) (Processo abandonado); *Jubran vs. North Vancouver School Distr. Nº. 44* [2002] B.C.H.R.T.D. Nº. 10 (QL) 221)[12].

O bullying e o apoio dos espectadores aos autores têm graves consequências para os alunos de grupos marginalizados, como os imigrantes e os refugiados. É menos provável que esses alunos se queixem às autoridades pelo fato de serem novos no sistema escolar, por não falarem muito bem o idioma e porque podem ser tímidos demais para estabelecerem comunicação com os professores. Eles podem não entender o papel dos conselheiros escolares, ou os seus próprios protocolos culturais podem exigir que mantenham certa deferência à autoridade (Handa, 1997). De modo semelhante, os alunos que apresentam orientação sexual deferenciada, gays ou lésbicas, os que tenham deficiências, e os heterossexuais filhos de pais do mesmo sexo podem apresentar desempenho escolar baixo e depressão relacionados ao bullying (Sears, 1993).

É importante assinalar que os efeitos do bullying podem ser profundos e para a vida toda. O estudo realizado por Devlin sobre prisioneiros britânicos é instrutivo neste ponto. Devlin constatou que a maior parte dos presos havia sofrido bullying grave durante as suas vidas, e embora muito desse bullying fosse provavelmente físico, o impacto psicológico continuava afetando-os claramente muito depois que as cicatrizes físicas haviam sido curadas. Muitos se tornaram criminosos calejados devido à raiva e à frustração incontidas e à falta de confiança nos seus pares, nos professores e em outros adultos ao longo das suas vidas.

As consequências da maior parte do bullying físico são facilmente reconhecíveis. Os professores conseguem perceber com facilidade quando um aluno tem lesões, um olho roxo ou ossos quebrados. No entanto, ferimentos internos como hemorragia ou costelas quebradas são mais difíceis de detectar e podem ser ignorados por serem considerados lamúrias, até que sinais externos deixem bem claro que o aluno está com dor. Por exemplo, Hamed Nastoh foi mandado para casa porque estava com dor de estômago dois dias antes de se suicidar, e a mãe dele observou que ele não contou nem a ela nem aos funcionários da escola que ele havia levado um pontapé na barriga. O estresse e a ansiedade do bullying também podem causar problemas físicos como dores de cabeça, indigestão e letargia, mas os professores e os pais podem pressupor razoavelmente que a criança tenha uma doença física. Previsivelmente, os autores também sofrem danos físicos graves e tendem a se envolver com o abuso de substâncias e com a criminalidade (NCPC, 1997; Olweus, 1991). Aqueles que oscilam entre praticar o bullying e ser vitimados demonstram maior tendência à agressão grave e à criminalidade na idade adulta (luta física, uso de armas e prática de roubo) (DiGiulio, 2001; Hall, 1999).

Fica claro que o bullying é um problema grave nas escolas e que precisa ser tratado pelas escolas e pelos pais. É tão importante superar a vitimização cotidiana dos alunos quanto os casos extremos. Em uma escola onde o bullying ocorre, não são apenas a segurança, a saúde e o bem-estar das vítimas que estão sendo afetados, mas de todos os alunos – e é em praticamente todas as escolas porque gera uma indiferença e intoxica todo o ambiente escolar. Volto à questão do ambiente escolar nos capítulos posteriores, pois essa é uma das principais áreas onde as escolas e os pais podem trabalhar em conjunto. É também um aspecto da responsabilidade da escola que os tribunais têm destacado como de suma importância à aprendizagem.

O BULLYING NOS DIAS DE HOJE

Na esteira dos tiroteios de Columbine e, os tiroteios aleatórios em massa ocorridos na Virginia Polytechnic University (Agence France Press, 2007) e no Dawson College, em Montreal, em 2006, e atenção dos meios de comunicação a estes e outros casos graves de bullying, muitos pais e outras partes envolvidas estão preocupados que a violência nas escolas esteja aumentando[13] e possivelmente até fora de controle. O acesso fácil às armas e a grande população dos Estados Unidos podem contribuir para as taxas atuais de violência nesse país. Os estudantes do Canadá, da Austrália, da China, do Japão e do Reino Unido, por exemplo, não vivenciam casos de violência extrema com tanta frequência porque há um menor acesso imediato às armas. Contudo, isso não significa que o bullying não seja predominante nas escolas desses países, mesmo que não seja um problema grave. O bullying é um problema em muitos países, porém normalmente não envolve a violência extrema nem resulta em morte. Entretanto, levando-se em conta a atenção dada pela mídia ao bullying, é importante considerá-lo dentro de um contexto.

Pesquisadores do Canadá e dos Estados Unidos (Dolmage, 2000; Roher, 1997; Tanner, 1996) concordam que um número muito pequeno de pessoas (de 4 a 6%) se envolve de fato em atos graves de violência[14]. DiGiulio, na verdade, afirma que as escolas são "os lugares mais seguros do mundo" (2001, p. 23). Ele observa que as mortes violentas por homicídio ou por suicídio nas escolas americanas diminuíram 40% entre 1995 e 2001, enquanto o risco de morte violenta para os alunos que abandonaram a escola ou que foram expulsos ou suspensos aumentou "várias centenas de vezes" (ibidem)[15]. Essas estatísticas, embora menos recentes que as estatísticas que forneço sobre o ciberbullying no próximo capítulo, são importantíssimas. Permita-me repetir que o risco de morte violenta para alunos que foram expulsos ou suspensos aumentou "várias centenas de vezes" (ibidem, p. 23). Quando analisarmos as respostas das escolas e dos governos ao bullying tradicional e ao ciberbullying nos capítulos posteriores, essas estatísticas desempenharão um papel fundamental. DiGiulio também fornece dados que revelam uma redução de 14% das lutas físicas nas escolas estadunidenses entre 1991 e 1997 – outra descoberta positiva; no entanto, como veremos no Capítulo 3, isso pode simplesmente significar que o bullying físico tenha se transferido para a esfera velada do ciberespaço com um alcance muito maior.

Ao mesmo tempo, observa-se que normalmente apenas os casos extremos de bullying são relatados pelos meios de comunicação, desse modo fornecendo um quadro impreciso da sua frequência e da sua gravidade. Segundo Dolmage (2000), as estatísticas divulgadas pela mídia, que refletem um aumento da violência entre os jovens, raramente são apresentadas de forma contextualizada. Os números podem, em vez disso, refletir taxas maiores de violência de um modo geral em função de um aumento populacional[16] ou porque as escolas hoje informam com maior frequência à polícia os incidentes de menor gravidade[17]. Em outras palavras, é importante questionar de forma crítica as estatísticas apresentadas pela mídia que muitas vezes são preparadas de modo sensacionalista e sem dar atenção ao contexto. Isso por sua vez tem um impacto significativo nas estratégias e respostas práticas por parte das escolas e dos ministérios da educação.

Penso que, nos capítulos posteriores, estendi me bastante ao abordar a influência dos meios de comunicação para gerar medo e determinar as percepções do público sobre o bullying tradicional, o ciberbullying e os perigos das tecnologias da comunicação. Por enquanto, observe-se que grande parte do bullying se refere ao aspecto psicológico – em termos de como ele é praticado e em termos dos seus efeitos. Na sociedade contemporânea, a maior parte do bullying circula entre o espaço físico e o ciberespaço como "ciberbullying", e é a essa forma de bullying que me volto agora.

DEFINIÇÕES DO CIBERBULLYING

Um dos problemas que sempre tive com as definições do "bullying" é que elas eram simplistas demais e por isso provocavam reações, medidas e respostas programáticas que deixavam de reconhecer suas nuances e complexidades. No caso do ciberespaço, em função da variedade de possibilidades, da fluidez com a qual é possível alternar entre formas de tecnologia como o e-mail, o MSN, o Facebook, o MySpace, os blogs, as salas de chat e assim por diante, e da capacidade de milhões de pessoas poderem ler e participar de variadas formas de comunicação, qualquer definição de ciberbullying deve ser adotada com uma condição. O ciberbullying deve ser entendido dentro do contexto paradigmático específico no qual é apresentado.

Antes de qualquer coisa, quando definimos um comportamento, é importante que nos lembremos dele como uma ação que ocorre em um determinado contexto, em um determinado período, com várias influências que atuam sobre o(s) indivíduo(s) que pratica(m) a ação. Além disso, é a lente específica ou a abordagem conceitual que levamos para a nossa compreensão do bullying tradicional e do bullying virtual que irá determinar a nossa reação. Na minha introdução ao Capítulo 1, comecei a insinuar que as descrições e definições da realidade podem ser deliberadamente enquadradas para moldar a compreensão das pessoas acerca de uma questão por meio das palavras que são usadas para defini-la. Assim, por exemplo, se a internet for descrita como um "presente diabólico" (Soloyon, 2005), ou "a *Web* enfeitiça os adolescentes por até oito horas por dia" (Soloyon, 2005) e se a utilização da tecnologia da comunicação pelos jovens for constantemente descrita dessa forma, logo resulta que independente do modo como eles a utilizarem, haverá uma conotação negativa associada a ela. Por exemplo, mencionei o caso dos meninos adolescentes que testemunharam no tribunal de direitos humanos no processo movido por Azmi Jubran e explicaram que quando chamavam uma pessoa de "gay" ou de "bicha", no caso da expressão ser dirigida a alguém de quem eles gostassem, logo a intenção deles era usá-la como um termo de afeto. Quando dirigida a alguém de quem eles não gostem, então a intenção é ferir.

Com tanto do discurso popular adolescente infiltrado com palavras como "prosti" (prostituta) e "vadia" e códigos rápidos de comunicação como "omg" que significa "Oh my God"[*], que se desenvolveram por meio das mensagens trocadas pelo MSN ou pelos telefones celulares, os adolescentes impedem cada vez mais o acesso dos adultos às suas vidas. Além disso,

---
[*] N. de T.: Literalmente, "Ai meu Deus".

como Lankshear e Knobel (2006) assinalam, as crianças e os jovens abordam o ciberespaço com uma compreensão muito diferente da sua fluidez e da sua capacidade, enquanto os adultos tendem a ver o ciberespaço como algo que pode ser controlado da mesma forma que o espaço físico.

Por exemplo, os adultos podem ter a noção de que na internet os *firewalls* são como paredes que não podem ser atravessadas. Como os adultos sempre tiveram algum tipo de "controle" sobre os espaços que as crianças ocupavam e sobre as formas de conhecimento a que os jovens têm acesso em casa e na escola, eles podem definir o ciberbullying como algo "antiautoridade", "desenfreado" e "fora de controle". Ainda que, nos últimos cinco anos, inúmeros estudos tenham informado as formas, a extensão e o impacto do ciberbullying, é importante ter em mente que essas conclusões podem nos ajudar a entender apenas parte do quebra-cabeça, e que devemos observar o conjunto das influências que podem aceitar tacitamente o ciberbullying pelo comportamento e pelas reações que nós mesmos temos e acabamos servindo como modelo.

Devemos também estar cientes do limite muito tênue que existe entre a expressão dos jovens que em geral aceitamos quando eles interagem entre si, e aquela que é de fato perigosa e ofensiva. Apresento aqui algumas definições do bullying virtual que ilustram as formas que ele assume, as ferramentas que são usadas para participar dele e as maneiras pelas quais se entende que ele se diferencia do bullying tradicional.

Não está claro se o termo "ciberbullying"[*] foi primeiramente cunhado pelo canadense Bill Besley (2005) ou pela advogada americana Nancy Willard (2003). Belsey definiu o ciberbullying da seguinte maneira:

> O ciberbullying envolve o uso de informações e de tecnologias da comunicação como o e-mail, o telefone celular e aparelhos de envio de mensagens de texto, as mensagens instantâneas, os sites pessoais difamatórios e os sites difamatórios de votações na internet com o objetivo de apoiar o comportamento deliberado, repetido e hostil por parte de um indivíduo ou de um grupo que tem a intenção de prejudicar outros indivíduos.
>
> (Belsey, 2005)

Nancy Willard, diretora do Center for Safe and Responsible internet Use[**], apresentou uma definição mais abrangente, porém mais curta, que descreve o ciberbullying como o discurso que é "difamatório, que consti-

---

[*] N. de T.: No original, "cyber-bullying".
[**] N. de T.: Literalmente, "Centro para o Uso Seguro e Responsável da internet".

tui bullying, assédio ou discriminação, que revela informações pessoais ou contém comentários ofensivos, vulgares ou depreciativos" (Willard, 2003, p. 66). Lembremos que, se adotarmos essa definição, a natureza difamatória da manifestação teria de ser primeiramente estabelecida por um tribunal de justiça. De acordo com Willard, outras formas de bullying virtual podem incluir enviar mensagens ofensivas e ameaçadoras pela internet a uma ou mais pessoas, perseguir e depreciar (comentários críticos), fazer simulações, revelar orientação sexual de uma ou mais pessoas, e excluir (Willard, 2005).

O termo "ciberbullying" descreve as formas de bullying que utilizam a tecnologia. De acordo com alguns relatos, é um fenômeno que as crianças e os adolescentes parecem usar cada vez mais para prejudicar outras pessoas (Campbell, 2005), embora existam também evidências significativas (Media Awareness Network, 2005) de que muitos adultos sejam igualmente culpados de envolvimento no ciberbullying. Darei alguns exemplos de bullying virtual praticado por adultos a seguir.

Não faltam definições do termo ciberbullying. Em outra publicação, e dentro do contexto de determinados artigos, defini o ciberbullying entre pares (Shariff e Strong-Wilson, 2005) como algo que compreende o bullying dissimulado e psicológico, transmitido por meios eletrônicos como telefones celulares, blogs e sites na internet, salas de chat, ambientes MUD* (domínios que permitem a participação simultânea de vários indivíduos, e onde cada participante assume o papel de um personagem) e Xangas (perfis pessoais na internet onde os adolescentes criam listas de pessoas de quem eles não gostam).

Em 2007, eu acrescentaria a essa definição redes de comunicação social como o Facebook, o YouTube, o Orkut, o LinkdIn, o MySpace e inúmeras outras que surgem na internet. Alguns pesquisadores definiram o ciberbullying como "a ofensa deliberada e repetida infligida por meio de texto eletrônico" (Patchin e Hinduja, 2006). Outros pesquisadores o definem como "uma ação agressiva e intencional realizada por um grupo ou por um indivíduo, com o uso de formas de contato eletrônico, de forma repetida e ao longo de um período contra uma vítima que não consegue se defender com facilidade" (Smith, 2004).

Pode ser uma ideia interessante observar a descrição de ciberbullying fornecida pela Wikipedia. As definições e a explicação do ciberbullying são

---

* N. de T.: "Multi User Domain".

abrangentes e úteis, porque cobrem uma variedade, ainda que não todas, de ações virtuais que podem ser consideradas como ciberbullying:

> Bullying virtual (também chamado de *ciberbullying, ciber-bullying* ou *bullying online*) é o termo usado para referir o bullying ou o assédio pelo do uso de instrumentos eletrônicos por meios como o e-mail, as mensagens instantâneas, mensagens de texto, blogs, telefones celulares, *pagers* e sites. Outros termos usados para designar o *ciberbullying* são "bullying eletrônico", "e-bullying", "bullying por SMS", "bullying móvel", "bullying *online*", "bullying digital" ou "bullying de internet" (...).
>
> (Wikipedia, 2007)

A Wikipedia segue explicando que, em alguns países, províncias e estados, o ciberbullying é definido como crime. Como no caso do perfil do bullying tradicional apresentado anteriormente, o ciberbullying é descrito como:

> Deliberado e envolve a ofensa recorrente e repetida infligida por meio de texto eletrônico. Segundo R. B. Standler, o bullying tem a intenção de causar sofrimento emocional e não tem nenhum propósito legítimo para a escolha das comunicações. O ciberbullying pode ser simples como continuar enviando e-mails a alguém que tenha afirmado não desejar mais ter contato com o remetente. O ciberbullying pode também incluir ameaças, comentários de natureza sexual, rótulos pejorativos (ou seja, discurso de ódio). Os *bullies* virtuais podem publicar informações pessoais de contato das suas vítimas em sites. Podem tentar assumir a identidade da vítima com o objetivo de usar o seu nome para publicar conteúdo que os difame ou ridicularize.
>
> (Wikipedia, 2007a)

Todas essas definições apresentam em comum o fato de que os meios e as ferramentas da tecnologia da comunicação estão sendo usados para o envolvimento no bullying na internet, que a comunicação é, tal como o bullying de um modo geral, deliberada e intencional, repetida e excludente. Logo a questão que surge é: Devemos culpar o meio ou a mensagem? (McLuhan, 1964). Meu argumento é que o ciberespaço simplesmente fornece um caminho para a expressão da mensagem. Como questiona Campbell (2005), "será que o bullying virtual é um problema antigo com uma nova aparência?" (p. 68). A mensagem não é diferente daquela que é normalmente expressa quando o bullying ocorre em um espaço físico (de forma declarada ou dissimulada). Se quisermos realizar o objetivo de Hamed Nastoh de educar efetivamente, é fundamental que nos concentremos na mensagem, mas é também importante compreender o meio, de modo que este também possa ser usado para fortalecer a aprendizagem e transmitir uma mensagem completamente diferente.

Os métodos usados no bullying virtual incluem o envio de mensagens de texto que contenham insultos depreciativos por telefone celular, com os alunos mostrando as mensagens a outros alunos antes de enviá-las ao seu alvo; o envio de e-mails ameaçadores e o encaminhamento de e-mails confidenciais a toda uma lista de endereços dos seus contatos, desse modo promovendo a humilhação pública do primeiro remetente. Outros conspiram contra um aluno e o "bombardeiam" com e-mails ofensivos ou preparam um site depreciativo dedicado ao aluno escolhido como alvo e enviam o endereço a outros alunos, solicitando os seus comentários.

Nos Estados Unidos, David Knight, aluno do ensino médio, passou por esse pesadelo. David havia sido provocado, ridicularizado, chutado, ameaçado e agredido fisicamente durante a maior parte do tempo em que cursou o ensino médio. Em uma entrevista à CBC National News (Leishman, 2002), David explicou que o aspecto mais devastador do bullying era a humilhação que ele sofria toda vez que entrava na internet. Os alunos da escola onde ele estudava haviam preparado um site sobre ele onde prosseguiam com as ameaças, insultos e fofocas. A brincadeira contra David se espalhou de forma rápida pelo mundo todo. Os seus colegas lhe disseram que entrasse em um determinado site originado na Tailândia. Para o seu horror, o site tinha como título "Bem-vindo à página que ridiculariza Dave Knight" – era uma extensão do site que havia sido construído pelos seus colegas canadenses. Na entrevista à CBC National News, David explicou:

> Em vez de serem somente algumas pessoas, digamos 30 pessoas em um café, e você ouvindo todas elas gritarem insultos contra você, são mais de seis bilhões de pessoas observando. Qualquer pessoa que tenha um computador pode ver (...) e você *não tem* como escapar. Aquilo não deixa de existir quando você sai da escola e volta para casa. Aquilo fez com que eu me sentisse ainda mais encurralado.
>
> (ibidem)

Foi necessária a ameaça de processo judicial contra o provedor de internet e contra a escola de David até que o site fosse finalmente tirado do ar – aproximadamente seis meses depois da solicitação inicial de remoção feita pela família dele (ibidem).

Além disso, pode ocorrer de construírem sites para que outros usuários votem para escolher o menino mais nerd, ou a menina "galinha" da escola (Campbell, 2005; Snider, 2004). Em um caso, um vídeo de uma adolescente se masturbando para o namorado foi publicado na internet e enviado por e-mail a toda a sua turma da escola quando o relacionamento terminou (Harmon, 2004). A seguir, apresento outros exemplos desse tipo de bullying.

A seção anterior apresentou um perfil do bullying tradicional tanto físico quanto psicológico, e nas suas formas declaradas e dissimuladas. Embora eu o tenha descrito como sendo basicamente "dissimulado", o bullying virtual pode ser declarado, agressivo e "manifesto" da mesma maneira que as outras formas psicológicas do bullying – em especial agora que os comentários depreciativos sobre professores e outras pessoas que ocupam uma posição de autoridade podem ser publicados na internet e vistos por todos. Em geral, o bullying virtual assume a forma do bullying verbal ou escrito. As formas escritas de comunicação, em especial a comunicação *online*, normalmente podem ser gravadas, reproduzidas e apresentam um caráter de permanência, ao passo que a palavra falada, caso não seja gravada, dificilmente pode ser reproduzida.

Conforme mencionei por diversas vezes e continuarei a enfatizar e explorar ao longo deste livro, o ciberbullying não se restringe às crianças e aos jovens. A internet e o e-mail, por exemplo, forneceram um meio para que muitos adultos liberassem a sua raiva e a sua frustração, perseguissem, ameaçassem e se aproveitassem da reputação de outros adultos. Alguns assumem personalidades virtuais nos ambientes MUD e assediam sexualmente outros jogadores. No Capítulo 7, destaco também casos que envolvem a perseguição *online* e a difamação virtual realizada por pais contra professores, e apresento exemplos de sites na internet criados por adultos e que consolidam o ódio e a violência.

Antes de apresentar as estatísticas extraídas de uma série de estudos internacionais para avaliar a extensão da utilização da tecnologia e do ciberbullying em diversas partes do mundo, é importante assinalar algumas das características básicas do ciberbullying que não estão presentes no bullying tradicional.

AS CARACTERÍSTICAS DO CIBERBULLYING

Pela sua natureza, os meios eletrônicos permitem que as formas tradicionais do bullying assumam características que são específicas do ciberespaço.

O anonimato

A natureza anônima do ciberespaço primeiramente o tornou atraente aos jovens, sobretudo quando *há* uma relação com a escola, pois permite que colegas e/ou professores sejam usados como alvos sem que os jovens sejam facilmente descobertos (a menos que utilizem sites de redes sociais nos quais é mais fácil identificar os autores dos comentários). A maior parte do bullying virtual é anônima porque os autores estão protegidos por pseudônimos que preservam as suas identidades. O anonimato do ciberespaço aumenta os desafios para as escolas (Harmon, 2004). Além disso, embora o bullying virtual inicie de forma anônima no ambiente virtual, ele afeta a aprendizagem no ambiente físico da escola. As consequências podem ser psicologicamente devastadoras para as vítimas e socialmente prejudiciais a todos os alunos (Gáti et al., 2002). O medo dos autores de bullying incógnitos entre os colegas e o bullying que prossegue na escola afasta todos os alunos (as vítimas, os espectadores e os autores) da atividade escolar. Gera um ambiente escolar físico hostil onde os alunos se sentem mal acolhidos e inseguros. Em uma atmosfera como essa, reduzem-se muito as oportunidades de igualdade de aprendizagem (Devlin, 1997; Shariff e Strong-Wilson, 2005).

Um público infinito

Em segundo lugar, e como mencionei anteriormente neste capítulo, a pesquisa sobre o bullying de um modo geral constata que 30% dos espectadores e observadores apoiam os autores e não as vítimas (Boulton, 1993; Salmivalli, 2001). Quanto mais tempo o abuso persiste, mais espectadores participam dele (Henderson et al., 2002), gerando um desequilíbrio de forças entre a vítima e os autores. O isolamento produz vítimas vulneráveis ao abuso continuado, e o ciclo se repete. Algo que pode começar no ambiente físico da escola como uma brincadeira amistosa pode rapidamente se transformar em bullying verbal que prossegue ocorrendo no ciberespaço como bullying psicológico dissimulado. No ciberespaço, a diferença é que centenas de autores podem se envolver no abuso, e os colegas que não se envolveriam com o bullying na escola podem se esconder por trás da tecnologia para infligir o abuso mais grave de todos.

Já usei o exemplo bem conhecido de um site abusivo construído para insultar David Knight, que acabou chegando à Tailândia. Uma situação semelhante ocorreu com Ghislain Reza, adolescente da cidade de Trois Riviers, na província de Québec, Canadá, que se tornou mundialmente conhecido como "o menino do Guerra nas Estrelas". Ghislain gravou um vídeo com ele próprio encenando um personagem do filme "Guerra nas Estrelas" e fazendo uma dança com um sabre de luz. Ele deixou a fita por engano na sala de multimídia da escola. A fita foi roubada por dois colegas que publicaram o vídeo em um site na internet. O site recebeu aproximadamente 15 milhões de visitas e foram feitos mais de 106 cópias do vídeo. Em consequência disso, Ghislain ficou conhecido como "o menino do Guerra nas Estrelas". Na escola, ele era alvo de provocações em todos os lugares onde ia. George Lucas, diretor do filme "Guerra nas Estrelas", ouviu falar de Ghislain. A mentalidade corporativa americana entrou em ação, e alguns empresários começaram a produzir lembranças e recordações com a marca do "menino do Guerra nas Estrelas". Na escola, onde quer que ele fosse, os alunos subiam nas mesas e dançavam cantando "o menino do Guerra nas Estrelas!". Os pais dele por fim processaram os dois colegas que publicaram o vídeo e, em abril de 2006, entraram em um acordo por uma quantia de aproximadamente 360 mil dólares canadenses. Ghislain teve que mudar para outra escola para evitar as provocações. Ainda que o acordo tenha sido bom para Ghislain, pois o tirou da situação de exposição pública, se o caso tivesse prosseguido até o julgamento, este teria sido o primeiro julgamento sobre um caso de ciberbullying. A maior parte dos processos judiciais que são originados em função do bullying tradicional e do ciberbullying parece terminar em acordos porque os custos judiciais são em geral altos demais para os pais, e as companhias de seguro das escolas usam todos os tipos de táticas de adiamentos para evitar que os casos cheguem a julgamento. Além disso, os tribunais relutam em ouvir os casos de ciberbullying por causa dos desafios relativos às definições de conceitos envolvidas e da sua preocupação quanto a abrir as comportas ao litígio. A situação de David Knight é um caso em questão. O processo dele foi adiado por pelo menos três anos pela companhia seguradora da escola e está em processo de negociação.

O predomínio do assédio sexual e da perseguição homofóbica

Uma terceira preocupação é que o assédio sexual e a perseguição homofóbica surgem como um aspecto predominante do ciberbullying, e isso pode estar relacionado às diferenças de gênero no modo como indivíduos do sexo masculino e do sexo feminino usam as tecnologias da internet e do telefone celular. Certamente, os resultados das pesquisas internacionais que discuto posteriormente são muito interessantes nesse sentido.

O caráter de permanência da manifestação

Em quarto lugar, as mensagens publicadas *online* têm uma permanência e uma inseparabilidade que são muito difíceis de apagar. Os telefones celulares em geral são transportados o tempo todo, o que dificulta que as vítimas os ignorem, e os computadores são em geral usados todos os dias. Ainda que, é claro, um telefone celular possa ser ignorado, as mensagens de texto e os e-mails podem ser enviados de modo que, toda vez que o telefone ou o computador sejam ligados, as mensagens desagradáveis estejam lá esperando para serem lidas. A maioria das pessoas tem um telefone celular e precisa do computador para as suas atividades de estudos ou de trabalho. Além disso, na internet, os e-mails, as fotografias modificadas e o material difamatório são extremamente difíceis de remover uma vez que tenham sido publicados, pois milhões de pessoas podem baixá-los e salvá-los imediatamente. Essas formas de expressão podem então ser encaminhadas para centenas de outras pessoas e salvas nos seus computadores ou *notebooks*.

MySpace, Facebook e YouTube

As ferramentas de comunicação social *online* como o site MySpace para adolescentes e pré-adolescentes começaram a surgir há mais ou menos cinco anos e se tornaram populares muito rapidamente. De modo especial para as meninas, que têm um maior envolvimento nas formas de comunicação social e verbal, o MySpace foi a maneira perfeita de se conectar com os amigos, mas também de excluir os seus pares, persegui-los e humilhá-los. A Disney recentemente criou uma página própria no site MySpace para explorar a sua popularidade. Até este ano, os incidentes de bullying virtual envolvendo o MySpace eram de um modo geral restrito a casos entre usuários. Porém, com o advento do Facebook e do YouTube, o universo das redes sociais *online* atingiu domínios totalmente novos.

O site Facebook foi lançado em 4 de fevereiro de 2004, na Universidade de Harvard, por Mark Zuckerberg, aos 22 anos. Ele foi desenvolvido para ser uma ferramenta de rede social para os estudantes universitários da Ivy League e, em de duas semanas, metade dos alunos de Harvard já havia se cadastrado no site. Em 30 de maio de 2004, os alunos das universidades de Stanford e Yale se associaram e, em setembro de 2005, o Facebook foi aberto aos alunos do ensino médio. Em junho de 2006, o site foi aberto a redes comerciais com mais de 20 mil redes de funcionários. Em um período de três anos, o Facebook ganhou mais de 19 milhões de usuários registrados. É o sexto site mais trafegado dos Estados Unidos, e 1% de todo o tempo que as pessoas passam na internet é gasto no site facebook.com (Roher, 2007). Um dos seus atrativos é o recurso de compartilhamento de fotos do site na internet. Seis milhões de fotografias são publicadas pelos usuários diariamente, e há a expectativa de que gerem 100 milhões de dólares para Zuckerberg em 2007. O site Yahoo fez uma proposta para comprar o Facebook por 1 bilhão de dólares, que foi rejeitada.

Segundo uma etnógrafa californiana, Dana Boyd, a rivalidade entre o Facebook e o MySpace se baseia na classe social. Em um artigo intitulado "O Facebook é 'bom' para as crianças – o MySpace é para os esquisitos" (Harris, 2007), o jornal The Gazette apresenta a pesquisa de Boyd que afirma que os adolescentes do Facebook tendem a ser de famílias que são mais abastadas e enfatizam a formação universitária, são predominantemente brancos, matriculam-se nas turmas mais respeitadas e "vivem em um mundo ditado pelas atividades extracurriculares". Os jovens que se comunicam no MySpace, contudo, são descritos como "nerds, esquisitos ou excêntricos", de famílias de baixa renda e com a expectativa de conseguirem emprego após a formatura no ensino médio. Segundo Boyd, a razão dessa divisão é que as pessoas tendem a gravitar entre os grupos sociais nos quais se sentem mais à vontade. Isso foi constatado em uma pesquisa realizada pela Comscore (empresa que coleta dados na internet) que descobriu que quase 50% dos usuários do Facebook – em comparação com a média geral na web que é de 40% – vivem em residências onde a renda média anual é superior a 75 mil dólares. A matéria jornalística assinala que, embora as conclusões de Boyd tenham sido apresentadas na forma de um "ensaio via blog" e não em um artigo acadêmico, a sua reputação como pesquisadora de destaque do comportamento *online* dá credibilidade ao seu estudo.

Concordo com outros pesquisadores acadêmicos que consideraram interessante o estudo realizado por Boyd porque identifica as sutilezas da discriminação *online*, que são difíceis de reconhecer. À luz desse estudo, não surpreende que os militares dos Estados Unidos tenham impedido que os seus soldados tivessem acesso ao site MySpace, mas tenham permitido que acessassem o Facebook, que é preferido pelos oficiais.

AS FERRAMENTAS DE COMUNICAÇÃO SOCIAL *ONLINE*

Em uma entrevista recente, Boyd descreveu o MySpace e o Facebook da seguinte forma:

> O MySpace e o Facebook são sites de redes sociais onde os indivíduos criam perfis e os associam a outros indivíduos ("amigos") dentro do sistema. O perfil serve como uma representação digital do indivíduo (semelhante a páginas pessoais), dos seus gostos, hábitos e da sua identidade. Ao compor esse perfil, os indivíduos publicam fotos, indicam interesses, enumeram os seus músicos preferidos e se descrevem textualmente e por meio das formas de mídia associadas. O recurso de rede social permite que os participantes se conectem a outros indivíduos dentro do sistema, revelando suas afiliações sociais e grupos de pares. Esses sites também permitem que amigos façam comentários nos perfis uns dos outros. Estruturalmente, os sites de redes sociais são um cruzamento entre uma espécie de livro do ano universitário e um site comunitário.
> Esses sites também oferecem inúmeras ferramentas de comunicação. Ambos têm um sistema de envio de mensagens semelhante ao e-mail; o MySpace tem também um quadro de avisos onde as pessoas podem postar mensagens que todos os amigos podem ler e um serviço de blogs onde as pessoas podem postar conteúdos para os amigos ou para o público em geral. Quando os jovens entram na internet, a sua primeira tarefa normalmente é verificar as mensagens a fim de ver quem lhes escreveu. Embora o e-mail ainda seja usado para se comunicarem com os adultos e com figuras de autoridade, o MySpace é a principal ferramenta de comunicação assíncrona entre os adolescentes. Após checarem as mensagens pessoais, os jovens verificam as solicitações de amizade, as postagens nos quadros de avisos, os anúncios de eventos e as novas postagens nos blogs dos amigos. Eles visitam as páginas dos seus amigos para ver as fotos novas ou verificar os comentários uns dos outros. A imensa maioria da utilização dos sites de rede social entre os jovens não envolve navegar pelos perfis de pessoas estranhas, mas sim em se envolver de uma forma mais local com amigos e conhecidos da vida real.
>
> (Boyd e Jenkins, 2006)

Segundo Boyd, o MySpace tem mais de 78 milhões de contas registradas, e o Facebook tem aproximadamente 8 milhões. Embora mais de 85% dos estudantes universitários participe do Facebook caso ele exista nas suas universidades, ela explica que o MySpace é uma exigência cultural dos alunos do ensino médio nos Estados Unidos. Boyd (2006) cita um adolescente que afirmou que: "Se você não estiver no MySpace, você não existe" (ibidem). Nem todos os usuários do MySpace são adolescentes, mas a maior parte dos adolescentes americanos tem conta no MySpace.

A autora explica que esses sites desempenham um papel essencial na cultura jovem contemporânea:

> Esses sites desempenham um papel essencial na cultura dos jovens porque fornecem um espaço para estar entre amigos e colegas, compartilhar artefatos culturais (como links para sites divertidos, comentários sobre programas de televisão) e organizar uma imagem de como eles mesmos se veem. Funcionam também como coletivos digitais, substituindo os tipos de coletivos que a maior parte dos adultos consideraria normal, mas que são hoje inacessíveis para muitas pessoas – quadras de basquete no bairro, passeios públicos, parques, etc., e permitem que tenham espaços onde podem *escapar da cultura dos adultos* [grifo nosso].
>
> (Boyd e Jenkins, 2006)

Peço que os leitores assinalem as observações de Boyd porque elas serão importantes para a minha discussão do modo como supervisionamos os espaços dos alunos no Capítulo 5.

Em função do seu *status* mais elitista e do fato da sua inscrição ser popular entre os jovens supostamente mais brilhantes e com melhor formação educacional, os empregadores em perspectiva começaram a checar os perfis dos candidatos no Facebook para ver que tipos de amigos eles têm; o quanto eles bebem (como fica evidenciado pelas fotografias deles postadas ou assinaladas pelos amigos); que tipos de conversas pessoais eles têm com os amigos nos seus murais; como eles se vestem de um modo geral, como se comportam e assim por diante (Sankey, 2007).

À medida que mais adolescentes se associaram ao Facebook, esse site de rede social passou a ter problemas relacionados a alunos do ensino médio que publicavam manifestações antiautoridade *online* sobre professores e funcionários de escolas. O que é surpreendente é que muitos dos adolescentes que publicam os comentários *online* argumentam que as suas conversas não deveriam ser acessadas pelos adultos (mesmo que esses adultos estejam no Facebook e possam ver as mensagens que eles publicam nos perfis de outras pessoas). Isso estimula o debate a respeito dos espaços públicos e privados, e do argumento dos alunos de que não estão "intencionalmente praticando bullying" contra os seus professores, mas sim meramente tendo conversas entre eles que não se destinam a ser lidas pelos seus professores ou pelos funcionários das escolas. Eles argumentam que não têm a intenção de perseguir, ameaçar ou praticar bullying de um modo geral contra os seus professores e que têm todo o direito de conversar livremente. Volto a uma análise dessas questões em uma parte posterior do livro. Enquanto isso, outras redes sociais, como o YouTube, também estão atraindo a sua cota de problemas.

O YouTube permite a postagem de vídeos para que sejam vistos publicamente. Internacionalmente, o YouTube se tornou popular como um site onde todos os tipos de gravações em vídeo podem ser publicados. Em alguns casos, os vídeos são modificados e colocados no YouTube. Os exemplos abrangem gravar brigas dos alunos, filmar os colegas se despindo nos vestiários e banheiros do ginásio de esportes; filmar os professores furiosos nas salas de aula; e alunos dançando em uma apresentação de dança na escola (Roher, 1997).

Outras ferramentas de redes sociais incluem o Orkut, que é o equivalente do MySpace na Índia, e o site Freevote.com. Ao usar o Freevote.com, os alunos podem construir uma *web page* para uma escola em particular que permite que os alunos votem em questões da sua escola. Ainda que essa filosofia seja positiva, esse site também permite que os alunos façam, anonimamente, comentários pessoais, depreciativos e ofensivos sobre outros indivíduos. De modo semelhante, os sites RateMyTeacher.com e RateMyProfessor.com[*] muitas vezes provocam críticas mordazes quando os estudantes estão furiosos com os professores pelas mais variadas razões. O site Bebo.com é popular na Nova Zelândia, na Austrália, no Reino Unido e na Irlanda, e contém categorias como "busca de pessoas", "verificação de antecedentes", "encontrar amigos", "encontrar pessoas", "sala de chat", "encontros no escuro", "álbum de fotos" e "álbuns de fotos *online*". Embora seja importante que o site ofereça checagens de antecedentes, o Bebo também tem tido a sua cota de jovens que se envolvem com o bullying virtual no seu site.

Essas ferramentas de redes sociais *online* são, até certo ponto, tanto públicas quanto privadas, abrindo debates importantes em relação a que partes envolvidas têm a autoridade (e a responsabilidade) de intervir no ciberespaço para monitorar a comunicação social dos jovens. Essa questão ainda permanece indefinida na medida em que os tribunais ainda precisam fornecer uma direção clara sobre esses problemas. As redes de comunicação social representam uma exceção ao anonimato do ciberbullying, pois os nomes dos indivíduos que publicam comentários podem ficar visí-

---

[*] N. de T.: Ambos são sites destinados a promover uma espécie de avaliação pública de professores, em que *Rate My Teacher* e *Rate My Professor* podem ser traduzidos como "Avalie meu professor".

veis e ser acessados por outras pessoas que participam da mesma rede. Em função da reação mundial estrondosa a essas redes de comunicação social, contemplo-as em uma análise detalhada nos capítulos seguintes, pois é por meio dessas questões que podemos destrinchar alguns dos limites da responsabilidade que no momento permanecem pouco nítidos.

A DISCRIMINAÇÃO SEXUAL *ONLINE*

Em 2005, escrevi vários artigos e capítulos de livros com Rachel Gouin, aluna de pós-graduação, sobre o predomínio do assédio sexual e da perseguição homofóbica no ciberespaço. Reitero aqui algumas das conclusões que apresentamos. Essa forma de bullying virtual é amplamente influenciada tanto pela biologia (influências hormonais e pré-puberdade) quanto pelo ambiente (socialização de acordo com o gênero).

A pesquisa sugere que, embora indivíduos de ambos os sexos se envolvam com o bullying virtual, há diferenças (Chu, 2005; Li; 2005). Argumenta-se que as crianças e os jovens que participam de alguma forma de bullying sejam vítimas. Eles são influenciados por forças biológicas e ambientais, o que inclui barreiras sistêmicas de opressão, de interseção e de bloqueio com base na etnia, no gênero, na orientação sexual, nas (in)capacidades, na hegemonia cultural, no androcentrismo e no eurocentrismo, que continuam permeando muitas instituições, inclusive as escolas e os tribunais (Razack, 1998; Shariff, 2003). Exploro essas influências no Capítulo 4.

Inúmeros teóricos escreveram sobre a perseguição e o assédio *online* relacionados ao gênero (Brail, 1996; Finn, 2004; Gáti et al., 2002; Herring, 2002; McCormick e Leonard, 1996). Alguns deles esboçaram categorias como a perseguição baseada no gênero, o assédio sexual indesejado e a coação sexual (Barak, 2005). Outros escreveram sobre o estupro virtual (Dibbell, 1993; MacKinnon, 2001), a perseguição (Adam, 2001; 2002; Spitzberg e Hoobler, 2002; Tavani e Grodzinsky, 2002), o roubo de identidade (Finn e Banach, 2000), o bullying virtual (Shariff, 2004; Ybarra e Mitchell, 2004a,b) e a violência virtual de um modo mais geral (Herring, 2002). Os estudos destacados a seguir esclarecem as maneiras pelas quais o bullying virtual ou a violência baseados no gênero se diferenciam do – e ao mesmo tempo estão associados ao – que ocorre no ambiente físico (não virtual).

As vítimas do sexo feminino

Barak (2005) define três categorias do assédio sexual:
1 Perseguição com base no gênero.
2 Assédio sexual indesejado.
3 Coação sexual.

Ela divide a primeira categoria em quatro subcategorias:
1 Perseguição sexual verbal ativa, que abrange mensagens sexuais ofensivas do perseguidor para a vítima, comentários humilhantes relativos ao gênero e observações de ordem sexual.
2 Perseguição sexual verbal passiva, que abrange apelidos e identidades ofensivas na internet (como molhadinha, ferramentaGG).
3 Perseguição de gênero explícita ativa, que abrange conteúdo erótico e pornográfico indesejado enviado por e-mail ou publicado em ambientes *online*.
4 Perseguição de gênero explícita passiva, que abrange a publicação de fotos e vídeos em sites de pornografia (como a abertura forçada de janelas *pop-up*).

A segunda categoria, assédio sexual indesejado, "se refere aos comportamentos indesejados que comunicam explicitamente desejos ou intenções sexuais em relação a outro indivíduo (Barak, 2005, p. 78). Por último, a coação sexual implica o uso de diversos meios *online* para pressionar a vítima no sentido da cooperação sexual. Embora o uso da força não seja possível na esfera *online*, as ameaças podem ser percebidas pela vítima como sendo tão reais quanto uma situação presencial. Isso fica ilustrado pela ameaça telefônica que levou a adolescente canadense Dawn Marie Wesley a cometer suicídio. As palavras "você está f___ ida!" ouvidas de um colega fizeram com que ela acreditasse que poderia sofrer algum tipo de dano real. O autor da ameaça à adolescente foi condenado por crime de assédio porque o tribunal observou que o dano percebido pela vítima se equivalia ao dano real (Shariff, 2004).

Essa perspectiva de que as ameaças sejam tão reais quanto, ou até mesmo mais ameaçadoras que aquelas feitas pessoalmente, é apoiada por Herring (2002), que explica que o comportamento *online* que leva ao ataque contra o bem-estar físico, psicológico e emocional de um indivíduo ou de um grupo de fato constitui uma forma de violência. Ela distingue quatro tipos de violência virtual:

1 Perseguição *online* que leva ao abuso *offline* (informações equivocadas que levam à fraude, ao roubo e ao contato sexual indesejado).
2 Perseguição virtual, que compreende a monitoração *online* ou o rastreamento das atividades dos usuários com intenções criminosas.
3 Assédio *online*, que consiste de ameaças, de abusos e de alertas indesejados, repetidos e deliberados.
4 Representações degradantes na internet sobre as mulheres por meio de palavras ou imagens que incentivem o desrespeito e o desprezo.

Adam (2001) observa que os estudos sobre a violência no ciberespaço revelam que a maioria dos autores são homens e a maioria das vítimas são mulheres. Ele revela que uma a cada três crianças ou adolescentes do sexo feminino relatou ter sido assediada *online* em 2001. Entre as crianças e adolescentes, as meninas parecem ser duas vezes mais visadas que os meninos (Finkelhor et al., 2000).

De acordo com Herring (2002), 25% dos usuários da internet com idades entre 10 e 17 anos foram expostos a imagens pornográficas indesejadas no ano passado. Oito por cento das imagens envolviam violência, além de sexo e nudez. O estudo mencionado anteriormente, realizado em Alberta com adolescentes do ensino médio (Li, 2005), revelou que os meninos admitiram praticar o ciberbullying com maior frequência, e que as meninas eram vitimadas com maior frequência. Além disso, Mitchel e colaboradores (2001, conforme citação em Barak, 2005), em uma pesquisa sobre adolescentes americanos, constataram que 19% desses jovens (sendo a maioria meninas com mais idade) haviam recebido pelo menos um convite de natureza sexual na internet durante o ano anterior.

Os autores do sexo feminino

Ainda que seja mais provável que as meninas sejam alvos da violência virtual em função da posição que ocupam na hierarquia de poder, as meninas adolescentes emergem cada vez mais como instigadoras ativas do bullying virtual. Embora Ybarra e Mitchell (2004a) tenham constatado que indivíduos do sexo masculino e do sexo feminino tenham as mesmas probabilidades de relatar ter perseguido outro indivíduo na internet, um estudo recente que analisou 3.700 adolescentes (Kowalski, conforme citado em Chu (2005)) descobriu que, em um período de dois meses, 17% das meninas pesquisadas confessou ter praticado ciberbullying em comparação com uma taxa de 10% no caso dos meninos. Considerando que foi constatado que as meninas com idades entre 12 e 18 anos passam pelo menos 74% do seu tempo em chats ou em programas de envio de mensagens instantâneas (Berson et al., 2002), esse dado não chega a ser surpreendente. E é até menos surpreendente quando considerado dentro do contexto das influências biológicas e ambientais (de socialização) que abordo no Capítulo 4.

Considerando que as pesquisas preliminares sobre o bullying virtual revelam um montante significativo de perseguição sexual e de diferenças de gênero no modo como ocorre a perseguição na internet, não podemos ignorar o papel do gênero e as suas manifestações de violência *online*. Posteriormente, apresentarei exemplos e estatísticas que influenciam e motivam homens e mulheres jovens e demonstram como isso, por sua vez, afeta os ambientes de aprendizagem (tanto físicos quanto virtuais). Esses exemplos irão preparar o terreno para as apresentações das respostas judiciais e legislativas aos processos jurídicos de assédio sexual no ciberespaço nos capítulos posteriores. Por enquanto, é importante observar que, embora as meninas e as mulheres pareçam ser os principais alvos no ciberespaço, uma quantidade relevante de pesquisas sugere que, no mundo todo, as meninas cada vez mais praticam o ciberbullying em grupos e são usuárias mais habituais das ferramentas de redes sociais.

Alvos e autores do sexo masculino

A orientação sexual também figura maciçamente no ciberbullying e no bullying de um modo geral. Os casos de bullying tradicional incluem o suicídio devastador de Hamed Nastoh, o ataque com ácido e o bullying homofóbico durante quatro anos contra Azmi Jubran praticado pelos seus colegas de aula na Handsworth High School. No caso de Azmi, os autores testemunharam no processo de direitos humanos declarando que, quando faziam provocações aos amigos em relação a estes serem *gays*, este termo era usado como forma de afeto; no entanto, quando o insulto é dirigido a alguém de quem eles não gostassem, as palavras tinham a intenção de ofender. Com base na natureza permanente, prolongada e deliberada do bullying homofóbico sofrido por Azmi Jubran e David Knight, as palavras tinham a intenção de ofender. No caso de David Knight, ele foi descrito como um pedófilo homossexual, com incentivos a uma plateia infinita para que escrevesse insultos e comentários sobre a fotografia dele.

Um estudo realizado por Tolman e colaboradores (2001) no ensino médio dos Estados Unidos fez observações importantes relativas ao assédio sexual e ao bullying homofóbico no universo adolescente. O que eles constataram foi que a perseguição sexual cresceu na educação infantil e na adolescência. Era um comportamento amplamente praticado por alunos do sexo masculino, que também se envolviam no bullying homofóbico contra os seus pares do sexo masculino com traços de personalidade menos agressivos. Tolman e colaboradores (2001) sugerem duas razões – em primeiro lugar, os hormônios enfurecidos e o interesse pelas meninas, e, em segundo, a necessidade dos adolescentes do sexo masculino de afirmar a própria masculinidade. Agindo assim, eles se envolvem com o assédio sexual das meninas e desprezam tanto os meninos que são vistos como concorrentes quanto aqueles que têm características mais "femininas", resultando no bullying homofóbico. Essas questões são abordadas de forma mais detalhada no Capítulo 4.

As formas mistas de discriminação

Para complicar um pouco, em cada um dos casos discutidos aqui, não é simplesmente a orientação sexual que provoca as supostas brincadeiras. Todas as vítimas mencionaram que foram provocadas igualmente por algum outro motivo – no caso de Hamed e de Azmi, foi o fato de eles serem também de origem iraniana, embora ambos tenham nascido no Canadá. No caso de David Knight, a sua inteligência e a sua beleza também podem ter desempenhado um papel. No caso de Ghislain Reza, o seu peso sem dúvida teve influência.

O CONTEXTO INTERNACIONAL

Embora ao longo dos últimos anos tenham aparecido poucos estudos, e muitos novos estudos ainda precisem ser concluídos ou estejam surgindo no momento em que este livro segue para impressão, mesmo assim é importante resumi-los aqui e destacar o fato do ciberbullying emergir como uma preocupação mundial. Ainda que a abordagem do tema tenha recebido atenção significativa por parte da mídia e da pesquisa científica em países como Grã-Bretanha, Nova Zelândia, Holanda, Austrália, Estados Unidos e Canadá, nos países do sul da Ásia, a pesquisa está apenas começando a entrar em andamento, à medida que o uso das tecnologias começa a se intensificar entre os jovens naqueles países. O meu próprio projeto de pesquisa, que inclui colaboradores no Japão, na Índia, na China, na Nova Zelândia, na Austrália e no Reino Unido (www.cyberbullying.co.nr/) é um projeto com duração de dois anos que resultou em uma conferência na Nova Zelândia em julho de 2008 para a divulgação dos resultados. Para os propósitos deste livro, apresento dados preliminares conforme eles vão sendo enviados pelos meus colegas de outros países e dos meus assistentes de pesquisa no Japão, na Índia e na China, e também discuto brevemente o que está ocorrendo no ocidente. Os países do sul da Ásia são interessantes da perspectiva da compreensão do impacto que as tecnologias estão tendo nas suas respectivas culturas e do modo pelo qual os jovens desses países começam a romper regras tradicionais por meio da comunicação *online*. É para esse panorama que me volto agora no Capítulo 3.

NOTAS

1 Carta de suicídio deixada por Hamed Nastoh, publicada com a gentil permissão de Nasimah Nastoh, mãe de Hamed.
2 De 8 a 9% das crianças do ensino fundamental sofre bullying com frequência (uma ou mais vezes por semana) e de 2 a 5% dos alunos pratica o bullying contra os colegas com frequência (Bentley e Li, 1995). As pesquisas citadas pelo National Crime Prevention Council (NCPC) revelam resultados semelhantes (Boulton e Underwood, 1992). Roher (1997) menciona que, de 457 alunos, 20% relataram mais de um incidente; 8% dos alunos questionados sofrem bullying uma ou mais vezes por semana. Em uma pesquisa recente realizada nos Estados Unidos com mais de 15 mil jovens do ensino fundamental e médio, Nansel e colaboradores (2001) constataram que 9% dos alunos relataram serem vítimas de bullying com frequência, e mais de 8% dos alunos admitiu praticar bullying habitualmente. Em um estudo recente com alunos de escolas de ensino médio, Henderson e colaboradores (2002) constataram que, dos 490 alunos entre as séries finais do ensino fundamental e ensino médio (50% do sexo feminino e 50% do sexo masculino), 64% dos respondentes deram indícios de terem sofrido bullying, 12% relataram ser vítimas de bullying com regularidade (uma vez ou mais por semana) e outros 13% admitiram participar de episódios de bullying regularmente (uma vez por semana ou mais). A maioria dos respondentes relatou observar bullying na escola, mas apenas 40% afirmaram ter tentado intervir. Veja também DiGiulio (2001)
3 Um *bully* era descrito como "covarde tirânico que faz de si próprio um terror para os mais fracos", "{Um} *bully* vil e inescrupuloso, notório por suas afinidades escravocratas", ou "Valentão contratado com o objetivo de promover violência ou intimidação" (Dicey, 1863, p. 646).
4 Mooney e colaboradores (1997) verificaram que 96% dos 308 alunos entre 7 e 11 anos relataram a brincadeira em tom de provocação como a forma mais frequente

de bullying que sofreram. Veja também Boulton e Hawker (1997). Setenta e quatro por cento das meninas costumam frequentar chats ou usam programas de envio de mensagens instantâneas (Berson et al., 2002); 14% dos jovens canadenses são perseguidos por meios eletrônicos, e 15% admitiram perseguir outros indivíduos por meios eletrônicos (Leishman, 2002).

5 Olweus (1993) primeiramente destacou a diferença entre bullying direto (ataques físicos declarados) e bullying indireto (isolamento social e exclusão das vítimas). Björqvist e colaboradores (1992) foram mais além e estabeleceram a diferença entre agressão física (bater, empurrar e chutar), agressão verbal direta (xingamentos, ameaças) e agressão indireta (por exemplo, revelar histórias particulares de outras pessoas, espalhar boatos, excluir uma pessoa deliberadamente de determinadas atividades).

6 Artz e Riecken (1997), Lanctot (2001) e Moretti (2002) relataram a predominância dos atos violentos nos indivíduos do sexo masculino, mas em ascensão entre os indivíduos do sexo feminino. A análise realizada por Schissel (1993) sobre as tendências das taxas criminais oficiais entre os jovens canadenses revelou um aumento constante no número de crimes violentos cometidos por indivíduos do sexo feminino de 1970 a 1990. Tanner (1996) menciona 21% de aumento no número de jovens do sexo feminino denunciadas entre 1986 e 1990, advertindo, contudo, que esse número ainda representa apenas 18% de todos os jovens denunciados durante esse período. Moretti (2002) relata que a diferença de gênero, em termos da gravidade e da natureza física do bullying e da violência entre meninos e meninas, está diminuindo.

7 Essa discrepância na pesquisa é hoje reconhecida pelos pesquisadores do campo, resultando em uma conferência que se concentrou especificamente nas meninas e na violência. O objetivo da conferência era obter um perfil mais preciso das meninas e da violência através de uma análise conjunta das pesquisas realizadas por psicólogos, sociólogos e criminologistas que estudam especificamente essa perspectiva (Vancouver Conference on Aggressive and Violent Girls, 2002).

8 Veja também Katch (2001), Chamberlain e Houston (1999) e Henderson e Hymel (2002).

9 Embora a pesquisa sobre o predomínio do bullying seja apresentada sob um título separado neste capítulo, essas estatísticas são importantes aqui porque estão associadas ao assédio sexual como principal forma de bullying nas escolas. Veja também Louis Harris e Associates (1993); Chamberlain e Houston (1999); Tolman e colaboradores (2001). Watkinson (1999) e Bowlby e Regan (1998) fornecem estatísticas canadenses que corroboram os resultados americanos.

10 O'Connell e colaboradores (1999) filmaram 185 episódios de bullying praticado por estudantes da 1ª à 7ª série do ensino fundamental, e observaram que apenas pouco mais da metade (54%) envolviam um *bully*, uma vítima e dois ou mais pares. Uma média de quatro estudantes estava presente durante os episódios. Significativamente, os pesquisadores constataram que a duração do bullying crescia conforme se elevava o número de pares que observavam a cena. Em 54% dos casos, os pares simplesmente observavam o episódio. Em aproximadamente 21% dos casos, os pares aderiam física e verbalmente à prática do bullying.

11 Os suicídios de Hamed Nastoh, Dawn-Marie Wesley, Emmett Fralick; o assassinato de Reena Virk; os tiroteios em Columbine e Mayo, Alberta.

12 Os pais desistiram do processo Dufour após entrarem com um termo de reivindicação no Registro da Suprema Corte de Vancouver.
13 Dentre os americanos entrevistados 75% consideravam provável que ocorressem tiroteios nas escolas das suas comunidades.
14 Esses autores também concordam que a maioria dos jovens que se envolvem com o crime não é perigosa. Eles praticam furtos insignificantes, interrompem e voltam aos estudos, ou matam aula na escola.
15 Ao fornecer as estatísticas americanas, ele observa que, em 1992 e 1993, um total de 76 alunos foi assassinado ou cometeu suicídio na escola – uma média de aproximadamente 38 casos por ano. Seis anos mais tarde, um total de 69 alunos teve morte violenta (homicídio ou suicídio) relacionada à escola em um período de dois anos. O número também teve uma redução de 40% de 1998 a 1999, de 43 para 26. DiGiulio argumenta que, se comparados com a taxa de homicídios de jovens que ocorrem fora do contexto escolar, em 1992 e 1993, jovens de idades entre 5 e 19 anos tinham uma probabilidade 100 vezes maior de serem assassinados fora da escola que na escola de acordo com um relatório do Office of Juvenile Justice and Deliquency Prevention.
16 Isso é uma consequência do fato dos *baby-boomers* terem filhos.
17 Doob e colaboradores (1995) observam, por exemplo, que, enquanto anteriormente as brigas que ocorriam nos pátios das escolas eram simplesmente informadas aos diretores da escola, hoje elas são mais frequentemente informadas à polícia.

3
Um panorama transnacional

> SNERT (...) É o que alguns chamam de encrenqueiros do ciberespaço. Atribuído a Kurt Vonnegut, o termo é uma sigla para "Snot-Nosed Eros-Ridden Teenager"[*]. O termo capta, de modo conciso, o que representam essencialmente muitos dos indivíduos perversos no ciberespaço. Eles ridicularizam as autoridades e espalham o próprio descontentamento consigo próprios e com os outros indivíduos.
>
> (Suler e Philips, 1998)

INTRODUÇÃO

Existem SNERTS no mundo todo. Eles não se restringem à Grã-Bretanha, ao Canadá e aos Estados Unidos. Portanto, neste capítulo, quero oferecer um panorama transnacional da utilização da internet, do predomínio do ciberbullying e exemplos de casos para fornecer aos leitores uma avaliação geral do que ocorre em várias partes do mundo dentro da definição do "ciberbullying".

O ciberbullying surgiu apenas recentemente em muitos países e só agora está passando a ser reconhecido como um problema grave que precisa ser resolvido. A pesquisa realizada pelos meus colegas de vários países é variada e esporádica. Além disso, acabo de iniciar meu projeto

---

[*] N. de T.: Literalmente, "Adolescente arrogante obcecado pelo desejo sexual".

de pesquisa internacional. Por isso, preparei dois materiais para começar a apresentar o panorama transnacional. O Quadro 3.5 fornece um panorama geral do que ocorre em nível internacional em termos do aumento do uso das tecnologias da comunicação, e os dados oriundos de experiências do ciberbullying. O Quadro 3.2 fornece os dados disponíveis específicos por país. As fontes das estatísticas apresentadas são fornecidas em notas ao final dos materiais e podem ser acessadas pelos leitores para mais informações sobre os resultados preliminares de cada país. Os materiais não devem ser compreendidos como uma iniciativa no sentido de realizar comparações quantitativas abrangentes por país nesta etapa. A minha intenção ao apresentar esses dados dessa maneira é assegurar que as estatísticas estejam destacadas e organizadas de uma maneira razoavelmente coerente para este capítulo e fornecer aos leitores um "vislumbre" dos tipos de informações que começam a surgir em nível internacional. O Quadro 3.1 também não contém todos os dados disponíveis. Ela simplesmente contém exemplos suficientes para dar uma ideia do que está acontecendo.

Aos dados segue-se uma discussão sobre os eventos conhecidos de bullying virtual nos países tabulados. Nos casos em que há dados disponíveis, forneço uma análise contextual das nuances culturais mais profundas da formação da identidade, das considerações sobre a questão da privacidade e das respostas jurídicas e de políticas públicas dos vários países a essas formas de bullying virtual. Nos próximos anos, o meu projeto de pesquisa internacional (www.cyberbullying.co.nr) começará a compilar e a se empenhar em comparações quantitativas e qualitativas abrangentes por país. Esse projeto resultou em uma conferência na Nova Zelândia, em julho de 2008, com a NetSafe, para apresentar um relatório atualizado sobre a evolução do projeto, com um livro elaborado por todos os pesquisadores internacionais envolvidos. Essa publicação fornecerá perspectivas mais detalhadas sobre o bullying virtual transnacional e discutirá as respostas ao bullying virtual nos respectivos países. Estou muito animada em relação à forma colaborativa na qual os nossos pesquisadores da Índia, da China, do Japão, dos Estados Unidos, do Reino Unido, da Austrália e da Nova Zelândia uniram-se para participar nesse projeto de longo prazo, que é muito importante. Apresento aqui algumas informações preliminares.

Quadro 3.1 Um panorama transnacional da utilização da tecnologia e dos dados divulgados sobre o bullying virtual

	Acesso aos computadores/ à internet	Telefones celulares (telefones celulares próprios)	Ciberbullying
Austrália [a]	– 61% dos domicílios têm computadores – 46% têm acesso à internet – Líder mundial em SMS – 500 mensagens SMS por mês em 2005	– 46% dos adolescentes com 14 anos – 55% dos adolescentes com 15 anos – 73% dos adolescentes com 16 anos – 12% das crianças com idade entre 6 e 9 anos utilizam mensagens SMS todos os dias – 80% dos adolescentes com idade entre 15 e 17 anos utilizam mensagens SMS diariamente	– 13% dos alunos sofrem o bullying virtual aos 8 anos – 25% conhecem alguém que tenha sofrido bullying virtual – 42% das meninas com idade entre 12 e 15 anos sofreram bullying virtual
Canadá [b]	– 95% das crianças com idade entre 11 e 15 anos têm acesso à internet em casa	– 37% das crianças e adolescentes com idades entre 11 e 15 anos – 80% dos adolescentes com idade entre 16 e 17 anos – 32% das crianças com idade entre 8 e 10 anos	– 84% dos professores sofreram ataques virtuais – 23% sofreram bullying por e-mail – 35% sofreram bullying em salas de chat – 41% sofreram bullying por meio de mensagens de texto – 50% conheciam alguém que havia sofrido bullying virtual – 40% não conheciam os autores do bullying
China [c]	– 137 milhões de pessoas usam a internet – 17,2% dos usuários da web têm menos de 18 anos – 32,3% dos usuários de internet estão no ensino médio	– 487.343 usuários de telefones celulares – 304,65 bilhões de mensagens instantâneas enviadas por mês	– Estudos de caso disponíveis; poucas estatísticas disponíveis; – Contemplados sobretudo pelo sistema jurídico segundo as leis criminais de difamação – Pesquisas apenas em fase inicial.
Índia [d]	– O número de conexões e de usuários de internet aumentou de 10.000 (1995) para 30 milhões (2003). Um aumento modesto para um país com uma população de mais de um bilhão de habitantes – 15% dos domicílios têm computadores, dos quais 61% assinam provedores de internet – Os adolescentes representam 8% dos usuários	– Poucas estatísticas oficiais disponíveis sobre a utilização de telefones celulares, embora similares ao caso do Japão; os telefones fixos são mais caros que os telefones celulares, logo os celulares são mais facilmente disponíveis. Há pesquisas em andamento para determinar os aspectos do uso dos telefones celulares. Contudo, o bullying virtual parece ser praticado por meio dos celulares.	– O bullying praticado por meio do telefone celular é mais frequente entre os estudantes – 65% dos alunos foram vítimas de bullying virtual por meio do uso de telefones – 60% praticaram bullying contra outros indivíduos usando telefones celulares

continua

Quadro 3.1 Continuação

	Acesso aos computadores/ à internet	*Telefones celulares (telefones celulares próprios)*	*Ciberbullying*
Japão[e]	– 20% utilizam computadores aos 11 anos – 70.072.000 de usuários da internet – 99% têm acesso à internet na escola	– 24,1% dos alunos do ensino fundamental têm telefones celulares – 66,7% no caso dos alunos entre a 7ª série do ensino fundamental e o 1º ano do ensino médio – 96% no caso dos alunos dos últimos anos do ensino médio	– Apesar dos poucos estudos oficiais, há muitos casos de *netto-ijime* (bullying virtual), conforme apresentado neste capítulo.
Cingapura[f]	– 69% dos alunos têm acesso à internet em casa	– 75% têm telefone celular	– 14% dos 1.100 alunos pesquisados sofreram bullying por meio do envio de mensagens de texto – 13% sofreram bullying em chats de mensagens instantâneas
Reino Unido[g]	– 69% dos alunos têm acesso à internet em casa	– 75% têm telefones celulares	– 20% dos 770 jovens Pesquisados sofrem bullying virtual – 73% conheciam os autores – 26% sofreram bullying virtual praticado por estranhos – 1 a cada 20 admite envolvimento com o bullying virtual – 1 a cada 8 envia ameaças a outros indivíduos – 1 a cada 12 admite publicar informações falsas sobre outras pessoas em um blog
Estados Unidos[h]	– 70% das crianças com idade entre 4 e 6 anos usam computadores – 68% das crianças com idade até 2 anos usam *screen media* – 91% das crianças e adolescentes com idade entre 12 e 15 anos acessam a internet – 99% dos adolescentes com idade entre 16 e 18 anos usam a internet – 74% das meninas com idade entre 12 e 18 anos participam de chats na internet	– 84% das crianças e adolescentes com idade entre 10 e 14 anos têm telefones celulares – 45% das crianças com idade entre 8 e 10 anos têm telefones celulares e usam o serviço de mensagens de texto	– 75-80% das crianças e adolescentes com idade entre 12 e 14 anos sofrem bullying virtual – 43% das crianças sofreram bullying enquanto estavam *online* – 35% fizeram ameaças *online* – 53% admitiram ser maus *online* – 1 a cada 17 crianças fez ameaças *online* – 1 a cada 4 crianças e adolescentes com idade entre 11 e 19 anos já fez ameaças

a – Lee (2005); Davidson (2004); Australian Bureau of Statistics (2005); Campbell (2005); MacLean (2006).
b – Shariff (2007b); Churchill (2007); Li (2005); Ontario College of Teachers (2007).
c – Zhang e Wei (2007 a,b).
d – Jatshankar e Shariff (no prelo); McMillin (2005).
e – Morita et al. (1999) conforme citação em Yoneyama e Naito (2003); Hasegawa et al. (2006, 2007); Research committee for protection of children (2006); *Mainchi Daily News* (2007); Itoh (1999).
f – Forss (2006; 2007).
g – NCH (2005); Rivers (2003); Land (2006); Livingstone e Bober (2005).
h – Chu (2005); Finkelhor et al. (2000); Ybarra e Mitchell (2004b); Portsmouth Herald Editorial Board (2005); Swartz (2005); Hinduja e Patchtn (no prelo/in press); Lenhart (2007); Ybarra e Mitchell (2004a); Ybarra et al. (2007).

Quadro 3.2 Considerações específicas de cada país

Austrália[a]	– Líder mundial no uso de telefones celulares e mensagens de texto – Abordagem jurídica e estratégica autocrática-positivista – Proibiu o acesso ao site YouTube em 1.600 escolas do estado de Victoria – Gastou 84 milhões de dólares em filtros de internet, que em 30 minutos foram burlados por adolescentes de 16 anos
Canadá[b]	– Pesquisa da Associação dos Professores de Ontário constatou que 84% dos professores eram difamados em sites de redes sociais – A Federação dos Professores Canadenses aprovou uma resolução para tratar do bullying virtual – A província de Ontario alterou a legislação para incluir suspensões motivadas por bullying – Visíveis diferenças de gênero no modo como indivíduos do sexo masculino e indivíduos do sexo feminino participam do bullying virtual. Indivíduos do sexo feminino têm maior propensão a informar os adultos do que os do sexo masculino – 46% dos alunos não acham que o bullying virtual seja responsabilidade da escola – 26% dos alunos discordam totalmente de que as escolas devam intervir – 63% afirmaram que o bullying virtual começa na escola – 72% denunciariam o bullying virtual anonimamente – 71% com maior propensão a NÃO praticar bullying caso estejam felizes na escola – 83% gostariam de construir um mundo mais gentil e respeitoso
Índia[c]	– As considerações culturais são muito importantes no caso da Índia – O bullying é aceito socialmente como elemento da cultura entre pessoas de castas diferentes – As leis aplicáveis incluem a Information Technology Act (2000)*, mas está mais ligada à pornografia e menos eficaz para contemplar o bullying virtual – As meninas conseguem obter independência por meio da internet, na segurança dos seus lares – isso conserva o papel doméstico, porém produz identidades e oportunidades profissionais – As meninas participam de mais grupos de *chat* e redes sociais e frequentam os cibercafés em grupos
Japão[d]	– É importante fazer considerações culturais em relação ao Japão – 80% do bullying é realizado por grupos de pares e não por indivíduos isolados – Poder coletivo *vs.* poder individual – Os professores/pais forçam as vítimas do bullying a se integrarem no grupo – Entre 1999 e 2005 ocorreram 40 casos de suicídios de alunos em consequência da pressão exercida por parte dos pais – 30% dos suicídios ocorreram porque o suicídio é culturalmente considerado como uma forma respeitável para resolver um problema – As meninas japonesas usam o *shoujo anime* – uma espécie de fã clube online – O bullying é mais comum por meio de telefones celulares e de mensagens de texto, posteriormente passando para a difamação e as ameaças *online*
Coreia do Sul[e]	– Legislação recentemente implementada sobre o uso da internet, mas trata basicamente de extorsão – Os coreanos revelam os seus nomes e números de identificação antes de compartilhar opiniões – É considerado o país mais interligado do mundo

continua

---

* N. de T.: Lei da Tecnologia da Informação.

Quadro 3.2 Continuação

Reino Unido [f]	– Vale a pena ler o estudo realizado por Livingstone e Bober (2005) – veja referências – O site do governo britânico fornece uma orientação abrangente – vale a pena visitá-lo – 18% das meninas contra 7% dos meninos informaram sofrer bullying virtual – 35% das meninas contra 17% dos meninos conheciam alguém que havia sofrido bullying virtual – 31% dos jovens receberam comentários de natureza sexual na internet – 33% dos jovens receberam comentários maldosos na internet – 46% admitem divulgar informações pessoais na internet – 40% participavam de jogos de identidade na internet – 18% dos pais não sabiam como ajudar os filhos a utilizar a internet com segurança – 35% das crianças afirmaram ter software de filtragem – 69% das crianças não gostam das restrições dos pais – 63% das crianças tentavam ocultar as suas atividades na internet
Estados Unidos [g]	– 32% dos alunos brancos enfrentaram o bullying na internet – 18% dos alunos negros enfrentaram o bullying na internet – Indivíduos do sexo feminino preferem as mensagens de texto ao contato pessoal – As meninas são mais propensas a serem vítimas – 58% dos estudantes entre a quinta e oitava série do ensino fundamental não diriam nada aos pais caso fossem ameaçados – Mais de dois milhões de crianças e adolescentes nunca contam para ninguém – 67% dos alunos acham que o bullying ocorre mais *offline* que *online* – 28% dos alunos acham que o bullying ocorre mais *online* que *offline*

a – Lee (2005).
b – Li (2005); Shariff (2007b).
c – Jaishankar e Shariff (no prelo); McMillin (2005).
d – Gibson (2006); Akiba (2004); Morita e Kiyonga (1994); Senoo (2007); Tanaka (2001); Song (2006); Itoh (1999).
e – Forss (2006, 2007).
f – Livingstone e Bober (2005); British Educational Communications and Technology Agency (2007).
g – Lenhart (2007).

CONTEXTO E ANÁLISE

A minha discussão contextual dos dados preliminares tabulados acima será mais interessante aos leitores se eu começar pelos resultados obtidos nos países asiáticos, como Japão, China, Cingapura, Índia e Tailândia, e prosseguir com alguns dos resultados verificados nos países ocidentais, ou seja, Austrália, Reino Unido, Estados Unidos e Canadá. Decidi apresentar os dados dessa forma porque uma quantidade significativamente maior de matérias jornalísticas e pesquisas acadêmicas concentra-se no bullying virtual como um fenômeno ocidental. Os resultados preliminares relativos à Ásia sugerem, contudo, que essa afirmação não é verdadeira. A globalização e as novas tecnologias proliferam em ritmo acelerado na Ásia. Os resultados e exemplos de casos apresentados a seguir ilustram que elas têm um impacto semelhante nos adolescentes e nos professores, e criam desafios idênticos para as escolas e para os pais.

JAPÃO

Em seis de novembro de 2006, o Ministro da Educação, Cultura, Esportes, Ciência e Tecnologia (MEXT)* recebeu uma carta anônima que o advertia quanto a um possível suicídio motivado pelo *ijime* (bullying). Este incidente teve um impacto imenso no governo japonês. Há mais de duas décadas o *ijime* havia passado a ser entendido como uma questão educacional grave no Japão. O *ijime* foi primeiramente identificado como um problema no Japão em 1984-5 quando dezesseis estudantes se suicidaram em circunstâncias suspeitas de bullying (Morita et al., 1999, citado em Yoneyama e Naito, 2003). Senoo (2007) explica que, desde 1985, aumentou rapidamente o número e a variedade de casos de *ijime*. Os pesquisadores acreditavam amplamente que a natureza do *ijime* estivesse relacionada a características culturais e sociais japonesas como o coletivismo e a homogeneidade (Akiba, 2004; Rios-Ellis et al., 2000). No entanto, conforme explica Hasegawa (2007), embora vários casos severos tenham sido relatados, ainda não existe nenhum relatório escolar sobre o tópico do bullying virtual.

No Japão, um país considerado digitalmente à frente do resto do mundo em pelo menos duas gerações (Mitchell, 2004), as crianças são expostas a dispositivos digitais em uma idade bastante precoce. As pesquisas sobre o uso da tecnologia no Japão são, portanto, bastante surpreendentes, levando-se em consideração o número de casos graves de bullying virtual destacados neste capítulo.

O uso da tecnologia: os computadores

Aproximadamente metade das crianças japonesas com 11 anos utiliza a internet; no entanto, apenas cerca de 20% eram usuários regulares em 2004 (Dickie et al., 2004). Hasegawa e colaboradores (2006) pediram que os alunos respondessem a questão: "tenho um computador em casa, mas não utilizo/não sou autorizado a utilizar o computador". Eles relatam que embora muitos alunos de escolas de ensino médio possuam computadores, uma grande porcentagem desses indivíduos *não* os utiliza. O uso do computador entre alunos de escolas de ensino fundamental é ainda menor.

---

* N. de T.: No original, "Minister of Education, Culture, Sports, Science, and Technology". Sigla original em inglês.

Em consequência, os pesquisadores constataram que nem os alunos do ensino fundamental nem os do ensino médio têm conhecimento sobre como manter a segurança no uso do computador e prestam pouca atenção às condições de segurança dos computadores ao utilizá-los. Os pesquisadores afirmam que o motivo dos pais restringirem o uso do computador em casa origina-se em parte da popularidade do *"shoujo anime"* (personagens de animação). O *shoujo anime* parece ser uma forma de compartilhamento e de fã-clubes na internet, muito difundida entre os jovens japoneses. É particularmente popular entre as meninas, que participam de fã-clubes do *shoujo* onde conversam a respeito dos seus personagens masculinos preferidos, que têm como ídolos (Gregson, 2005). Os pais se preocupam com alguns dos personagens de animação que são passados de um computador para outro pelo fato de transmitirem vírus. Um desses personagens populares é conhecido como "Winny". Senoo (2007) observa que os computadores podem ser infectados com muita facilidade à medida que o Winny é passado entre as crianças em idade escolar.

Conforme mostra o Quadro 3.1, o percentual de domicílios que utilizam internet de alta velocidade alcançou 36,2%, totalizando 70.072 usuários de internet em fevereiro de 2005 (Hasegawa et al., 2006). O avanço e a inovação da tecnologia da informação podem ser vistos também no campo da educação. Pesquisa realizada pelo Ministério da Educação e da Ciência (em 30 de setembro de 2005) (ibidem) demonstra que 99,9% das escolas têm acesso à internet. Oitenta e quatro por cento dessas escolas têm acesso à internet de alta velocidade; 48,8% das salas de aula regulares e 89,6% das salas de aula de informática contam com uma rede LAN instalada. A disciplina de tecnologia da informação passou a ser compulsória no ensino fundamental no ano letivo de 2002 e no ensino médio no ano letivo de 2003.

O uso da tecnologia: os telefones celulares

Os resultados relativos aos telefones celulares são bastante diferentes dos resultados obtidos em relação ao uso do computador no Japão. Essa forma de tecnologia é muito mais popular entre os estudantes japoneses, conforme demonstra o Quadro 3.1. Essas conclusões são corroboradas no estudo do Professor Hasegawa (ibidem), no qual ele e seus colegas relatam uma alta taxa de utilização dos telefones celulares (estudantes do ensino fundamental, 80,8%, e 92,9% no caso dos estudantes do ensino médio). Hasegawa e colaboradores (2007) também informam que 85,7% dos estudantes do ensino fundamental pesquisados e 96,6% dos estudantes do ensino médio possuíam os seus próprios telefones celulares.

Curiosamente, 80,8% dos alunos do ensino fundamental e 92,9% dos alunos do ensino médio não tinham nenhuma restrição quanto ao uso dos seus telefones celulares. Parece que os pais japoneses preocupam-se menos com o uso do telefone celular por não atraírem vírus. Ao que tudo indica, os pais não estabelecem a relação de que a tecnologia do telefone celular e a comunicação por meio da internet estão integralmente conectadas, e que as mensagens de texto e as fotografias tiradas com os telefones celulares podem ser facilmente publicadas e divulgadas *online*. Além disso, conforme observam Hasegawa e colaboradores, os pais estão mais preocupados em relação aos estudantes se envolverem com os blogs e os chats na internet, o que poderia reduzir as atividades escolares dos filhos:

> Os pais podem monitorar que sites os seus filhos acessam ao utilizarem o computador, pois eles compartilham o computador da família; no entanto, no que diz respeito ao uso do telefone celular, as crianças utilizam os seus próprios telefones celulares sem nenhuma restrição. *Os pais não interferem no modo como os filhos utilizam a internet por meio dos seus telefones celulares.* Podemos presumir que o uso de ferramentas que permitem enviar informações com facilidade, como os blogs, se propagará rapidamente. Por isso, temos de instruir os alunos de modo que eles sejam capazes de avaliar que tipo de informações eles podem enviar e que tipo de informações eles não devem enviar para o público em geral.
>
> (Hasegawa et al., 2006)

Embora o estudo de Hasegawa sugira que a maior parte dos problemas que os alunos admitiram vivenciar *online* se refira a infecção de vírus nos seus computadores, diversos casos preocupantes envolvendo o bullying virtual chamaram a atenção para o bullying virtual no Japão, que apenas recentemente tem sido levado a sério após uma carta de suicídio anônima recebida pelo Ministério.

O bullying virtual entre pares no Japão

Dois dos meus assistentes de pesquisa da pós-graduação, tendo ambos vivido e lecionado no Japão, Julie d'Eon e Yakyso Senoo (2007), começaram a investigar o predomínio do bullying virtual no Japão. Inicialmente, a pesquisa deles revelou muito pouco, com exceção do estudo do Professor Hasegawa. Eles se depararam com um site da polícia do Japão e encontraram inúmeros casos de bullying virtual – ou *netto-ijime* (bullying na rede). Os leitores observarão muitas semelhanças nos casos apresentados a seguir com aqueles casos divulgados pela mídia ocidental referentes ao que tem ocorrido entre os estudantes americanos e britânicos.

Caso 1: d'Eon e Senoo (2007) constataram que as meninas, que em geral são vistas como menos assertivas, participaram do que se acredita ser o primeiro caso de bullying virtual do Japão. Algumas garotas da oitava série do ensino fundamental (com aproximadamente 13 anos) praticaram bullying contra uma estudante da segunda série do ensino fundamental (com idade de aproximadamente 7 anos), usando uma câmera de telefone celular. As meninas a levaram a um banheiro de um shopping center, retiraram-lhe as roupas e tiraram fotos dela nua, usando dois telefones celulares pertencentes aos membros do grupo. Elas então mostraram a foto aos amigos e ameaçaram a vítima de que a foto seria mostrada a mais pessoas caso ela denunciasse o incidente aos professores. Uma delas enviou a foto para o celular de outra amiga. Neste caso a escola interferiu, apagou a fotografia e impediu que fosse ainda mais divulgada (Hasegawa et al., 2007; Senoo, 2007).

Caso 2: Em fevereiro de 2007, seis meninas do ensino médio da cidade de Kobe usaram as câmeras dos seus telefones celulares para fotografar outra vítima (do sexo feminino) nua. Elas publicaram as fotografias em um mural na internet e atraíram visitantes para classificar as suas partes preferidas do corpo dela. A polícia da cidade de Kobe processou-as por envolvimento em atos obscenos (Senoo, 2007).

Caso 3: Em um caso japonês trágico envolvendo um autor do sexo feminino, uma jovem foi assassinada após receber uma ameaça em um bsite contencioso (Associated Press, 2004). Satomi Mitarai, aos 12 anos, sangrou até a morte em uma sala de estudos após o seu pescoço ter sido cortado com uma faca. A sua melhor amiga, de 11 anos, foi detida por policiais que afirmaram que a discussão havia começado através de mensagens instantâneas. A acusada confessou ter chamado Satomi para fora da sala de estudos com a intenção de matá-la. O jornal *Japan Times* informou que cada uma das meninas tinha um site e usavam com frequência os seus computadores particulares para se comunicar através de mensagens de texto.

Caso 4: Em novembro de 2006, um aluno da oitava série do ensino fundamental, da província de Akita, viu o seu nome sendo usado em um site de contos pornográficos. O estudante ficou mentalmente abalado e não pôde comparecer à escola durante alguns dias. O nome dele foi usado com os nomes e as descrições de estudantes do sexo feminino em cenas indecentes de um conto. O conto foi escrito por leitores anônimos utilizando formatos de transmissão por computador e por meio de telefones celulares. A vítima falou com a polícia e a questão estava sob investigação por difamação.

A administração do site apagou o conto em dezembro a pedido da polícia (Senoo, 2007).

Caso 5: Dois alunos do sexo masculino do primeiro ano do ensino médio enviaram aproximadamente 800 e-mails anônimos para o celular de uma aluna através de seus computadores em meados de dezembro de 2006. Essas mensagens continham textos como "Morra! Você me dá nojo! Feia! (...) Não venha à escola!", e assim por diante. Os pais da vítima constataram que ela estava deprimida e pediram a orientação da polícia. Os meninos foram detidos por causarem aborrecimentos despropositados segundo as normas municipais. As normas municipais estabelecem um limite máximo de seis meses de detenção e uma multa de no máximo 500 mil ienes (aproximadamente cinco mil dólares) por aborrecimentos despropositados (ibidem).

Caso 6: Em novembro de 2006, na cidade de Sapporo, um aluno do segundo ano do ensino médio publicou na internet imagens animadas de si mesmo sofrendo bullying físico por parte de diversos colegas de aula. Dois dos ofensores, um menino e uma menina, foram posteriormente suspensos da escola.

Caso 7: Em dezembro de 2006, na província de Nagano, constatou-se que oito membros de uma equipe de *baseball* de uma escola de ensino médio haviam caluniado um companheiro de equipe em um mural virtual. Seis ofensores foram ordenados a ficarem restritos às suas casas e a equipe foi proibida de participar de competições durante três meses.

Considerações culturais

Os pesquisadores constataram que, no Japão, 80% do bullying é praticado por um grupo de pares em vez de indivíduos. Ocorre entre pessoas com relações próximas de amizade, em que a vítima não é excluída do grupo, mas perseguida durante um período antes que seja a vez de outra vítima. De modo semelhante aos padrões verificados nos países ocidentais, são os alunos que são vistos como "bons alunos" que praticam e se envolvem com o bullying, e não aqueles que são em geral considerados "crianças ou adolescentes problemáticos" (Gibson, 2006).

O IJIME *E O* NETTO-IJIME

O *ijime* teve as suas características básicas modificadas à medida que as comunidades japonesas tradicionais entraram em declínio e deram lugar ao desenvolvimento econômico e tecnológico. Segundo Akiba (2004): "a privatização (individualismo), junto com as transformações econômicas ocorridas na sociedade [japonesa], arruinaram as comunidades japonesas tradicionais" (ibidem, p. 220). Ela observa a importância de se analisar o impacto da lacuna entre a mudança social e o papel tradicional das escolas de promover os valores culturais japoneses. Senoo (2007) explica que, com os avanços tecnológicos, o *netto-ijime* (bullying virtual) está se tornando predominante. McVeigh (2003) sugere que a tecnologia exige práticas individuais que isolam o indivíduo das massas sociais. Na cultura japonesa, isso é um fenômeno novo.

Quando os pais japoneses usam o termo *ijime*, normalmente descrevem um tipo de agressão psicológica e verbal extrema, e não uma agressão física (Smorti et al., 2003). Nessa associação, o termo se ajusta bem dentro das formas verbais e psicológicas de bullying virtual. Outra característica básica é a sua natureza coletiva. Como os estudantes japoneses passam muito tempo em grupos, os líderes escolhem um membro do grupo como alvo do bullying. O restante do grupo segue o líder, isolando a vítima (Akiba, 2004; Morita e Kiyonaga, 1994).

Em função da homogeneidade japonesa, as vítimas são em geral visadas por suas características pessoais ou por meio de formas de perseguição de natureza sexual. Os estudantes que não são japoneses raramente são maltratados. Ao contrário, é mais provável que sejam tratados como ídolos em função de sua diferença racial. Akiba (2004) sugeriu determinadas características invisíveis das vítimas japonesas. Com base nas entrevistas que realizou com estudantes do ensino médio, ela constatou características comuns às vítimas – como "egoístas", "persistentes" e "barulhentos" –, que provocam um sentimento de irritação nos autores do *ijime*. Esses tipos de comportamento não têm como ser facilmente aceitos na sociedade japonesa. Historicamente, por razões complexas que dizem respeito às organizações sociais tradicionais, era o poder coletivo, e não a individualidade, que era necessário à sobrevivência. Esse coletivismo existe de uma forma profundamente arraigada na sociedade japonesa e é compreendido tacitamente. Nesse contexto, ser egoísta, persistente ou barulhento não é um tipo de comportamento compreensível. A pessoa que age dessa maneira é reativamente vista como diferente das outras pessoas. Senoo faz referência a um provérbio japonês muito conhecido, que diz: "prego que se destaca acaba sendo martelado". As vítimas são escolhidas "porque são um tanto diferentes dos outros indivíduos" (Tanaka, 2001, p. 463) no seu comportamento. Consequentemente, a diferença pode ser um ponto de contenção até mesmo em sociedades homogêneas, e possivelmente ainda mais a fim de estimular a conformidade à cultura normativa.

Em relação ao uso limitado dos computadores, apesar da percepção mundial de que os japoneses sejam ávidos usuários da internet, Senoo (2007) explica que os japoneses têm convicções fortes e peculiares na sua vida cotidiana que são bastante distintas das convicções características de comunidades religiosas. Muitos deles não acreditam em uma religião específica ou acreditam apenas no xintoísmo japonês (mitologia japonesa). Essas crenças tradicionais têm enorme influência no comportamento e na mentalidade dos japoneses. Uma dessas crenças tradicionais é de que o trabalho *árduo* tem mais valor que o trabalho *brilhante*. A pessoa que utilizasse um computador ou a internet para fazer o seu dever de casa seria considerada preguiçosa. Muitos professores e muitas escolas preferem que os seus alunos façam os seus deveres com calma, utilizando cópias impressas (ou seja, livros, jornais e dicionários); por isso eles não recomendam vigorosamente que os alunos usem os computadores e a internet a menos que haja alguma necessidade especial da utilização desses recursos. Essa preferência cultural pode ser das principais causas da formação da geração de resistência à aplicação do ensino da informática nas escolas.

GAKKO URA SAITO: O BULLYING PRATICADO POR MEIO DO TELEFONE CELULAR

Como demonstram as estatísticas apresentadas no Quadro 3.1, o uso dos telefones celulares é muito popular. Isso ocorre em parte devido ao custo das linhas de telefone fixo no Japão, o que resultou em um "bullying por celular" considerável entre os estudantes. Os alunos criaram sites escolares clandestinos (conhecidos como "*gakko ura saito*") que só podem ser acessados por meio do telefone celular. Esses sites geraram uma nova forma de bullying em grupo que estimula toda uma geração do que o professor Husegawa chama de "caluniadores anônimos" (Hasegawa et al., 2007). Conforme comenta Senoo, no *ijime* na sua forma antiga, ao menos os atormentadores eram conhecidos. A versão eletrônica é igualmente cruel, se não for ainda mais, porque a comunicação eletrônica permite o anonimato total. Conforme observei no perfil do ciberbullying, um aspecto fundamental é o anonimato, o que torna muito mais difícil para que as autoridades escolares consigam intervir, e muito menos identificar os instigadores ou implementar medidas disciplinares e pedagogicamente preventivas. Essa dicotomia na orientação cultural do uso reduzido dos computadores para a realização de "tarefas" e a elevada incidência do bullying virtual praticado tanto através dos telefones celulares quanto da tecnologia de internet é um traço bastante específico da cultura japonesa pelas razões mencionadas anteriormente.

IJIME-JISATSU (O SUICÍDIO ASSOCIADO AO IJIME)

Outro aspecto cultural do *netto-ijime* é a elevada taxa de suicídio entre os jovens. O *ijime-jisatsu* é uma das consequências desastrosas e culturalmente incidentais do fenômeno do *ijime* no Japão. O número de casos de *ijime-jisatsu* divulgados havia diminuído durante as duas últimas décadas, antes do Ministro da Educação receber a carta anônima de suicídio em seis de novembro de 2006. Senoo (2007) menciona um noticiário da rede BBC que informava que, em um intervalo de quadro dias durante o mês de novembro de 2006, cinco estudantes haviam se suicidado. Após esses casos, a polícia concluiu que havia o envolvimento do *ijime* em 14 dos 40 casos de suicídio de estudantes ocorridos entre 1999 e 2005, após ter informado anteriormente que não havia ocorrido nenhum caso desse tipo em janeiro de 2007 (ibidem). Em 2 de fevereiro de 2007, dois casos de suicídio ocorridos em 2006 foram oficialmente definidos pela polícia como relacionados ao *ijime*. O número de casos aumentou substancialmente em novembro em função da ausência de intervenção adequada.

Como demonstra a mensagem deixada por Hamed Nastoh apresentada no início deste livro, o suicídio motivado pelo bullying tradicional ou pelo bullying virtual não se restringe à sociedade japonesa. Contudo, como observa Senoo, há crenças e valores japoneses tradicionais que fazem desse ato uma solução incidental para o problema do *ijime* no Japão. Ao contrário de outras sociedades, essa solução não é considerada tabu na sociedade japonesa em função da sua histórica cultura guerreira (*bushido*), que tradicionalmente considerou o suicídio "como uma forma responsável para lidar com um problema ao enfrentar uma situação onde não há outra opção" (Hogg, 2006). Essa visão ainda não se modificou por completo, embora o estilo de vida japonês tenha se modernizado há algum tempo.

Outra crença tradicional subjacente ao suicídio japonês é o alto valor atribuído à resignação relacionada à harmonia do grupo. O chinês consultor de gerenciamento de negócios Song Wenzhou comenta que a sociedade japonesa exige do seu povo um esforço e uma resignação extremos a fim de assegurar a harmonia. Consequentemente, os professores e os pais pressionam as vítimas do bullying para lidarem com o problema ou a esforçarem-se mais para se integrarem ao grupo, deixando a algumas delas poucas opções além do suicídio (Song, 2006). Essa afirmação é sustentada por um caso real de *ijime-jisatsu* ocorrido na cidade de Iwaki, na província de Fukyshima. O Tribunal Federal da comarca de Fukushima atribuiu 30% da responsabilidade pela morte de uma vítima suicida aos pais dela porque eles a forçaram a continuar frequentando a escola apesar do bullying (Ito, 2002, conforme citação em Senoo, 2007). O seu retorno forçado para enfrentar os autores do bullying baseou-se na noção do *Iwaki-shi ijime-jisatsu jiken banketsuni tsuite*. Isso significa que "os japoneses constroem as suas identidades com base no seu papel e na sua responsabilidade dentro de um grupo" (Shiizu e Levine, 2001, conforme citação em Akiba, 2004, p. 231). Essa abordagem, embora vista como algo muito razoável e natural na sociedade japonesa, tem implicações negativas para os jovens e crianças durante a sua fase de formação e de desenvolvimento da identidade. Caso sejam excluídas ou não recebam nenhum papel ou nenhuma responsabilidade dentro do grupo da sala de aula, há um imenso dano psicológico.

COREIA DO SUL

O ciberbullying também surgiu como uma preocupação na Coreia do Sul, onde o governo implementou uma lei com o objetivo de impedir o mau uso da internet. O Ministério da Informação da Coreia do Sul criou uma lei que não permitirá mais que os autores do ciberbullying escondam-se por trás de identidades falsas. A nova lei entrou em vigor em julho de 2007 e obrigará os provedores ISP a rastrear os autores dentro do "sistema de nomes verdadeiros da internet" e a gravar os registros de identificação dos usuários no momento em que estes publicam conteúdos *online*. Os operadores de portais serão obrigados a revelar informações pessoais como nomes e endereços de autores de ataques virtuais quando as suas vítimas desejarem processá-los por difamação ou por violação de privacidade. O diretor de gabinete Lee Ta-Hee observou que a "Coreia do Sul é uma potência da internet e é provavelmente o país mais conectado do mundo. Porém, infelizmente, o lado obscuro é obscuro demais". (Bartlett, 2007).

Na Coreia do Sul, quadrilhas da internet divulgam os endereços residenciais das vítimas, informações sobre os seus cartões de crédito e até mesmo os números dos telefones dos seus empregadores. Hoje todas as delegacias de polícia da Coreia têm uma unidade de combate ao terrorismo virtual para ajudar a lidar com o problema. O número de casos referidos pela comissão para assuntos ligados à internet na Coreia triplicou no ano anterior. A unidade de combate ao terrorismo virtual reconhece o impacto disso na condição social das vítimas e o medo que gera. Segundo Chun Seong Lee, oficial de ligação do Cyber-Terror Response Centre[*], o bullying virtual e o crime virtual ocorrem com tanta frequência na Coreia do Sul que estão afetando as vidas sociais das pessoas, fazendo com que deixem o trabalho e a escola e causando doenças mentais. Em 2008, a expectativa era que uma nova lei entrasse em vigor para exigir que os usuários da internet revelassem os seus nomes e número de identificação oficial antes de entrarem em salas de chat e em sites de redes de relacionamento (Simmons, 2006). Embora não haja ainda estudos formais disponíveis sobre a Coreia do Sul, estudos de acompanhamento serão pertinentes dentro de um ano ou dois para determinar se as novas leis foram eficazes para rastrear os autores.

CINGAPURA

Em Cingapura, foi divulgado que o psicólogo Ng Koon Hock constatou que 69% dos estudantes têm acesso à internet em casa, e que 75% possuem telefones celulares. Destes, pelo menos 14% dos 1.100 alunos pesquisados foram vítimas de bullying praticado por meio de mensagens de texto, e 13% foram vítimas de bullying em redes de mensagens instantâneas como o MSN (Forss, 2007).

CHINA

O Quadro 3.1 revela alguns fatos interessantes sobre o uso da internet na China (Zhang e Wei, 2007 a,b). A população de cidadãos virtuais alcançou 137 milhões, com um tempo médio de permanência *online* de

---
[*] N. de T.: Literalmente, "Centro de Reação ao Terrorismo Virtual".

16,9 horas por semana, de acordo com as estatísticas do China internet Network Information Center (CNNIC)* de 23 de janeiro de 2007; 17,2% dos cidadãos virtuais da China são menores de 18 anos; 32,3% deles são alunos do ensino médio, que é o percentual mais alto segundo os registros do país (ibidem). De acordo com a estatística do departamento de informações industriais da China, o número de usuários de telefone celular alcançou 487.434 no final de abril de 2007. O serviço de envio de mensagens instantâneas é usado com frequência, alcançando o ponto máximo de 304,65 em todo o país, representando um aumento de 39,9% em comparação com o ano anterior.

A influência da internet nos adolescentes causou preocupação na China. As pessoas dão mais atenção à sua influência e às suas características. Por exemplo, uma pesquisa recente "sobre a demanda dos meios de comunicação por parte dos adolescentes menores de 18 anos" (mencionada em Zhang e Wei, 2007), realizada pela liga da juventude comunista de Shanghai, pelo comitê de jovens chineses inovadores de Shanghai e pelo departamento de pesquisa em ciências sociais da juventude inovadora, indica que a internet tem desempenhado um papel importante na vida dos adolescentes. Embora considerem os jornais e revistas como as principais "ferramentas de difusão da informação", a preferência se transfere claramente para o uso da internet, por fornecer uma plataforma mais livre para o compartilhamento de opiniões anônimas sem a preocupação com consequências políticas. Esta é uma reflexão particularmente importante se considerarmos os registros históricos ligados aos direitos humanos na China.

A preocupação com o bullying virtual

Embora o conceito de "bullying virtual" ainda não tenha sido aceito oficialmente pelas autoridades do governo chinês, a mídia chinesa começou a divulgar casos e dados relativos ao ciberbullying ocorrido em outros países. Os jornais chineses acompanham os relatórios de pesquisa sobre o ciberbullying nos Estados Unidos e no Reino Unido. O caso do "menino do vídeo Guerra nas Estrelas" foi amplamente divulgado na China. Além disso, na China, educadores, advogados e especialista em mídia e em internet têm dado atenção maior aos adolescentes que foram vítimas de bullying virtual

---

* N. de T.: Literalmente, "Centro de Informações sobre a Rede de internet na China".

no mundo todo. De acordo com Zhang Yang (2006, conforme citação em Zhang e Wei, 2007b), a

> internet pode elevar facilmente a inquietação dos adolescentes, como fica sugerido pela perda da privacidade, pela violência na internet, pelas ameaças na internet, as fraudes na internet, pelo sexo virtual e pelos vírus de internet, todos estes aspectos representam fatores de nervosismo e inquietação.

Os casos chineses relacionados ao bullying virtual

A "violência na internet" é, na China, o termo usado para se referir ao uso da internet, e o ciberbullying é descrito como uma "força de ataque" (Zhang e Wei, 2007b). Ainda que parte do significado possa se perder na tradução, eis algumas das considerações apresentadas em um relatório recente:

> Algumas pessoas publicam críticas para manifestar o seu descontentamento com alguém na sua vida real empregando palavras inconsequentes sob a proteção da característica de anonimato da internet. Outras acompanham sem considerar quais informações poderiam deturpar a verdade. A maioria das pessoas recebe informações através de boatos, mas não consegue distinguir a verdade. Consequentemente, a verdade acaba sendo distorcida. Além disso, as perseguições virtuais ocorrem e a privacidade fica aberta ao público. Até certo ponto, os abusos substituirão a lógica racional. É uma invasão da privacidade, da reputação e uma grande quantidade de pessoas participam e, por isso, causa um dano imenso. Portanto, chamamos de "Violência".
>
> (Zhang e Wei, 2007b)

O relatório do professor Zhang fornece os seguintes exemplos de abuso ou violência virtual:

Caso 1: Agressão contra o gato

Um caso incluiu um grave abuso cometido contra um gato, que foi filmado e publicado na internet. A postagem recebeu o seguinte título: "Gato sendo agredido por um aluno da Universidade de Pequim" e compreende o seguinte:

> Um gatinho branco anda furtivamente pela Biblioteca Médica da Universidade de Pequim e é apanhado por um estudante. A maioria das pessoas imagina que ele tem apenas a intenção de levar o gato para fora. Contudo, algo terrível acontece – o estudante joga o gato contra a parede, o cérebro do gato se quebra

e jorra sangue por todos os lados na frente de uma centena de alunos. Esse aluno passa a ser alvo de ataque na internet por causa do gato. Mais de 500 páginas com críticas são publicadas no site de notícias mais abrangente da China. Alguém tem a intenção de divulgar publicamente o nome do estudante, outra pessoa critica o seu comportamento, e outra tem postura contrária à sua atitude. Dez mil pessoas publicam as suas críticas na internet.

No final, alguém fala a verdade os gatos muitas vezes entram na biblioteca por ser um lugar aquecido. Naquele dia, o gatinho arranhou o livro do aluno, que tentou levar o gato para fora da biblioteca, mas foi mordido por ele. O aluno fica tão nervoso que não consegue se controlar e joga o gato acidentalmente. Este é o fim da história.

O estudante é aluno do quarto ano do departamento de medicina da universidade, apresenta um comportamento normal e foi escolhido como aluno representante do departamento de medicina. Durante o caso, ele fazia estágio em um hospital e sofre pressões por parte da sociedade. Após o incidente, ele fica sozinho no dormitório e se recusa a dar entrevistas.

(Zhang e Wei, 2007, p. 2)

Embora a atitude violenta contra o gato tenha sido evidentemente abominável, o caso ilustra o quanto as situações podem ser vistas fora de contexto. O estudante tinha fobia de gatos e ficou com medo daquele. A ira decorrente contra as atitudes do estudante teve um impacto psicológico imenso.

Outro exemplo chinês envolve a briga de um grupo de pessoas por telefone.

Caso 2: briga grupal por telefone

Este caso envolveu uma reação forte e irada à perseguição telefônica contra uma mulher. O objetivo do texto publicado na internet era "atacar todas as pessoas mentalmente desequilibradas" às 09h45min da manhã em junho de 2006. A pessoa que publicou esse tópico na internet informou que uma das suas colegas de trabalho havia sido alvo de perseguição por telefone. Ele pediu sugestões que pudessem resolver o problema. As pessoas começaram a publicar comentários como "Ligue para ele no meio da noite; envie um vírus para o celular dele; publique o número do celular dele em todos os lugares". Em um intervalo de 10 minutos, foram publicados todos os tipos de sugestões. Muitas pessoas ligaram para o número do celular do perseguidor e relataram a ligação no blog: 'Já liguei para esse número" às 10h06min da manhã. Outra respondeu: "talvez ele esteja na rua e tenha muito barulho, e por isso desliga o telefone".

Esse quadro sugere uma forma de vigilância virtual que está surgindo como assédio virtual em resposta aos relatos de perseguição. Caso essa forma de vigilância fique fora de controle, poderá tornar-se também perigosa, particularmente se a violência se deslocar para o contexto físico, e se o perseguidor puder ser localizado, perseguido e agredido.

Caso 3: Trote na internet (kuso)

Outra forma de bullying virtual envolve os "trotes" ou o chamado "*kuso*". Esses trotes na internet ficaram muito populares na China, mas são um tanto complexos e justificam uma explicação detalhada. A Wikipedia (2007b) explica que os trotes *online* passaram a ser uma forma de entretenimento entre os chineses, semelhante ao teatro e ao cinema. Esta é a explicação oficial do "*kuso*" chinês:

> "Kuso" é o termo usado no universo chinês para designar a cultura da internet que em geral inclui todo tipo de zombarias e paródias. De modo geral, um *meme* é qualquer fenômeno popular e de caráter passageiro na internet. O termo pode se referir ao conteúdo em si, ao tópico do conteúdo, ou ao fenômeno da sua difusão. É um conteúdo delimitado e identificável, ao contrário de coisas mais gerais como uma doutrina ou uma tendência. A sua circulação tem caráter voluntário, não ocorrendo por meio de truques, coações, de forma predeterminada ou por meios totalmente automatizados. Há quem compare os *memes* da internet a uma forma de arte, e a arte digital na rede a uma forma de *meme*. Um *meme* da internet pode permanecer o mesmo ao longo do tempo ou pode se transformar ao longo do tempo, por acaso ou por intermédio da agregação de comentários, de versões alternativas e paródias, ou de novidades ligadas ao *meme*.
> Um *meme* da internet característico é simplesmente um arquivo digital que é passado de um usuário para outro através da utilização de quaisquer formatos ou meios de transmissão disponíveis na internet (por exemplo, e-mail, blogs, redes sociais, mensagens instantâneas e assim por diante). Normalmente, o que é enviado é ou o conteúdo em si ou um *link* (*hiperlink*) para o lugar onde o conteúdo pode ser encontrado. O conteúdo pode estar em forma de texto, vídeo, imagem ou em outro formato, e pode consistir de uma piada, uma fotografia divertida, um vídeo, um filme ou uma animação, ou uma matéria jornalística incomum.
> De um modo geral, o conteúdo que é de fato notável ou útil não é considerado um *meme*, é simplesmente conteúdo. Assim, embora tenha propriedades características de um *meme*, uma história interessante, um videogame, um serviço da internet, uma canção de um grupo musical consagrado ou coisas parecidas não constituem um *meme*. Alguns sites reúnem e popularizam *memes* ou se dedicam à difusão de *memes* específicos.
> Uma forma comum de *meme* é criada quando uma pessoa, uma empresa, um produto, um grupo musical ou coisa parecida é promovido na internet em função do seu valor como cultura popular. Sites de futilidades, por exemplo, figuram entre os primeiros *memes* da internet identificados. As pessoas usam sites de compartilhamento de fotos como o Flickr ou sites de compartilhamento de vídeos como o

YouTube para promoverem a si mesmos ou aos seus grupos musicais. Em casos extraordinários, quando de outro modo uma pessoa ou um incidente que não sejam tão dignos de notoriedade acabam obtendo grande popularidade, são casos muitas vezes considerados como *memes*.

Muitas vezes, uma pessoa ou uma empresa obtém uma fama negativa em virtude de um vídeo, um e-mail ou outro fato constrangedor. Esses casos surgem, por exemplo, no contexto de namoros e relacionamentos, formulários de emprego, câmeras de segurança e outros vídeos ocultos ou em montagens de matérias jornalísticas bizarras.

Muitos *memes* são lendas urbanas, esquemas de fraude, difamação ou matérias jornalísticas falsas que ou são plantadas deliberadamente para se tornarem *memes*, desenvolvem-se por engano ou boato, ou que se originam em uma fonte *offline* e acabam passando para a internet. (...) Alguns serviços da internet como o snopes.com e o *urban dictionary* reúnem listas desses hoaxes (trotes ou fraudes), ou oferecem serviços pelos quais os usuários podem checar os fatos relativos a afirmações populares que encontram na internet a fim de determinar as suas fontes e a sua veracidade. Essa definição de Kuso foi introduzida em Taiwan aproximadamente em 2000 por jovens que frequentavam sites japoneses e se tornaram rapidamente um fenômeno na internet, estendendo-se para Hong Kong e, posteriormente, para o resto da China.

(Wikipedia, 2007b)

Há uma frase popular na internet que parece ser um tanto contraditória: "se eu gostar de você, vou querer pregar uma peça em você, e muito embora não goste de você mesmo assim ainda vou querer pregar uma peça em você" (Zhang Wei, 2007b, p. 3). Segundo Zhang e Wei, o comportamento de "pregar peça (*kuso*)" é uma forma de bullying. Apresento a seguir alguns exemplos tradicionais de casos de *kuso*.

Exemplo 1: Kuso *contra um professor*

Foram publicadas na internet quatro fotografias de um professor do ensino médio de Foshan Guangdong, incluindo fotografias do rosto dele com um corpo humano nu, com o corpo de um macaco e com o corpo de uma galinha, respectivamente, conforme informações publicadas no *Foshan Daily Forum*. A polícia levou 48 horas para descobrir o autor, um aluno do terceiro ano do ensino médio, cujo nome é Xiaorong. O estudante admitiu ter feito o *download* da fotografia do professor do site da escola, procurado pornografia e fotos de animais na internet e ter usado o programa Photoshop para combinar aquelas imagens e criar sete fotos. Ele alegou não ter conhecimento de que havia violado a lei e, como em alguns dos casos ocorridos nos Estados Unidos e na Inglaterra que discutirei posteriormente, ter achado que havia simplesmente feito uma brincadeira. A atitude dele não tinha de modo algum intenção de prejudicar o professor. Ele relatou ter feito aquilo para chamar a atenção. Faça uma observação mental sobre o ponto de vista desse estudante, pois, no que se refere à publicação de conteúdos difamatórios e caluniosos contra algum tipo de autoridade estabelecida, há um padrão definido que emerge globalmente, sendo um dos seus aspectos o desejo dos alunos de chamarem a atenção para si próprios. Quando chegarmos aos capítulos que tratam das soluções para lidar com esses tipos de trotes, precisaremos refletir sobre a forma como podemos ajudar os alunos a chamar a atenção de uma maneira positiva e, em segundo lugar, como podemos ajudá-los a chegar a uma compreensão do limite preciso no qual as brincadeiras podem passar a ser abuso.

No caso de Xiaorong, embora a polícia reconhecesse que ele deveria ser punido, eles levaram em conta o fato de que ele não tinha motivos para insultar outros indivíduos subjetivamente e, por ele ainda ser um estudante do ensino médio, deu-lhe uma advertência e multa de 500 Yuans. De acordo com a lei penal chinesa, esses comportamentos que prejudicam a sociedade, porém não dizem respeito a atividades criminosas, são penalizados pelo órgão de segurança pública com base nas Normas da República Popular da China relativas às penalidades administrativas de segurança pública[1]. Este caso foi julgado de acordo com o Artigo 42[2]. Não houve nenhum relato em relação a como a escola reagiu a essas ações – pedagogicamente ou de qualquer forma disciplinar (Zhang e Wei, 2007b).

Como nos casos britânicos e norte-americanos emergentes, o caso de Xiaorong não é excepcional na China. Belew (2007) informa que um vídeo publicado no YouTube mostrava estudantes xingando a fotografia do seu professor, ridicularizando-o e outras atitudes depreciativas. O vídeo atraiu muitos protestos, até que foi tirado do ar pelo site YouTube.

Na China, os alunos também enfrentam casos de fotografias modificadas em postagens na internet. Observe o caso de Piggy[*] (ironicamente, o mesmo nome que foi dado à vítima de bullying de William Golding no romance *O Senhor das Moscas*, de 1954).

Exemplo 2: Piggy

O verdadeiro nome de Piggy é Qian Zhijun. Piggy participou de uma feira de segurança no transporte quando era aluno do terceiro ano do ensino médio. Alguém registrou uma das suas apresentações vestido de porco.

---
[*] N. de T.: Literalmente, *piggy* significa porquinho, porco ou de porco.

As imagens foram publicadas pelo *merchandising* da feira. Utilizou-se o programa Photoshop para combinar o rosto de Piggy com personagens como Dingdang Cat, Ali Baba, Shrek, Mona Lisa, a Estátua da Liberdade e Jia Baoyu. Segundo o relato de Zhang e Wei (2007b), Qian logo se tornou a primeira pessoa a sofrer abuso pela internet. Chegou até mesmo a ser chamado de "porco mutante". Desde então, Piggy passou a ser um personagem popular nos cartazes de cinema na China. Segundo o relatório, Piggy inicialmente disse que "bem no início, ele se sentia mal e horrível. Depois disso, percebeu que a maioria das pessoas não estava tentando magoá-lo deliberadamente porque a maior parte delas descrevia Piggy como um personagem fofo e divertido" (Zhang e Wei, 2007b).

Exemplo 3: o menino gordinho

Outro caso que ficou famoso na China envolveu o rosto de um estudante jovem e acima do peso retratado como "uma foto comum e normal dele" na internet (Jaishankar e Shariff, no prelo). Ninguém poderia ter previsto quantos hackers a foto iria atrair. Milhares de pessoas se inscreveram no site para alterar e ridicularizar o "menino gordinho".

Exemplo 4: Ning

Ning é um aluno do terceiro ano do ensino médio da região de Dian Jiang, província de Chongqing. Durante o verão de 2004, Ning usou o telefone do seu pai para enviar várias mensagens instantâneas que continham insultos de natureza sexual para o telefone da sua professora de Chinês, Xiao. Xiao informou o fato à direção da escola e advertiu Ning para parar com esse comportamento impróprio. Ning admitiu ter culpa e escreveu um relatório. Xiao exigiu também um pedido de desculpas pessoais, ao que Ning se recusou. Xiao entrou com uma ação judicial em dezembro de 2004. O tribunal considerou que Ning utilizou as mensagens de ordem sexual para ofender Xiao deliberadamente e que o seu comportamento representou uma intromissão nos direitos privados de Xiao; no entanto, pelo fato de Ning ser um adolescente menor de 18 anos, os seus guardiões legais foram considerados culpados. Por fim, os guardiões legais de Ning escreveram uma carta com um pedido de desculpas e pagaram 500 Yuan por danos psicológicos.

Outra vez, esse caso é muito interessante a partir de várias perspectivas. Embora a professora estivesse inicialmente disposta a aceitar um pedido de desculpas e uma compensação por danos psicológicos, o estudante manteve a sua posição de que estava apenas brincando e que havia lhe enviado uma mensagem para fazer uma brincadeira. Na China, parece que os tribunais consideram os pais os responsáveis pelo comportamento do aluno, sem referência ao fato de a escola ter ou não obrigação de educar sobre essas formas de expressão por meios eletrônicos. As informações fornecidas pelos meus colegas chineses (extraídas diretamente da tradução) sugerem que a escola deva ter uma responsabilidade educacional:

> O que Ning fez foi simplesmente infringir as regras da escola. O professor deve educar o aluno, e não processá-lo. Entretanto, após o julgamento, nenhuma das partes recorreu do resultado. No que se refere a esse caso e ao fenômeno difundido de assédio através do uso de mensagens instantâneas, Huang, juiz da comarca de Dian Jiang, considerou que o ato de enviar mensagens instantâneas deliberadamente poderia facilmente provocar a violação de direitos. No entanto, se se desejar que essas ações sejam definidas como ações de violação de direitos, é preciso que existam provas confirmadas. Neste caso, Ning admitiu ter escrito o conteúdo relativo ao assédio através de mensagem instantânea. O conteúdo se tornou a principal prova para o caso e determinou o julgamento.
>
> (Zhang e Wei, 2007, p. 5-6)

Outra área emergente do bullying virtual na China é referida como difamação pela internet. Ela envolve insultar abertamente outros indivíduos com o uso da força ou de outros métodos, ou através da invenção de histórias para difamar outros indivíduos. Pela lei chinesa, os autores são considerados culpados de acordo com o Artigo 246[3]. Zhang e Wei (ibidem, p. 6-7) informam que há muitos comportamentos difamatórios na internet. Apresento a seguir alguns exemplos.

Exemplo 5: Difamação por meio do roubo de identidade

Wang Shunhe roubou uma senha de um site e a utilizou para enviar mensagens ofensivas a outro aluno, Zhou, e sua família. Eles alegaram que esse fato provocou danos psicológicos em toda a família de 24 de setembro de 2003 a 2 de outubro de 2004. Wang Shunhe também usou a internet para publicar um tópico contendo palavras ofensivas. Ele também publicou os nomes e os números de telefone dos membros da família, que receberam inúmeros telefonemas de todo o país, e até mesmo de Cingapura. Pessoas estranhas ligaram de Cingapura para o Sr. Zhou a fim de marcar um encontro sexual com a filha dele. Isso arruinou a saúde e a reputação da Sra. Zhou. A família moveu uma ação criminal e Wang foi posteriormente sentenciado a dois anos de prisão. Mais uma vez, esse padrão não difere significativamente do padrão da América do Norte, embora na China pareça haver extremos – ou a detenção, ou uma simples multa.

Esses exemplos sugerem que os chineses não estão imunes ao bullying virtual, e que são necessários estudos adicionais na China para compreender a verdadeira extensão do bullying virtual em um país com uma população tão imensa. Tenho particular interesse nos tipos de respostas de políticas públicas que surgirão para reduzi-lo.

A maior parte dos relatórios sobre a China se refere ao ciberbullying entre adultos. Em um caso bem conhecido de monitoração virtual que outra vez se transformou em ciberbullying, um homem publicou na internet informações sobre outro indivíduo que supostamente tinha um caso com a mulher dele. Ele identificou o homem suspeito de ser o amante da sua mulher pelo seu nome na internet. Isso levou a uma série de postagens que revelavam o nome do homem, bem como o número do seu telefone e o seu endereço. Milhares de postagens na internet denunciaram o amante, e usuários da internet telefonaram ou foram até a casa dele para insultá-lo sobre o suposto abuso, agredindo a ele e a sua família. Os advogados agora recorrem ao governo para proteger as pessoas de terem suas informações pessoais publicadas na internet (Bartlett, 2007). Aplicado no ciberespaço anônimo, a monitoração virtual pode infringir muitos direitos pessoais e de privacidade.

TAILÂNDIA

É também frequente na Tailândia o envio de mensagens cruéis e muitas vezes ameaçadoras, e também mensagens com conteúdo de estigmatização de ordem racial ou étnica. Como a proficiência em informática é hoje uma espécie de segunda natureza para muitos jovens e crianças, não surpreende que sites que contêm histórias em áudio, desenhos e imagens que ridicularizam outros indivíduos sejam divulgados a um público internacional. Por exemplo, disseram a David Knight, um canadense, que verificasse um determinado site da Tailândia. Para o seu horror, o site tinha o seguinte título: "Bem-vindo à página que ridiculariza Dave Knight...". Este site era um clone de um site criado pelos seus colegas no Canadá.

Além disso, não raro publicam-se fotos de colegas de aula na internet, junto com perguntas pedindo que os estudantes atribuam avaliações negativas ao indivíduo visado. Por exemplo, "Quem é o maior .... (escolha o termo depreciativo que quiser)?". Invadir uma conta de e-mail e enviar conteúdo maldoso a outros indivíduos também passou a ser uma prática comum em Bangcoc. Somsak (nome fictício), um nativo de 14 anos, entrou um dia na sua sala de aula e percebeu que todos os colegas olhavam furiosamente para ele. Um menino que ele mal conhecia se aproximou dele e gritou: "Por que você me chamou de .... [termo depreciativo]?". Somsak ficou tão chocado quanto o menino que fizera a reclamação. Por fim, o problema foi resolvido, mas Somsak ainda não fazia a menor ideia de quem havia acessado a sua conta para enviar mensagens de e-mail com conteúdo ofensivo. Outra técnica consiste em chamar alguém para conversar através de mensagens instantâneas, induzir a pessoa a revelar informações pessoais delicadas e enviar essas informações para outros indivíduos. A prática de tirar uma foto de uma pessoa no vestiário ou no banheiro usando uma câmera de telefone celular e enviar a foto para outras pessoas é outro método que ganha ímpeto na Tailândia (Payne, 2007).

ÍNDIA

Embora existam muitos estudos ocidentais relacionados ao bullying virtual, não há nenhuma pesquisa empírica na Índia que revele esse fenômeno da atualidade. Jaishankar e Shariff (no prelo) mencionam um estudo indiano inédito que constatou que o bullying praticado por meio do telefone celular é comum entre alunos da rede escolar. Esse estudo investigou a natureza e a extensão da experiência do bullying virtual dos alunos nas escolas por meio da utilização de telefones celulares. Os resultados demonstraram que 65% dos estudantes foram vítimas de bullying virtual por intermédio do uso de telefones celulares, e 60% dos respondentes também haviam se envolvido na prática do bullying contra outras pessoas por meio da utilização de telefones celulares.

Embora o bullying seja predominantemente considerado uma questão grave nos países ocidentais, o criminologista indiano Jaishankar (Ibidem) escreve que, na Índia, o bullying é um elemento cultural razoável dentro das castas e entre pessoas de castas diferentes. Ele observa que o bullying é predominante nas escolas e faculdades. Muitas vezes é chamado de "zombaria", ou, quando dirigido a mulheres jovens, é conhecido como "provocação a Eva" (provocação a uma virgem). Consequentemente, poucas leis ou políticas públicas para tratar do bullying entraram em vigor. Considerando-se o enorme incremento em tecnologia e a participação dos programadores de computador indianos e de pessoas da área de tecnologia da informação em empresas de tecnologia americanas terceirizadas, o uso de tecnologias atuais como a internet e os telefones celulares proliferou, aumentando a predominância do bullying praticado por alunos de escolas e faculdades. Atualmente, a internet e os telefones celulares se tornaram uma parte integrante e essencial nas vidas de todos, e a maior parte dos alunos porta telefones celulares. Apresento a seguir um exemplo extraído de um e-mail enviado por alunos do segundo ano do ensino médio de uma escola respeitada de Mumbai, sobre os alunos de outra escola:

> Se você acha que eles são lindos... Bom, preciso te dizer que eles não são. Eles são feios, gordos, eles parecem ratos!!! Até os aliens têm uma aparência melhor que a deles!!!
>
> (ibidem)

Embora essa mensagem possa parecer mais uma brincadeira divertida do que uma ofensa séria, ela é apenas o começo de uma tendência que pode se intensificar, transformando-se em um problema grave. Neste caso, os professores intervieram e o problema foi resolvido. Segundo uma matéria jornalística indiana, "na Índia, onde crianças cada vez mais jovens descobrem a força da internet, o bullying virtual já começou a enfeitiçar os adolescentes indianos na sua rede insidiosa" (Kapoor, 2003).

Embora tenham sido realizados poucos estudos formais, uma olhada rápida no site www.orkut.com (um site de rede social) revela muitas postagens com conteúdos similares aos do Facebook e do MySpace. Há muita informação disponível sobre abuso virtual e crime virtual cometidos por adultos e, até então, muito pouca informação sobre o ciberbullying entre estudantes. O Orkut chegou à Índia em fevereiro de 2006 com uma missão declarada de ajudar as pessoas a desenvolver uma rede mais próxima e íntima de amigos, com a expectativa de lhes oferecer o caminho para a glória social, semelhante ao Facebook. Com base nessa missão declarada, é evidente que o site de rede social foi instituído a fim de permitir que as pessoas interajam umas com as outras no mundo todo ao eliminar as distâncias geográficas. Entretanto, segundo Rahul (2007), desde então ele tem sido utilizado para atividades supérfluas que levam à degradação moral e à revolta. Um estudante de administração de Mumbai foi preso pela polícia após a reclamação feita por uma menina por ter tido a sua imagem maculada em um fórum público, mais especificamente, no Orkut. O menino tentou seduzir a menina durante algum tempo. Ele a ameaçou com consequências terríveis quando ela resistiu às investidas dele. Posteriormente, ele publicou um perfil obsceno com o nome dela no portal Orkut junto com o número do telefone celular da menina. O perfil foi delineado de forma a atrair comentários obscenos dos muitos usuários que visitavam o perfil dela. Posteriormente, o menino foi preso com base na seção 67 da Lei de Tecnologia da Informação, de 2000 (A Índia não tem uma lei específica para o bullying virtual).

Segundo Kapoor (2003), os especialistas na legislação da Índia não acreditam que essa legislação tenha a capacidade para reduzir o crime virtual, porque foi projetada inicialmente para promover o *e-commerce*. A legislação não é muito eficaz para lidar com as perseguições virtuais, o bullying virtual, e outras formas de assédio pela internet. Kapoor explica que a lei sequer define o que seja "crime virtual". Uma pesquisa rápida nos perfis do Orkut revelará "muitos perfis modificados de meninas bonitas" (Sengupta, 2006).

Mais recentemente, a Índia colocou em vigor uma política de censura à internet (Fratina, 2007) permitindo o fechamento de sites e blogs com conteúdo ofensivo. Várias ações foram também enquadradas nas leis de difamação virtual.

Em outro caso envolvendo o Orkut, foi publicado no site um perfil malicioso de uma estudante de Nova Délhi. Os autores postaram fotografias obscenas e informações de contato da aluna, como o seu endereço residencial e seus números de telefone no perfil, utilizando apelidos sugestivos como "professora de sexo" para descrevê-la. O assunto veio à tona após a família da garota ter começado a receber ligações telefônicas vulgares; depois disso, o pai dela entrou em contato com a célula virtual do setor de crimes econômicos da polícia da cidade. Segundo as fontes da polícia da cidade, a garota é aluna de uma escola de South Delhi. As fotos obscenas e as informações pessoais levaram dois estranhos à casa da garota, sugerindo que ela os havia convidado pela internet para fazer sexo.

Este é o segundo incidente que demonstra o mau uso do site de relacionamentos Orkut em Nova Délhi. Anteriormente, uma comissária de bordo alegou que alguém havia aberto uma conta em seu nome neste site, no qual ela foi descrita como uma "mulher dominada pelo sexo".

A maioria dos casos relatados por Jaishankar e Shariff (no prelo) relacionados ao Orkut envolve o assédio sexual de mulheres. Um relatório de pesquisa inédito realizado pela minha aluna de direito, Sakina Fratina (2007), inclui informações sobre o primeiro caso de perseguição virtual da Índia. A Sra. Ritu Kholi queixou-se à polícia de que uma pessoa havia usado a sua identidade para conversar na internet no site www.mirc.com

durante quatro dias consecutivos. O indivíduo usou linguagem obscena e forneceu o número do telefone dela, incentivando as pessoas a ligarem em horários atípicos. Consequentemente, ela recebeu mais de quarenta ligações telefônicas do Kuwait, de Mumbai e de Ahmedadab. Por fim, o número de IP foi rastreado e o autor foi preso de acordo com o código penal indiano que, entre outros crimes, proíbe a interferência no decoro de uma mulher. Entretanto, houve também casos em que diretores de escolas foram insultados no Orkut.

Os casos de ciberbullying mencionados acima, e as considerações culturais que se referem especificamente aos países envolvidos, fornecem uma ideia geral das formas de ciberbullying que começaram a surgir no continente asiático e regiões adjacentes. A necessidade de pesquisas mais aprofundadas e mais focadas ligadas à utilização da internet, aos letramentos digitais, ao uso de sistemas de telefonia celular e, mais especificamente, às respostas das escolas a essas formas de comunicação virtual é urgente na Ásia. O avanço tecnológico caminha de forma tão rápida que é difícil para pesquisadores, teóricos e legisladores acompanharem. O imenso desafio é que são necessárias "soluções" urgentes para conter a rápida proliferação desse tipo de expressão mundialmente popular entre os jovens. Ao mesmo tempo, não houve tempo suficiente para reunir e analisar os dados sobre a sua utilização, nem para situá-los dentro dos seus contextos culturais apropriados. Por isso, as principais respostas emergentes tendem a ser positivistas e jurídicas, com atenção especial ao aspecto criminal desse tipo de expressão. O componente educacional está ausente; como vimos no caso do Japão, é basicamente a polícia, e não a escola, que se envolve. Respostas semelhantes são implementadas na China, na Índia e na Coreia do Sul. Voltemo-nos agora para o hemisfério ocidental onde destacarei algumas das pesquisas emergentes no Reino Unido, nos Estados Unidos, no Canadá e na Austrália.

REINO UNIDO

O Quadro 3.1 resume a quantidade significativa de pesquisas que surgiram sobre o bullying e a utilização da tecnologia. Há menos estudos que têm o bullying virtual como foco específico; no entanto, é importante não desprezar o que podemos aprender com os pesquisadores que estudaram o uso da internet entre os jovens. Como os dados demonstram (Dickie et al., 2004), mais de 80% das crianças e adolescentes do Reino

Unido acessam computadores domésticos, e 75% das crianças na faixa dos 11 anos possuem telefones celulares. Uma pesquisa realizada pelo MSN revelou que mais da metade dos jovens pesquisados mantinha conversas através do programa de mensagens instantâneas (IM)* pelo menos uma vez por dia, e 33% conversava através de IM várias vezes por dia. Um em cada dez respondentes informou visitar blogs na internet (diários) diariamente, e 48% dos jovens pesquisados afirmaram checar as suas contas de e-mail pelo menos uma vez por dia (ibidem).

De acordo com uma pesquisa realizada em 2005 pela instituição beneficente National Children's Home e pela Tesco Mobile (NCH, 2005), dos 770 jovens com idades entre 11 e 19 anos, 20% dos respondentes revelaram ter sofrido bullying praticado por meios eletrônicos. Quase três quartos (73%) afirmaram que conheciam os autores, enquanto 26% afirmaram que o ofensor era uma pessoa estranha.

Outra descoberta interessante foi que 10% indicaram que colegas os haviam fotografado usando câmeras de telefones celulares e isso fez com que se sentissem pouco à vontade, constrangidos ou ameaçados. Muitos jovens não ficam à vontade para contar a uma figura de autoridade o fato de terem sido vítimas de bullying virtual. Embora 24% tenham relatado o abuso ao pai ou à mãe, e 14% tenham contado a um professor, 28% não contaram a ninguém, e 41% contaram a um amigo (ibidem, p. 6). Uma pesquisa realizada com mais de 500 jovens britânicos com idades entre 12 e 15 anos constatou que um em cada dez havia sofrido bullying virtual, mais comumente por meio de e-mails ameaçadores, da exclusão de conversas pela internet ou da divulgação de boatos sobre eles na internet. A pesquisa, intitulada "Relatório sobre o bullying virtual pelo MSN: o bullying por meio dos blogs, das mensagens instantâneas e do e-mail entre os jovens de hoje"**, foi publicada pelo MSN usando dados do estudo da empresa britânica de pesquisa de mercado, YouGov, realizado com 518 jovens e seus pais em janeiro de 2006. Outros resultados extraídos do relatório revelavam as seguintes informações:

– Um número duas vezes maior de meninas (18%) informou ter sofrido bullying virtual em relação aos meninos (7%), e o dobro de meninas (34%) conhecia alguém que havia sofrido bullying virtual, em comparação com os meninos (17%).

---

* N. de T.: Sigla em inglês para "instant messenger".
** N. de T.: No original, "MSN cyber-bullying report: Blogging, instant messaging and email bullying amongst today's teens".

- Um a cada vinte respondentes admitiu envolvimento na prática de bullying contra alguém na internet.
- Um a cada oito informou enviar ameaças a outras pessoas, e um em cada vinte admitiu postar informações inventadas sobre alguém em um blog (diário *online*).
- Treze por cento dos respondentes avaliou o bullying virtual como sendo "pior que o bullying físico".
- Setenta e quatro por cento dos respondentes não procurou ajuda com ninguém após ter sofrido bullying virtual.
- Quarenta e oito por cento dos pais "não tinham conhecimento sobre o fenômeno do bullying virtual".

Um artigo jornalístico intitulado "*Bullies* inflingem 'sofrimento extremo' aos alunos das escolas do Reino Unido" (Land, 2006) narra os resultados da maior investigação já realizada sobre o bullying escolar pelo Bullying Online, que pesquisou 8.574 crianças, pais, professores e adultos nos primeiros seis meses de 2006. Os pesquisadores constataram que 69% dos alunos que participaram da pesquisa afirmaram ter sido vítimas de bullying nos últimos doze meses, e 50% destes afirmaram ter sofrido agressão física. Oitenta e sete por cento dos pais que responderam à pesquisa afirmaram que seus filhos haviam sofrido bullying, e 77% informaram que os seus filhos haviam sido vítimas de bullying por mais de cinco vezes. Com base nessa matéria jornalística, não fica claro se o ciberbullying foi ou não incluído na pesquisa. A reportagem cita a seguinte afirmação de um dos pesquisadores do Bullying Online:

> Nunca houve tantos métodos para lidar com o bullying escolar, porém os resultados da nossa pesquisa são chocantes e chegou a hora de descobrirmos quais métodos funcionam e de abandonar o restante (...). Os pais ficarão chocados ao saberem que o bullying é um assunto sério, mas que nenhum dos métodos antibullying usados nas escolas foi avaliado por testes de longo prazo independentes.
>
> (Liz Carnell, citação em Land, 2006)

Ainda que eu concorde que seja a hora de tomar alguma atitude, não estou convencida de que avaliar os milhares de programas antibullying obtenha algum resultado no sentido de reduzir o bullying tradicional ou o bullying virtual. À medida que avançarmos neste livro, espero convencer os leitores de que precisamos reconceituar a forma como abordamos e tratamos essas questões. Como o Reino Unido tem encarado com muita seriedade o bullying tradicional e o bullying virtual, sem dúvida existem muito mais pesquisas para avaliar o seu predomínio. É o suficiente para dizer que esses resultados sugerem por lá uma necessidade definida de considerar respostas alternativas. A consciência e a confiança dos alunos para informar os problemas aos pais e às autoridades escolares são aspectos importantes ao se abordar o bullying virtual.

Um estudo abrangente divulgado por Livingstone e Bober (2005a) para o Economic and Social Research Council da Grã-Bretanha, intitulado "As crianças do Reino Unido entram para o universo online"** é extremamente instrutivo nesse sentido. Esse estudo, o primeiro desse tipo, concentrou-se basicamente nas reflexões e impressões das próprias crianças, e também pesquisou os seus respectivos pais. Apresento um breve resumo dos resultados.

O estudo envolveu entrevistas diretas com 1.511 crianças e jovens com idades entre 9 e 19 anos, com uma entrevista anônima realizada com 906 pais dessas crianças e jovens, seguida de uma série de entrevistas e observações realizadas com grupos focais, concentradas no uso da internet por parte das crianças.

O acesso à internet

Coerente com outros estudos apresentados neste capítulo, os pesquisadores constataram um aumento no acesso de casa (75%) e no acesso geral nas escolas (92%). Eles observaram que as plataformas de acesso estão se diversificando, com 71% das residências com computadores, 38% desses jovens possuem telefones celulares, 17% possuem televisão digital, e 8% possuem aparelhos de videogames com acesso à internet. Constataram que os fatores socioeconômicos eram consideráveis. Oitenta e oito por cento dos indivíduos de classe média – porém apenas 61% dos indivíduos da classe trabalhadora – têm acesso à internet. Dezenove por cento têm acesso à internet nos seus dormitórios.

A natureza da utilização da internet

A maioria são usuários diários ou semanais: 41% usam a internet diariamente, e 43% a utilizam semanalmente. A maior parte permanece

---
** N. de T.: No original, "MSN cyber-bullying report: Blogging, instant messaging and email bullying amongst today's teens".

online durante menos de uma hora por dia, 90% delas acessam a internet para fazer o dever de casa, e 94% a utilizam com outros objetivos. Vinte e um por cento admitiu utilizar a internet para atividades menos apropriadas, como plágio via *download* de trabalhos da internet para depois apresentá-los como sendo seus.

As desigualdades e a exclusão digital

O contexto é importante, e esse estudo se esforçou para analisar a classe socioeconômica e fatores relacionados. Por exemplo, os adolescentes de classe média e aqueles que passam mais tempo *online* têm obviamente melhores habilidades no uso da internet. Apenas 25% afirmam não se interessar pela internet, porém 47% dos usuários eventuais e não usuários afirmam não ter acesso à internet. Catorze por cento afirmaram não ter tempo para utilizá-la. Os filhos de pais que usam a internet com maior frequência a utilizam mais regularmente e têm mais habilidade. O estudo constatou que a maior parte das pessoas que usam a internet não a aproveita totalmente e fica restrita a uma variedade pequena de sites. Isso é importante para a discussão das soluções que apresento posteriormente. Os pesquisadores observam que "se abre um novo divisor entre aqueles para quem a internet é cada vez mais um recurso enriquecedor, diverso, envolvente e estimulante e aqueles para quem ela permanece sendo um recurso muito menos significativo, limitado, sem maiores atrativos, ainda que esporadicamente útil" (Livingstone e Bober, 2005b, p. 2).

Educação, ensino e letramento

Os autores relatam que muitos jovens e crianças com idades entre 9 e 19 anos não receberam ensino formal (30%) e apenas 16% dos pais consideram-se em nível avançado, em comparação com 32% no caso das crianças. As crianças não possuem habilidades fundamentais para avaliar conteúdos na internet, e isso pode ser problemático ao lidarem com indivíduos ou blogs que podem levá-los ao comportamento ligado ao ciberbullying ou à vitimização por ciberbullying. Por exemplo, 38% afirmaram confiar na maior parte das informações disponíveis *online*, e apenas 33% receberam ensinamentos em relação a como avaliar a confiabilidade das informações disponíveis na internet.

A comunicação

O telefone celular é a forma de comunicação preferida para namorar e fofocar com amigos ou receber conselhos, e o envio de mensagens de texto é preferido em relação ao e-mail. A comunicação *online* com amigos para permanecer em contato com eles o tempo todo é extremamente valorizada e, diferentemente dos avisos dos meios de comunicação sobre estranhos na expectativa para atacar usuários ingênuos, poucos expressaram interesse em entrar em contato com estranhos, embora 21% tenham sido contatados por pessoas que eles não conheciam em salas de chat na internet. Outra descoberta estimulante foi que 53% afirmaram que conversar pessoalmente era melhor que se comunicar pela internet. Vinte e cinco por cento buscam aconselhamento *online*.

A participação

Outro aspecto desse estudo que será útil quando discutirmos soluções são os resultados que apontam que 44% desses estudantes participam ou fazem contribuições úteis através das suas participações. Por exemplo, 54% têm interesse em questões políticas e de cidadania; 44% responderam questionários *online*; 25% já enviaram um e-mail ou mensagem de texto a um site (protestando em relação a alguma coisa errada com o site), e 22% votaram em algum assunto na internet. Dezessete por cento enviaram imagens ou relatos a um site. Esta é uma notícia boa, e vai mostrar que o uso da internet entre os jovens não é tão ruim quanto a mídia nos faz acreditar que seja.

Os riscos da comunicação *online*

Dito isso, o estudo de fato constatou alguns riscos negativos. Os pesquisadores observam que os pais subestimam as experiências negativas dos filhos, e que um terço dos entrevistados relatou receber comentários de natureza sexual (31%) ou maldosos (33%), embora apenas 7% dos pais tivessem conhecimento do fato dos filhos terem recebido esses comentários ou que tivessem sofrido bullying *online*. Quarenta e seis por cento confessaram divulgar informações pessoais na internet, e 40% se envolveram em jogos de identidade – fingiram ser outra pessoa. Esses resultados são corroborados no meu estudo realizado em Québec descrito a seguir, com porcentagens semelhantes. Trinta por cento estabeleceram uma relação pessoal pela internet, e 8% deles de fato encontraram a pessoa que conheceram *online*.

Controlando a internet em casa

Os pais entrevistados deixaram claro que buscam controlar o modo como os filhos utilizam a internet. A maior parte dos pais cujos filhos tinham acesso à internet em casa afirmou participar diretamente e/ou ajudar os filhos na internet, embora seja menos provável que os filhos admitam esse fato. E da mesma forma que ocorre com outros estudos sobre a confiança e a capacidade dos pais, neste estudo eles também admitiram enfrentar desafios difíceis. Dezoito por cento afirmaram não saber como ajudar os filhos a usar a internet com segurança, e, enquanto 35% das crianças afirmaram ter *softwares* de filtragem, 45% dos pais achavam que os filhos tinham esse tipo de programa. Não surpreende que 69% dos filhos não gostem que os seus pais imponham restrições à forma como utilizam o computador, e 63% afirmaram ter adotado alguma providência no sentido de ocultar dos pais as suas atividades *online*.

No que diz respeito às diferenças de gênero na utilização da internet, essa pesquisa constatou que, embora haja maior probabilidade das meninas visitarem sites de cidadania e menor probabilidade de encontrarem pornografia *online*, elas têm mais chances de vivenciar riscos de contato (como o bullying) que os meninos.

Embora esse relatório seja muito geral, boa parte das informações poderia ser extremamente útil no desenvolvimento de políticas públicas para combater o ciberbullying, porque o estudo analisa em profundidade o modo como as crianças utilizam e se relacionam com a internet, e fornece as perspectivas dos pais. Apesar disso, fiquei bastante surpresa pelo fato do ciberbullying não ter sido investigado de forma mais extensa no relatório. Conforme sugerem as estatísticas, os pais podem não estar tão informados quanto imaginam no que diz respeito ao modo como os seus filhos utilizam a tecnologia. Os pais muitas vezes parecem focar toda a atenção em aspectos como as crianças acessarem material impróprio ou serem alvos de pedófilos, deixando de considerar o ciberbullying com a mesma seriedade.

As recomendações desse relatório são discutidas no Capítulo 8 a fim de complementar algumas das soluções que sugiro nos capítulos finais.

Há também um novo site de informações sobre o bullying virtual para pais, educadores e outras partes interessadas, desenvolvido pelo Department for Children, Schools and Families (2007), que é muito bom. Examino esse site como parte da minha análise sobre as reações oficiais abordadas no Capítulo 7. Ao mesmo tempo, sabe-se que os sindicatos de professores do Reino Unido estão exigindo o fechamento de sites como o YouTube, citando um caso recente ocorrido na Escócia onde estudantes filmaram um professor na sala de aula e publicaram o vídeo no YouTube com a legenda "Você está morto" (Riga, 2007).

Happy slapping

É válido mencionar uma forma de bullying que se originou no Reino Unido e foi copiada no mundo todo. Acredita-se que a prática do *happy slapping* tenha se originado em Londres, na cena da música de garagem, em 2005, sendo amplamente divulgada pela mídia britânica. Surgiram acusações de ataques contra jovens em diversos incidentes de *happy slapping* no Reino Unido, mas até agora não houve nenhum movimento no sentido de legislar especificamente sobre a questão.

Em um caso de 2005, uma menina de 16 anos foi atacada gravemente durante o seu trajeto da escola para casa. Depois, um vídeo do incidente, filmado com uma câmera de telefone celular, circulou por toda a escola em que ela estudava. Apesar do fato de uma imensa parte da angústia da vítima dever-se ao fato do vídeo ter sido mostrado aos seus colegas de escola, um porta-voz da escola foi citado afirmando simplesmente que "isso é um assunto da polícia e que ocorreu fora da escola" (BBC, 2005). Ao lidar com a tecnologia da internet e da terceira geração de telefones celulares, que pode ser acessada pelos alunos tanto dentro quanto fora do horário da escola, uma abordagem como essa não funciona para lidar com o problema.

ESTADOS UNIDOS

O Quadro 3.1 outra vez confirma o uso extensivo das tecnologias por parte dos jovens nos Estados Unidos. Aproximadamente 70% das crianças com idades entre 4 e 6 anos utilizam computadores e 68% das crianças com idades inferiores a 2 anos utilizam algum tipo de mídia digital.

Uma pesquisa americana realizada com 3.700 alunos do ensino médio constatou que 18% sofreram bullying virtual (Chu, 2005). No ano 2000, um estudo da University of New Hampshire descobriu que, nos Estados Unidos, uma a cada dezessete crianças, ou 6%, havia sofrido algum tipo de ameaça ou assédio pela internet (Finkelhor et al., 2000).

Em março de 2006, as estatísticas indicavam que de 75 a 80% das crianças com idades entre 12 e 14 anos haviam sido vítimas de bullying virtual. Além disso, 20% das crianças e adolescentes com menos de 18 anos havia recebido algum convite de natureza sexual. Portanto, o ciberbullying está claramente em ascensão e atinge indivíduos de ambos os sexos nos Estados Unidos. Um estudo apresentado em 2006 na American Educational Research Association[*] mostra que os autores de bullying do sexo feminino preferiam praticar o assédio por meio de mensagens de texto em relação ao bullying praticado pessoalmente em uma proporção de dois para um (Toppo, 2006). Nos Estados Unidos, Ybarra e Mitchell (2004b) relataram que 15% da sua amostra se identificavam como autores de bullying *online* e 7% afirmaram ter sido alvos de bullying *online*. O crescimento do assédio virtual foi reconhecido primeiramente em 1999 com um relatório da Procuradoria Geral dos Estados Unidos enviado ao então vice-presente Al Gore, sugerindo que aqueles incidentes eram um problema crescente para as autoridades policiais (Beckerman e Nocero, 2002).

O jornal *Portsmouth Herald* informa que pré-adolescentes e adolescentes com uma média de idade entre 9 e 14 anos usam o anonimato para se envolver com a prática do bullying virtual (Portsmouth Herald Editorial Board, 2005). No condado de Westchester, no estado de Nova York, representantes das escolas convidaram 600 estudantes, pais, educadores e autoridades policiais para uma conferência sobre o bullying virtual. Quando os representantes das escolas perguntaram a aproximadamente 200 alunos quantos deles já haviam sido pessoalmente vítimas ou autores de bullying virtual, ou quantos deles conheciam algum amigo que houvesse sido vítima ou autor de bullying virtual, 194 estudantes levantaram o mão (Swartz, 7 de março de 2005). Uma pesquisa de opinião pública encomendada pela organização não-governamental Fight Crime: Invest in Kids[**] constatou que, nos Estados Unidos, mais de 13 milhões de crianças e adolescentes com idades entre 6 e 17 anos são vítimas de bullying vir-

---
[*] N. de T.: Literalmente, "Associação Americana de Pesquisa em Educação".
[**] N. de T.: Literalmente, "Combata o crime: invista nas crianças"

tual (Kharfen, 2006). Um terço de todos os adolescentes e um sexto de todos os pré-adolescentes já passaram por situações em que um ou mais indivíduos escreveram coisas cruéis, ameaçadoras ou constrangedoras a seu respeito na internet. Mais de dois milhões de crianças nunca contam para ninguém – nem a um professor, a um amigo, ao pai ou a mãe, nem a um irmão ou irmã.

Vou me concentrar em um estudo recente realizado pelo PEW/internet and American Life Project[*] que revelou resultados interessantes (Lenhart, 2007). O estudo envolveu uma pesquisa telefônica representativa em nível nacional com 935 adolescentes e verificou que um a cada três adolescentes que utilizam a internet passou pela experiência de assédio *online* (veja a Tabela 3.1). Como em outros estudos, não surpreende que as meninas tenham maior probabilidade de se tornarem vítimas. O que é diferente neste estudo é que a maior parte dos adolescentes pesquisados afirmou ser mais provável que eles sejam vítimas de bullying na vida *offline* do que na esfera *online*. Lenhart relata que aproximadamente um terço (32%) de todos os adolescentes americanos que usam a internet afirmam que já foram alvos de uma série de ações perturbadoras e potencialmente arriscadas na internet – como receber mensagens ameaçadoras; ter os próprios e-mails ou mensagens de textos reenviados a outras pessoas sem consentimento; a publicação de uma foto constrangedora sem permissão; ou alguém espalhar boatos sobre eles na internet. Os adolescentes mais velhos (com idades entre 15 e 17 anos) afirmaram ser mais provável que suas mensagens privadas fossem encaminhadas ou postadas abertamente por alguém – 18% dos adolescentes mais velhos já passaram por essa situação, em comparação com 11% no caso dos adolescentes mais jovens.

Dependendo das circunstâncias, essas condutas podem ser realmente ameaçadoras, simplesmente perturbadoras ou mesmo benignas; entretanto, há maior probabilidade que os adolescentes que compartilham as suas identidades e pensamentos na internet sejam alvos que aqueles que não se comunicam dessa forma *online*. Em outras palavras, o relatório do PEW/internet observa que, quando os adolescentes têm relacionamentos baseados na confiança e compartilham informações é maior a probabilidade de ver essa confiança quebrada e o conteúdo acabar sendo postado publicamente sem a permissão deles (15%). Aproximadamente 13% admitiram ter espalhado algum boato na internet e outros 13% receberam e-mails, men-

---

[*] N. de T.: "internet and American Life Project" é um centro de pesquisa que investiga o impacto da internet nas famílias, nas comunidades, no trabalho e no ambiente doméstico, na vida cotidiana, na educação, na assistência à saúde, na vida urbana, civil e política dos cidadãos americanos.

sagens instantâneas ou mensagens de texto com conteúdo agressivo. Assim como David Knight, no Canadá, 6% informaram ter encontrado fotos suas constrangedoras postadas na internet sem permissão.

Tabela 3.1 A publicação de informações privadas é a forma mais comum de bullying virtual (%)

Você mesmo já passou por alguma das situações descritas abaixo na internet?	Sim	Não
Alguém a quem você tenha enviado um e-mail, uma mensagem instantânea ou uma mensagem de texto pessoal reenviar esse conteúdo a outra pessoa ou publicá-lo em algum lugar onde outras pessoas pudessem ver o seu conteúdo.	15	85
Alguém espalhar um boato sobre você na internet	13	87
Alguém lhe enviar um e-mail, mensagem instantânea ou mensagem de texto em tom de ameaça ou agressão.	13	87
Alguém publicar na internet uma foto sua constrangedora sem a sua permissão.	6	94

Fonte: Pesquisa realizada com pais e adolescentes pelo Pew internet and American Life Project, entre outubro e novembro de 2006. A pesquisa teve como base adolescentes que utilizam a internet [n = 886]. A margem de erro para toda a amostra é de ±4%.

O bullying ocorre com maior frequência na esfera *offline*

Dois terços de todos os adolescentes (67%) afirmaram que o bullying e o assédio ocorriam mais *offline* que *online*. Menos de um a cada três adolescentes (29%) afirmou considerar mais provável que o bullying ocorresse *online*, e 3% afirmaram achar que ele acontecesse igualmente tanto *online* quanto *offline*. É um pouco mais provável que as meninas afirmem que o bullying ocorre mais *online* em comparação com os meninos (33% das meninas contra 25% dos meninos), embora, de um modo geral, tanto os meninos quanto as meninas afirmem ser mais provável que crianças e adolescentes da idade deles sofram perseguição *offline*. Nos grupos focais realizados pelo PEW/Project, uma menina de 16 anos descreveu com indiferença a forma como ela e os seus colegas de classe praticaram bullying contra outro aluno:

> Na minha turma de anatomia há um menino que todo mundo odeia. Ele é o inteligente da turma. Todo mundo tem inveja. Ele sempre quer fazer trabalhos no nosso grupo e eu odeio isso. Aí começamos com isso, uma menina da minha turma fez uma página no MySpace com o título "Eu odeio o {Nome}". Daí todo mundo da escola entra lá para comentar coisas ruins sobre o menino. (Lenhart, 2007, p. 2)

Isso corrobora os estudos anteriores realizados no Reino Unido que relatei no Capítulo 2, em que os alunos muitas vezes sofrem bullying por serem "inteligentes" ou vistos como inteligentes demais (Boulton e Hawker, 1997).

As diferenças de gênero

Assim como ocorre com muitos estudos sobre o ciberbullying, o PEW/internet Project também constatou ser mais provável que as meninas afirmem já ter passado por alguma experiência de ciberbullying do que os meninos. Trinta e oito por cento das meninas que usam a internet informaram ter sofrido bullying, em comparação com 26% no caso dos meninos que usam a internet. A pesquisa verificou maior probabilidade que as meninas mais velhas informem o fato de terem sofrido bullying do que qualquer outro grupo de idade ou gênero, com 41% das meninas que usam a internet com idades entre 15 e 17 anos relatando essas experiências. Os adolescentes que utilizam sites de redes sociais como o MySpace e o Facebook e os adolescentes que usam a internet diariamente têm também maior probabilidade de contar terem sido vítimas de ciberbullying. Aproximadamente quatro a cada dez usuários de sites de redes sociais (39%) sofreram alguma forma de ciberbullying, comparado com 22% dos adolescentes que utilizam a internet, mas que não usam sites de redes de relacionamento.

A fábrica virtual de boatos

Os estudos sobre as diferenças de gênero mencionados anteriormente são corroborados pelos resultados da pesquisa realizada pelo PEW com relação à propagação de boatos na internet. Esse estudo constatou que pelo menos 13% dos indivíduos pesquisados relataram que alguém havia espalhado rumores sobre eles na internet. As meninas têm maior probabilidade de denunciar as situações em que alguém espalha boatos a seu respeito do que os meninos, sendo que 16% das meninas relatam a propagação de rumores, em comparação com 9% no caso dos meninos (veja a Tabela 3.2). Os usuários de sites de redes sociais têm maior probabilidade de denunciar os casos em que alguém espalha boatos sobre eles do que aqueles indivíduos que não usam redes sociais (16% contra 8%).

O relatório cita uma menina do ensino médio afirmando:

> Sei que muitas vezes na internet alguém fala alguma coisa sobre determinada pessoa e aquilo se espalha, daí no dia seguinte na escola, sei que, tipo, uma das minhas amigas, alguma coisa aconteceu na internet e as pessoas começaram a dizer que ela disse algo que ela jamais disse, aí no dia seguinte chegamos na escola e ninguém falava com ela, todos a ignoravam. E ela não tinha a menor ideia do que estava acontecendo. Depois alguém enviou para ela toda a conversa que rolou entre essas duas pessoas. (Lenhart, 2007, p. 3)

Tabela 3.2 As meninas tendem a ser alvo dos boatos *online* (%)

Você mesmo já passou por alguma das situações descritas abaixo na internet?	Meninos	Meninas
Alguém a quem você tenha enviado um e-mail, uma mensagem instantânea ou uma mensagem de texto pessoal reenviar esse conteúdo a outra pessoa ou publicá-lo em algum lugar onde outras pessoas pudessem ver o seu conteúdo.	13	17
Alguém lhe enviar um e-mail, mensagem instantânea ou mensagem de texto em tom de ameaça ou agressão.	10	15
Alguém espalhar um boato sobre você na internet.	9	16*
Alguém publicar *online* uma foto sua constrangedora sem a sua permissão.	5	7
Pelo menos uma das formas de bullying virtual relacionadas acima	23	36*

Fonte: Pesquisa realizada com pais e adolescentes pelo Pew internet and American Life Project, entre outubro e novembro de 2006. A pesquisa teve como base adolescentes que utilizam a internet [$n = 886$]. A margem de erro para toda a amostra é de ±4%.
*Indica uma diferença estatisticamente significativa.

As ameaças às meninas mais velhas

Assim como ocorre com os estudos relatados por Ybarra e colaboradores (2004a, 2007), a pesquisa do Pew/International também constatou que pelo menos treze por cento das meninas mais velhas haviam recebido e-mails ameaçadores. Os comentários feitos por um garoto de 15 anos também são pertinentes à minha discussão posterior sobre os adolescentes que não têm consciência do limite além do qual os seus trotes e brincadeiras podem ser vistos como ameaças reais, fazendo com que os seus alvos fiquem extremamente assustados.

> Fiz uma brincadeira com uma pessoa, mas não era sério (...). Falei pra ela que eu ia vir buscá-la na casa dela, matá-la e jogá-lo no mato. É uma brincadeira boa porque a pessoa fica tipo "Ah, meu deus, vou chamar a polícia", e eu disse "Tô só brincando, estava só mexendo com você". Mesmo assim, ela ficou muito assustada. (Lenhart, 2007, p. 3)

Um estudo realizado por Ybarra e colaboradores (2007) analisou dados de uma pesquisa feita por telefone nos Estados Unidos, em 2005, com 1.497 jovens e crianças com idades entre 10 e 17 anos e verificou que a frequência do uso tendia a elevar as chances de sofrer assédio sexual. Ybarra considera esse fato uma questão de saúde importante que precisa ser abordada pelos pediatras, que deveriam ajudar os pais a avaliar o comportamento dos filhos *online* no mundo todo ("Pesquisa identifica o comportamento *online* dos adolescentes associado com a vitimização interpessoal *online*", *Medical News Today*, 2007).

As fotografias modificadas

Poucos adolescentes (6%) – porém um número suficiente para causar preocupação – relataram ter passado pela situação de ter fotos constrangedoras suas publicadas na internet sem permissão. Concordo com Lenhart quando ela observa que esse fato não é algo surpreendente, considerando-se o número de fotografias que são postadas em sites de redes de relacionamento como o MySpace e o Facebook. Ela revela que 9% dos indivíduos que utilizam sites de redes de relacionamento relataram isso, comparado com 2% de indivíduos que não utilizavam essas ferramentas de comunicação. Além disso, o estudo do PEW/internet constatou que os estudantes que postam fotos de si próprios têm maior probabilidade de denunciar que alguém tenha postado uma foto deles constrangedora sem permissão. Uma garota de 17 anos explicou:

> Não sou muito fã do MySpace. Bom, eu me meti numa confusão na escola em função de um desses sites (...) Eu tinha um site e eles [outros amigos] publicaram lá uma foto ruim [na página dela] e acabei me metendo em uma confusãozinha na escola (...). Uma menina simplesmente postou fotos nossas da noite de Ano Novo e o diretor viu. (Lenhart, 2007, p. 4)

Mais uma vez, esse exemplo é pertinente para as discussões dos alunos que enfrentam problemas quando as autoridades escolares acessam os sites de redes sociais.

Por fim, o estudo constatou também que os jovens que utilizam a internet com maior intensidade são vítimas de bullying em maior proporção. Conforme afirma o relatório, os adolescentes que usam a internet e que criam conteúdo para a internet – por exemplo, autores de blogs, publicando fotos, compartilhando trabalhos ou ajudando outras pessoas a desenvolver sites – têm maiores chances de denunciar o bullying virtual e o assédio virtual que os seus pares. Os criadores de conteúdo têm também maior probabilidade de utilizar redes sociais – lugares para criar, expor e receber *feedback* sobre os conteúdos que desenvolveram, e os usuários dos sites de redes sociais têm também maior probabilidade de sofrer bullying virtual (veja a Tabela 3.3).

Tabela 3.3 As redes sociais facilitam o bullying virtual? (%)

Você mesmo já passou por alguma das situações descritas abaixo na internet?	Usuário de rede social	Não usuário de rede social
Alguém a quem você tenha enviado um e-mail, uma mensagem instantânea ou uma mensagem de texto pessoal reenviar esse conteúdo a outra pessoa ou publicá-lo em algum lugar onde outras pessoas pudessem ver o seu conteúdo.	17	12
Alguém espalhar um boato sobre você na internet	16*	8
Alguém lhe enviar um e-mail, mensagem instantânea ou mensagem de texto em tom de ameaça ou agressão.	16*	8
Alguém postar *online* uma foto sua constrangedora sem a sua permissão.	9*	2
Pelo menos uma das formas de bullying virtual relacionadas acima	39*	23

Fonte: Pesquisa realizada com pais e adolescentes pelo Pew internet and American Life Project, entre outubro e novembro de 2006. A pesquisa teve como base usuários de sites de redes sociais [$n = 493$] e não usuários de redes sociais [$n = 393$]. A margem de erro fica entre ±3% e ±5%.
*Indica uma diferença estatisticamente significativa.

As diferenças raciais

De acordo com o estudo, há uma probabilidade um pouco maior de os adolescentes brancos acharem que o bullying seja mais um problema que ocorre na internet do que os adolescentes negros – 32% dos adolescentes brancos afirmaram que o bullying ocorre com maior frequência na internet, enquanto que apenas 18% dos adolescentes negros fizeram essa afirmação.

Por que os adolescentes se envolvem com a prática do bullying virtual?

Como parte dos seus grupos focais, os pesquisadores do PEW perguntaram aos adolescentes sobre as suas experiências na internet que incluíram bullying e assédio. *Os estudantes informaram que a crueldade adolescente havia meramente se deslocado do pátio da escola, do vestiário, da parede do banheiro e do telefone para a internet.* Este é um aspecto realmente importante a ser lembrado para a discussão sobre a questão do espaço que aparece nos capítulos posteriores. Ao longo deste livro, lembrei os leitores que o ciberbullying não se diferencia muito da crueldade adolescente que sempre ocorreu – o que inclui as pichações nas paredes dos banheiros sobre colegas e professores detestados. O que mudou não foram as *crianças*, mas sim o *meio*. Por isso, devemos ser cuidadosos em relação a quê atribuímos a culpa. Como observa Lehjart, a simplicidade de ser capaz de reproduzir e transmitir rapidamente o conteúdo digital torna o bullying algo bastante fácil. Uma das estudantes pesquisadas comentou: "Você apenas copia e cola tudo o que uma pessoa disser". A sua colega no ensino médio adverte:

> Você precisa cuidar o que diz (...). Se aquela pessoa está na casa dela e você diz alguma coisa sobre ela e você não sabe que ela está lá ou se você acha que aquela pessoa é sua amiga e você confia nela, e você diz algo como: "Nossa, ela tá sendo realmente muito chata"; ela poderia copiar e colar e enviar o que você disse para a {qualquer pessoa} (...) (ibidem, p. 5)

Outra aluna de uma das últimas séries do ensino fundamental descreve como a manipulação de conteúdos digitais pode ser usada para ferir uma pessoa, "tipo, eu estava no meio de uma briga com uma garota e ela imprimiu a nossa conversa, mudou algumas coisas que eu disse e trouxe o texto impresso para a escola, então eu pareci ser uma pessoa horrível" (ibidem).

Curiosamente, alguns dos adolescentes percebiam que a natureza mediada da comunicação os isolava das consequências das suas próprias atitudes. Um aluno do ensino médio respondeu da seguinte maneira à pergunta sobre se ele já havia ouvido falar de ciberbullying:

> "Já ouvi falar e já passei por isso. As pessoas acham que são milhões de vezes mais fortes por poderem se esconder atrás do monitor do computador. São também conhecidos como *e-thugs*[*]. Simplesmente ignorei a pessoa e segui fazendo as minhas coisas de uma forma civilizada." Uma aluna do ensino médio relata "coisas que começam *online* sem nenhum motivo". (ibidem)

---

[*] N. de T.: O termo *thug* pode ser traduzido como criminoso, encrenqueiro, gângster. Portanto, uma tradução possível para o termo *e-thug*: "gângster eletrônico" ou "gângster virtual".

A homofobia

Alguns dos estudantes que integraram o grupo focal falaram sobre a homofobia e a intolerância como combustíveis para o bullying virtual. Uma aluna do ensino médio narrou o seguinte caso de perseguição:

> Tenho um amigo que é *gay* e a conta dele foi hackeada e alguém publicou em nome dele um monte de material totalmente homofóbico e enviou uma espécie de boletim em massa de uma imagem com um cara com a cabeça dele esmagada como se ele tivesse sido atropelado por um carro. Foi uma coisa realmente macabra e repugnante. (ibidem)

Como Lenhart observa, o bullying entrou na era digital; no entanto, os "impulsos" por trás dele são os mesmos. São esses impulsos que precisam ser tratados de modo que os adolescentes passem a ser mais criteriosos em relação às próprias atitudes.

CANADÁ

A minha pesquisa recente em escolas de ensino fundamental e de ensino médio em Montreal, no Canadá, na qual pesquisamos alunos da sétima série do ensino fundamental ao 1º ano do ensino médio (com idades entre 11 e 15 anos), corrobora muitas das descobertas de Lenhart, embora a amostra de alunos pesquisados tenha sido menor. Pesquisamos mais de 500 estudantes de quatro escolas de ensino médio e duas escolas de ensino fundamental do English Montreal School Board[*]. Destes, 54% eram do sexo masculino e 46% do sexo feminino. Devemos ainda iniciar o nosso trabalho nas escolas de língua francesa e, uma vez coletados os dados destas escolas, será interessante observar as diferenças entre os alunos anglófonos e francófonos. Dos estudantes pesquisados, 95% têm acesso à internet em casa e 5% não têm. Surpreendentemente, apenas 37% possuem telefone celular, enquanto 63% não possuem. A Tabela 3.4 mostra a resposta dos estudantes a questões relativas às experiências deles como vítimas do bullying virtual ou de se envolverem com outros estudantes na prática do bullying virtual. Embora à primeira vista essas estatísticas não pareçam tão perturbadoras com base nas questões individuais, por exemplo, a resposta com pontuação máxima "Você já recebeu

---

[*] N. de T.: Literalmente, "Conselho das Escolas de Língua Inglesa de Montreal".

xingamentos que o qualificassem negativamente ou foi perseguido em função da sua aparência física?"; enquanto 28% responderam "às vezes", observamos que 70% responderam "com frequência" ou "às vezes" a pelo menos menos uma questão; 35% responderam "com frequência" ou "às vezes" a pelo menos quatro questões; 16% responderam "com frequência" a pelo menos uma questão; e 16% responderam "com frequência" a pelo menos três questões. Como todas as questões estão relacionadas a alguma forma de ameaça, perseguição, insulto, etc. de natureza racial, sexual, homofóbica ou outras, pode-se concluir que as porcentagens de estudantes dessa amostra vivenciaram uma incidência razoavelmente alta de bullying virtual.

Tabela 3.4 A experiência como vítima do bullying virtual (%)

	Com frequência	Às vezes	Nunca
Já recebeu xingamentos que o qualificassem negativamente ou foi perseguido em função da aparência física?	6	28	66
Já recebeu xingamentos que o qualificassem negativamente ou foi perseguido em função de sua capacidade?	5	27	68
Já recebeu xingamentos que o qualificassem negativamente ou foi perseguido em função da roupa ou do jeito de vestir?	4	16	81
Já foi rotulado como *gay* ou lésbica mesmo não o sendo?	4	23	73
Já sofreu bullying virtual praticado por um aluno que frequenta a mesma escola?	3	12	80
Já recebeu xingamentos que o qualificassem negativamente ou foi perseguido em função de algum tipo de deficiência?	3	9	87
Continuou recebendo mesmo quando pediu que a pessoa parasse?	3	9	89
Já recebeu xingamentos que o qualificassem negativamente ou foi perseguido em função da sua origem étnica?	3	9	89
Já recebeu alguma mensagem de ameaça que o deixou com medo?	3	8	89
Já recebeu e-mail com conteúdo revoltado/rude/vulgar	3	26	72

continua

Tabela 3.4 Continuação

Já descobriu outra pessoa que fingia ser você na internet?	2	21	77
Já recebeu alguma mensagem de ameaça de alguém que não conhece?	2	12	86
Já foi deliberadamente excluído por outros indivíduos na internet?	2	10	89
Já foi humilhado, perseguido ou visado em algum site?	2	7	91
Já recebeu xingamentos que o qualificassem negativamente ou foi perseguido em função da sua religião?	2	5	93
Já ocorreu de alguém enviar ou postar informações a seu respeito?	2	11	88
Já recebeu alguma mensagem de ameaça por parte de alguém da escola?	2	11	87
Já foi submetido a insinuações sexuais indesejadas?	2	5	94
Já recebeu fotos de sexo explícito?	1	8	90
Já recebeu xingamentos que o qualificassem negativamente ou foi perseguido em função do seu sexo?	1	6	93
Já recebeu xingamentos que o qualificassem negativamente ou foi perseguido em função da sua orientação sexual?	1	2	87
Já sentiu medo de abrir o e-mail ou ler mensagens enviadas pelo telefone celular real por medo de bullying virtual?	1	5	95
Já recebeu mensagem de texto com conteúdo revoltado/rude/vulgar pelo telefone celular?	1	3	96

Fonte: Shariff (2007b).

Também perguntamos sobre os comportamentos "alternativos" na internet, como assumir idades ou identidades diferentes das verdadeiras. Verificamos que 43% admitiram ter fingido ter outra idade na internet, e que 22% experimentaram uma identidade diferente. Mais uma vez, o que foi mais impressionante foi que 58% dos alunos responderam "sim" a pelo menos uma pergunta e 14% responderam "sim" a pelo menos quatro perguntas. Outras questões incluíam:

– Você já experimentou fingir ser mais velho de modo a poder entrar em sites com conteúdo adulto? (15% responderam que sim)

– Você já fez coisas loucas e extravagantes que jamais poderia fazer na vida real? (14% responderam que sim)
– Você já assumiu uma aparência física diferente? (13% responderam que sim)
– Você já agiu de uma forma desagradável como jamais agiria em um contato pessoal? (12% responderam que sim)
– Você já disse coisas ofensivas que jamais diria em um contato pessoal? (10% responderam que sim)
– Você já usou o nome de outra pessoa e fingiu ser essa pessoa? (9% responderam que sim)

(Shariff, 2007b)

Os percentuais baixos nas respostas às perguntas "você já agiu de uma forma desagradável como jamais agiria em um contato pessoal?" e "você já disse coisas ofensivas que jamais diria em um contato pessoal?" possivelmente se devem ao fato do discurso popular entre os adolescentes em ambientes físicos já conter palavras e expressões expletivas como "você é uma "prosti" (prostituta)" e "eu vou te meter bala (atirar em você)" como elementos integrantes de conversas normais quando falam entre si. Conforme observado no Capítulo 2, no julgamento do processo no tribunal de Jubran, os estudantes declararam que falam com frequência dessa forma com os amigos. Por isso, quando se faz uma pergunta sobre se eles poderiam dizer coisas desagradáveis na internet, as respostas têm percentuais mais baixos porque os jovens têm um limite mais ampliado para o que definem como sendo coisas "desagradáveis" – isto é, precisaria ser algo realmente muito detestável para que tivesse um significado intencionalmente ofensivo, por isso os números baixos. Isso corrobora com alguns dos exemplos de casos da Índia, da China e do Japão que apresentei anteriormente, e posteriormente neste livro nos casos em que os jovens não têm de fato consciência dos momentos em que estão sendo "desagradáveis" e consideram difícil identificar o limite além do qual as suas manifestações poderão ser ofensivas.

Tive particular interesse em analisar os resultados das nossas entrevistas porque o conselho escolar da escola Lester B. Pearson, onde realizamos a nossa pesquisa, realiza um considerável trabalho de conscientização relacionado ao ciberbullying. Eu quis observar se as iniciativas do conselho haviam feito alguma diferença. Portanto, realizamos simultaneamente 27 entrevistas adultas com os professores e os gestores da escola (9 gestores e 18 professores) e justapusemos algumas das respostas fornecidas por eles com os resultados obtidos nas entrevistas com os alunos. Alguns dos alunos haviam fornecido exemplos dos tipos de ciberbullying que costumavam ocorrer:

- Um aluno da oitava série do ensino fundamental enviou e-mails do laboratório de informática da escola citando uma fala ameaçadora extraída de um filme.
- Uma professora do ensino fundamental soube por alguns alunos que outro aluno andava escrevendo coisas ruins sobre ela na internet.
- Uma mãe respondeu comentários dirigidos ao filho dela na internet dizendo aos autores que eles estavam se comportando de forma inapropriada. Os estudantes responderam a ela de uma forma rude e inadequada.
- Um aluno enviou mensagens perturbadoras em formato de áudio por diversas vezes para a conta de e-mail de outro aluno.
- Duas meninas tiveram uma briga e uma delas ameaçou publicar fotos comprometedoras em um site.
- Uma menina ou um grupo de meninas estavam insultando outra menina no seu próprio site.

As percepções dos adultos

Quando perguntados se sabiam de alguma criança ou adolescente da escola que estivesse recebendo ameaças ou sendo perseguida por meios eletrônicos, todos os nove gestores escolares afirmaram que sim, mas quando os professores foram questionados em relação a até que ponto estavam informados sobre a questão do ciberbullying, veja abaixo algumas das respostas que forneceram (Shariff, 2007a):
- Consigo compreender e conceituar a facilidade com que é praticado, mas, não, não tenho muita experiência com isso (...).
- Pra mim é difícil dizer se ocorre com frequência, se eles não me contam (...).
- Não acho que os alunos se comuniquem tão bem com os adultos. Talvez por medo (...).

Quando questionados em relação a onde o bullying virtual tem início, 63% dos alunos afirmaram que começa na escola. Veja abaixo o que os educadores disseram:
- A monitoração dos nossos laboratórios de informática é muito rigorosa, não é permitido que ninguém use os laboratórios sem supervisão.

– A maior parte desses sites fica bloqueada, portanto boa parte dessas coisas não ocorre na escola.

As opiniões sobre o bullying virtual

Quando os respondentes foram questionados quanto às suas opiniões com relação ao ciberbullying, as entrevistas revelaram algumas informações muito importantes. Por exemplo, 32% concordaram/concordaram plenamente com a afirmação de que o bullying *online* não possa machucar o indivíduo, "são apenas palavras no ciberespaço". Além disso, 34% concordaram/concordaram plenamente que o ciberbullying seja um elemento normal do universo online e que ninguém pode fazer nada para impedi-lo. Paradoxalmente, 88% concordaram/concordaram plenamente com a afirmação de que "as pessoas podem de fato se machucar e conheço algumas pessoas que já passaram por isso". Há estatísticas altas que sugerem que os alunos realmente têm consciência de que as pessoas podem se machucar. Quando observamos os exemplos de ciberbullying e as formas características de contestação por parte dos alunos de que não têm intenção de machucar outros indivíduos e de que estavam apenas "brincando", parece haver uma dicotomia. Essa dicotomia é complexa e irei explicá-la nos capítulos subsequentes. Entretanto, destaca-se neste ponto o fato dos alunos ficarem muitas vezes confusos quanto a estarem ou não sendo prejudiciais.

Além disso, 48% concordaram/concordaram plenamente com a afirmação de que seja responsabilidade da escola impedir o bullying *online*, mas, em resposta à afirmação de que "se os alunos praticam bullying virtual uns contra os outros em casa, a responsabilidade é apenas dos pais", 24% concordaram plenamente e 36% concordaram (60%).

Outra vez, essas estatísticas serão importantes quando formos analisá-las nos capítulos subsequentes, dentro do contexto mais amplo das influências exercidas sobre os jovens, no qual eles exercem a sua interferência no sentido de agir de uma determinada forma (considerando-se que muitas dessas respostas foram um tanto maduras e conscientes em relação à gravidade do bullying virtual).

Observe a Figura 3.1. Há uma clara diferença de opinião entre aquilo que os alunos consideram uma questão de privacidade a ser tratada pelos pais, e aquilo que a escola vê como sua responsabilidade. Notadamente, 46% *discordam* e 26% *discordam totalmente* (70%) da afirmação que diz que, se os alunos praticarem bullying uns contra os outros em casa, a escola tem a responsabilidade de impedir que isso ocorra. Falando de uma forma simples, os alunos não acham que as escolas tenham o direito de intervir quando a manifestação ocorre em casa por meio da utilização dos seus próprios computadores. Paradoxalmente, 100% dos educadores entrevistados afirmaram ter a responsabilidade de intervir, mesmo que o bullying ocorra em casa. Conforme veremos depois, estas são as diferenças de opinião que têm alimentado as controvérsias entre os alunos, as escolas e os pais no que diz respeito às questões de privacidade – e aos limites da responsabilidade. As escolas veem essa responsabilidade como uma ordem inflexível de manter os alunos seguros.

As perspectivas do aluno:

	Concorda plenamente	Concorda	Discorda	Discorda totalmente
Se os alunos praticam bullying uns contra os outros em casa, a escola tem a responsabilidade de impedir que ele ocorra.	7%	21%	46%	26%
É responsabilidade da escola impedir que o bullying virtual ocorra.	15%	33%	40%	11%
Se os alunos praticam bullying uns contra os outros em casa, a responsabilidade é apenas dos pais.	24%	36%	34%	7%
Se uma pessoa estiver sendo ferida pela internet usando a rede da escola, a escola deve ser avisada.	53%	35%	9%	3%

A perspectiva do adulto:

- É 100% nossa responsabilidade.
- Nós de fato nos envolvemos. Mesmo que os pais digam que o assunto não lhes diz respeito, isso não começou aqui. Tão logo o ambiente da escola se modifique, também a criança passa a não se sentir segura naquele ambiente e a sua capacidade de aprendizagem fica bloqueada. O nosso encargo é 100% em nome da segurança e da proteção das pessoas que frequentam esta casa.
- Esta é uma área tão nova, e é tão rápida e conveniente, e tão confusa que eu não sei se existe apenas uma resposta correta (...)

Professores
■ Sim
■ Não
□ Não sabem

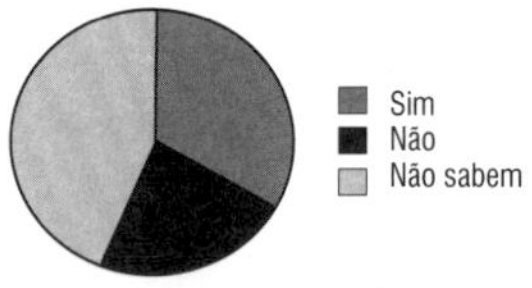

Gestores
■ Sim
■ Não
□ Não sabem

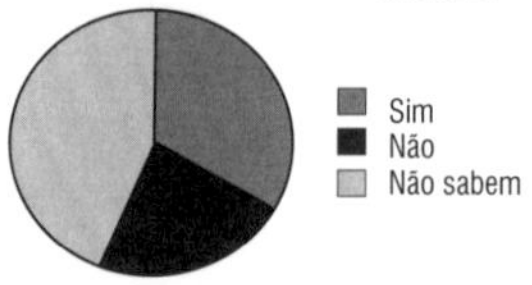

"confusa"   "complicada"   "zona cinzenta"   "limites"

Figura 3.1 Qual é o papel da escola?
Fonte: Andrew Churchill, assistente de pesquisa, Shariff, projeto do SSHRC sobre o bullying virtual (2007c).

Essas questões foram planejadas com o objetivo de se obter uma noção sobre a compreensão dos alunos e dos educadores a respeito dos direitos civis dentro e fora do campus universitário, na escola, fora da escola e no ciberespaço. Enquanto que os alunos que entrevistamos não pareceram considerar que os seus direitos estivessem sendo infringidos pela interferência da escola (o que parece contradizer os exemplos de casos que envolvem protestos por parte dos alunos), os educadores se mostraram claramente contrariados com o posicionamento geral por parte dos pais de que as escolas não têm o direito de interferir quando a expressão *online* ocorre em casa (veja a Figura 3.2).

As perspectivas do aluno:

	Concorda plenamente	Concorda	Discorda	Discorda totalmente
Tenho o direito de dizer qualquer coisa que eu quiser na internet por causa da liberdade de expressão	10%	16%	37%	38%
Os adultos criaram a internet, agora devem lidar com as consequências	15%	19%	49%	18%
Os adultos devem ficar de fora da comunicação dos jovens	15%	20%	45%	19%

A perspectiva do adulto: a relevância dos acordos

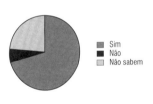

■ Sim
■ Não
□ Não sabem

Professores e gestores

A perspectiva do adulto: a relevância dos acordos

- Eles acharam que eu estava invadindo a privacidade dos seus filhos e, na verdade, em vez de agradecerem os meus esforços, obtive repreensões como "Isso não é da sua conta" ou "O que você está fazendo?".

Gestor

Figura 3.2 E os direitos?
Fonte: Andrew Churchill, assistente de pesquisa, Shariff, projeto do SSHRC sobre o bullying virtual (2007c)

Significativamente, em resposta à afirmação "A solução para o bullying virtual está nos alunos porque eles conhecem a rede *online*", 42% concordaram e 23% concordaram plenamente (65%).

Em minha opinião, outro resultado muito importante foi a resposta por parte dos alunos às seguintes afirmações: "Se os adultos tratassem os jovens com mais gentileza, os alunos tratariam uns aos outros da mesma forma" (62% concordaram/concordaram plenamente). Setenta e um por cento afirmaram que seria menos provável que praticassem bullying se estivessem felizes na escola; 83% afirmaram: "Eu gostaria de construir um mundo mais gentil e respeitoso". Além disso, 81% concordaram/concordaram plenamente com a afirmação de que o ciberbullying é hoje um problema mais grave que no ano passado; 72% denunciariam o ciberbullying caso pudessem fazê-lo anonimamente.

O que a escola achou de tudo isso? Um gestor simplesmente assinalou, reconhecendo que existe um "problema":

> Bom, nós falamos, informamos os alunos, dizemos a eles o que é o bullying virtual, mas após termos falado com eles (...) a pessoa pode vir e falar conosco, se a pessoa fizer isso, nós de fato temos um programa, nós de fato temos um plano se isso acontecer, se tivermos. Mas é uma questão de identificar, antes de qualquer coisa reconhecer que existe um problema, informar as crianças quanto ao que seja o bullying virtual. Mas é uma coisa tão nova para eles e tão nova para nós (...) (Shariff, 2007c)

Essa resposta demonstra a falta de confiança de muitos gestores escolares – a incerteza com a qual eles abordam as questões, o que pode sensibilizar os alunos quanto ao fato dos seus gestores e professores simplesmente não saberem o que fazer. Entretanto, os alunos deixaram bem claro que, caso estivessem em um ambiente escolar onde os adultos fossem mais gentis com eles, onde pudessem ser mais gentis com as outras pessoas e onde se sentissem mais felizes, é provável que houvesse menos bullying. Há sem dúvida uma vontade por parte dos jovens de não se envolverem com o bullying e, conforme veremos no capítulo seguinte, isso depende basicamente do ambiente que a escola cria – acolhedor ou autocrático.

Quero também destacar mais um resultado da pesquisa realizada em Québec. Um elemento importante de uma escola acolhedora é a confiança com a qual os alunos sentem que podem denunciar o bullying tradicional ou o bullying virtual. A Tabela 3.5 mostra o que descobrimos ao fazermos essas perguntas.

Embora 66% tenham dito que informariam aos pais e 58% informariam ao professor, diretor ou conselheiro da escola caso alguma pessoa estivesse sendo ferida, é perturbador constatar que 30% afirmaram que não informariam as autoridades da escola, mesmo que alguém estivesse sendo ferido. Além disso, 40% apenas informariam caso pudessem manter o anonimato.

Um estudo realizado em uma escola de ensino médio da província de Alberta (Li, 2005) revelou resultados semelhantes aos da pesquisa de Quebec em termos das porcentagens relativas de alunos vítimas e autores de bullying. Li constatou que 23% dos 177 entrevistados sofreram bullying por e-mail, 35% em salas de chat, 41% por meio de mensagens de texto enviadas pelo telefone celular, 32% por colegas de escola conhecidos, 11% por pessoas de fora da escola e 16% de origem variada, inclusive colegas de escola.

Tabela 3.5 Eu denunciaria? (%)

Se você fosse uma vítima, você:	Sim	Não	Não respondeu
Contaria aos pais ou responsáveis	66	25	8
Contaria aos amigos	65	26	9
Denunciaria ao professor/diretor/conselheiro escolar	51	41	9
Denunciaria à polícia	23	62	9
Ficaria em silêncio e não diria a ninguém	12	76	12
Se você testemunhasse um caso de bullying virtual e um aluno estivesse sendo ferido, você:	Sim	Não	Não respondeu
Denunciaria o caso ao professor/diretor/conselheiro escolar	58	30	13
Contaria para os seus pais ou responsáveis	44	41	14
Contaria para os seus amigos	58	27	15
Denunciaria à polícia	21	79	20
Ficaria em silêncio e não diria a ninguém	11	71	18
	Concorda plenamente	Concorda	Discorda	Discorda totalmente
Eu denunciaria a prática do bullying virtual se pudesse manter o anonimato.	32	40	21	7

Fonte: Shariff (2007c)

Mais da metade dos alunos informou que conhecia alguém que estivesse sendo vítima de ciberbullying. Quase a metade dos *bullies* virtuais usou meios eletrônicos por mais de três vezes para perseguir outras pessoas. A maioria das vítimas e testemunhas do ciberbullying não informou os incidentes a nenhum adulto. Quando a questão do gênero foi considerada, identificaram-se diferenças significativas em termos de bullying tradicional e ciberbullying. Alunos do sexo masculino tinham maior probabilidade de serem *bullies* e *ciberbullies* que os seus pares do sexo feminino. Além disso, as vítimas de ciberbullying do sexo feminino tinham maior probabilidade de informar adultos que os seus pares do sexo masculino.

Como detalharei alguns estudos de caso canadenses e americanos em etapas posteriores do livro, apresento apenas breves exemplos de tipos de bullying virtual ou de expressão *online* antiautoridade que estão ocorrendo no Canadá, conforme relatado recentemente pelo jornal *The Gazette* (Riga, 2007).

Caso 1: St Thomas High School, Quebec

Em abril de 2007, seis alunos foram suspensos, e mais de vinte alunos participaram de uma reunião escolar sobre conduta imprópria na internet após um incidente no qual alguém postou conteúdo ofensivo sobre os funcionários da escola no site Facebook. Os alunos se referiram a um professor como pedófilo, sugeriram que outras duas professoras estivessem tendo um caso amoroso lésbico e sugeriram que um professor usava heroína. A escola procurou diligentemente aprender mais a respeito das questões envolvidas no ciberbullying desde este incidente e está analisando a contratação de consultores, realizando *workshops* para os professores e os alunos, e participando de pesquisas. Este é um passo importante no processo de trato com as expressões antiautoridade na internet. Estendo-me sobre as vantagens de adotar essas formas de resposta nos capítulos posteriores.

Caso 2: Rosemont High School, Quebec

Oito alunos do terceiro ano do ensino médio foram suspensos em maio de 2007 por envolvimento em uma página do Facebook dedicada ao traseiro de uma professora. A página incluía observações obscenas e uma foto da parte de trás do corpo da mulher.

Caso 3: Gatineau, Quebec

Dois alunos do ensino médio foram suspensos em novembro de 2006 após terem gravado secretamente um acesso de raiva de uma professora e depois publicarem três vídeos do incidente no site YouTube.

Caso 4: Birchmount High, Ontario

Quatro alunos do ensino médio foram presos em março após um protesto contra a suspensão de um colega de escola ter se transformado em um evento violento. O aluno havia sido convidado a sair da escola em função de postagens depreciativas sobre os funcionários da escola publicadas no site Facebook. Nos capítulos seguintes discuto algumas das reportagens da mídia com relação a esse caso polêmico, em que alunos e gestores foram colocados uns contra os outros. O modo pelo qual a mídia enquadrou a reportagem, algumas imprecisões, e as respostas da escola e do governo são aspectos discutidos e analisados com um detalhamento significativo; por isso, não me estendo sobre esses fatos agora.

Além disso, não me lancei a uma discussão das respostas políticas ou das considerações jurídicas com relação aos dados da América do Norte obtidos nos Estados Unidos e no Canadá, nem os dados do Reino Unidos neste ponto do livro. Nesses países, os tribunais ouviram inúmeros casos de questões que podem ser consideradas bullying virtual (embora poucos casos que tratassem especificamente do bullying virtual tenham sido adjudicados). Em capítulos posteriores, apresento as decisões dos tribunais e os padrões que surgem com base na jurisprudência formada e emergente que informará a elaboração das diretrizes internacionais de políticas públicas. Como vimos neste capítulo, há muitos elementos comuns no modo como o ciberbullying se apresenta no mundo todo. Esses aspectos jurídicos são discutidos no Capítulo 7. Neste ponto peço que os leitores façam uma observação a respeito da desconexão entre a forma como os alunos e alguns pais veem a responsabilidade da escola e os direitos de privacidade, e a forma pela qual as escolas veem as suas obrigações de enfrentar o problema.

Por fim, há mais dois países, Austrália e Nova Zelândia, que merecem atenção neste capítulo com relação à extensão do ciberbullying e as suas reações ao problema.

AUSTRÁLIA

Os dados sobre a Austrália, conforme o Quadro 3.1, sugerem que o país seja, sem dúvida, um líder global na utilização de telefones celulares e mensagens de texto e nesse aspecto tem tido a sua parcela de desafios no que se refere ao bullying virtual. Campbell (2005) realizou um estudo com 120 estudantes australianos da oitava série do ensino fundamental. Os resultados obtidos por ela indicam que mais de um quarto revela conhecer alguém que foi vítima de bullying por meio de algum tipo de tecnologia. Além disso, 11% dos alunos admitem ter praticado bullying virtual e 14%

revelam ter sido vítimas. O estudo da Campbell também revelou que a maior parte das vítimas sofreu bullying por meio de mensagens de texto, seguida imediatamente pelas salas de chat e depois pelo e-mail.

Esses dados foram confirmados por uma pesquisa conjunta realizada pela The National Coalition Against Bullying e a revista *Girlfriend*, publicação destinada ao público adolescente (MacLean, 2006). O projeto pesquisou mais de 13 mil meninas com idades entre 12 e 15 anos, revelando que 42% das meninas pesquisadas havia sido ou assediada, ou intimidada ou difamada por mensagens de texto enviadas por telefones celulares.

Estupro *online*

O aspecto mais complicado de relatar exemplos de casos é a decepção de perceber que os jovens têm a capacidade de realizar atos de abuso tão graves. Em março de 2007, um grupo de alunos filmou o momento em que eles próprios abusavam sexualmente e humilhavam uma colega de aula. Depois eles publicaram o vídeo no site YouTube. O filme mostrava doze jovens cercando uma menina de 17 anos, que tem uma deficiência mental leve, forçando-a a praticar atos sexuais, urinando nela e ateando fogo nos seus cabelos. A ministra de Educação do estado de Victoria, lugar onde ocorreu o ataque, decidiu que as 1.600 escolas estaduais iriam blo-quear o acesso ao site YouTube. Segundo informações publicadas na imprensa, ela afirmou: "O governo nunca tolerou o bullying nas escolas e essa abordagem de tolerância zero se estende à esfera virtual" (Bartlett, 2007).

O diretor do centro de investigação criminal de alta tecnologia da polícia australiana, Kevin Zuccato, é citado afirmando, na época do ataque, que este era um exemplo perturbador de bullying virtual. "O bullying virtual está em ascensão entre as crianças que usam a internet", afirmou. "Os sites de redes sociais também estão colocando as crianças em perigo." "O lado obscuro é obscuro demais" (ibidem). Embora certamente este tenha sido um dos atos de ciberbullying mais perturbadores que até eu já ouvi falar (e eu já li milhares de estudos de casos), creio que o foco do governo do estado na *tecnologia*, em outras palavras, na proibição do site YouTube, retirou o foco no abuso terrível sofrido pela menina nas mãos dos autores. Conforme argumentarei nos capítulos seguintes, é impossível proibir os sites de redes sociais como o YouTube, por várias razões. Esses sites se tornaram imensamente populares e passaram a ser uma enorme fonte de renda para os provedores de internet. Além disso, se certo dia um site de rede social é fechado, no dia seguinte, ou minutos após o bloqueio, outras centenas de sites podem ser criados. Bloquear esses sites também não funciona, conforme o governo australiano constatou recentemente. Observe outro caso australiano.

Caso 5: O hacker

O jornal *Herald Sun*, de Melburne (Higginbottom e Packham, 2007), informa que Tom Wood, de 16 anos, aluno de uma escola de Melbourne, conseguiu transpor o novo filtro de pornografia na internet de 84 milhões de dólares do Governo Federal. Ao que parece, ele precisou apenas pouco mais de meia hora para burlar o filtro. Tom também mostrou aos repórteres do *Herald Sun* como desativar o filtro com apenas alguns cliques no mouse. A matéria afirma que o adolescente se assegurou de que o ícone da barra de ferramentas do *software* não havia sido apagado. Isso fez com que os pais dele tivessem a impressão de que o filtro ainda estivesse funcionando. Tom é uma ex-vítima de ciberbullying e preocupou-se que outras crianças com bons conhecimentos de informática burlassem o filtro do governo e colocassem essa informação na internet para que os amigos pudessem utilizá-la. Segundo a reportagem, o garoto já havia falado com a Ministra das Comunicações da Austrália, Helen Coonan, sobre segurança na internet durante um fórum em maio de 2007, afirmando que aquilo era um "desperdício terrível de dinheiro". Ele havia sugerido que o Governo Federal poderia ter desenvolvido um filtro melhor produzido na Austrália que seria menos dispendioso que o dispositivo de bloqueio estrangeiro que tem um custo tão alto.

Em resposta às indagações do jornal *Herald Sun*, o governo australiano adicionou um filtro projetado na Austrália, o Intergard, ao site na sexta-feira. Tom prontamente prosseguiu até transpor o novo filtro australiano em 40 minutos. A resposta do governo à façanha de Tom foi que eles haviam previsto que as crianças encontrariam maneiras de contornar os filtros da NetAlert. Para impedir que isso ocorresse com muita frequência, eles haviam contratado o fornecimento de atualizações permanentes. Depois de gastar tanto dinheiro dos contribuintes com esses filtros, a ministra observou: "Infelizmente, não há nenhuma medida única que possa proteger as crianças dos riscos da internet e (...) as habilidades tradicionais dos pais nunca foram tão importantes". Os filtros são projetados para impedir o acesso a sites que constam em uma lista negra nacional e barrar o uso de salas de chat, e podem ser modificados pelos pais para impedir o acesso a determinados sites.

Tom destacou que o uso de filtros deixava muito a desejar, independente da facilidade com que pudesse ser burlado. As palavras dele ilustram o quanto se dá pouco crédito aos jovens que conseguem ver além da necessidade imediata de controlar a expressão na internet, enxergando questões mais amplas e mais profundas que deveriam ser abordadas. As palavras de Tom são muito sensatas para a sua idade e certamente mais ponderadas que as da Ministra:

> De qualquer maneira, os filtros não resolvem as questões mais importantes (...) do bullying virtual, *informar as crianças a se proteger e proteger a própria privacidade são os primeiros problemas que eu resolveria* (...). Eles realmente precisam criar um *fórum da juventude participativa* para discutir alguns desses problemas e ideias no sentido de resolvê-los [grifos nossos].
>
> (Higginbottom e Packham, 2007)

Nenhum especialista em bullying virtual ou em tecnologia teria expressado isso de forma tão sucinta e perspicaz. É realmente essencial que nos envolvamos e ensinemos as crianças, porém parece que há uma necessidade de nós mesmos nos educarmos em primeiro lugar.

Constatou-se que o programa NetAlert custa 189 milhões de dólares, o que inclui 84,4 milhões de dólares pelo programa de filtragem nacional, mais o custeio do policiamento *online*, uma linha telefônica de ajuda e programas educativos. O governo australiano também oferecerá a opção de filtragem pelos provedores de serviço de internet. A reportagem afirma que, neste programa de filtragem, as famílias podem fazer o *download* do filtro no site www.netalert.gov.au/ ou solicitar que o programa lhes seja enviado. As palavras e o ativismo de Tom ao revelar a falta de reflexão e a inutilidade que acabam integrando as respostas de políticas públicas por parte do governo são cruciais a uma compreensão e uma resposta aprimoradas ao ciberbullying. À medida que explorarmos este livro, apresentarei apoio ao posicionamento de Tom para explicar por que é essencial que nos unamos aos jovens para elaborar respostas e "soluções" para o ciberbullying que não podem ser resolvidas simplesmente por meio da compra de filtros e sistemas de bloqueio dispendiosos. Nem o problema será resolvido através da censura das tecnologias que estão desenvolvidas demais para serem controladas de formas tradicionais.

NOVA ZELÂNDIA

O país vizinho da Austrália, por outro lado, teve algum êxito ao lidar com a questão do ciberbullying por meio da prevenção antecipada e do *networking* entre as partes envolvidas. Com o apoio do governo da Nova Zelândia, uma organização chamada NetSafe (www.netsafe.org.nz) desenvolveu, ao longo dos últimos anos, redes entre escolas, provedores de internet, operadoras de telefones celulares, grupos de pais e organizações comunitárias a fim de elaborar políticas abrangentes e conexões de apoio para alunos, escolas, professores e pais. Essas conexões incluem um sistema de telefone *online* para as crianças, encaminhamento para aconselhamento, avaliação de situações denunciadas anonimamente e assim por diante. Essa organização adotou uma abordagem contextual que parece funcionar. O nosso projeto de pesquisa internacional (www.cyberbullying.co.nr) observará que aspectos dessas redes de atores envolvidos funcionam melhor, e por quê.

Antes que passemos a discutir as abordagens, respostas e possíveis soluções adequadas para o ciberbullying, quero fornecer aos leitores um pano de fundo sobre as influências biológicas e sociais que motivam os jovens a se envolverem nas formas de ações de bullying que empreendem. Esse pano de fundo é importante porque estabelece o fundamento a partir do qual podemos entender por que tantos programas de tolerância zero e programas de filtragem não conseguem obter êxito. Além disso, é possível que os leitores tenham observado com base nos Capítulos 2 e 3 que o gênero desempenha um papel importante no modo como se dá o envolvimento com o bullying tradicional e com o bullying virtual, nas formas como ocorre essa expressão e em relação a quem acaba sendo vitimado.

ÚLTIMAS NOTÍCIAS

Polêmica nos Estados Unidos: Sra. Drew e Megan

Conforme observado no Prefácio, todos os dias surgem novos desdobramentos relacionados ao ciberbullying. Seria negligente de minha parte não mencionar, na etapa de revisão deste livro, um caso altamente perturbador e polêmico que atraiu significativa atenção desde que o meu manuscrito foi entregue. O caso envolve Lori Drew, uma mulher de 47 anos do estado do Missouri, Estados Unidos, que assumiu a identidade de um garoto de

16 anos, Josh, com o objetivo de atrair Megan, de 13 anos e amiga de sua filha, para um relacionamento pela internet. Fazendo-se passar por Josh, as mensagens da Sra. Drew, inicialmente em tom cordial, de uma hora para a outra passaram a ser maldosas, em outubro de 2006, culminando na seguinte afirmação: "O mundo seria um lugar melhor sem você" (Maag, 2007). Megan Meier havia confiado em "Josh" como seu namorado pela internet. Arrasada, ela interpretou a mensagem literalmente e se suicidou. Ainda que a adolescente já estivesse tomando antidepressivos, presume-se que este e-mail tenha feito com que ela chegasse ao limite. A mãe a encontrou dentro de um armário, enforcada com um cinto (ibidem).

A polêmica surgiu pelo fato das autoridades locais e federais do Missouri terem investigado o caso sem, no entanto, entrar com uma ação judicial contra a Sra. Drew, porque o comportamento dela na internet "pode ter sido rude, pode ter sido imaturo, mas não foi ilegal" (ibidem). Entretanto, foi informado que o gabinete do Procurador Federal dos Estados Unidos em Los Angeles está investigando o caso com a intenção de processar a Sra. Drew por fraude federal, e também o site MySpace por fraude virtual, uma vez que a sua sede, New Corp., é baseada em Beverly Hills, no estado da Califórnia. Embora a possibilidade de um processo bem-sucedido contra o site MySpace seja mínima em função dos precedentes jurídicos consagrados que detalho no Capítulo 7, vale a pena acompanhar esse caso em função do seu próprio valor, no sentido de estabelecer um precedente caso a Sra. Drew seja processada com sucesso por fraude eletrônica. Independente das questões jurídicas que o caso levanta, ele sustenta o meu argumento de um ponto de vista ético de que os adultos são muitas vezes os piores abusadores do ciberespaço.

A nova lei no Paquistão

Por fim, acrescentando à lista de leis internacionais que estão aparecendo com relação à internet, o jornal *Hindustan Times* (2008) informou no dia 11 de janeiro que o governo paquistanês havia aprovado uma nova Regulamentação para os Crimes Virtuais, promulgada em 31 de dezembro de 2007, segundo a qual o governo instalaria tribunais especiais referentes à tecnologia da internet em Islamabad para investigar e contra-atacar os crimes virtuais que atualmente ficam impunes devido à ausência de uma legislação específica. A regulamentação cobre crimes como o terrorismo virtual e a perseguição virtual, acesso criminoso a dados, fraude eletrônica e falsificação, o mau uso de sistemas eletrônicos ou dispositivos eletrônicos, o acesso não autorizado a códigos, códigos maliciosos, o mau uso da criptografia, o envio de mensagens eletrônicas indesejadas (*spams*) e interceptação não autorizada.

As estatísticas e as formas de bullying virtual em nível internacional evidenciam uma quantidade significativa de bullying virtual ligado ao gênero – seja ele assédio sexual contra indivíduos do sexo feminino ou perseguição homofóbica contra indivíduos do sexo masculino. Há também uma grande quantidade de literatura que analisa por que isso ocorre. Portanto, dediquei o Capítulo 4 à investigação das influências biológicas e sociais no ambiente familiar e na sociedade como um todo, em particular na medida em que contribuem para a forma como o bullying tradicional e o bullying virtual se apresentam. É para essas considerações que agora me volto.

NOTAS

1 Artigo 2: Uma pessoa que perturba a ordem pública, põe em risco a segurança pública, infringe os direitos pessoais e de propriedade, ou impede a administração social, o que é prejudicial à sociedade e que, de acordo com as cláusulas da Lei Penal da República Popular da China, constitui crime, deve ser investigada por responsabilidade criminal de acordo com a lei; e, se a gravidade do ato não for capaz de gerar punição criminal, o órgão de segurança pública deverá, de acordo com esta Lei, impor uma sanção legal pela administração da segurança pública.
2 Artigo 42: A pessoa que cometer um dos atos abaixo citados deverá ficar detida por não mais que cinco dias ou ser multado em não mais que 500 Yuans; e, se as circunstâncias forem relativamente graves, deverá ficar detida por não menos que 5 dias, porém não mais que 10 dias, e deve, além disso, ser multada em não mais que 500 Yuans:
   1 escrever cartas de intimidação ou ameaçar a segurança pessoal de outro indivíduo por outros meios;
   2 humilhar outro indivíduo abertamente ou difamar outro indivíduo inventando histórias;
   3 incriminar outra pessoa ao inventar histórias na tentativa de fazer com que este indivíduo seja objeto de investigação criminal ou de pena por parte da administração da segurança pública;
   4 ameaçar, humilhar ou agredir uma testemunha ou seus parentes próximos, ou fazer retaliações contra esses indivíduos;
   5 enviar repetidamente conteúdo pornográfico, humilhante ou de intimidação ou outros tipos de informação que perturbem a vida normal de outra pessoa; ou
   6 espreitar, tirar fotos secretamente, monitorar clandestinamente ou divulgar a privacidade de outra pessoa.
3 Artigo 246: Aqueles indivíduos que insultam outros indivíduos ou que usam a força, ou outros métodos, ou que inventam histórias para difamar os outros, se o caso for grave, devem ser condenados a três anos ou menos de prisão, colocados sob detenção criminal ou vigilância, ou ser privados dos seus direitos políticos.

4
O papel do gênero
as influências biológicas e ambientais

Aquilo que está entranhado nos ossos aparecerá na carne.

(Boyd, 2000, p. 95)

As estatísticas internacionais destacadas no capítulo anterior sugerem uma série de diferenças de gênero no modo como indivíduos do sexo masculino e do sexo feminino se envolvem com o ciberbullying e na maneira como se comunicam com amigos por meio das redes sociais na internet. Como vimos, muitos dos autores são adolescentes. A agressividade é de fato inerente à natureza dos jovens ou esta é simplesmente a maneira pela qual as suas particularidades biológicas da pré-puberdade, e durante a puberdade, se combinam com as mensagens sociais que recebem dos seus cuidadores e educadores?

Embora o gênero não seja o único aspecto que influencia a emergência do ciberbullying e as variadas respostas ao ciberbullying, creio que a forma como se definem as diferenças de gênero, o modo como estas são representadas no uso da internet e no ciberbullying, e também as respostas da sociedade a elas, são suficientemente predominantes para justificar a atenção de todo um capítulo.

Organizei este capítulo para informar os leitores sobre as influências biológicas e sociais que contribuem para o desenvolvimento das identidades masculinas e femininas dentro dos seus lares e dos contextos culturais, seguidas pelas influências do convívio social que determinam a sua noção de posicionamento ou de identidade dentro desses contextos e da sociedade como um todo, o que inclui o ciberespaço como ambiente social.

As estatísticas apresentadas no capítulo anterior demonstram claramente que os indivíduos do sexo feminino com frequência são alvos de assédio sexual, ameaças virtuais, perseguição virtual e envio de conteúdo pornográfico indesejado. Mais fascinantes, entretanto, são os estudos que sugerem que o ciberespaço tem tido, em muitos países e culturas, um efeito libertador nas meninas. Neste capítulo, destacarei estudos que revelam como as tecnologias da comunicação têm ajudado meninas e mulheres jovens a se tornarem mais sociais e confiantes, e a desenvolver uma nova noção de identidade e de atitude que as ajuda a escapar das expectativas e estereótipos culturais e sociais não feministas.

O papel da família, em especial dos pais e cuidadores, em apoiar e elevar essas perspectivas e a representação desses cuidadores na mídia como incompetentes e incapazes de proteger as crianças dos males virtuais também são destacados aqui. Este capítulo ilustra a forma como os papéis de gênero que são estabelecidos desde muito cedo na vida de cada indivíduo são representados no ciberespaço. Esses papéis também influenciam o modo como os adultos encaram o uso da tecnologia por parte das meninas e dos meninos. Desempenham também uma função significativa de informar as perspectivas das autoridades governamentais e escolares, dos professores e de outros membros da comunidade, sendo que cada um deles tem participação naquilo que as crianças aprendem e expressam.

Não surpreende, portanto, que a expansão absoluta e a velocidade na qual as expressões podem ser transmitidas e preservadas *online* possam ser especialmente perturbadoras para os pais e membros da sociedade que tradicionalmente controlam o fluxo de informações e, em última análise, que informações as crianças acessam quando estão fora de casa, o que manifestam e para quem. As mudanças rápidas nas formas de comunicação e a sua utilização por parte de meninas, meninos, mulheres e transgêneros; a difusão de informações que por tantas gerações foram cuidadosamente controladas via "seleção" e censura dos recursos educacionais como livros didáticos e livros de literatura; os valores e modelos de vida que se pronunciavam em voz alta em nome de interesses ocultos (Jackson, 1986; Kincheloe, 2004; McLaren, 1998) podem ser enquadrados como ameaças ao *status quo* das famílias, escolas e instituições políticas tradicionais. Essa aparente perda de controle pode acabar se exaurindo por minimizar as causas originais do bullying tradicional e do bullying virtual (como a discriminação). Ela amplia os riscos dos indivíduos que contestam o *status quo* hegemônico (Gramsci, 1971; 1975) e cria uma sensação de pânico público, com solicitações de respostas enérgicas que são vistas como necessárias para fazer com que homens e mulheres jovens retornem aos seus papéis de gênero como meninos fortes e assertivos e menininhas boazinhas.

Volto também à minha discussão introdutória do Capítulo 1 sobre as maneiras pelas quais os meios de comunicação exercem o controle para influenciar o que é conhecido pelo público sobre as ameaças às crianças, aos valores "cultivados em casa" – ou tradicionais – e à segurança pública, sendo que há uma expectativa que as escolas reajam a todas elas sob a pressão da mídia, dos pais e dos governos. Embora essas questões sejam mais amplamente discutidas no Capítulo 6, destaco aqui uma série de casos virtuais para ilustrar o modo como a mídia "enquadra" as suas reportagens para manter uma imagem das meninas como usuárias frágeis e incompetentes da tecnologia, tornando-as mais vulneráveis e com necessidade de serem protegidas de predadores virtuais. Os garotos continuam a serem retratados como agressivos e com maior probabilidade de serem autores de ciberbullying, acessar sites prejudiciais e de se tornarem predadores virtuais; e os legisladores e os oficiais de polícia são de um modo geral reverenciados como seus salvadores. Ao final deste capítulo, uma leitura crítica desse enquadramento do controle discutido no contexto da pesquisa internacional sobre o bullying virtual e o uso da internet começarão, assim espero, a fornecer ao leitor uma avaliação mais clara de por que as "batalhas" sobre o uso da internet acabam incorporando um tom tão agressivo.

A SOCIALIZAÇÃO NA FAMÍLIA

Tão logo as crianças saem dos ventres de suas mães, ainda no hospital, já estão aprendendo. Quando vão para casa com os pais, começam a incorporar, através da percepção, do cheiro, do som, do movimento, da linguagem e das reações dos pais, várias pistas em relação à comunicação e ao fato de que são seres sociais no seu novo mundo. Antes de passarmos à análise dos fatores sociais que tão frequentemente definem os papéis de gênero na nossa sociedade, podemos questionar se a biologia tem algo a ver com o fato das crianças virem, ou não, a se envolver com o bullying, seja em qual for das suas formas, à medida que vão crescendo. O debate sobre se a tendência à violência tem ou não origem na biologia ou no ambiente não ficou totalmente definido.

A BIOLOGIA DO BULLYING

Há quem sugira que tanto a natureza quanto a criação influenciam a questão do bullying. A biologia e os ambientes sociais, familiares e educacionais que os alunos vivenciam são as principais forças envolvidas no bullying. Os genes, os hormônios, os traços de personalidade e os distúrbios fisiológicos que ocorrem durante a gravidez ou na primeira infância podem afetar significativamente o desenvolvimento posterior. Como Boyd observa, "Aquilo que está entranhado nos ossos aparecerá na carne" (2000, p. 95). Atualmente podemos acrescentar: "Aquilo que está entranhado nos ossos aparecerá na carne física e virtual", à medida que jovens e crianças assumem novas personalidades no ciberespaço. As influências do ambiente podem ser consideradas "elementos nutricionais" que atuam de forma combinada para resultar em comportamentos positivos ou negativos. É importante observar os fatores biológicos e ambientais nas escolas, em casa e no ciberespaço que influenciam as identidades dos alunos, as suas atitudes em relação a si próprios e os seus comportamentos para com os outros indivíduos. Compreender a forma como esses fatores influenciam os alunos nos ajuda a compreender como e por que o bullying ocorre, seja do tipo que for.

O conhecimento sobre o bullying nas duas últimas décadas o definiu basicamente como um problema "do desenvolvimento" – concentrando-se nas tendências ou comportamentos agressivos de indivíduos *bullies* e sugerindo que esses indivíduos precisam de "intervenção" ou de "tratamento". Em outras palavras, o assunto tem sido estudado, e continua a sê-lo, a partir de uma perspectiva psicológica e paradigmática, como um problema de *saúde*. Essa visão modifica-se lentamente à medida que os psicólogos do desenvolvimento e outros pesquisadores começam a constatar mundialmente a relevância do *contexto*.

Apesar disso, é importante destacar resumidamente algumas das influências biológicas que podem fazer diferença no que se refere a um estudante se envolver ou não na prática do bullying, tornar-se ou não alvo constante como vítima ou permanecer ou não como observador. Os fatores biológicos, que incluem influências genéticas, hormônios, alergias, tireoides hiperativas, distúrbios de déficit de atenção e outras influências fisiológicas, podem influir na propensão das crianças mais jovens à prática do bullying. As crianças que manifestam problemas crônicos de comportamento com origens biológicas englobam aproximadamente 6% da população escolar (NCPC, 1997; Shariff, 2000, May). A nutrição e a medicação são aqui duas fontes principais de preocupação. As pesquisas nos dizem, por exemplo, que o abuso de substâncias e a falta de nutrição durante a gravidez ou durante os anos pré-escolares prejudicam o crescimento das células cerebrais, e que a síndrome alcoólica fetal (SAF) afeta um terço dos jovens infratores (NCPC, 1997). Uma série de pesquisadores constatou que os infratores violentos têm traços de personalidade distintos que se originam na primeira infância, como hiperatividade, impulsividade, dificuldade de concentração, incapacidade de ceder e baixa compreensão. Outros pesquisadores verificaram que esses traços permanecem constantes ao longo da idade adulta (Reiss, et al., 1993)[1].

A pesquisa internacional realizada por Olweus (2001) sobre o bullying corrobora esses estudos. Ele constatou que o comportamento do bullying começa cedo e persiste até a idade adulta[2]. Apesar disso, segundo o NCPC (1997), os efeitos neurológicos da SAF, que abrangem hiperatividade, comportamento contestador e distúrbio de déficit de atenção (DDA), podem ser compensados por uma boa nutrição e pelo apoio emocional dos adultos. Além disso, os estudos mencionados pelo NCPC constataram que ler para as crianças nos primeiros anos de vida estimula o desenvolvimento dos nervos e das células. As crianças que se alimentam mal em ca-sa podem ser hospitalizadas e re-educadas para uma alimentação saudável (embora o dano possa não ser revertido completamente). O que não se sabe é se crianças com esses tipos de complicações físicas se envolvem com (ou praticam) o ciberbullying. Este seria um estudo interessante de se empreender, levando-se em conta o grande número de jovens na maioria dos países que sofrem de subnutrição em função da pobreza.

Outro fator significativo é a genética, com um foco especial nas diferenças de gênero, sendo esta a principal razão pela qual inseri os fatores biológicos neste capítulo sobre a família e o gênero. Considerando-se que, de um modo geral, os meninos tendem a se envolver em formas mais agressivas de bullying, e as meninas em formas mais psicológicas e veladas, é plausível que as diferenças possam ocorrer em função de fatores genéticos. É notável que as formas psicológicas do bullying possam ser igualmente agressivas, conforme veremos nos estudos mencionados neste livro posteriormente. Alguns estudos demonstram que a agressividade humana é biologicamente determinada, mas que essa influência sobre o comportamento humano é mínima[3]. Contudo, Boyd (2000) argumenta veementemente que os fatores genéticos não podem ser descontados no caso da agressividade masculina. Ele chama a atenção para a evidência empírica de que a criminalidade dos pais biológicos está mais fortemente correlacionada com o crime no caso de crianças que foram dadas para a adoção que com a criminalidade dos pais que as adotaram.[4]

Há considerável comprovação científica de que os hormônios desempenham um papel que influencia o comportamento[5]. Boyd (2000) defende a ideia da testosterona como fator fundamental da agressividade masculina. Ele reconstitui a pesquisa sobre o assunto até Aristóteles, que, 2.500 anos atrás, observou os efeitos psicológicos da castração nos homens. Embora a castração possa ter um impacto social no comportamento dos homens, há aproximadamente 100 anos, cientistas descobriram que os hormônios dos testículos também têm um efeito psicológico na agressividade masculina. D. H. Starling cunhou o termo "hormônio" (pôr em movimento) para as "mensagens químicas" que causam determinados comportamentos (ibidem, p. 119).

Boyd se refere ao que os criminologistas chamam "curva crime-idade" (ibidem, p. 121) para sustentar a sua afirmação que os hormônios são fatores fundamentais para a agressividade masculina. Ele observa que, nos Estados Unidos, no Canadá e no Reino Unido, os crimes violentos praticados por homens jovens aumentam notavelmente por volta dos 15 anos, alcançam um pico antes dos 20 anos e depois diminuem por volta dos 30 anos. Aos 40, passam a ocorrer com muito menos frequência. Significativamente, esse padrão da violência masculina pode ser verificado em todas as nações para as quais há comprovação confiável disponível. Segundo Boyd (2000), a curva crime-idade de homicídio nos Estados Unidos, por exemplo, tem um formato semelhante ao Monte Everest. E, de modo significativo, embora a curva do Reino Unido tenha uma altura de aproximadamente um décimo da altura da curva dos Estados Unidos, é idêntica no que se refere ao formato. É possível que esses dados confirmem a preponderância do ciberbullying na adolescência e, em particular, do assédio sexual e da perseguição homofóbica na internet, como veremos mais adiante.

Uma série de estudos (Artz, 1998b; Boyd, 2000; DiGiulio, 2001; Lanctot, 2001) indica que tanto em um gênero quanto em outro há um aumento no comportamento violento entre a quinta série do ensino fundamental e o primeiro ou segundo ano do ensino médio (idades entre 9 e 15 ou 16 anos) nos primeiros sinais da puberdade e até meados da adolescência. Tolman e colaboradores (2001) mencionam um aumento, por exemplo, do bullying homofóbico e da perseguição sexual entre meninos adolescentes. Eles pesquisaram alunos da oitava série do ensino fundamental (148 meninas e 133 meninos) em uma escola suburbana que atende alunos brancos e alunos de origem latina, de classe trabalhadora e de classe média. Foi solicitado que os alunos informassem os tipos e níveis de perseguição sexual que sofreram na escola. Os pesquisadores ficaram impressionados com o quanto a sexualidade emergente dos adolescentes e a exploração dos primeiros relacionamentos românticos permeavam o ambiente da escola. Eles ficaram sabendo como as pessoas "ficavam" e "terminavam" e o modo como os meninos assistiam uns aos outros chutarem os *gays*. Eles observaram que os meninos passavam por uma pressão tremenda para demonstrarem publicamente a própria heterossexualidade aos seus pares do sexo masculino – sendo isso traduzido em fazer comentários de natureza sexual sobre as meninas e os seus corpos, ou agir de uma forma abertamente sexual em relação às meninas. Os pesquisadores observaram que:

> A participação nessa forma de perseguição sexual, seja fazendo comentários ou colaborando com os meninos que a praticam foi não apenas *normalizada* pelos meninos meramente como um elemento característico do fato de ser menino, mas como um aspecto essencial *de provar que não são gays e, portanto, não estando eles próprios sujeitos a esse tipo de perseguição*. Além disso, ao ouvir as descrições feitas pelos meninos e pelas meninas sobre as suas experiências com a perseguição, junto com as suas experiências com os primeiros relacionamentos românticos, o assédio ou a perseguição sexual no início da adolescência começou a soar como uma espécie de "ensaio geral" para relacionamentos heterossexuais [grifos nossos].
>
> (Tolman et al., 2001, p. 1-2)

Eles explicaram que a perseguição sexual é tão normalizada que ambos os gêneros muitas vezes deixam de relatá-la. Conforme mencionei na minha discussão das estatísticas sobre o ciberbullying no Capítulo 2, esta é uma observação importante que os pesquisadores podem deixar passar. É por isso que as definições limitadas do "bullying tradicional" ou do "bullying virtual" podem não abranger estatísticas importantes sobre o assédio sexual e a perseguição sexual ou homofóbica, ou combinações dessas formas, porque as crianças e adolescentes que são entrevistados podem não considerar que eles se encaixem na sua compreensão do que seja bullying. Um aumento na preponderância do bullying sexual no período imediatamente anterior ou durante a adolescência é definitivamente corroborado pelos resultados das pesquisas sobre o ciberbullying apresentados anteriormente. O estudo de Tolman tem implicações importantes para a segurança de indivíduos de ambos os sexos. Quanto maior a intensidade da pressão sobre os meninos para que provem que não são homossexuais, mais as meninas estão sujeitas a assédio sexual intenso. Os garotos vistos como *gays* também são alvos de bullying homofóbico severo e constante.

As taxas de suicídio e homicídio são outros indicadores da influência da testosterona. Antes da puberdade, meninas e meninos têm taxas aproximadamente iguais de homicídio e suicídio (Boyd, 2000; DiGiulio, 2001). Entretanto, aos 13 anos, as taxas de homicídio e suicídio no caso masculino são duas vezes maiores que as taxas femininas, e aos 16 anos, as taxas masculinas são quatro vezes mais altas, o que confirma o argumento de Boyd sobre a genética desempenhar um papel importante:

> A testosterona está inextricavelmente associada à sexualidade masculina, e o período intensamente sexual da adolescência é o momento em que todos nós começamos a cultivar relacionamentos. Estamos competindo com os nossos pares, inadvertidamente ou não, pela atração de parceiros sexuais em potencial; tomamos conhecimento da traição, do amor não correspondido e do amor perdido...
> Em qualquer idade os problemas com relacionamentos íntimos podem provocar conflito, hostilidade e violência. Porém, na adolescência, quando a testosterona está a mil e os homens jovens estão ainda em uma curva de aprendizagem, o potencial para a agressão e a violência está no seu ápice. O que ocorre quando, nessas circunstâncias, os homens jovens vivenciam confusões, desentendimentos e decepções? Na ausência de influências corretivas, não surpreende que os homens jovens expressem raiva, irritabilidade, agressão e violência.
> (Boyd, 2000, p. 137)

A puberdade e os hormônios também podem ter esse efeito nas meninas, ainda que de uma forma menos radical que os efeitos da testosterona nos meninos.[6] Os casos mais graves de bullying feminino[7] envolvem disputas sobre relacionamentos com meninos que também podem ter a influência dos hormônios, à medida que as meninas alcançam a puberdade e vivenciam a excitação sexual. Parece que as influências biológicas podem explicar pelo menos parte da equação. Observe agora as influências ambientais no bullying, que acredito que tenham impacto significativamente maior na persistência e na extensão do bullying tradicional e do bullying virtual.

AS INFLUÊNCIAS AMBIENTAIS

A sociedade, de um modo geral, a família e a escola são as principais influências ambientais no que se refere ao bullying. As atitudes gerais da sociedade com relação à violência podem propiciar o envolvimento de jovens e de crianças com o bullying. Por exemplo, quando os adultos passam exemplos de altos níveis de tolerância para com a violência, as crianças podem determinar que esta seja uma forma de comportamento aceitável, independentemente dos adultos dizerem ou não a elas que isso seja errado. Além disso, as crianças e os adolescentes incorporam a violência que veem no cinema, na televisão e nos vídeos de música, podendo considerá-la algo socialmente aceitável.

A socialização de gênero na família

A socialização de gênero começa em casa. Dependendo de fatores como: se os jovens recebem ou não apoio por meio do diálogo e da comunicação com os pais, se estão ou não envolvidos em relações de confiança, e se se sentem ou não felizes e à vontade em casa, o modo como são socializados afeta a maneira como os jovens podem participar do ciberbullying ou assumir papéis de liderança buscando impedir que os seus pares o pratiquem.

As influências ambientais na família, em especial durante a primeira infância e a adolescência, podem ser significativamente responsáveis pelas motivações de jovens e de crianças para praticarem bullying (NCPC, 1997). Quando os pais não se vinculam com os filhos em uma relação de confiança, as crianças não conseguem formar a confiança para explorar o seu ambiente social e desenvolver autonomia, e são motivadas a buscar poder e legitimação via agressão e bullying[8]. Uma grande quantidade de bibliografia estabelece uma correlação entre as experiências familiares negativas na infância e o comportamento agressivo das crianças[9]. As pesquisas confirmam que o abuso infantil em casa contribui significativamente para uma série de consequências negativas como autoimagem negativa, tendências agressivas, abuso de álcool e drogas, promiscuidade sexual e depressão. Estudos também constataram, no entanto, que um forte vínculo entre os pais e a criança reduz a agressividade nas etapas posteriores da vida (Farrington et al., 1992, conforme citado em Hall, 1999; Nelson e Lewak, 1988). No contexto do ciberespaço, isso pode fazer a diferença entre envolver-se com o ciberbullying, acessar sites pornográficos e de ódio, ou tomar a decisão de evitar esses sites e permanecer afastado dos pares que se envolvem com perseguições e insultos na internet.

Os papéis de gênero femininos

Esses resultados são coerentes com a pesquisa sobre o bullying que demonstra que ele começa muito cedo na vida do indivíduo, e que os autores e as vítimas sofrem de baixa autoestima, falta de confiança e instintos suicidas. Isso, no entanto, não explica o comportamento das meninas que se envolvem com o bullying físico agressivo ou com o bullying virtual constante e cruel. Alguns estudos sugerem que essa tendência possa ter algo a ver com os pais das meninas. Artz (1998b) menciona descobertas interessantes em um estudo sobre meninas de famílias de classe média com comportamento fisicamente agressivo. Ela descobriu que meninas com pais agressivos tendiam a apresentar o nível de agressividade esperado de indivíduos do sexo masculino. As meninas também se envolviam com técnicas de bullying mais caracteristicamente femininas, como perseguir ou induzir outras pessoas a encontrá-las em lugares isolados de modo que pudessem bater nelas.

Nas suas entrevistas, Artz constatou que todas as meninas que se envolveram com o bullying físico agressivo e com o bullying psicológico dissimulado haviam sofrido abuso sexual ou pelo próprio pai ou por outro homem membro da família ou por algum amigo da família. As meninas foram negligenciadas e receberam pouco apoio por parte das suas mães, que eram igualmente dominadas pelos cônjuges. A fim de recuperar essa sensação de poder, as meninas culpavam as vítimas por violarem regras de costumes – chamando-as, por exemplo, de "vadia" ou de "vagabunda" – ou acusavam-nas de terem roubado um namorado. Nas suas mentes, esse fato justificava a violência. Artz acredita que as garotas se envolviam com o bullying físico em busca da atenção e da admiração dos meninos e para preencher o vazio deixado pela falta de atenção por parte dos seus pais. Elas eram também sexualmente mais ativas que a maioria das meninas da mesma idade.

Imagine o poder que o anonimato da internet pode oferecer às meninas que buscam poder dessa forma. Os boatos e fofocas no ambiente físico e/ou virtual da escola têm sido identificados como razões para o aumento da violência em uma série de casos famosos de bullying[10]. Em todos os casos, as autoras espalhavam boatos sobre as tentativas da vítima de roubar o seu namorado ou espalhavam a notícia de que a vítima havia chamado uma menina popular de "vadia". Da mesma forma, em todos os casos, o grupo social começou a fazer intrigas e a promover o ressentimento contra a vítima. Esse método de bullying é dissimulado, pois as vítimas não têm a oportunidade de se defender, porém sofrem os efeitos das mentiras e dos rumores a seu respeito. Isso tem como consequência o isolamento e o ostracismo, elevando o desequilíbrio de poder que ajuda os autores a se convencerem que os seus atos são justificados.

Além disso, é plausível que as meninas, que podem ser mais submissas nas comunicações que ocorrem pessoalmente, possam não se sentir tão constrangidas nas comunicações *online*. As suas habilidades assertivas de comunicação *online* podem levar à perseguição na internet. Ybarra e Mitchell (2004a) constataram que as jovens que são vítimas em ambientes fora do mundo virtual apresentam uma probabilidade significativamente maior de perseguir outros indivíduos em ambientes *online* (51%). Essa questão fica ainda mais complicada pelas relações que se estabelecem entre o cuidador e a criança, pela delinquência, pelas dificuldades psicossociais e pelo uso da internet. De modo semelhante, Wolack e colaboradores (2003) descobriram que as crianças que tinham altos níveis de conflito com os pais e aquelas que eram altamente problemáticas (com níveis mais altos de depressão e vitimização ou circunstâncias de vida perturbadoras) tinham maior probabilidade de se envolver com relacionamentos íntimos pela internet, aumentando assim a vulnerabilidade desses jovens à exploração *online*.

Boyd (2000) chamou a nossa atenção para as condições ambientais que influenciam a biologia masculina para a agressividade. Poder-se-ia razoavelmente pressupor, portanto, que o modo como as meninas são socializadas pode promover as formas psicológicas e veladas de bullying. No que diz respeito às meninas, a norma social é que elas são mais delicadas do que os meninos e devem se expressar verbal, e não fisicamente. É lamentável, mas não surpreendente, portanto, que as meninas usem as suas habilidades verbais e sociais para manipular e isolar os indivíduos contra os quais praticam bullying. Uma descoberta incidental do estudo realizado por Artz (1998b) foi que, quando questionados em relação ao que mais gostariam de fazer no futuro, todas as jovens pesquisadas responderam que gostariam de casar e ter filhos.

É irônico que o papel feminino tradicional da família, do casamento e dos filhos esteja tão arraigado nas psiques das crianças e jovens que, mesmo que venham de lares infelizes, elas tenham sido socializadas para enxergar o casamento e a família como metas desejáveis.

Esses resultados são também interessantes quando justapostos com as experiências das meninas dos Estados Unidos, da Índia e do Japão na internet. Segundo McMillin (2005), o uso das redes sociais *online* entre as meninas da Índia e do Japão, em especial, ajudou-as a desenvolver identidades independentes dos seus papéis domésticos tradicionais na família, mas que, de muitas maneiras, são também essenciais a esses papéis. Os sites de redes sociais oferecem a essas meninas e mulheres a possibilidade de interagir com pares com experiências de vida semelhantes, e mesmo assim sem entrar em conflito com os membros da família que não gostam que elas se socializem fora de casa antes que estejam casadas (ou mesmo depois de estarem casadas). A internet lhes permite a liberdade de construir identidades *online* que são significativamente mais confiantes. Em inúmeros casos, essas identidades têm levado a oportunidades de trabalho fora de casa que não estariam disponíveis a elas sem esses sites de redes sociais. Consequentemente, é importante avaliar o papel libertador dos sites de redes sociais, os quais os pesquisadores da Índia e do Japão constataram ser usados predominantemente por meninas e mulheres.

McMillin (2005) menciona um estudo sobre o uso do computador por meninas adolescentes em Bangalore, na Índia. Apenas 30% das meninas pesquisadas responderam (mais provavelmente porque na Índia muitas meninas ainda não têm acesso à tecnologia, apesar da explosão do setor de TI nesse país). McMillin observa que o uso do e-mail e a navegação na internet das meninas adolescentes indianas, ainda que revelado como apenas uma pequena parte das suas atividades de lazer, eram "um elemento essencial da matriz de rituais de expressão de identidade" (ibidem, p. 175). McMillin observa que o uso do computador de fato facilitou a continuidade dos seus papéis de gênero:

> Como nova tecnologia de mídia, o computador, junto com a televisão, facilitou a continuidade dos seus papéis de gênero como algo inerente à esfera privada e doméstica. Além disso, através de suas conexões pela internet e por e-mail, e pelo seu consumo de produtos globais limitados apesar dos riscos a eles associados, podem explorar novas fronteiras no espaço virtual. Enquanto a nação a sua volta se arrastava segundo um relógio pós-colonial que apenas media o atraso e o retardamento do desenvolvimento da nação em comparação com a metrópole industrializada, as meninas adolescentes que participaram deste estudo estavam exatamente ao lado dos seus pares ocidentais, comunicando-se por e-mail, navegando na internet e assistindo às notícias, sabendo das tendências, dos álbuns de música e das comédias atuais simultaneamente (...). Como o aumento do número de empresas multinacionais em Bangalore e, mais especificamente, dos *call centers*, que são ávidos por mulheres jovens, urbanas, falantes da língua inglesa e recém-saídas de escolas e faculdades particulares, a adolescente indiana pode estar de fato prestes a descobrir a internet como um meio que a conduz das restrições privadas à liberdade pública (...). Naturalmente, os *call centers* baseados em tecnologias de informação são eles próprios hierárquicos e podem reproduzir os regimes coloniais de exploração, ainda que seja evidente que a internet, associada à televisão, representará uma influência formidável no modo como a adolescente indiana percebe as suas identidades nacionais, urbanas e de gênero e articula a própria liberdade e a própria capacidade de interferência.
>
> (ibidem)

No que diz respeito ao assédio *online*, na Índia as meninas usam os cibercafés em grupos porque estes ganharam fama por conseguirem conectar as meninas a espaços públicos "de uma forma segura" (Ibidem, p. 174). Embora algumas das meninas tenham admitido usar salas de chat para manter contato com amigos, uma delas, Swetha, uma garota de 17 anos, afirmou manter distância desses espaços:

> Não entro com frequência em salas de chat, eu costumava entrar quando era mais jovem, mas agora eu sei que há muita besteira, muita pornografia e sexo virtual. É preciso ter cuidado – muitas meninas entram (em salas de chat), aí ocorrem essas coisas de sexo virtual, depois elas ficam realmente deprimidas.
>
> (ibidem, p. 170)

Ao discutir o apego ao *shoujo anime* no Japão e a participação em fã-clubes das séries sobre *shoujo*, Gregson (2005) observa que as meninas japonesas fãs do *shoujo* não se identificam necessariamente com as personagens femininas principais. Ela observa que as meninas não se envolvem com os personagens por quererem que as meninas boazinhas, talentosas ou encantadoras venham a ser as heroínas da história. Essas garotas usam sites para conversar sobre os meninos dos quais elas gostam das suas histórias *anime* preferidas e para publicar imagens desses meninos nos seus sites. Gregson sugere que as meninas fãs do *shoujo anime* "transferiram as suas conversas de quarto para a internet" (ibidem, p. 137). Assim como ocorre com as adolescentes da Índia, a internet se tornou um porto seguro dentro do qual as meninas japonesas podem experimentar a própria independência *online* na segurança das suas casas, porém se envolvendo em discussões bastante públicas sobre assuntos que jamais compartilhariam em público fora da internet. Por esse motivo, em algumas culturas o anonimato da internet oferece um casulo que permite que as mulheres jovens se envolvam mais ativamente na esfera pública sem que precisem abrir mão dos seus laços e compromissos culturais que mantêm com as suas famílias.

Os papéis de gênero masculinos

Também é importante considerar o modo como os homens e os meninos são socialmente construídos como autores, e as mulheres, como vítimas. Embora pareça haver centenas de estudos sobre o comportamento feminino na internet, há uma escassez de artigos relacionados aos indivíduos do sexo masculino, com uma ou duas exceções. Existe uma necessidade de se compreender a natureza de gênero do fenômeno. Adam (2002) afirma que as maneiras pelas quais as violações virtuais e não virtuais do corpo impõem autoridade e reforçam a submissão da vítima não podem ser desconsideradas. Concordo, em especial na medida em que há também comprovação suficiente nas pesquisas para sugerir que a homofobia dirigida às vítimas do sexo masculino seja predominante na internet (Chu, 2005; Harmon, 2004; Leischman, 2002). Apesar disso, ignorar um padrão de gênero mais amplo associado à violência é ignorar uma percepção básica da realidade social da violência como meio de controle e de intimidação. Em outras palavras, a violência tende a ser praticada em ordem decrescente em uma hierarquia de poder, reforçando, assim, as desigualdades sociais de gênero (Herring, 2002).

Um artigo muito interessante de Suler e Phillips (1998) investigou as maneiras pelas quais as hierarquias sociais originam comunidades *online* como o "Palace", o "Mansion" e o "Welcome" (salas de chat relacionadas). Suler e Phillips observaram que dois fatores determinam as formas universais e específicas daquilo a que se referem como comportamento "anormal" dentro dessas comunidades. Um é de caráter técnico, e o outro, social. Os aspectos técnicos desempenham um papel importante, pois toda comunidade de chat é baseada em uma infraestrutura de *software* única que oferece recursos técnicos específicos para o modo como as pessoas vivenciam o ambiente e interagem umas com as outras. Os autores sugerem que, independente de quais recursos técnicos sejam oferecidos, alguém encontrará uma maneira de violá-los. Suler e Phillips explicam que "se alguém desenvolver isso, alguém irá se aproveitar disso" (Ibidem, p. 276). Por exemplo, os *snerts* podem usar sons e imagens visuais para perseguir outras pessoas nas situações em que esses recursos estiverem tecnicamente disponíveis na sala de chat.

Observam também que os fatores sociais podem ser parcial ou completamente independentes dos aspectos técnicos do ambiente, e isso ocorre devido ao fato de que toda cultura ou subcultura desenvolve padrões de comportamento aceitáveis e inaceitáveis. Eles fazem referência às teorias da "relatividade cultural" para explicar que o que é considerado comportamento normativo em uma cultura não é necessariamente considerado "normal" em outras. Assim, aquilo que pode ser considerado normal ou anormal dentro da cultura de uma sala de chat pode não ser visto como anormal nos padrões de outra. Apresento a seguir fragmentos extraídos da descrição feita pelos autores das maneiras pelas quais o anonimato das salas de chat, onde se adotam "avatares" ou personalidades distintas, refletem alguns dos problemas mais sérios dos participantes que surgem como consequência da sua socialização anterior (ibidem):

> Muito tem sido dito em relação a quanto o anonimato da internet desinibe as pessoas. Ao se sentirem relativamente seguras com a sua identidade do mundo real oculta, as pessoas dizem e fazem coisas que, de outra forma, normalmente não diriam ou fariam na vida real. Parks e Floyd explicaram esse fenômeno com base nas pistas oferecidas pelo contexto social, em teoria da presença social. A ausência de pistas relacionais (visuais, palpáveis, auditivas), bem como da proximidade física com a outra pessoa pode resultar em um comportamento que não esteja de acordo com as normas sociais habituais. Em alguns casos, isso tem um efeito positivo. As pessoas podem ser mais honestas, mais abertas, mais generosas e úteis. Em outros casos, no entanto, o lado maldoso de uma pessoa acaba entrando em ação, acompanhado por uma tendência a despersonalizar os outros indivíduos. Daí a existência do *snert*. É possível que os efeitos positivos possam superar os negativos. Na sua pesquisa sobre os grupos de notícias Usenet, Parks e Floyd ficaram um tanto surpresos pelo fato do comportamento anormal não ser tão difundido quanto se imagina.
>
> (ibidem, p. 277)

Como Suler e Phillips observam, não são todos que desejam estar totalmente invisíveis, sem nome, sem identidade, sem presença ou impacto interpessoal. Eles argumentam que todos querem e *precisam* expressar algum aspecto de quem eles são e obter reconhecimento e reações quanto a esses aspectos. Sugerem que o anonimato na internet permite que as pessoas deixem de lado alguns aspectos da própria identidade a fim de manifestar outros com segurança:

> Os *snerts* precisam que alguém reaja e confirme o seu comportamento ofensivo. Essa necessidade é um pouco diferente de eles simplesmente purgarem as suas energias frustradas, como sugere a ideia de ser alguém "movido pelo desejo sexual". Os *snerts* tentam expressar algum aspecto não resolvido e rejeitado da própria identidade problemática em uma tentativa de fazer com que este aspecto seja reconhecido. Infelizmente, eles fazem isso de uma forma que agride outras pessoas. Em condições ideais, eles podem ser capazes de aceitar e superar aqueles sentimentos e autoconceitos ocultos que os torturam. Caso contrário, continuarão se aventurando através das suas identidades *snert online*, dissociando-as seguramente das suas identidades "da vida real".
>
> (ibidem, p. 277)

Eles explicam que, em vez de o anonimato liberar o seu lado mau, esses indivíduos podem vivenciar o anonimato de uma identidade igualmente tóxica. Consequentemente, eles podem sentir-se frustrados quanto a não ser identificados nem ter um lugar no grupo. Isso pode fazer com que alguns "novatos na internet" extravasem a sua frustração *online* de uma maneira antissocial. Esses indivíduos precisam sentir que têm algum tipo de impacto nas outras pessoas, negativo ou positivo. É semelhante ao caso da criança que faz uma encenação quando deseja atenção e está sendo ignorada, mesmo que ela saiba muito bem que a atenção poderá vir na forma de repreensão ou punição. Os autores observam que os seres humanos previsivelmente preferem se conectar com outros indivíduos caso a alternativa seja a ausência de qualquer tipo de conexão. Alguns *snerts* que entram em salas de chat podem inconscientemente justificar o seu mau comportamento e culpar a comunidade *online* por lhes tirar a identidade. Em outras palavras, eles rejeitam as pessoas porque eles próprios se sentem rejeitados.

Se levarmos em conta essa avaliação das razões pelas quais alguns adolescentes podem encenar em salas de chat na internet ou mesmo em sites de redes sociais como o Facebook e o MySpace, logo isso permite que reconheçamos a necessidade de examinar as *razões que fundamentam* aquele comportamento e *não* o comportamento em si. Isso certamente coloca em perspectiva o fato de que alunos que postam comentários negativos sobre os seus professores possam compreender que esse ato será detectado, e podem estar de fato solicitando atenção específica por parte daqueles professores.

Suler e Phillips também explicam que, embora alguns estudos sugiram que as meninas se envolvam com formas mais discriminatórias e excludentes de violência psicológica que os meninos, elas parecem ser numericamente superadas pelos meninos, que têm maior tendência a se envolverem em formas de bullying sexual e violento. Eles argumentam que os indivíduos do sexo masculino na internet – em especial os adolescentes – "têm mais dificuldade para conter e expressar a sua natureza 'movida pelo desejo sexual' de uma forma construtiva – isto é, eles não têm essa maturidade" (ibidem, p. 275). Porém, há também outros fatores da socialização na infância que podem ser significativos neste ponto. No seu livro, *Meninos de verdade**, Pollack (1998) descreve o que aprendeu após muitos anos de trabalho realizado com meninos com graves problemas emocionais e comportamentais. Ele explica que no nascimento, e durante vários meses subsequentes, as crianças do sexo masculino são mais expressivas emocionalmente que as crianças do sexo feminino, porém, no período em

---

* N. de T.: No original, "Real boys".

que entram para o ensino fundamental, eles tendem a internalizar a maior parte das suas emoções – um padrão que persiste ao longo das suas vidas.

Pollack cita duas razões para essa tendência geral. A primeira é o uso da vergonha no processo de "endurecimento" à medida que este é colocado em prática com os meninos. Pollack observa:

> Os meninos são criados para sentir vergonha repetidamente, no meio do processo de crescimento, por meio do que chamo "processo social de endurecimento da vergonha". A ideia é que o menino precisa ser disciplinado, endurecido, criado para agir como um "homem de verdade", ser independente, manter as emoções sob controle. Dizem ao menino que "meninos grandinhos não choram"; que ele não deve ser o "filhinho da mamãe". Mesmo que essas coisas não sejam ditas diretamente, essas mensagens dominam de maneiras sutis o modo como os meninos são tratados – e, portanto, o modo como os meninos vêm a pensar sobre si mesmos. A vergonha está no âmago do modo como os outros se comportam em relação aos meninos nas nossas quadras de jogos, nas salas de aula, nos acampamentos de verão e nos nossos lares.
>
> (ibidem, p. 11-12)

A segunda razão, argumenta Pollack, é a separação de um menino da sua mãe nos primeiros anos da infância e depois novamente na adolescência (com o menino saindo "de trás da saia da mãe"). Pollack sugere que essas separações sejam responsáveis pelo sufocamento das emoções dos meninos, o que vem à tona como agressividade física quando eles atingem a puberdade. Pollack constatou que os meninos lidam com a própria vergonha sofrendo em silêncio ou se refugiando atrás da máscara da masculinidade – e deixando de denunciar o bullying caso aconteça com eles. Consequentemente, pode ser difícil para os pais e professores avaliar o que de fato se passa nas cabeças dos jovens do sexo masculino – e se eles poderiam ou não ser vítimas ou eles próprios autores do bullying.

Outro psicólogo confirma muitas das observações feitas por Pollack. Em um livro desolador intitulado *Lost boys*, Garbarino (1999) faz um relato sobre as primeiras experiências de vida de homens jovens americanos, sendo que a maior parte desses homens está no corredor da morte por homicídio. O autor explica que a negligência e o abuso sofridos por esses meninos, combinados com uma socialização que exige que eles escondam as próprias emoções e mantenham uma aparência firme, podem ter resultados explosivos. Ele fornece quatro razões para a agressividade masculina: os meninos passam a ser hipersensíveis a pistas sociais negativas. Eles podem interpretar olhares casuais como ameaçadores: "Esse aí me olhou estranho ontem (...) Aquele ali está me incomodando (...) Tá vendo aquele cara ali? Acho que ele tem uma lâmina escondida" (ibidem, p. 81). Eles também passam a não identificar as pistas sociais positivas. Isso significa que, mesmo quando as pessoas são gentis com eles, eles não conseguem lembrar – recordam apenas as pistas sociais negativas. Eles desenvolvem um repertório de comportamentos agressivos que estão prontamente disponíveis e podem ser invocados com facilidade a fim de se protegerem e provar que são fortes. Por fim, eles concluem que a agressão é uma maneira satisfatória de conseguirem o que desejam e, muito provavelmente, a internet pode fornecer as ferramentas através das quais podem obter o poder de que precisam e a legitimação que almejam em suas vidas.

Portanto, as influências sociais do lar e da família desempenham um papel significativo e, em menor extensão, os fatores biológicos discutidos anteriormente. No Capítulo 6, discuto também os papéis e as influências de outros atores nas vidas dos jovens – influências institucionais e sistêmicas que também determinam em grande parte as suas experiências e relações sociais nas esferas *online* e *offline*, em especial no que diz respeito às suas experiências na escola. Incluído nesse mesmo capítulo, destaco o modo como os meios jornalísticos determinam e informam as opiniões dos pais e das autoridades escolares a fim de gerar uma percepção em relação à seriedade ou à urgência de determinadas situações. Como os meios de comunicação conseguem gerar percepções tão fortes quanto ao impacto do ciberbullying, achei importante introduzir, nesta parte do livro, uma breve discussão sobre o modo como os meios de comunicação realizam o enquadramento da realidade para as partes envolvidas. Em especial na medida em que influenciam uma realidade parcial no que se refere às questões de gênero, o que logo se traduz em relações sociais hierárquicas na internet.

COMO OS MEIOS DE COMUNICAÇÃO ENQUADRAM A REALIDADE

Conforme mencionei no início deste livro, a forma pela qual os meios jornalísticos apresentam as informações sobre o mundo podem ter ramificações significativas que afetam o âmago dos valores, das crenças e das respostas educacionais de uma sociedade. Edwards (2005) explica que o conteúdo da mídia não é a realidade – é uma *representação* da realidade que não "a conta da maneira como ela é, mas, em vez disso, da maneira como ela significa" (Bird e Dardenne, 1998, p. 71, conforme citado em Edwards, 2005, p. 14). Edwards descreve os meios de comunicação como uma "metalinguagem" que obtém o seu significado (e, portanto, cria significado para a nossa realidade) via disposição específica dos seus elementos, que lhe conferem o poder de legitimar o significado que transmite repetidamente ao público:

> A partir da pirâmide tradicional invertida e das formas narrativas em relação aos "fatos" sobre "quem, o que, onde, quando, por que e como" conforme estes são narrados pelas "fontes", a mídia é um sistema simbólico peculiar que tem o poder de legitimar para os consumidores os próprios símbolos que apresenta (...). É a repetição diária e contínua dessa metalinguagem que permite à mídia manter o seu poder cultural. Como nossos escribas e repositórios culturais do conhecimento, os jornalistas e a instituição da mídia jornalística desempenham um papel na definição do discurso social e político e, por extensão, da nossa realidade social e política.
>
> (ibidem, p. 14)

Ao dizer às pessoas o que pensar, a mídia fica culturalmente habilitada a assumir uma função de vigilância na nossa sociedade, que permite aos produtores dos noticiários selecionar *quais* informações nós recebemos, de *quem* as recebemos e *como* as recebemos. Segundo Wright (1986), essa função resulta em várias consequências importantes. Ela reafirma e mantém a nossa ordem social ao definir os nossos vilões (no caso do ciberbullying, parecem ser as ferramentas tecnológicas e os próprios jovens e crianças); confere um determinado *status* às questões e aos indivíduos apresentados nas notícias; e aumenta as preocupações ao utilizar discursos sensacionalistas sobre os riscos de determinados indivíduos ou de uma situação iminente – em particular quando não fornece nenhuma informação interpretativa ou mediadora. Edwards observa que a mídia transmite, portanto, a impressão de que podemos controlar o nosso mundo ao reafirmarmos os valores da nossa ordem social e política. Ela também nos ensina implicitamente quais comportamentos são recompensados e quem é punido. Como parte integrante desse processo, as pessoas comuns são elevadas a um *status* importante, mesmo que não estejam dispostas a ter esse *status*, e essas fontes se transformam em forças poderosas na construção da notícia.

Essa avaliação do poder dos meios de comunicação em reafirmar e reforçar a nossa compreensão das questões sociais de interesses aparece com muita clareza nas manchetes e nas matérias que mencionei no início deste livro. Os meios de comunicação têm contribuído para formar o entendimento do público sobre o bullying ao longo da última década. Eles estão claramente tendo o mesmo impacto no que diz respeito ao bullying virtual, aos riscos das crianças e jovens que se envolvem com a utilização dos sistemas de comunicação social e aos perigos da internet.

Esse processo é chamado de "enquadramento", que organiza as informações de uma forma que fornece ao público interpretações ou significações específicas (Gamson e Modigliani, 1989; Ivengar, 1991; Neuman et al., 1992). Os enquadramentos criam "ressonâncias culturais" sobre os temas mais amplos de interesse público – como a violência da juventude e, hoje, naturalmente, aquilo que está na mente de todos, o bullying virtual. Edwards argumenta que o problema com a ressonância cultural é que os especialistas que têm os seus próprios interesses, por exemplo, as autoridades policiais, podem usar os meios de comunicação para direcionar a consciência do público sobre o assunto. O enquadramento da mídia envolve a seleção da notícia, as fontes citadas, a edição e a organização das informações. Edwards sugere que isso contribui para uma confiança excessiva nas fontes oficiais que, por sua vez, contribui para o predomínio dos enquadramentos que privilegiam a perspectiva da polícia e dos responsáveis pela aplicação da lei na mídia jornalística. Isso mais uma vez explica o foco da notícia na proibição, na suspensão, nas respostas legislativas e punitivas ao bullying tradicional e ao bullying virtual.

O uso de palavras como "guerra" e "batalha" é comum no enquadramento da mídia – como no caso da expressão "guerra às drogas" (Mackey-Kallies e Hahn, 1994). Esses pesquisadores afirmam que enquadrar as questões relativas às drogas como uma "guerra" pode, na verdade, contribuir para que não consigamos solucionar o problema por elaborarmos "diagnósticos equivocados" das questões – diagnósticos equivocados levam a soluções ineficazes. E esta é a minha maior preocupação no que se refere ao enquadramento do ciberbullying, dos seus riscos e da necessidade de respostas urgentes. Enquadrar a nossa responsabilidade de lidar com o ciberbullying como uma "guerra" dá ao assunto um foco totalmente diferente, que atrai respostas jurídicas positivistas punitivas, controladoras e reativas, em vez de respostas proativas e educativas. Amplia os riscos da internet e das crianças e jovens que a utilizam – em vez de procurar maneiras de orientar os jovens à medida que eles crescem em um mundo confundido pelos hormônios, pais super protetores e adultos que toleram e dão o exemplo da violência, mas esperam que os jovens e crianças a evitem. É como colocar alguém em uma piscina cheia d'água e pedir que a pessoa não se molhe! Em minha opinião, o enquadramento desempenhou um papel significativo para a produção de um diagnóstico equivocado sobre o bullying de um modo geral, o que resultou em um excesso de programas e políticas públicas antibullying que se comprovaram minimamente eficazes (Shariff, 2005; Shariff, 2006, a, b, c).

O enquadramento dos papéis de gênero na mídia

Mazzarella e Pecora (2002) realizaram uma análise empírica da cobertura dos jornais em relação às vidas das meninas adolescentes. Eles concluíram que "embora não use as meninas como bodes expiatórios para problemas sociais mais gerais, fica claro que a imprensa retrata as meninas *em si* como problemas sociais" {grifo original do autor} (ibidem, p. 16). Esses pesquisadores observaram que, com base no interesse de pesquisadoras feministas e de estudos famosos sobre meninas que crescem em uma época em que são descritas por Phipher (1994) como "meninas atingem a maioridade em uma cultura mais perigosa, mais sexualizada e mais impregnada pelos meios de comunicação [onde elas] (...) enfrentam pressões incríveis para ser bonitas e sofisticadas" (ibidem, p. 12), a mídia selecionou muitos desses estudos e começou a publicar manchetes como "Os perigos da puberdade: as meninas 'se destroem e se queimam' na adolescência" (Eicher, 1994); "Cruzar a 'lacuna da confiança' representa um obstáculo difícil para as meninas" (Brecher, 1994); "Uma época perigosa para as meninas" (Mann, 1997). Mazzarella e Pecora observam que, mais recentemente, a preocupação do público em relação às meninas (e aos meninos), da forma como aparece refletida na mídia, concentra-se na internet e nos seus riscos, com manchetes descritivas ("Meninas são enganadas pela internet", *The Adviser* (2003)).

As notícias sobre o ciberespaço e as meninas

Edwards (2005) analisou 125 matérias sobre meninas adolescentes e crimes virtuais (e assuntos relacionados) de cinco dos principais jornais diários entre 1º de janeiro de 1990 e 1º de janeiro de 2002. A análise dela incluiu manchetes, chamadas, fontes citadas e seis categorias de enquadramento: as meninas como risco; meninas em risco; os adultos como risco; os adultos em risco; a polícia como heroína; e as liberdades civis em risco. O que ela encontrou foi um forte contraste no número de matérias que enquadraram as meninas como risco em oposição àquelas que enquadravam os adultos como risco (32%), em comparação com 6% para as meninas como vítimas e 2% para meninas em risco. Os advogados foram citados como fontes em vinte e cinco das quarenta matérias (63%) sobre os adultos como risco, e em vinte matérias a polícia foi citada como fonte (30%). Os adultos em risco foram apresentados em 6% das matérias. O maior bloco de matérias (quarenta e oito de 125 – 38%) enquadrava "a polícia como heroína" e apresentava a polícia como fonte em 73% das reportagens. Por fim, 10% enquadravam as liberdades civis em risco, com a polícia e os pais citados como fontes em 15% das matérias.

Meninas indefesas na internet

Edwards descobriu que as reportagens sobre meninas em risco situavam os crimes das meninas em "espaços" femininos, sugerindo que o uso da tecnologia fosse mera extensão do comportamento característico do estereótipo feminino – comportamento este que continuava a acontecer nos espaços femininos como a cozinha e o quarto. Além disso, as meninas foram retratadas como tecnologicamente ineptas e com uma falta de atuação para cometer crimes sozinhas com sucesso, conforme citações da polícia e dos responsáveis pela aplicação da lei em 100% das matérias. Uma das reportagens diz assim:

> Garota, 15 anos, presa fabricando drogas em casa com receita retirada da internet" – a chamada descreve o crime dessa forma: "Investigadores afirmam que uma garota de 15 anos que eles apanharam enquanto preparava narcóticos em casa aprendeu a receita na internet.
> (Garota, 15 anos, presa", 1997, citado em Edwards, 2005, p. 17)

Edwards observa que a utilização intencional das palavras "receita" e "preparava" envolve metáforas alimentares que são normalmente associadas a estereótipos femininos da casa que são relegados à cozinha. Os policiais relataram que a garota já havia jogado fora "duas fornadas malsucedidas", evocando uma imagem de bolos queimados em vez de drogas. A palavra "receita" surgiu também em duas outras matérias – outra vez sobre receitas de drogas, que foram consideradas perigosas por terem sido tiradas da internet que também destacavam a falta de força ou de conhecimento da segunda menina ao sugerir que ela tivesse "brincado com o perigo" ou "se enrolado com o perigo". Edwards observa que termos como "o apertar de um botão" retiram a gravidade da ação na qual a garota estava envolvida. Uma terceira reportagem que se refere a receitas teve a mesma postura em relação ao empenho de uma menina para fabricar uma bomba.

A quarta reportagem se aproximou mais do ciberbullying: uma menina enviou para si mesma uma ameaça pelo MSN e acusou duas colegas de terem-na ameaçado. As fontes oficiais citadas na matéria minimizaram a ação criminosa e atribuíram a culpa à tecnologia. Essa abordagem sobre a questão errou no diagnóstico; à que ela havia, na verdade, se envolvido com a perseguição a outras pessoas: "as autoridades caracterizaram o episódio como um conflito entre alunos do ensino médio que acabou dando errado e afirmaram que este é um exemplo de como a internet se tornou um motivo frequente de crime para jovens e crianças" (Edwards, 2005, p. 13). Além disso, a matéria atenuava as ações da menina ao afirmar que "os adolescentes podem pressupor que estejam anônimos na internet, há porém formas de descobrir quem eles são. Francamente, não é tão difícil descobrir (...)" (ibidem). Edwards observa que, ao citar uma fonte oficial afirmando que "não foi difícil descobrir", a reportagem desconsidera a complexidade do crime e os esforços da garota para comprometer outras pessoas, enquanto que ao mesmo tempo reforça a habilidade da escola e do policial de restaurar a ordem. Sem dúvida, não é difícil concordar com Edwards que isso consiste essencialmente em mostrar ao público que tudo está sob controle.

Foi ela que procurou

Exemplos do tipo "garotas em perigo" incluem a matéria sobre Christina Long, uma menina de 13 anos que foi assassinada em maio de 2002 por Saul dos Reis, um homem de 25 anos que ela encontrou em uma sala de chat na internet. A manchete imediatamente atribuiu culpa – não ao seu assassino, mas a Christina – "Menina assassinada usava a internet em busca de sexo" (Kilgannon, 2002, conforme citação em Edwards, 2005). Christina foi enquadrada com uma personalidade ao estilo "O Médico e o Monstro":

> De dia, ela era Christina Long, uma menina religiosa de 13 anos e cocapitã da equipe de líderes de torcida da Escola Católica Romana St. Peter, na cidade de Danbury, no estado de Connecticut, onde o diretor afirmou que ela era "uma boa aluna e tinha bom comportamento" (...). Porém, durante a noite, conforme afirmam as autoridades, ela entrava na internet usando o pseudônimo "Long Toohot4u" e o slogan "Farei de tudo pelo menos uma vez". A polícia afirma que, em seu quarto, ela usava o computador para trocar mensagens em salas de chat e encontrar homens adultos para fazer sexo; o estado civil dela está registrado como "Pode ser que eu seja solteira e pode ser que não".
>
> (Edwards, 2005, p. 20)

Ao enquadrar Christina como uma "menina boazinha" durante o dia e uma "menina má" durante a noite, a mídia retirou o foco do crime cometido pelo seu assassino e o colocou em cheio sobre os ombros de uma menina de 13 anos (quem poderia saber que não se deve atrair homens pela internet?). Ao afirmar que o "perfil *online*" da menina não se parece com a sua imagem "oficial" de menina levada, o jornalista atribuiu a culpa a Christina.

As figuras de autoridade

A categoria dos adultos como risco continha o número mais alto de matérias (32%) e tratava dos crimes virtuais cometidos por adultos contra meninas. Segundo Edwards, essas matérias justapunham as profissões dos predadores virtuais como uma ameaça à ordem social, caso fossem professores ou técnicos esportivos, mas não mencionava as profissões caso os autores não ocupassem cargos de autoridade: "O professor do caso de pornografia tem vínculo com o governo local" e "Professor preso por acusação de abuso sexual".

Pais desinformados

É interessante observar que o conceito de "espaço" reaparece nas discussões sobre os pais em risco caso o computador esteja em casa e seja fornecido por eles para que os filhos o utilizem. Assinale esse exemplo, pois será relevante para as discussões sobre a questão do espaço nos capítulos seguintes. De 125 matérias, 6% se enquadraram nessa categoria e, curiosamente, em 29% das matérias os jovens foram citados como fontes secundárias. Apesar disso, os peritos profissionais como agentes policiais foram mais uma vez a fonte primária da mídia em 71% das matérias. Os próprios pais foram citados em três das sete reportagens examinadas (43%).

Edwards observa que os pais são enquadrados para parecerem ignorantes sobre a internet e os seus perigos e, em alguns casos, desinformados quanto às atividades dos próprios filhos. As reportagens enviam mensagens contraditórias que banalizam as conversas de jovens e crianças com predadores potenciais na internet caso estejam "seguros" nas suas casas, e ao mesmo tempo relatavam na mesma matéria as investigações policiais que levaram ao interrogatório de 200 suspeitos. Veja alguns exemplos a seguir:

> Genevieve Kazdin, uma autodesignada guarda de cruzamento de redes de informação, lembrou de um dia no último mês de setembro quando descobriu uma menina de 8 anos se aventurando em conversas por computador com um grupo de travestis. Aparentemente segura em casa, a criança estava brincando com o seu brinquedo de dois mil dólares preferido; usando o seu computador e modem para fazer novas amizades por meio de um serviço chamado America Online.
>
> (Schwaratz, et al., 1993)

Embora essa reportagem informe quanto aos perigos da internet, ela sugere que uma intervenção cordial quando os adultos não estão por perto pode proteger as crianças na internet. O que ela *não* fala é o quanto é pequena a quantidade dessas autodenominadas patrulhas de redes de informação que as crianças terão a possibilidade de encontrar. A seguir, Edwards comenta que a reportagem sugere que, quando estão usando os computadores sem que sejam supervisionadas, as crianças estão apenas "aparentemente" seguras nas suas casas. Outra reportagem também destaca a ignorância de uma mãe que comenta sobre o seu filho de 13 anos: "Eu ficava pensando que bom que ele passa tanto tempo desenvolvendo as suas habilidades de escrita e de digitação quando de repente ele me perguntou, 'Ô, mãe, o que significa '69'?'". A fonte especializada, citada na reportagem, um professor de sociologia da Universidade de Illinois, seguiu enfatizando a ideia de que jovens e crianças não estão seguros nas suas casas ao afirmar: "Chamamos isso de síndrome IUD[*] (...). Os pais são ignorantes, a tecnologia é ubíqua, e algumas informações são deletérias" (Edwards, 2005, p. 23).

Uma terceira reportagem outra vez minimiza a gravidade dos predadores da internet ao citar uma menina que afirma que apenas de vez em quando conta para os pais quando recebe fotos, ou simplesmente as apaga. Em vez de se prender ao fato de que essa menina havia lidado com um material potencialmente ameaçador de uma forma muito inapropriada na ausência da supervisão dos seus pais, a matéria cita uma fonte do National Center of Missing and Exploited Children[*] que afirmou: "Somos a favor do ciberespaço (...). Porém, para uma quantidade impressionante

---

[*] N. de T.: No original, "IUD Syndrome" – deixar que as crianças passem tempo demais na frente do computador.

de pais, há uma falsa sensação de segurança (...). Milhões de pessoas chegam aos seus lares via ciberespaço" (ibidem). Em vez de enfatizar a necessidade de comunicação aprimorada entre pais e filhos, essas matérias apresentam os pais como vítimas da *tecnologia* – e *reduzem a capacidade de ação* dos pais e dos seus filhos para lidar com ela de maneira apropriada. No momento em que um menino de 13 anos pergunta o que é "69", esse fato não se resume a uma questão de comunicação ou a um momento propício ao ensino entre mãe e filho.

Policiais heróis

Como esperado, a análise da Edwards constatou que o maior número de reportagens, 48 de 125 (38%), enquadrava "a polícia como heroína" e apresentava a polícia como fonte em 73% (35) reportagens. Os advogados foram citados em 19 reportagens, e os peritos em 7. Em apoio ao meu argumento de que as hierarquias sociais do poder na sociedade se estendem do ambiente físico para o ciberespaço, Edwards afirma que o predomínio desse enquadramento sugere que o ciberespaço, assim como a família e a escola, é categorizado de acordo com o gênero, e é problemático. Ela sugere que as manchetes promovem intencionalmente a autoridade da polícia com manchetes como: "FBI desmonta rede de pornografia infantil na internet" (ibidem, p. 25). A matéria do *New York Times* "Preparando as armadilhas para capturar predadores na internet" fornece exemplos de como a polícia passou "inúmeras horas no brilho ofuscante das telas de computador" para proteger as "jovens vítimas, confusas com suas visões românticas" (Richter, 2001, conforme citação em Edwards, 2005). Edwards considera irônicos os paralelos entre a polícia e os predadores, à medida que ambos se debruçam em frente às telas de computador durante horas na tentativa de apanhar as meninas.

Os direitos civis dos autores

Edwards constatou que as reportagens que se referiam aos direitos civis minimizavam os perigos da internet para proteger os predadores famosos quando estes eram apanhados acessando pornografia infantil na

---

[*] N. de T.: Literalmente, "Centro Nacional para Crianças Desaparecidas e Exploradas".

internet. Este é outro exemplo que será revisitado no capítulo seguinte para discutir o modo como as informações são apresentadas de formas contraditórias a fim de mantê-las sob controle. O ciberespaço, mais uma vez, representa uma ameaça em exemplos como esse, em que a realidade é manipulada com o objetivo de chegar a uma determinada "verdade" ou evidência. Em um caso que envolvia um jornalista muito conhecido, Larry Matthews (Castenada, 1997, conforme citação em Edwards, 2005), o juiz, em defesa dos direitos de Matthews garantidos na Primeira Emenda da Constituição Americana, se recusou a revelar publicamente o nome dele. Edwards observa que, ao contrário das outras reportagens sobre predadores virtuais, esta matéria sobre um jornalista acusado de enviar e receber pornografia infantil pela internet sugere que as alegações dele de que estava apenas pesquisando era perfeitamente legítima e de que os nossos medos em relação à internet estão colocando os direitos civis em perigo:

> "Penso que essa é uma área da legislação que precisa ser observada com cautela. É sempre em nome de algum mal horrendo, como a pornografia infantil, que direitos importantes tendem a ser removidos", afirmou Robert Corn-Revere, um advogado de Washington que representa agências jornalísticas no que se refere a questões relativas à Primeira Emenda.
>
> (Edwards, 2005, p. 27)

Outras matérias jornalísticas sobre os direitos civis que envolviam casos famosos como a reportagem "A armação de Jeanine Piroo: visitar salas de chat para caçar pedófilos" citada pelos advogados especialistas em direitos civis ao comparar as operações secretas armadas pela polícia a uma "caça às bruxas".

Este último exemplo é um bom momento para passarmos à discussão presente no Capítulo 5, onde começo a expor as tensões entre os espaços monitorados e não monitorados, para introduzir o debate sobre os direitos de liberdade de expressão dos alunos e os direitos das partes envolvidas, inclusive dos pais, para determinar que informações as crianças expressam e a que informações ficam expostas. No Capítulo 6, analiso então uma lista de partes envolvidas que inclui os formuladores de políticas sociais do governo e os conselhos escolares, os gestores escolares, os professores e seus sindicatos e as empresas de tecnologia, sendo que todos esses atores têm interesse em controlar a expressão e a informação, de modo que estas possam ser facilmente manipuladas e administradas. Esse capítulo mostra como as instituições em especial podem censurar a própria capacidade de tratar das questões do ciberbullying porque elas muitas vezes dão muito mais ênfase à reputação da escola, à boa gestão da casa, à administração e ao controle dos alunos que ao diálogo com os alunos e ao envolvimento capacitado no seu processo de aprendizagem.

Esse pano de fundo me permite investigar as considerações mais profundas em relação a quem determina os parâmetros da aprendizagem no ciberespaço; quem controla a expressão na democracia – em especial quando o ciberespaço estica e obscurece os limites da privacidade e é apresentado pela mídia como uma ameaça aos interesses do bem comum (quando este se ajusta aos interesses oficiais). Em outros momentos ele deixa de ser apresentado como ameaça quando acontece de os predadores da internet serem pessoas importantes (Edwards, 2005). E, embora o debate político sobre os limites entre a liberdade de expressão, a privacidade, a vigilância e a segurança ainda esteja em andamento, precisamos questionar o que ocorre às crianças e aos adultos que se sentem perseguidos e vítimas de bullying. É importante lembrar que as crianças e os jovens estão observando o vácuo de políticas públicas ser debatido entre a escola e as autoridades dos governos, os sindicatos de professores e as autoridades policiais que querem ter uma postura "linha dura" com os *bullies* virtuais. Eles observam os jogos de poder entre os adultos nas esferas *online* e *offline*; a deferência à autoridade e a manipulação das realidades; observam o uso de bodes expiatórios e a negação da responsabilidade e da prestação de contas. Lembre que jovens e crianças veem os adultos nas suas vidas como exemplos, portanto é importante questionar se estes estão cumprindo esse encargo de forma adequada – se é que o cumprem. Os professores e os pais são pegos pelo comércio do medo e pelos combates relacionados ao bullying virtual "fora de controle"; portanto, informar a próxima geração sobre o espírito por trás dos princípios fundamentais da justiça, da igualdade e da liberdade de expressão na democracia passa a não ser uma prioridade, quando, na verdade, esse tópico deveria ocupar o primeiro lugar na pauta. Dentro do contexto do ciberbullying, quantos educadores oferecem aos alunos informações abrangentes baseadas nas histórias, nas realidades vividas e nos valores culturais dos seus pares e professores que podem ter vindo de contextos culturais diferentes, ou que podem ter uma orientação sexual diferente? Quantos professores deixam de lado as suas listas de "tarefas a cumprir" e em vez disso enfrentam o problema diretamente, tendo um diálogo honesto com os jovens e as crianças que se envolvem com o ciberbullying e difamam os seus professores e colegas? Quantos atores deste conflito fazem discursos retóricos para pegar os jovens envolvidos ao abordar o bullying, a violência entre os jovens e agora o ciberbullying, mas esquecem de escutar o lado dos alunos?

Embora eu não tolere o bullying virtual e compreenda o sofrimento e a humilhação profunda que resultam das formas de bullying virtual que estão causando tanta preocupação no mundo todo, acredito que a única maneira de reduzir a sua predominância envolve um processo lento, porém muito válido. Esse processo é necessário para ajustar um desequilíbrio de poder sistêmico e fazer com que as pessoas se envolvam na determinação de códigos de conduta e de consequências. Em vez de tratar as crianças e os jovens como espécimes comportamentais a serem estudados na nossa pesquisa, e em vez de determinar o destino dessas pessoas por meio de suspensões quando elas ultrapassam os limites, é nossa responsabilidade orientá-las a assumir a responsabilidade pelos seus atos. O papel das escolas, dos pais e de todos os atores da comunidade escolar é essencial para aparelhar melhor os jovens para navegar nos espaços virtuais, onde eles se sentem mais à vontade e são mais proficientes que a maioria dos adultos. É para essas questões do controle dos espaços públicos e privados que agora me volto.

NOTAS

1 Salkind (1990, p. 361) define a personalidade como "o padrão de comportamento e pensamento que caracteriza os indivíduos, distingue-os dos outros e que permanece relativamente estável ao longo de toda a vida". Um estudo longitudinal confirma esses resultados (DiGiulio, 2001). Os pesquisadores descobriram que a metade das crianças da quinta série que apresentam problemas de comportamento (o que inclui brigar, roubar ou mentir) foi presa por volta dos 14 anos. Destas, 75% haviam sido presas reiteradamente por pelo menos três vezes na época em que estavam com 18 anos.
2 Ele constatou que de 35 a 40% das crianças e jovens da sétima série do ensino fundamental ao primeiro ano do ensino médio que foram descritos como sendo *bullies* foram condenados por pelo menos três crimes oficialmente registrados aos 24 anos. Apenas 10% das crianças e jovens que não foram descritos como *bullies* acabaram com condenações em etapas posteriores da vida.
3 Hall (1999) cita a pesquisa que forneceu evidências que sugerem que a agressividade humana seja biologicamente determinada (Thiessen, 1976). Smith (1995) resumiu uma grande quantidade de bibliografia que analisava as influências genéticas e concluiu que estas têm pouco impacto e que a agressividade é, em sua maior parte, determinada por fatores ambientais.
4 No final do século XIX, Cesare Lombroso ficou conhecido por medir os crânios e as orelhas de criminosos famosos do sexo masculino, mas não conseguiu estabelecer uma conexão clara. William Sheldon, criminologista americano conhecido como pai do somatotipo, teve mais sucesso ao associar a agressividade ao físico e ao tempera-

mento. Houve também inúmeros estudos sobre a ligação entre a violência e a presença de um cromossomo Y extra nos homens, mas outra vez esses estudos não são conclusivos. Os estudos sobre gêmeos idênticos fornecem evidências mais concretas de que a genética seja um indicador contundente da agressividade.

5 Hall (1999) menciona uma série de estudos sobre o impacto dos hormônios na agressividade, incluindo Berkowitz (1993), Mazur (1983), Thiessen (1976) e Renfrew (1997), sendo que todos eles identificam uma conexão entre os hormônios e as influências ambientais que resultam no comportamento agressivo. Renfrew apresenta evidências que sugerem uma conexão de mediação entre o hormônio masculino testosterona e o comportamento agressivo.

6 Lanctot (2001) descreve uma correlação do aumento das tendências agressivas nas meninas com os primeiros sinais da puberdade, particularmente à medida que isso estiver representado nas suas interações com meninos mais velhos. Moretti (2002) descreve distúrbios de conduta elevados em garotas com idade aproximada de 16 anos.

7 Os estudos de Reena Virk, Jamie Dufour e Dawn Marie Wesley (Artz, 1998b).

8 Prinsloo e DuPlessi (1998, p. 11) descrevem isso como "despertar uma atitude positiva nos pares humanos e despertar uma noção de (...) consciência social" (conforme citado em DiGiulio, 2001). Estudos sul-africanos constataram que, em especial no caso das meninas, a família é um formidável definidor da autoimagem (Marjoribanks e Mboya, 1998).

9 Citado em Hall (1999), o célebre estudo de Glueck e Glueck (1962) sobre a relação entre o ambiente familiar e as tendências criminosas ou violentas identifica uma série de influências socioculturais que abrangem o tratamento hostil e a punição instável. Muitos outros verificaram uma correlação entre o abuso infantil, a criação precária e a agressividade nas crianças. James (1995) identifica três características familiares que distinguem coerentemente/sistematicamente o desenvolvimento de tendências violentas nos jovens, em especial naqueles que pertencem a grupos de baixa condição socioeconômica:
1 Punição severa e instável muito próxima do abuso.
2 Discórdia conjugal, incluindo observar com frequência o abuso entre os cônjuges.
3 Alto nível de irritabilidade dos pais.
James sugere uma relação causal entre o cuidador hostil e a agressividade da criança em etapas posteriores da vida.

10 Isso foi verdadeiro no caso de Reena Virk, Jamie Dufour, Dawn-Marie Wesley e nos estudos de meninas que se envolveram com episódios de violência extrema em 1997.

5
Controlando os espaços dos jovens e das crianças

"Onde está o homem com o megafone?" (...) "Não há absolutamente nenhum adulto por lá?" "Acho que não". O menino disse isso solenemente; mas logo foi dominado pelo prazer de um sonho realizado.

(Golding, 1954, p. 7)

INTRODUÇÃO

Em outro trabalho (Shariff e Hoff, 2007), discuti o motivo de haver muitos paralelos entre o que ocorre quando adolescentes são deixados em uma ilha deserta sem supervisão, como no estudo fictício realizado por Golding (1954), e o que ocorre hoje no ciberespaço. Deixados sozinhos sem supervisão, os meninos de Golding perseguem, depois aterrorizam e por fim matam uns aos outros. De modo semelhante, o ciberbullying entre pares coloca os alunos em uma ilha virtual sem supervisão e com muito poucas regras, o que permite que o bullying evolua, tornando-se perigoso, alcançando até mesmo níveis potencialmente fatais, conforme ilustrado nos exemplos apresentados nos capítulos sobre o perfil do ciberbullying. Além disso, os meninos da ilha percebem que é mais fácil ser maldoso com os seus pares quando assumem uma personalidade distinta, e, portanto, pintam os rostos em função do anonimato antes de atacar. Os autores do bullying virtual não são diferentes; eles se escondem por trás de pseudônimos (lembre do caso do "Destroidor" (Shariff, 2001)) e de endereços de IP bem disfarçados, dificultando, se não impossibilitando, que a vítima consiga determinar a fonte da ameaça. Essa natureza anônima do bullying virtual talvez seja a mais perturbadora para todos os alunos, porque os deixa indagando na sala de aula ou no pátio da escola: será que é ele? Será que é ela? De fato, poderia ser qualquer pessoa. Como no caso de estar em uma ilha, não há para onde fugir.

Além disso, o surgimento da manifestação contrária à autoridade estabelecida, vista pelos professores como ciberbullying, complicou a questão pela falta de limites claros entre os espaços públicos e privados, o que dificulta a elaboração e a aplicação de regras e políticas que não infrinjam os direitos de livre expressão. O Capítulo 7 esclarecerá algumas dessas questões. Entretanto, antes de prosseguirmos para discutir as considerações jurídicas, seria útil refletirmos sobre o compartilhamento do espaço entre os adultos e os jovens e crianças, pois, em última análise, é a isso que o debate se refere essencialmente. Em um ambiente físico, há limites visíveis apresentados pelos tipos de salas de uma escola, ou espaços para adultos e para alunos onde o respeito pela autoridade deve ser mantido até certo ponto. As salas de aula e os escritórios administrativos da escola são exemplos disso. Embora as salas de aula sejam essencialmente espaços dos alunos, uma vez que o professor esteja presente há normalmente uma regra tácita em relação ao uso de uma linguagem aceitável, ao respeito pelo professor e assim por diante. A propriedade da escola, as áreas externas e os prédios são em geral lugares onde as crianças sabem que há a expectativa de um determinado padrão de comportamento. De um modo geral, os escritórios administrativos de uma escola representam os espaços de poder dos adultos por excelência, onde os alunos apenas são convocados ao escritório do diretor caso haja uma questão ou um problema. Estive em algumas escolas, no entanto, onde os escritórios da administração (incluindo os escritórios do diretor e do coordenador pedagógico) são espaços onde os alunos se sentem suficientemente à vontade e seguros para entrar e conversar sobre as suas tarefas e suas conquistas. Isso é raro. Em geral, a maioria das escolas tem divisórias físicas de autoridade. No ciberespaço, esses limites não estão de forma alguma bem definidos. Não há nenhuma alocação do espaço que demarque a separação entre as figuras de autoridade e os alunos. O ciberespaço, assim como o mar aberto nos limites da ilha de Golding, é um espaço amplo e público, com fronteiras fluidas que podem ser expandidas e em alguns casos reduzidas, dependendo de quem esteja utilizando o espaço e de quais sejam os participantes que determinam as regras do jogo dentro daquele espaço.

Os seres humanos, como animais, sempre foram territorialistas, e, como Darwin (2003) nos preveniu, é essencialmente uma questão de sobrevivência dos mais aptos. O que nos diferencia das outras espécies é que a maioria dos animais cria, protege e ensina aos seus filhos as habilidades de sobrevivência por um curto período e depois deixa que eles perambulem independentes e aprendam a se defender sozinhos. Ainda que evidentemente muitos perigos espreitem em lugares desconhecidos no mundo animal, há um elemento de confiança quase instintivo por parte dos adultos de que fizeram o melhor que podiam para preparar os seus filhotes para esses perigos. O modo como a sua prole usa as habilidades de sobrevivência aprendidas para ultrapassar esses perigos depende apenas deles – sem supervisão.

SUPERVISIONANDO OS ESPAÇOS DOS JOVENS E DAS CRIANÇAS

Como seres humanos, ensinamos a criança a comer, a se limpar, a se comunicar e a protegemos e nutrimos até que tenha idade suficiente para ir à escola. Uma vez que esteja na escola, de uma hora para a outra damos mais ênfase à supervisão, à disciplina, à autoridade, à subordinação, à punição e às consequências, com menor atenção às habilidades sociais de sobrevivência de que ela precisa no mundo contemporâneo. As escolas de ensino médio raramente ensinam aos alunos como manter relacionamentos duradouros com um cônjuge; a aprender habilidades paternas ou maternas; a administrar as finanças, o orçamento e as compras alimentícias; ou a administrar uma casa, embora a maioria das classes econômicas faça um esforço superficial para isso. Poucas aulas de estudos sociais ensinam os alunos a se conectar com pessoas que poderiam orientá-los nas suas carreiras profissionais, ou mesmo a usar um cartão de crédito e evitar endividamentos e a levar uma vida saudável (embora, admitidamente, as escolas estejam cada vez mais se concentrando em maneiras de promover o bem-estar). Apesar disso, em geral desviamos o foco da preparação dos nossos jovens para a vida ao controle do seu comportamento, fazendo com que se ajustem às regras e às leis estabelecidas para o benefício dos adultos, como as políticas públicas e a legislação de tolerância zero. Caso essas regras não funcionem, buscamos a polícia e o sistema de justiça criminal para mantê-los no seu devido lugar (Apple, 1990; DiGiulio, 2001; Giroux, 2003; Kincheloe, 2005; McLaren, 1001).

No seu livro revelador, *Educate, medicate, or litigate* (2001), Robert DiGiulio apresenta evidências desconcertantes para mostrar como, nos Estados Unidos, crianças que talvez sejam vítimas das barreiras sistêmicas da sociedade – a pobreza, a negligência, a saúde precária, o abuso, a discriminação racial, o *status* de imigrante ou refugiado e assim por diante – são regularmente rotuladas como "indisciplinadas" e "que não cooperam" quando não conseguem se adaptar a um sistema escolar que tem pouca significação ou relevância nas suas vidas. DiGiulio fornece estatísticas para mostrar quantas crianças com saúde perfeita são tratadas com Ritalina e outras drogas para controlar o seu comportamento diante da insistência dos professores e autoridades escolares nos Estados Unidos.

Além disso, como observa adequadamente um dos meus alunos de mestrado, Andrew Churchill, nós supervisionamos os espaços de recreação das crianças desde muito cedo. Andrew cita como exemplos as ligas de futebol e de baseball que são organizadas a fim de conferir um caráter de formalidade aos jogos das crianças desde os 4 ou 5 anos. Quantas vezes ouvimos falar de técnicos esportivos e pais fanáticos e competitivos que pressionam as crianças com relação ao seu desempenho nos jogos de futebol ou de hóquei, ao ponto de configurar abuso e provocar esgotamento por estresse? Ademais, nas últimas duas décadas, o medo de pedófilos e assassinos sequestrarem as crianças enquanto brincam fora de casa resultou em uma supervisão contínua, apesar da maioria dos pais se lembrar dos tempos em que podiam brincar durante horas sem a supervisão dos adultos.

Como mãe de crianças pequenas, eu mesma fui também culpada de supervisionar os meus filhos excessivamente, muitas vezes preocupada, ou mesmo paranoica, com a possibilidade de alguém raptá-los. Eu jamais conseguia relaxar quando eles brincavam fora de casa, mesmo que fosse sob o meu olhar vigilante. Não quero banalizar essas preocupações, que são absolutamente legítimas para os pais. Infelizmente vivemos em uma sociedade onde as pessoas sequestram, estupram e assassinam crianças. Mas, ao mesmo tempo, há também a responsabilidade de educar as crianças, e fazer com que elas tenham consciência de que estranhos podem atraí-los para dentro de veículos, prepará-las para saber quando e onde procurar ajuda, ou a parar diante de uma linha invisível no final do acesso à casa antes de correr para o meio da rua atrás de uma bola descontrolada.

CRIANÇAS E JOVENS CONFUSOS E DESMOTIVADOS

Existe uma bibliografia considerável para ilustrar a forma como as nossas escolas estão fazendo um trabalho menos eficaz em fornecer educação que seja útil e relevante a todas as crianças (variando desde as crianças altamente privilegiadas até aquelas com deficiências severas). Ensinamos de acordo com o "modelo" visível, ao prepararmos os alunos para passar nos testes padronizados de modo que *nós* possamos controlar quantos alunos vão para o ensino superior e engrandecem as reputações das nossas escolas como escolas com superioridade acadêmica, com base no desempenho dos alunos em testes padronizados (Apple, 1990; DiGiulio, 2001; Dolmage, 2000; Egan, 1997; Giroux, 2003; Kozol, 2005; Robertson, 1998).

Como Kieran Egan (1997) explica no seu livro "A mente educada", nas democracias ocidentais a educação escolar se depara com problemas porque tentamos aplicar três filosofias educacionais concorrentes: o racionalismo (professores baseados em ideais platônicos – voltados para os testes padronizados elitistas); as filosofias do desenvolvimento individual (baseadas nos ensinamentos de Rousseau que, na teoria, fazem sentido, mas são difíceis de aplicar nas escolas sem um processo de planejamento, monitoramento e avaliação significativo) e as filosofias de socialização desenvolvidas a partir do influente trabalho de John Locke com relação ao desenvolvimento de cidadãos com consciência cívica. Mais uma vez, conforme argumentam inúmeros pesquisadores, o desejo de dirigir escolas democráticas e proporcionar ambientes inclusivos parece impressionante na intenção declarada das políticas públicas e declarações de objetivos. Na realidade, contudo, os princípios democráticos são minimamente compreendidos pela maior parte dos professores e aplicados com menos sucesso nas salas de aula (Shariff e Sarkar, 2004). Destaca-se ainda a combinação do "modelo orgânico" de educação de John Dewey, e os resultados são uma miscelânea confusa de ideologias contraditórias que não têm foco e mantêm os alunos desmotivados com relação à aprendizagem.

As crianças são mais perceptivas do que normalmente se imagina, e a maioria delas consegue reconhecer essa ausência de direção e de foco. Os alunos de muitas escolas ficam entediados e alienados em relação ao que aprendem nas escolas, buscando na violência um estímulo (Ashford, 1996; Giroux, 2003; Kincheloe, 2005). Ao mesmo tempo, eles ficam sob supervisão constante, são informados quanto ao que *não* fazer, e são reiteradamente informados sobre as *consequências* de determinados "tipos de comportamento". Usa-se menos tempo para dialogar com os alunos sobre *por que* descrever colegas e professores como "vadias", "prostitutas" e "bichas" não seja algo que contribua muito para o desenvolvimento de relações sociais ou ambientes escolares positivos. Quantas vezes dizemos aos alunos para terem respeito com *todos*, incluindo a *si próprios*, além de respeitarem as figuras de autoridade? Nós certamente lhes dizemos que para obter respeito é preciso fazer por merecê-lo; apesar disso, no que se refere a pedir que eles tenham respeito pelas figuras de autoridade poderia valer a pena levar em conta se aquelas pessoas que ocupam posições de autoridade dão o exemplo ou merecem o respeito que insistem em receber dos alunos.

McNeil (1988) constatou que, nas escolas onde a administração era hierarquizada e burocrática, os alunos eram menos envolvidos com o seu processo de aprendizagem, ao passo que, nas escolas onde os alunos tinham autonomia para contribuir para o direcionamento da própria aprendizagem em um ambiente onde os adultos demonstravam respeito pelos alunos como pessoas, os resultados foram impressionantes. Um estudo sobre o envolvimento dos alunos realizado pelos pesquisadores da McGill University em 1998 (veja Butler-Kisber e Portelli, 2003) analisou dez escolas canadenses urbanas e constatou resultados significativos em relação à redução da violência e no aperfeiçoamento da aprendizagem. Por exemplo, em uma das escolas estudadas, o currículo foi reformulado a fim de representar um "currículo para a vida". Em outra escola, o currículo principal recebeu um novo enfoque para as artes. Um resultado positivo disso foi que alunos que jamais teriam visto o interior de uma galeria de arte tiveram oportunidades de apresentar os seus próprios trabalhos em uma das principais galerias de arte de Halifax. Além disso, Ashford (1996) fez uma pesquisa considerável para demonstrar que quando os alunos ficam entediados eles vivenciam uma sensação de *anomia* e têm maior probabilidade de se voltar para atividades violentas ou de alto risco que desafiam as regras e as leis que os adultos puseram em prática para mantê-los na linha.

ENTRAR PARA A FRONTEIRA DIGITAL

Jenkins (Jenkins e Boyd, 2006) sugere que a maioria dos pais entende as experiências dos filhos no contexto das suas lembranças dos seus próprios primeiros anos de vida. Para a geração *baby boom*, essas experiências determinantes envolviam brincar nos quintais e nos terrenos desocupados da vizinhança, a socialização com os amigos nos locais frequentados pelos adolescentes da região e a participação dentro de uma esfera social que era limitada às pessoas que frequentavam a escola local. Tudo isso está mudando, afirma Jenkins.

Sua colega, Danah Boyd (ibidem, 2006), concorda. Ela observa que as ferramentas de redes sociais como o MySpace e o Facebook desempenham um papel fundamental nas vidas dos jovens porque servem como "espaços públicos digitais". Isso fica mais bem explicado nas palavras dela:

> Esses sites desempenham um papel fundamental na cultura dos jovens porque lhes oferecem um espaço para estar entre amigos e pares, compartilhar artefatos culturais (como links para sites divertidos, críticas sobre programas de televisão) e elaborar uma imagem em relação a como veem a si próprios. Eles também servem como espaços públicos digitais, substituindo assim os tipos de públicos/espaços públicos que faziam parte da vida da maioria dos adultos durante o seu crescimento, mas que hoje são inacessíveis para muitos jovens – quadras de basquete, shopping centers, parques e outros espaços perto de casa. Os jovens estão tentando delinear um território público jovem para eles mesmos, afastado da cultura adulta. Eles fazem isso na internet porque a sua mobilidade e o seu controle dentro do espaço físico é expressivamente reduzido e monitorado.

> (ibidem)

Em apoio a esses comentários, Jenkins explica que a maior parte das atividades apreciadas pela nossa geração quando criança está sendo levada para a esfera *online*:

> O que os adolescentes estão fazendo na internet não é nem melhor nem pior do que as gerações anteriores de adolescentes faziam quando os pais não estavam olhando. A diferença é que, como essas atividades estão sendo digitalizadas, elas são também levadas ao olhar público. Os videogames levam os mundos de fantasias dos garotos para a sala da família e os pais ficam chocados com o que veem. As redes sociais fornecem aos adultos uma maneira de acessar as vidas sociais e românticas dos filhos adolescentes e eles se assustam pelo desejo dos filhos de se libertar das restrições ou por agirem de modo a parecer que são mais velhos do que na verdade são. Os pais vivenciam isso como uma perda de controle, mas, na verdade, os adultos têm um controle maior em relação a esses aspectos das vidas dos seus filhos do que antes.

> (ibidem)

Jenkins prossegue observando que as tecnologias digitais simplesmente trazem à tona os comportamentos adolescentes que sempre estiveram presentes. Esses comportamentos ficam gravados *online* de uma forma mais permanente:

Certamente, um dos maiores riscos dessas tecnologias digitais não são as formas pelas quais permitem que os adolescentes escapem ao controle adulto, mas particularmente os traços permanentes da sua conduta transgressiva que são deixados para trás. Os adolescentes costumavam se preocupar que os professores ou gestores da escola pudessem inserir dados nos seus registros permanentes, uma vez que isso poderia influenciar o modo como seriam tratados no futuro. Mesmo assim, cada vez mais descobrimos que tudo o que fazemos *online* passa a integrar o nosso registro público e permanente, facilmente recuperável por qualquer pessoa que saiba pesquisar no Google, e já não há mais nenhum regulamento estatutário sobre as nossas indiscrições juvenis.

(ibidem)

Para os jovens e as crianças, o ciberespaço é com uma floresta que aguarda para ser descoberta por um animal outrora enjaulado. Há muito a explorar, aprender – um mundo infinito de maravilhas, mas também de muitos perigos. Utilizei essa metáfora exagerada de propósito para argumentar que as tecnologias forneceram aos jovens espaços que eles precisam explorar e em que podem aprender sobre as questões que sejam relevantes, e que tenham um significado para eles. O ciberespaço proporciona uma arena que dá a impressão de ser essencialmente não monitorada pelos adultos. No ciberespaço, eles podem perambular com liberdade e socializar com os seus pares em um mundo onde os pais e os professores não são bem-vindos. Esse espaço se tornou tão valioso para os jovens, que mesmo aqueles que são vítimas do bullying virtual relutam em denunciá-lo por medo de serem afastados da tecnologia (dos telefones celulares e dos computadores), ou que os adultos não compreendam o que está acontecendo porque muitos deles "não possuem nem mesmo um telefone celular" (Campbell, 2008).[1]

E ainda, como lembra Danah Boyd (Jenkins e Boyd, 2006), em função dos telefones celulares, os estudantes universitários relatam ter uma comunicação contínua muito maior com os pais que as gerações anteriores. Ela cita Misa Matsuda, argumentando que as tecnologias das redes sociais permitem que os jovens mantenham "comunidades próximas em tempo integral". Por isso, as novas mídias estão permitindo que os jovens passem a estar mais profundamente conectados com os seus pares e também com os membros das suas famílias. Isso proporciona formidáveis canais abertos de comunicação. Estes são os fatores positivos que muito raramente são informados nas manchetes dos jornais ou mencionados quando ouvimos o quanto "a internet enfeitiça" os adolescentes (Schmidt, 2006).

As perspectivas dos jovens e crianças – o seu espaço particular

Como sugere o nome inteligentemente selecionado para a ferramenta popular de rede social "MySpace.com" – os jovens veem os espaços de comunicação *online* como sendo de sua propriedade – este é um "espaço meu" ou um "espaço nosso", e os adultos não devem estar a par do que falamos. Considere os seguintes exemplos de casos de ciberbullying conforme relatados pelos meios de comunicação[2]. O primeiro é o caso do Brad Parsons[3].

Caso 1: Mancada do Brad?

Postagem destinada apenas aos amigos, diz o adolescente:

Brad Parsons afirma que jamais imaginou que seria afastado da escola e que veria os amigos serem presos quando criou um grupo no Facebook para os amigos usarem com o objetivo de desabafar sobre o vice-diretor. "Criamos o grupo como uma espécie de piada interna", afirmou o aluno de 16 anos do Birchmount Park Collegiate em entrevista por telefone.

Mas o adolescente, que gosta de sair e relaxar com os amigos e afirma nunca ter causado nenhum problema, pisou em uma zona cinzenta quando criou esse espaço no Facebook, um site de rede social muito conhecido, onde falava mal da vice-diretora, Mary Burtch, e de outros funcionários da escola.

Especialistas em internet afirmam que o caso de Parsons mais uma vez levanta questões importantes para as quais não existem respostas claras.

"Essas questões estão surgindo com uma frequência cada vez maior, e penso que é difícil identificar o quanto disso se refere a uma questão jurídica e o quanto é uma questão de conduta dentro de uma escola", afirmou Michael Geis, Canada Research Chair of internet and E-Commerce Law da Univesidade de Ottawa. "Penso que é difícil identificar o que é certo ou errado".

Por exemplo, uma conversa destinada a ser compartilhada de forma privada entre amigos, como afirma Parsons, constitui bullying virtual, como alega a escola, caso venha a ser um conteúdo disponível publicamente?

Parsons argumenta que, embora os comentários feitos fossem maldosos e ridicularizassem Burtch, não deveriam ser considerados bullying porque não houve a intenção de que fossem vistos por ela. "Não foi uma perseguição *online*", afirmou Parsons. "Não estávamos de nenhuma forma tentando fazer com que a mensagem chegasse até ela. Estávamos apenas conversando entre nós mesmos."

Parsons, que joga na liga de hóquei local e está estudando para prestar os exames para a carteira de habilitação, esteve à frente dos protestos de sexta-feira para condenar a escola por "suspender as pessoas e suspender a liberdade de expressão e de opinião em um chat privado".

Outros quatro estudantes da Birchmount Park foram suspensos anteriormente nesta mesma semana após os gestores da escola terem descoberto os comentários depreciativos no site.

O que começou como um protesto com menos de 100 alunos triplicou de tamanho depois que alguém acionou o alarme de incêndio. Quatro alunos foram presos quando objetos foram arremessados contra os policiais no momento em que estes tentavam orientar o tráfego.

Na segunda-feira, Parsons foi informado que seria expulso da escola, mas depois disso ouviu dizer que a sua punição poderia ser mais leve. Ele tem uma reunião amanhã com o conselho escolar que ele espera que possa esclarecer as coisas.

A mãe dele, Sylvie, 52 anos, disse que como punição tirou do filho o acesso à internet. Mas ela observou que, quando frequentava a escola, ela e suas outras amigas se reuniam e faziam comentários negativos sobre os professores.

"A tecnologia mudou e, portanto, se tornou uma coisa muito diferente hoje em dia", afirmou ela.

Parsons disse que ele e seus amigos há muito tempo têm tido problemas com Burtch, quem Parsons afirma tê-los escolhido por eles ficarem matando o tempo nos fundos da escola onde têm ocorrido problemas causados por outros alunos que não fazem parte do seu grupo.

Parsons, cujas aulas preferidas são de inglês e teatro, afirma que estava tirando boas notas e terminando um trabalho sobre MacBeth quando foi expulso. "Estou tendo prejuízos na minha educação em função disso e isso vai me atrasar", afirmou Chung, 2007.

No caso de Brad, com base no apoio que ele recebeu, fica claro que ele e seus colegas acreditavam veementemente que os comentários que fizeram fossem "privados" e não para serem vistos pelas autoridades escolares, e muito menos pela Sra. Burtch e seus funcionários. O protesto dos alunos constituiu uma resistência à ideia de que tivesse havido alguma violação das regras. Os alunos argumentaram que, embora os comentários fossem maldosos, não haviam tido de forma alguma o objetivo de perturbar a Sra. Burtch pessoalmente ou os seus funcionários e, por isso, o caso não deveria ser definido como bullying virtual.

O caso do Brad não é nenhuma exceção. Há centenas de incidentes como esse sendo reportados nos noticiários do mundo todo, envolvendo declarações feitas pelos alunos em relação às autoridades das escolas. Considere a situação de Bram, por exemplo. Bram adotou uma postura semelhante em relação aos seus direitos de liberdade de expressão, e deu menos enfoque às conotações difamatórias da sua "brincadeira" na internet de que havia visto a sua professora se masturbando no fundo da sala de aula.

Caso 2: gafe do Bram?

Bram Koch, aluno da escola pública Willobrook em Ontario, compareceu a uma entrevista de rádio com o seu pai, David Koch, em um programa de entrevistas e debates da Canadian Broadcasting Corporation Radio One, o programa *The Current* (Findlay, 2007). Bram explicou a um público de rádio nacional que ele não havia percebido que a brincadeira que fez sobre a professora poderia causar tantos problemas. Bram escreveu uma brincadeira sobre a professora no Facebook de um amigo dizendo que a havia visto se masturbando no fundo da sala de aula. O assunto foi levado à apreciação da administração da escola. Posteriormente Bram foi suspenso da participação em uma viagem de campo para Montreal com os amigos, evento que ele estava ansioso para participar.

Nem Bram nem Brad pensaram duas vezes na possibilidade que adultos pudessem ver o que eles escreveram na internet, ambos acreditavam ser aquele um espaço privado para os jovens. Além disso, ambos explicaram que as suas manifestações eram apenas brincadeiras a ser compartilhadas com os amigos. Nenhum dos meninos percebeu as ramificações ou o impacto das suas palavras totalmente públicas. Bram admitiu jamais ter visto aquilo como ciberbullying.

Além disso, nenhum dos meninos pensou na possibilidade de milhões de pessoas acessarem o Facebook (Jenkins e Boyd, 2006; Roher, 2007). Mesmo com as configurações de privacidade acionadas, os comentários feitos nos seus murais ficam acessíveis aos amigos. O conteúdo que os seus amigos tornam acessível a outras pessoas que não são integrantes do grupo original é onde as conversas que ocorrem no Facebook podem passar facilmente do domínio privado para uma esfera muito mais pública. De modo semelhante, quando as fotografias são assinaladas por amigos, mesmo que elas estejam sob as configurações de privacidade de uma pessoa, esses amigos podem fornecer acesso a muitos outros usuários registrados no site. A postagem pode se espalhar muito rapidamente para as telas dos computadores de milhares de pessoas. Além disso, quando são feitos comentários como este sobre figuras de autoridade, os boatos entre os alunos da escola circulam mais rápido, motivando centenas de jovens e crianças a acessar dentro de poucos minutos, com o objetivo específico de ler os comentários. É necessário que apenas um delator denuncie a postagem. Alternativamente, à medida que mais adultos, incluindo empregadores em potencial, entram para o Facebook para verificar os perfis de candidatos a emprego, algo que poderia ter começado como uma conversa privada entre amigos pode se tornar público. Conforme esses dois meninos constataram, isso pode levar a muitos problemas.

Embora os dois meninos admitissem que as suas brincadeiras tivessem sido maldosas, nenhum deles concordou que a escola devesse ter o direito de intervir. Ambos insistiram que realmente acreditavam que estivessem tendo conversas privadas. Bram afirmou que, embora não use mais o Facebook, continua a procurar outros espaços (presumivelmente *online*) onde possa se comunicar de modo privado com os amigos.

Em ambos os casos, os meninos estavam mais zangados pela reação da escola que envergonhados dos seus comentários. Eles não pareciam se importar que, quando colocadas em um fórum "público" como a internet, suas palavras pudessem ser interpretadas como algo que prejudicasse a autoridade da escola, o que por sua vez poderia afetar o ambiente da escola e a aprendizagem de todos os alunos da sala de aula.

Quando perguntado se ainda frequenta a aula dessa professora, Bram afirmou que senta no fundo da sala de aula e não olha para ela. Eles nunca se falam. Peço que os leitores façam uma observação sobre esse fato, pois no Capítulo 8 voltarei a uma discussão sobre o modo como os professores devem lidar com essas situações. No Capítulo 6, abordo também algumas das influências políticas e sistêmicas que em alguns casos podem indiretamente fomentar comentários negativos por parte dos alunos. Para as escolas, o aspecto mais difícil, conforme explicado nos relatos pessoais dos gestores escolares, é a raiva intensa dos professores. Curiosamente, são os colegas dos professores que não são difamados na internet que manifestam os mais veementes protestos contra esse tipo de discurso. Esses professores parecem empreender uma cruzada a fim de reivindicar consequências mais pesadas em defesa dos colegas humilhados. Há em geral uma sensação profunda de injustiça e, como se preocupou um gestor escolar que buscou aconselhamento, quando os professores retornarem à escola, estarão "querendo ver sangue". Essa é uma das principais preocupações que também abordarei no contexto das relações das partes envolvidas e das hierarquias de poder no capítulo seguinte.

Voltando por um momento aos casos dos dois meninos, parece que eles não estavam sozinhos ao assumirem a postura de que a sua manifestação era legítima. Os apoiadores de Brad que carregavam cartazes de manifestação em apoio à liberdade de expressão não acreditavam que ele tivesse feito alguma coisa errada. As pesquisas sugerem que a maioria dos adolescentes e pré-adolescentes concordaria. Uma pesquisa de opinião realizada pelo Ipsos-Reid para a Microsoft no Canadá constatou que 70% dos respondentes com idades entre 10 e 14 anos afirmaram acreditar que as informações que publicam na internet sejam privadas (Thomas e Canadian Press, 2007). Nos Estados Unidos, houve protestos semelhantes por parte dos estudantes.

Caso 3: indignação em Indiana

De modo semelhantes, em Indianápolis, estudantes protestaram publicamente contra as suspensões por conteúdos publicados *online* no site MySpace. Um repórter da Fox News, no estilo sensacionalista habitual, informou o seguinte:

> Estudantes de indiana indignados com a repressão das escolas aos blogs
> A repressão cada vez maior ao que os educadores consideram como comportamento *online* inadequado indignou alunos e defensores da liberdade de expressão que os veem como pessoas que seguem as regras da escola muito além da sala de aula.
> O campo de batalha são os diários na internet, ou blogs, e sites muito conhecidos como o MySpace.com onde os adolescentes publicam comentários sobre as suas vidas cotidianas – inclusive sobre a escola.
> Os representantes da escola afirmam que essas postagens podem ser prejudiciais para a educação; os críticos afirmam que as escolas não deveriam ter o poder de punir os alunos por comentários postados a partir de um computador pessoal, em casa.
> O sistema escolar não tem nenhum direito de sentar lá e nos dizer o que nós podemos e o que não podemos fazer em casa. Eles podem controlar o que fazemos nas escolas, mas no que diz respeito às nossas casas, as únicas pessoas que podem nos dizer o que fazer são os nossos pais, e não a escola", afirmou Kayia Wiggington, aluna de 17 anos da Whiteland High School, no subúrbio de Indianápolis, que usa o site MySpace para manter contato com os amigos.
> Em 17 de outubro, o conselho escolar da escola Clark-Pleasant de Whitland, Indiana, votará sobre a regulamentação que serviria para advertir alunos e professores quanto ao fato de que são legalmente responsáveis por tudo o que

publicarem na internet, inclusive conteúdo considerado difamatório, obsceno, protegido por leis autorais ou calunioso [grifos nossos].

(Associated Press, 2006)

Como os seus pares canadenses, os estudantes americanos também entendem os seus espaços de redes sociais na internet como um território de sua propriedade. O ciberespaço passou a ser o seu espaço de recreação longe dos adultos. Eles o veem como algo que lhes confere liberdade e autonomia, e é sempre um choque quando são descobertos ou punidos. Eles se sentem quase que traídos e, em muitos casos, estão reagindo com processos judiciais, afirmando que as escolas infringiram os seus direitos de liberdade de expressão quando se tornam mais rigorosas. Alguns desses processos e decisões judiciais são apresentados no Capítulo 7 por se referirem ao debate entre a liberdade de expressão e a supervisão no ciberespaço. Por ora, é importante identificar a mentalidade dos jovens em relação ao ciberespaço como seu território próprio. Ironicamente, Brad e Bram não são muito diferentes dos meninos da ilha de Golding em *O Senhor das Moscas*, que criaram as suas próprias regras éticas na ausência da supervisão dos adultos. Além disso, conforme Suler e Philips (1998) sugerem, o ciberespaço fornece um local para as pessoas manifestarem aspectos das suas personalidades que não podem manifestar nos ambientes físicos. Eles agem dessa forma em busca do reconhecimento e da legitimação desses espaços. Além disso, esses pesquisadores sugerem que essas manifestações são uma forma catártica de desabafo para alunos cujas frustrações não são resolvidas nos espaços físicos. A mesma reportagem da Fox News citou um representante de outra escola que também havia expulsado alunos por escrever comentários de natureza racial sobre os seus professores no site MySpace. O representante da escola foi citado afirmando que "as crianças e os jovens veem a internet como a parede do banheiro dos dias de hoje (...). Eles precisam aprender que algumas coisas não são aceitáveis em lugar nenhum" (Associated Press, 2006).

Há o que se refletir aqui. Até mesmo como a mãe de Brad Parson observou, todos nós dissemos coisas maldosas sobre os professores quando éramos jovens. Os jovens estão até certo ponto corretos ao afirmarem que as escolas estão tendo uma reação exagerada? Será que faz tanta diferença o fato da manifestação *online* ser aberta para que o público em geral veja? Se considerarmos isso no contexto das comunidades menores do passado, antes da internet existir, o ato de escrever nas paredes de um banheiro público poderia ter sido entendido como algo tão humilhante como no caso dos indivíduos que vivem em uma comunidade mundialmente conectada e que vem crescendo em proporções infinitas.

Precisamos prestar atenção ao fato de que, embora todo o foco da manifestação antiautoridade se refira ao quanto os estudantes se comportam mal, e ao quanto isso afeta os seus professores, poucos registros ou relatos têm dado atenção à possibilidade de que onde há fumaça, há fogo. Em alguns casos, fui abordada por gestores escolares que me informaram que alguns dos comentários feitos sobre os professores na internet eram razoavelmente precisos e, portanto, menos caluniosos e difamatórios que os professores fizeram parecer. Estes comentários podem incluir críticas sobre a higiene do professor; sobre a sua didática e sua maneira desrespeitosa de tratar os alunos; sua aplicação inflexível e absurda das regras; a sua tendência a ignorar ou marginalizar determinados alunos mais que outros na sala de aula; e, em um caso, o fato de admitir abertamente ser *gay* ou lésbica. Embora não haja nenhuma dúvida de que as afirmações dos alunos que acusam professores de serem pedófilos ou ninfomaníacos possam afetar significativamente a reputação de um professor, as declarações sobre a possibilidade das atitudes desrespeitosas dos professores para com os alunos deviam fazer com que os professores refletissem a respeito do próprio comportamento e considerassem maneiras pelas quais pudessem adequar as suas abordagens de ensino. Sugiro que os professores que estão na profissão como educadores comprometidos (e há muitos), aqueles que são apaixonados pelo ensino de crianças e jovens, que aproveitem esses comentários como oportunidades de aprendizagem em vez de adotar uma abordagem defensiva. Em outras palavras, há níveis de dano que podem resultar das postagens feitas pelos adolescentes na internet. É importante que os professores identifiquem esses níveis e ajam de acordo com eles. Comentários verdadeiros (embora perturbadores) por parte dos alunos podem ainda ser transformados em oportunidades ao diálogo e ao debate. O debate das questões pode proporcionar uma contribuição mais forte para o restabelecimento de um ambiente intoxicado. Como questionei no título do Capítulo 1, será que isso é uma batalha ou uma oportunidade? Eu concordaria que essas situações proporcionam muitas oportunidades propícias ao ensino e à aprendizagem que ajudarão as escolas a avançar na criação de ambientes escolares inclusivos que valorizem o respeito e a confiança mútuos entre os alunos e as suas escolas e universidades.

Proponho que, em alguns casos em que os professores tenham sido difamados por postagens publicadas no site Facebook ou no site MySpace, possa haver frustrações subjacentes por parte do aluno que não tenha sido atendido pelo professor. Logo essas frustrações desempenham um papel na busca de atenção, os comentários na internet ajudam o aluno a se sentir razoavelmente justificado. Essas situações oferecem oportunidades para que os professores e a administração da escola considerem o quanto eles próprios podem estar contribuindo para o comportamento depreciativo. Não é necessário muito esforço para perguntar aos alunos: você está feliz com a sua experiência de aprendizagem nessa escola? Você está feliz na sala de aula? Você acha que o professor que você difamou tem lhe dado atenção suficiente? Você está descontente com o modo como o professor se comunica com você? Você se sente incluído ou excluído das discussões que ocorrem na sala de aula? Aconteceu alguma coisa entre você e o professor que tenha feito com que você reagisse de uma forma tão negativa? Relembre os comentários dos alunos que entrevistei no estudo realizado em Quebec relatado no Capítulo 3. Sessenta e dois por cento dos alunos concordaram plenamente com a afirmação: "se os adultos tratassem os jovens com mais gentileza, os alunos tratariam uns aos outros da mesma forma". Setenta e um por cento dos alunos afirmaram que seria menos provável que praticassem bullying se estivessem felizes na escola. Oitenta e três por cento afirmaram que gostariam de construir um mundo mais gentil e respeitoso. E quais foram as respostas dos gestores a isso?

> Bom, nós dizemos a eles, nós os informamos, dizemos a eles o que é [o bullying virtual], mas depois disso temos de dizer a eles (...) vocês podem vir e falar conosco, nós temos um programa caso você pratique o bullying virtual, nós temos um plano, se tivermos. Mas é uma questão de reconhecer, antes de tudo identificar que existe um problema, informar as crianças quanto ao que isso seja, e a seguir certificar-nos de que esses jovens e crianças sintam-se à vontade para dizer aos funcionários e à administração o que está acontecendo. Mas é uma coisa tão nova para eles e tão nova para nós.
>
> (Shariff, 2007).

Os gestores sempre falam sobre a dependência de um plano ou de um programa. O que eles perdem de vista é que muitas vezes não é necessário ter um plano. É importante simplesmente, conforme afirmou esse diretor, identificar que possa haver um problema. Porém, ao fazer isso, é também fundamental perceber que a comunicação com os alunos é um exercício bilateral. Os professores e os representantes da escola devem começar a reconhecer que podem estar contribuindo para o problema. Se for este o caso, não há programa que consiga solucionar o problema.

Foi relatado e publicado o hábito de deixar as coisas em suspenso em um clima desagradável após o incidente, sem que jamais o assunto fosse conversado em sala de aula, como ocorreu no caso da situação de Bram, o que não atinge a origem do comportamento da busca de atenção. Muito embora os alunos aleguem considerar o Facebook como algo privado, os comentários depreciativos são em si mesmos comentários que visam atrair a atenção. Os alunos podem se interessar em manter apenas os seus pares como leitores dos seus textos (conforme explicado em tom de brincadeira), mas em outros casos, quando estão bastante furiosos com os professores, eles podem desejar inconscientemente que a mensagem chegue aos professores de uma forma indireta, exatamente da forma como uma criança rebelde se comporta mal a fim de obter qualquer tipo de atenção, mesmo que envolva uma punição (Suler e Philips, 1998). Essa manifestação catártica confere poder aos alunos, compensando sentimentos inadequados que eles possivelmente vivenciem nas suas relações com determinados professores. Um exemplo extremo é o caso de Kimver Gill. Kimver Gill havia postado fotografias dele mesmo com imensas armas de fogo em um site *grunge*, apenas alguns dias antes de entrar no Dawson College, no centro de Montreal, em plena luz do dia e começar a atirar a esmo nos alunos. Mais tarde descobriu-se que, quando aluno, Gill havia sofrido bullying. Lamentavelmente, as pessoas que viram as fotografias não o levaram a sério nem perceberam que aquilo era um pedido desesperado de ajuda. Gill matou uma garota e feriu vários alunos gravemente antes de atirar em si mesmo e ser morto pela polícia na cantina da escola.

Visando estar mais aberto às formas pelas quais os alunos estão usando a internet e participando dos letramentos digitais, também é importante estar informado sobre as mentalidades pelas quais os adultos tendem a abordar essas ferramentas, em comparação com as mentalidades que os jovens adotam. Analise o que alguns dos outros especialistas que estudam tecnologias e letramentos digitais têm a dizer sobre a questão.

AS MENTALIDADES DOS ADULTOS E A LACUNA DIGITAL

Ainda que a maior parte dos adultos use o e-mail, a internet e os telefones celulares, eles não dependem das ferramentas de comunicação social com a mesma intensidade com que os jovens dependem. Essas ferramentas são um aspecto integrante das redes sociais virtuais (e físicas) que surgiram entre os adolescentes e os jovens com o advento das novas tecnologias. Mídias sociais como o Facebook, o MySpace, o MSN, o SMS, os blogs, as mensagens de texto e os murais virtuais passaram a ser essenciais dentro das realidades vividas dos jovens – muito mais que no caso dos adultos. Muitos adultos continuam vendo a tecnologia como um *meio para atingir um fim* – um *meio*, ao passo que, para os jovens, o *meio* é um aspecto integrante da mensagem –, um fenômeno que Marshall McLuhan (1964) apresentou há alguns anos. É por isso que, conforme a revista Time (Chu, 2005) relatou recentemente, os adolescentes usam computadores, *blackberries* e telefones celulares para se comunicar, mesmo quando os seus pares ou os seus irmãos estão na mesma sala ou na sala ao lado.

A tecnologia se tornou outra ferramenta e outro sistema normativo a que os jovens recorrem para se comunicar uns com os outros. Entretanto, os espaços virtuais são extremamente diferentes dos espaços físicos, e como tais geram uma nova série de convenções sociais entre os jovens. E, ao mesmo tempo, desde os pré-adolescentes até os estudantes universitários, os jovens parecem dominar as ferramentas tecnológicas disponíveis com pouca – ou nenhuma – dificuldade, ao passo que os adultos em geral enfrentam maiores desafios com a tecnologia, e com frequência buscam orientação com os jovens. Além disso, o ciberespaço permite a participação de um público infinito (em sites públicos, por exemplo). O mundo se abriu para as crianças e os jovens de maneiras imensamente diferentes do modo como esse processo se deu no caso dos seus pais e dos seus professores.

Embora mais adultos estejam se aventurando em participar de grupos de redes de relacionamento, creio que as suas motivações se refiram a compreender melhor as ferramentas em vez de usufruir de fato dos seus benefícios. Os pais e os professores de um modo geral raramente usam o MSN, o MySpace ou o Facebook. Isso aumenta a desconexão dos adultos e permite que tenham uma compreensão superficial da esfera de possibilidades. Limita também a sua avaliação do potencial de transferência de informações no ciberespaço.

Lankshear e Knobel desenvolveram um paradigma "de mentalidade" que ilustra claramente as diferenças nas mentalidades da maioria dos adultos e jovens com relação à forma como *concebem*, utilizam e abordam a tecnologia. O Quadro 5.1 fornece exemplos da comparação que eles estabeleceram entre os dois paradigmas (Lankshear e Knobel, 2006, p. 38).

O paradigma da mentalidade descreve as diferenças no modo como os adultos (com algumas exceções) e os jovens se adaptam às novas tecnologias dependendo da sua visão de mundo e da sua mentalidade. A maior parte dos adultos domina a utilização do e-mail e as tecnologias de informática, mas apenas de uma maneira superficial. Eles tendem a concebê-las com base na mentalidade 1 e tentam se adaptar a "elas" – o que veem como sendo "as" novas tecnologias e o "letramento digital" – ao seu mundo físico.

Quadro 5.1 Algumas dimensões da variação entre as mentalidades

Mentalidade 1	Mentalidade 2
O mundo é praticamente o mesmo de antes, hoje ele está apenas mais tecnológico, ou mais tecnológico de maneiras mais sofisticadas: – O mundo é interpretado, compreendido e correspondido de forma adequada em termos físico-setoriais em linhas gerais. – O valor é uma função da escassez. – As ferramentas servem para produzir. – O foco está na inteligência individual. – A perícia e a autoridade estão "situadas" nos indivíduos e nas instituições. – O espaço é fechado e específico para determinado objetivo. – Relações sociais em "formatos tradicionais"; uma "ordem textual" estável.	O mundo de hoje é muito diferente do que era antes, em grande parte em consequência do surgimento e da absorção das tecnologias eletrônicas digitais interconectadas: – O mundo não pode ser interpretado, compreendido e correspondido de forma adequada em termos físico-setoriais. – O valor é uma função da dispersão. – As ferramentas servem para mediar e para se relacionar. – O foco está na inteligência coletiva. – A perícia e a autoridade são distribuídas e coletivas; especialistas híbridos. – O espaço é aberto, contínuo e fluido. – Relações sociais em "espaços de mídia digital" emergente; textos em processo contínuo de modificação.

Fonte: Lankshear e Knobel (2006)

A ternativamente, como Lankshear e Knobel (ibidem) demonstram, é importante compreender e abordar as novas tecnologias e os letramentos digitais como espaços de mídia digital emergentes, textos em processo contínuo de modificação (em contraste com a ordem textual dos formatos tradicionais de texto) e um mundo que se concentra nas inteligências coletivas e não na inteligência individual. Abre-se assim um mundo que fornece as ferramentas para a mediação e a conexão do conhecimento, e não meras ferramentas para a produção de um conhecimento que pode estar submerso em ortodoxia e conformidade.

Os jovens se adaptaram rapidamente ao mundo virtual – um mundo que não pode ser interpretado ou ao qual não se pode reagir em termos "fisico-setoriais" (ibidem), mas sim um mundo que permite e aceita a participação colaborativa e interativa. Sempre se falou em educação no sentido de dar voz aos alunos, de envolvê-los no próprio processo de aprendizagem. E, apesar disso, agora que temos as condições (que eles de fato estão optando por utilizar) – os adultos que fazem parte das suas vidas, pais, professores, gestores escolares e pesquisadores, sentem-se excluídos. Ficamos muitas vezes contidos em função da mentalidade que adotamos. Isso por sua vez contribui para uma sensação de desautorização, e, para os professores que valorizam o seu *status* e a sua autoridade sobre os alunos, isso passa a ser um motivo de crise.

Richard Lanham (1995) sugere que, nas circunstâncias contemporâneas, a noção de letramento "estendeu o seu significado semântico daquele relativo a ser capaz de ler e escrever, à capacidade de compreender as informações seja qual for o meio pelo qual estas sejam apresentadas" (citação em Lankshear e Knobel, 2006, p. 2). Isto significa que pessoas digitalmente alfabetizadas devem ser capazes de se deslocar de um tipo de meio para outro – do texto para a imagem e para o som, e conseguir retornar com fluidez. Lankshear e Knobel explicam que a importância do letramento digital está na sua habilidade de nos ajudar a adaptar a mensagem para uma variedade de mídias que podem ser utilizadas para públicos distintos.

No contexto das escolas, fica claro que a tendência dos conselhos escolares é adotar a mentalidade 1. A reação imediata é manter as crianças e os jovens seguros com a instalação de *firewalls* e filtros de bloqueio como se estivessem em uma esfera física (semelhante aos bloqueios de estradas, cercas e barreiras que funcionariam em um espaço real), ou, como punição, com a proibição do uso de telefones celulares, Ipods e redes de comunicação social na escola e muitas vezes em casa. Os comentários a seguir, feitos pela superintendente escolar sobre o caso da Birchmount School, evidenciam a mentalidade com relação à "tecnologia" como algo que pode ser controlado como uma entidade: "A prática do bullying por meio de *uma nova tecnologia de informação* (...) dá aos jovens muito mais poder do que já tinham (Superintendente escolar, Anne Kerr, conforme citação em Girard e Nguyen, 2007).

NIVELANDO O TERRENO DA AUTORIDADE E DO PODER

Os jovens adotam a mentalidade 2 e compreendem a importância dos letramentos digitais *como ferramentas de capacitação – para a mediação e a conexão*. No fim das contas, os alunos poderão burlar os *firewalls* com facilidade – e procurar o conteúdo que as escolas e os pais tentam censurar pelos seus esforços para impedir o acesso. No momento em que a mentalidade 2 informa o uso dos letramentos digitais, como Lankshear e Knobel observam, o conhecimento especializado e a autoridade não se dão mais em um processo de cima para baixo, mas envolvem "conhecimentos especializados híbridos e coletivos" (2006, p. 38). Desse modo, conforme eles explicam, o letramento (a capacidade de ler e escrever) assumiu significados totalmente novos, como "a capacidade de compreender as informações seja qual for o meio pelo qual estas forem apresentadas" (Ibidem, p. 2). Entretanto, esses autores se preocupam com o fato de que, uma vez que as pessoas que ocupam cargos de autoridade pensam que compreendem o letramento digital e aplicam a perspectiva da "solução ideal" a contextos de aprendizagem institucionais, tentam controlar, padronizar e manipular as ferramentas, a tecnologia e o conteúdo, da mesma forma como fizeram com o letramento convencional e a promoção da conformidade e da ortodoxia:

> Assim como o letramento convencional, o letramento digital está sendo "instruído" de modo a se adaptar à lógica de instituições manipuladoras (o consumo compulsório de serviços), e para ser transformado em algo controlável em termos dos sistemas totalizantes. Se tivermos espaço, inventaremos toda uma argumentação para as práticas culturais da computação que se assemelhem à argumentação de {Ivan} Illich{(1971)} relativa ao quanto o ensino enquanto prática cultural tem sido instruído sob a lógica de instituições manipuladoras. De fato, com as construções oficiais do "letramento digital", as práticas culturais da computação, na verdade, são transformadas em ensino compulsório, no consumo de um ensino curricular e certificado.
>
> (ibidem, p. 7)

Esses especialistas nas novas tecnologias argumentam em favor da adoção de uma abordagem sociocultural dos letramentos digitais em vez de um modelo autônomo. Eles explicam que, de acordo com um modelo autônomo, o letramento consiste em habilidades, ferramentas e técnicas, com um foco maior nas competências cognitivas e nas competências do usuário. A mentalidade adotada continua a mesma que foi utilizada para o letramento alfabético ocidental – que consiste no domínio das letras e dos fenômenos que são codificados e reproduzidos. Eles explicam ainda que, lamentavelmente, é simplista demais aplicar esse modelo aos letramentos digitais:

> O "letramento digital" consiste em tantas listas quantas sejam as habilidades e técnicas resumidas daquilo que uma pessoa proficiente consegue "fazer". Uma vez

que as pessoas as "tenham", elas podem utilizá-las para objetivos úteis no trabalho, em casa, na escola, etc., e trabalhar "com competência". Os cursos que se lançam a "ensinar" essas ferramentas e técnicas aos alunos, e lhes dão uma certificação ao concluírem (o processo é quase precisamente o oposto daquilo que os jovens fazem, por exemplo, quando começam a aprender a jogar jogos *online* e quando se tornam membros de uma comunidade de jogos na internet) (...)

A crítica do modelo autônomo de letramento do ponto de vista da teoria sociocultural não nega que os elementos da habilidade e da técnica estejam envolvidos nas práticas de leitura e produção textual. Sem dúvida, elas estão necessariamente presentes. No entanto, a questão é que essas "habilidades" e "técnicas" na verdade se diferenciam de formas relevantes quando são incorporadas em práticas diferentes que envolvem objetivos diferentes e quando existem tipos de significados diferentes em jogo. Além disso, as habilidades e técnicas de decodificação e de codificação por si só na verdade não nos levam muito longe. Isso ocorre porque a leitura e a produção de texto são sempre "leitura e produção de texto com significado" e esse significado não é essencial, ou mesmo substancialmente, uma função de alguma "habilidade" ou "técnica" que poderia ser chamada de "compreensão". É predominantemente uma função da prática social, do contexto social e do Discurso (Gee, 1996) em um sentido que se aproxima muito do conceito de "formas de vida" de Wittgenstein (1953).

(ibidem, p. 8)

É irônico que, mais uma vez, sejam o *contexto sociocultural, a importância do discurso* e *a produção de significado* que deixem de ser considerados à medida que as instituições lutam com a adaptação às novas tecnologias. Isso não é diferente do que observo no caso do livro de texto físico que não permite discussões (Shariff e Johnny, 2007a). Logo, não é de admirar que, quando os alunos se envolvem com formas de discurso *online* definidas como "ciberbullying", os professores e representantes das escolas tendam a colocar toda a responsabilidade nos ombros dos pais, ou nos "problemas" de comportamento dos alunos.

Ao adotar a abordagem autônoma, a maioria das escolas deixa de perceber a própria obrigação, como *educadoras*, de estimular o diálogo e a discussão socialmente responsáveis e criticamente informados entre os alunos. Como vimos, os adultos se sentem perdidos no ciberespaço porque a sua mentalidade ainda reside maciçamente no mundo físico. Por isso, ao tratar de algumas questões graves emergentes que dizem respeito ao assédio, à homofobia, às ameaças de morte e às difamações raciais, sexistas e homofóbicas praticadas na internet por alguns alunos contra outras pessoas (que se enquadram como bullying tradicional e bullying virtual), alguns educadores e pesquisadores buscam respostas excessivamente simplificadas e manejáveis. Buscam ferramentas padronizadas de avaliação e intervenção, e modelos de avaliação fundamentados no seu mundo físico, que eles organizam em "cestos" manejáveis, à medida que buscam estratégias e "projetos" nacionais para controlar os problemas emergentes relacionados ao ciberbullying.

Por exemplo, em recentes reuniões de consultoria sobre bullying virtual (PREVNet, 2006), um grupo de especialistas canadenses composto de professores universitários, pesquisadores, funcionários e gestores de escolas, alunos e organizações não governamentais (ONGs), reuniu-se para discutir o ciberbullying. O objetivo era entender melhor o problema, elaborar políticas públicas e planejar intervenções e programas para enfrentar o ciberbullying nas escolas. Apresentaram-se aos participantes enunciados como "o bullying machuca" e "o bullying é um problema de relacionamento", e solicitou-se que eles refletissem sobre o bullying virtual e as questões ligadas à tecnologia dentro dos limites da mensagem contida nesses enunciados. Esses "cestos", ou enunciados, não apenas ignoravam o contexto sociocultural e *a diversidade* na qual o bullying ocorre, mas também deixaram de considerar *as complexidades e a variedade de letramentos no ciberespaço* e as suas *competências capacitadoras para a mediação e a conexão*. Essa abordagem também ignorou as hierarquias políticas e sistêmicas de poder que podem surgir ao longo do tempo em muitas escolas, e ter forte impacto nos esforços administrativos para cultivar ambientes inclusivos, coesivos e colaborativos. Ironicamente, foram, sobretudo, os jovens sentados em volta da mesa na reunião do PREVNet que lembraram os especialistas adultos – pesquisadores, psicólogos, educadores e sociólogos – que era importante *reconceituar* as suas noções sobre os relacionamentos no ciberespaço. Os participantes jovens falaram sobre as possibilidades de mediação no ciberespaço e a maioria insistiu que os letramentos digitais abriram um universo com o potencial para relações sociais positivas e interessantes. A reunião culminou com a decisão de criar uma comissão consultiva *online* onde os jovens poderiam ajudar os teóricos e os educadores a navegar no ciberespaço. O êxito dessa comissão depende basicamente do comprometimento e do reconhecimento de uma dimensão sociocultural por parte das lideranças dessa rede.

Como Lankshear e Knobel (2006) explicaram anteriormente, a abordagem da "solução ideal" procura normalizar, manipular e ajustar o uso das novas tecnologias em um produto bem empacotado e manejável que possa então ser comercializado em todo o país e em nível internacional, como um "projeto" que ajudará a administrar o problema. Esta é a mesma abordagem conceitual que serviu de base para o estrondoso fracasso dos programas antibullying no contexto físico da escola. Ao logo da última década, as escolas foram inundadas com programas antibullying que foram vendidos como sendo a "solução" para todos os problemas associados ao bullying. Poucos foram bem-sucedidos porque simplificaram demais as influências ambientais e biológicas, incluindo as formas sistêmicas de racismo, sexismo, homofobia e discriminação contra pessoas com incapacidades físicas (veja Anand, 1999; Shariff, 2004; Shariff e LaRocque, 2001). Defendo que uma abordagem como essa mais uma vez representa uma forma de "seleção" como censura – em que as influências socioculturais subjacentes e as barreiras institucionais que examinamos anteriormente neste livro são ignoradas enquanto preocupações legítimas – quer ocorram no ambiente físico da escola ou no espaço virtual.

Pelas razões especificadas anteriormente, poucos adultos sabem como acessar ou "supervisionar" o que os seus filhos e alunos fazem nos computadores, nos *blackberries* e nos telefones celulares que contam com recursos para o envio de mensagens de texto e de fotografias. Portanto, enquanto os jovens se aventuram com facilidade pela vasta e ilimitada esfera do ciberespaço, há poucas diretrizes adultas que ajudem os usuários, uma vez ali lançados, a desenvolver responsabilidades éticas.

Essa perda de "controle" e esse enquadramento da internet na mídia como algo carregado de riscos atraem o desejo de recuperar o controle por meio dos únicos meios familiares aos adultos – punição e disciplina, por meios legalizados e "enérgicos", caso necessário.

Analisarei algumas considerações jurídicas no Capítulo 7; entretanto, o que preocupa as escolas em grande escala é a "guerra" percebida que os jovens aparentemente travam contra as autoridades estabelecidas por intermédio dos grupos de redes sociais na internet. Sob todos os aspectos, parece que as autoridades escolares veem essa forma de "bullying virtual", conforme a definem, como algo que se fragmenta em uma síndrome d'*O Senhor das Moscas*. Creio que Golding tenha conseguido ilustrar que os seres humanos são territorialistas, e que há sempre um elemento da sociedade que assumirá o controle para subordinar aqueles que são mais vulneráveis. Nesse sentido, a mensagem dele se resume à sobrevivência do mais apto, e se refere ao modo pelo qual o poder se manifesta sob determinadas circunstâncias. As formas de expressão antiautoridade na internet representam uma ameaça ao controle que os professores outrora exerciam sobre os alunos.

Como a "tecnologia" é entendida com base em uma mentalidade adulta, como algo que põe poder demais nas mãos dos jovens, houve um movimento internacional entre os educadores no sentido dos governos, escolas e sindicatos de professores apresentarem leis e códigos de conduta mais enérgicos a fim de reprimir os *bullies* e evitar o tipo de anarquia que tomou conta na ilha de Golding. Além disso, como a "tecnologia" fornece as ferramentas para essas formas de bullying, o ímpeto é bani-la e/ou controlá-la o máximo possível por meio da proibição do uso do telefone celular, do Ipod e do *laptop* nas salas de aula e "bloquear" o acesso ao Facebook e outras redes sociais semelhantes, retirando o privilégio do uso dos computadores como punição. Pode ser instrutivo dar uma olhada em algumas das políticas públicas emergentes internacionalmente, avaliar se elas de fato têm o poder e a capacidade para exercer controle, e se se ajustam à abordagem "repressiva", ou se, em alguns casos, podem ter sido elaboradas com uma abordagem menos reativa e mais refletida e informada.

RESPOSTAS JURÍDICAS E DE POLÍTICAS PÚBLICAS: ALGUNS EXEMPLOS

Conforme observado anteriormente, uma das maiores entidades de classe de professores do Reino Unido, a Professional Association of Teachers, solicitou ao governo a elaboração de leis para o fechamento do site YouTube, uma vez que atraía muitas postagens de conteúdos negativos publicados pelos alunos contra os professores (Asthana e Smith, 2007). Enquanto as associações e os sindicatos de professores organizam essa "batalha" de censura com os políticos do Reino Unido, é notável que o país já tenha um site muito abrangente e informativo elaborado especificamente para informar pais, professores e outras partes envolvidas sobre o bullying virtual, que especificarei a seguir.

Os leitores recordarão que a resposta ao bullying virtual na maioria dos países destacados no Capítulo 3 de um modo geral apresentava uma natureza positivista. Isso significa que, em muitas partes do mundo, a tendência é responder ao bullying virtual ou à manifestação antiautoridade *online* por meios punitivos e legalistas – o que envolve a implementação de leis e políticas públicas que buscam recursos criminais incluindo detenção ou multas; ou recursos civis sujeitos às leis gerais de responsabilidade civil, como calúnia e difamação virtual. No Capítulo 3, mencionei resumidamente a legislação e as políticas públicas implementadas ou propostas por vários países como Japão, Cingapura, Tailândia, Índia e Austrália. No restante deste capítulo, quero destacar algumas das respostas de legislação e de políticas públicas que estão surgindo nas democracias ocidentais.

União Europeia

Na Europa, embora a segurança virtual de jovens e crianças aparente ser um tópico importante, a ação parece estar atualmente restrita à pesquisa. De uma forma um tanto curiosa, a UE estimula a ação legal por parte dos estados nacionais. É mais provável que isso ocorra devido a questões de soberania e de respeito às diferenças culturais, uma vez que a Europa lida com o influxo cada vez maior de imigrantes e refugiados das suas antigas colônias. Embora a Inglaterra não tenha legislado especificamente sobre a questão do ciberbullying, há legislação existente com base na qual se acredita que poderiam ser feitas denúncias. Na França, um projeto de lei existente relativo à delinquência juvenil foi alterado com o objetivo específico de resolver o problema do fenômeno do *happy slapping*[4].

Conselho da Europa

A divisão de comunicação (direitos humanos: proteção dos direitos relativos à comunicação) do Conselho da Europa patrocinou a produção de um manual de letramento em internet. Esse manual contém uma ficha descritiva sobre o bullying e a perseguição que aborda a forma como o bullying virtual e a perseguição virtual devem ser tratados na escola e na família. Sob o título "Segurança e questões éticas", a ficha descritiva propõe uma abordagem que abrange: a solução de conflitos como parte do currículo da escola, a preparação de funcionários e alunos para lidar com os casos de bullying, a provisão de um apoio positivo tanto para os alunos que são alvos do bullying quanto para os alunos que apresentam um comportamento abusivo, e a implementação de regras de utilização aceitável (AUPs)[*] para monitorar a forma como a internet é usada nas escolas. Sugere também atividades de sala de aula como dramatizações e discussões em grupos para lidar com as questões do ciberbullying, e fornece instruções de melhores práticas para os alunos. A ficha descritiva sobre a tecnologia móvel também menciona a preocupação crescente com o bullying praticado por meio dessa tecnologia, em especial com o fenômeno do *happy slapping*.

---

[*] N. de T.: Sigla em inglês para *"acceptable use policies"*.

O conselho da Europa esboça uma convenção sobre os crimes virtuais

Há muitas críticas sobre as falhas deste documento (Comitê Europeu para Problemas Criminais, 2001), o qual poderia ser usado para prognosticar quais seriam as dificuldades na tentativa de solucionar o problema do bullying virtual em um nível internacional. As críticas se concentram basicamente no fato do documento enfocar tão somente a aplicação da lei e ser considerado prejudicial para os direitos civis e para os interesses do setor. Além disso, o objetivo de obter coerência na legislação sobre os crimes virtuais entre os estados signatários levou a um texto vago e ambíguo na convenção. É também notável que, embora o "crime virtual" não seja definido de forma explícita pela convenção, nesse contexto, o documento não parece incluir o assédio virtual, a perseguição virtual ou o bullying virtual, contemplando apenas a falsificação e a fraude ligadas ao uso do computador. O único artigo que trata do bem-estar das crianças é o artigo nove: "Crimes relacionados à pornografia infantil".

Comissão Europeia (EU): Sociedade da informação da Europa: consulta pública sobre o aumento da segurança da internet e as tecnologias *online* para as crianças

A Comissão Europeia está investigando os prejuízos que os telefones celulares causam às crianças pequenas, incluindo: exposição a conteúdo inadequado, custo, bullying e predadores sexuais. A Comissão menciona o bullying "por meio da distribuição de mensagens e fotografias abusivas ou comprometedoras entre as crianças como uma preocupação em particular". Em maio de 2006, constatou-se que 70% das crianças europeias com idades entre 12 e 13 anos possuíam telefones celulares, ao passo que no caso das crianças com idades entre 8 e 9 anos essa taxa era de 23% (Out-Law News, 2006). A Comissão lançou uma consulta pública com o objetivo de identificar a maneira mais eficaz de tornar a internet e outras tecnologias de comunicação mais seguras para as crianças. Nas informações introdutórias ao questionário, foi mencionado que, na internet, as crianças podem ser expostas a conteúdos e condutas prejudiciais como o bullying e a perseguição. Curiosamente, essa introdução menciona também que, como a internet é o principal canal de difusão de provas do abuso sexual de crianças, as próprias crianças podem enfrentar consequências jurídicas sérias pela difusão desse material. Reconhece-se que os meios para tratar dos riscos envolvidos com a utilização da tecnologia *online* podem envolver muitos fatores, em níveis muito distintos, incluindo a administração pública dos estados membros, as organizações de assistência a crianças, o setor de tecnologia, as instituições financeiras, as escolas, os pais e a Comissão Europeia. A Comissão Europeia já implementou uma sucessão de programas para tornar a internet mais segura, sendo o mais recente destes o "Safer internet Plus".

O programa "Safer internet Plus"

O programa atual (2005-2008) (European Comission, 2007b), estabelecido pela decisão de número 854/2005/EC do Parlamento Europeu, tem quatro objetivos principais: lutar contra o conteúdo ilegal; atacar o conteúdo indesejado e perigoso; promover um ambiente mais seguro; e elevar o nível de conscientização dos usuários. A ficha descritiva (European Comission, 2007b) define o conteúdo prejudicial como "qualquer conteúdo que professores, pais ou outros adultos responsáveis pelas crianças considerem prejudicial a elas(...)". O relatório observa que as definições variam de uma cultura para a outra – e de uma pessoa para a outra. Esse fato destaca uma das maiores dificuldade ligadas à ação internacional contra o bullying virtual, que são as diferenças culturais e, ainda assim, eu afirmaria que este é o aspecto mais importante da resposta ao problema. É alentador o fato da UE estar levando em conta as diferenças contextuais (pessoais e culturais) na concepção das suas abordagens de políticas públicas.

A ficha descritiva também afirma que, embora a União Europeia tenha estabelecido padrões e esclarecido muitas questões jurídicas, os problemas relativos à internet não podem ser tratados apenas pela lei e são, de um modo geral, muito mais sérios do que os pais imaginam. Faz-se necessária uma ação orquestrada à medida que o maior acesso à internet de banda larga e o acesso à internet de terceira geração (3G) passam a ser algo mais corriqueiro. *A ênfase é colocada na educação dos pais e das crianças e jovens, com a ação essencial em termos dos estados membros, porém incentivada e estimulada pela União Europeia.* Essa abordagem é comumente adotada pela União Europeia no que se refere a temas polêmicos (subsidiariedade). Visando respeitar a soberania e as diferenças culturais, a União Europeia põe em prática diretrizes imprecisas e permite que os estados membros individuais apliquem as sugestões conforme estas possam ser melhor adaptadas. Ironicamente, no caso da internet e do bullying virtual, essa abordagem se depara com problemas imediatos, uma vez que a internet não respeita as fronteiras de soberania. Um aspecto importante desse programa é que ele tem uma cobertura de amplo alcance que cobre diversas tecnologias como telefones 3G, jogos *online*, salas de chat, serviços de mensagens instantâneas, transferências de arquivos entre usuários e também um conteúdo diverso que inclui o racismo e a violência. Os formuladores do programa citam as redes de canais civis de comunicação como agentes essenciais no combate ao ciberbullying, uma vez que as pessoas são muito cautelosas no que se refere a entrar em contato com a polícia. O programa "Safer internet Plus" atualmente financia um projeto chamado "EU Kids *Online*" (European Commission). O projeto, que ocorreu de 2006 a 2009, examinou as pesquisas realizadas em dezoito estados membros sobre como as crianças e os jovens usam a internet e as novas mídias. Ele tem o objetivo de avaliar as influências sociais, culturais e reguladoras que afetam tanto os riscos como as respostas de pais e filhos a essas tecnologias. Uma das suas principais metas é examinar as questões metodológicas relativas à análise intercultural a fim de estabelecer diretrizes de boas práticas para a pesquisa sobre o uso da internet por parte de jovens e crianças. O site conta com um repositório de dados de projetos de pesquisas empíricas sobre jovens e crianças e a internet na Europa, e estimula o contato de outros pesquisadores que trabalhem na mesma área, bem como a publicação de um boletim semestral.[5]

A legislação na França

Em março, o governo francês sancionou um projeto de lei que altera a legislação relativa à delinquência, com o objetivo de criminalizar o fenômeno do *happy slapping* (Wikipedia, 2007c). Conforme descrevi no Capítulo 3, o *happy slapping* envolve um ataque físico a uma vítima inocente, sendo gravado por um cúmplice normalmente usando um telefone celular. A seguir o vídeo é disseminado através do próprio celular ou da internet. O artigo 44 desse projeto de lei[6] equipara o ato de filmar ou fotografar determinados crimes violentos a ser cúmplice daquele crime, e cria um novo crime que se refere à transmissão desses crimes. Essa lei tem sido criticada pelos grupos de defesa dos direitos civis por inibir as pessoas de registrar incidentes de brutalidade policial ou a participar do jornalismo cidadão. Essa abordagem, diferentemente da abordagem mencionada a seguir relativa ao Reino Unido, contempla o prejuízo causado pela *filmagem* e a disseminação desses vídeos e não simplesmente o dano *causado pela agressão* em questão. Essa abordagem não é significativamente diferente da abordagem da escola canadense que discordou da filmagem de uma agressão e puniu a pessoa que filmou, em vez de enfocar a agressão propriamente dita (veja o Capítulo 2).

As respostas britânicas[7]

Conforme observado no Capítulo 3, acredita-se que o *happy slapping* tenha se originado em Londres, na Inglaterra, como elemento integrante da cena da música de garagem. Embora não haja nenhuma legislação que trate especificamente da questão, como no caso da França, em determinados casos as pessoas têm apresentados queixas de agressão. No caso de uma menina de 16 anos que foi gravemente agredida quando voltava da escola para casa e o incidente foi filmado e publicado na internet, é válido salientar mais uma vez que, apesar do fato de boa parte do estresse sofrido pela vítima ter ocorrido devido ao vídeo ter sido mostrado aos seus colegas da escola, um porta-voz da escola foi citado afirmando simplesmente que: "isso é um assunto da polícia que ocorreu fora da escola" (BBC News *Online*, 2005). Ao lidar com a internet e a tecnologia de telefone móvel 3G, que é acessível aos alunos tanto durante quanto fora do horário da escola, uma abordagem como essa não começa de fato a tratar do problema.

O site "don't suffer in silence"[*]

Há, no entanto, um trabalho considerável realizado no Reino Unido para tratar da questão do bullying tradicional e do bullying virtual. O governo publicou diretrizes muito abrangentes para as escolas lidarem com o ciberbullying, disponíveis neste site denominado "Don't suffer in silence" (Department for Children, Schools and Families, 2007), que oferece informações abrangentes sobre o ciberbullying para jovens e crianças, para os pais e para os funcionários de escolas, incluindo links para muitos outros sites voltados para esse tema. Sob o título "o que você pode fazer com relação ao bullying?", afirma que "A lei está do seu lado", e que a Lei de Proteção de

---

[*] N. de T.: Literalmente "Não sofra calado".

Perseguições, a Lei das Comunicações Hostis de 1988 e a seção 43 da Lei de Telecomunicações* podem ser usadas para combater o bullying virtual. O site fornece um link para outro site chamado *Wired safety*, contendo este uma página que fornece informações sobre a legislação britânica ligada ao assédio e à perseguição virtual (WiredSafety, sem data).

Na seção 1 da Lei das Comunicações Hostis de 1998, considera-se crime enviar uma carta, mensagem eletrônica ou outro tipo de texto com conteúdo indecente, ofensivo ou ameaçador a outra pessoa, e, na seção 43 da Lei das Telecomunicações de 1984, considera-se crime semelhante enviar mensagem telefônica que seja indecente, ofensiva ou ameaçadora. Em ambos os casos, o crime é passível de pena de até seis meses de detenção e/ou multa de até 5.000 libras esterlinas. Como o crime de comunicações hostis é mais abrangente que o crime definido pela lei de telecomunicações, é mais provável que o primeiro seja mais utilizado pela polícia que este último.

Entretanto, na maior parte dos casos envolvendo mensagens hostis ou perseguição virtual, haverá mais de uma missiva ou telefonema de conteúdo ofensivo ou ameaçador, e, portanto, a polícia muitas vezes deverá optar por acusar o ofensor de um crime que infringe a seção 2 da Lei de Proteção de Perseguições, de 1997, também passível de punição com pena de até seis meses de detenção. A razão para a utilização desse tipo de acusação é, em parte, que quando uma pessoa é condenada por um crime previsto pela Lei de Proteção de Perseguições, de 1997, o juiz pode aplicar uma medida de restritiva impedindo assim que o autor entre em contato com a vítima outra vez. A violação da medida restritiva é passível de punição com pena de até cinco anos de detenção. Não se pode impor uma medida restritiva para uma condenação baseada nas Leis das Comunicações Hostis e das Telecomunicações.

Se os e-mails, a perseguição virtual ou outras formas de assédio que se enquadram como bullying virtual fazem com que as vítimas temam que aquela violência seja de fato usada contra elas, logo a polícia pode optar por acusar o ofensor de um crime que infringe a seção 4 da Lei de Proteção de Perseguições, de 1997, que é passível de punição com pena de até cinco anos de detenção e também permite que o juiz aplique uma medida restritiva.

Se os e-mails, a perseguição virtual ou outras formas de bullying virtual forem de natureza racista ou motivados por hostilidade religiosa,

---

* N. de T.: No original, respectivamente, *Protection from Harassment Act*, *Malicious Communications Act* e *Telecommunications Act*.

logo se pode acusar os autores de "assédio com agravamento por teor racial ou religioso" que infringem as seções 32(1)(a) ou 32(1)(b) da Lei de Crimes e Desordens de 1998[*]. Se condenados, os ofensores podem enfrentar pena de até sete anos de detenção.

Em muitas situações, o destinatário das mensagens hostis sabe quem é o remetente. Podem ser um ex-companheiro ou um parente, o que pode significar que a vítima fique relutante com relação a envolver a polícia. Nessas circunstâncias, a vítima pode considerar a obtenção de uma ordem formal com base na seção 3 da Lei de Proteção de Perseguições, de 1997. Porém, o site aconselha os leitores a sempre informar a polícia, em especial caso as mensagens sejam de alguma forma ameaçadoras. Mesmo que a polícia decida não processá-lo, eles podem dar uma advertência formal ao ofensor, que poderá ser usada como prova caso os autores repitam a sua conduta no futuro.

Além das acusações criminais, as vítimas de perseguição podem processar o ofensor conforme previsto na seção 3 da Lei de Proteção de Perseguições, de 1997, por danos provocados pela angústia causada pela perseguição e por quaisquer perdas financeiras que possa ter-lhes causado.

O site britânico não faz menção a nenhum caso que tenha sido peticionado com base nessas formas de legislação dentro do contexto do bullying virtual. O foco dos variados sistemas legislativos aplicáveis mencionados no site britânico é basicamente punitivo. Apesar disso, o site contém informações educativas importantes para pais, professores, alunos e outras partes envolvidas. Por exemplo, o site estimula os pais e os jovens a trabalharem juntos para prevenir e enfrentar o bullying virtual sempre que ocorrer. Um dos conselhos oferecidos por vários envolvidos incluídos no site sustenta que os gestores escolares e os professores coordenadores têm o dever de incluir o bullying praticado por meio de telefones celulares e pela internet nas suas medidas antibullying obrigatórias, e também que essas medidas sejam atualizadas com regularidade, e que os professores tenham informações suficientes para lidar com o bullying virtual nas escolas. Significativamente, as diretrizes para essas medidas recomendam que:

– Todas as mensagens eletrônicas usadas no site da escola ou como parte de atividades escolares fora do site da escola são monitoradas;
– Estabelecer medidas claras em relação ao uso de telefones celulares na escola e em outros períodos nos quais os jovens estejam sob a autoridade da escola;

---

[*] N. de T.: No original, "Crime and Disorder Act".

– As tecnologias de bloqueio da internet são constantemente atualizadas e os sites perigosos ficam bloqueados;
– A escola atua junto com os alunos e os pais para se assegurar de que as novas tecnologias de comunicação sejam utilizadas de forma segura, levando em conta a boa prática e a orientação local e nacional;
– Os sistemas de segurança estão em vigor para impedir que imagens e informações sobre os alunos e os funcionários sejam inadequadamente acessadas de fora da escola;
– A escola atua com a polícia e outros parceiros no controle do bullying virtual;
– A escola fornece informações, aconselhamento e apoio acessíveis aos alunos que dele precisarem.

Esse site também recomenda o site Becta sobre segurança eletrônica para as escolas (Becta, 2007), o qual traz algumas sugestões excelentes para a elaboração de AUPs nas escolas.

O que eu mais gosto nessas sugestões apresentadas pelo Becta é que criar um ambiente de aprendizagem TIC* seguro deve incluir "uma infraestrutura de conscientização da escola como um todo, de responsabilidades, medidas e procedimentos especificados; uma variedade eficaz de ferramentas tecnológicas; e um programa educativo abrangente sobre internet segura para toda a comunidade escolar" (Ibidem). A diretriz de políticas do Becta sugere três componentes básicos:

1 – Elevar a conscientização em relação às questões e o modo como estas influenciam o ambiente específico da escola e os alunos dentro das escolas. Eles sugerem que essa consciência pode ser elevada, em parte, por um programa abrangente de segurança na internet para toda a comunidade escolar. Como prioridade, as diretrizes sugerem que o programa deva ser contínuo. Embora deva responder a incidentes e problemas específicos, deve também fornecer informações sobre as tecnologias emergentes, bem como aquelas já incorporadas à cultura da escola.

2 – A segunda prioridade é estabelecer uma compreensão clara acerca das responsabilidades de todas as partes envolvidas na educação das crianças e dos jovens com relação à segurança na internet. Isso inclui os professores coordenadores e diretores de escolas, organismos administrativos como os conselhos escolares, gestores, professores de sala

---

* N. de T.: No original, ICT – Sigla em inglês para *Information and Communication Technologies*. Em português, "Tecnologias da Informação e Comunicação".

de aula, conselheiros escolares, bibliotecários e pais, e, é claro, os próprios alunos.

3 – A terceira prioridade envolve uma "infraestrutura de medidas e procedimentos eficazes", descrita como "a espinha dorsal para uma prática eficaz". As AUPs devem detalhar as formas pelas quais os recursos de TIC (Tecnologias da Informação e Comunicação) podem e não podem ser utilizados na escola tanto pelos alunos quanto pelos funcionários. Esses documentos devem conter uma lista de sanções, procedimentos e estratégias de apoio coerentes para lidar com o mau uso. Embora essas estratégias incluam/incluíssem documentos de gerenciamento, acordos de uso por parte dos funcionários, acordos de utilização por parte dos alunos e dos pais, medidas para informar os funcionários e alunos sobre as questões relativas à segurança na internet, e os procedimentos específicos com relação ao mau uso, há uma consideração importante que se refere ao fato de que as medidas "precisam contrabalançar o desejo de explorar plenamente o vasto potencial educativo das novas tecnologias com o oferecimento de proteções contra os riscos, bem como materiais e atitudes inaceitáveis".

Embora as diretrizes das medidas recomendem uma cobertura abrangente de tecnologias fixas e móveis de internet, para aquelas tecnologias fornecidas pela escola (como microcomputadores, laptops, webcams e equipamento de vídeo digital) e as tecnologias de propriedade dos alunos e funcionários que são trazidas para a sede da escola, como telefones celulares, telefones com câmera, *personal digital assistants* (PDAs) e tocadores de mídia, *essas diretrizes devem também reconhecer os benefícios educativos importantes dessas ferramentas*. De forma mais significativa, as diretrizes do Becta recomendam atenção ao seguinte:

> Lembre, também, que uma política eficaz de segurança na internet precisa ser adaptada às necessidades peculiares da sua escola (...). A sua política deve levar em consideração as circunstâncias específicas da sua escola, como a raça, o gênero, a origem étnica e as crenças religiosas dos alunos e dos funcionários, e ainda fatores como a exclusão digital e o acesso às tecnologias da informação e comunicação (TIC) fora da escola, o que deve ter influência nas formas como jovens e crianças utilizam a internet, e os tipos de comportamentos potencialmente arriscados que eles empreendem. Não basta simplesmente pegar um modelo pronto e nele inserir o nome da sua escola – a sua política não terá propriedade e autoridade, e poderá deixar a sua escola exposta a riscos (...). Para serem realmente eficazes, todas as políticas de segurança na internet de todas as escolas precisam ser revistas com regularidade com todos os envolvi-

dos, e atualizadas a fim de levar em consideração as tecnologias novas e emergentes, bem como mudanças nas circunstâncias locais.

De modo ideal, as políticas da escola para a segurança na internet devem ser integradas dentro de um ciclo de definição, manutenção, análise contínua, modificação, relatórios e revisões anuais, apoiada por soluções tecnológicas sempre que possível. Seguindo este processo, as escolas podem assegurar ter em funcionamento um programa rigoroso e eficaz de segurança na internet.

(Becta, 2007)

Essas recomendações são importantes, pois as pesquisas constataram que o baixo índice de êxito dos programas e políticas antibullying tradicionais se devia à falta de atenção às diferenças individuais dentro das escolas. Os programas e políticas antibullying de caráter universal foram implementados sem um cuidado especial com contextos culturais, faixas demográficas, influências econômicas e assim por diante, e, como consequência, pouco fizeram efetivamente para lidar com os problemas ou motivações dos alunos que praticavam bullying (Anand, 1999; DiGiulio, 2001).

Embora não esteja no âmbito deste livro vasculhar exaustivamente o site do governo britânico destinado a pais, professores e outros envolvidos, o site bem merece uma visita e, concluo, é bastante avançado em comparação com as respostas da União Europeia e da América do Norte no que diz respeito ao oferecimento de informações abrangentes e diretrizes para políticas públicas, conforme demonstrarei a seguir. E, mesmo assim, os sindicatos de professores do Reino Unido reivindicam com veemência o bloqueio do site YouTube. Embora eu não tenha tentado descobrir se o site do governo é ou não acessado por muitos professores no Reino Unido, seria interessante analisar até que ponto este site tem sido divulgado para os professores e os pais – quantos deles têm conhecimento do site e utilizam os seus recursos, e até que ponto as escolas de fato o utilizam para elaborar as suas políticas para lidar com o bullying virtual no Reino Unido. É importante descobrir se o dinheiro dos contribuintes, gasto pelo governo neste site, obtém êxito no sentido de gerar conscientização e proporcionar uma educação abrangente para as escolas e os pais no Reino Unido. Quantos pais e alunos acessam esse site, e com que frequência?

Entre as muitas contribuições valiosas das diretrizes de políticas públicas está uma ênfase repetida no fato de que o processo de abordagem do bullying virtual deva ser *contextual*, levando em conta uma variedade de fatores complexos e de papéis e responsabilidades de todos os envolvidos na comunidade escolar. Em outras palavras, lidar com os problemas do bullying virtual no contexto da escola envolve muito mais do que se livrar de uma ferramenta de rede social na internet, como o YouTube ou o

Facebook, pois outros dez, vinte, ou muitos mais surgirão dentro de uma semana após o fechamento desses sites. Encontrar um equilíbrio por meio da educação e aprender a tirar vantagem do imenso potencial de aprendizagem que acompanha as novas tecnologias sempre em desenvolvimento são ações que devem ser incorporadas nas políticas pró-ativas e nas respostas práticas aplicadas nas escolas. Em outros casos, insistem que o YouTube e sites semelhantes monitorem e retirem imediatamente da internet vídeos que tenham professores e alunos como vítimas tão logo sejam postados *online* (Goff, 2007). É mais fácil falar do que fazer, devido à falta de influência nas leis e políticas públicas para o controle de conteúdos discutidos no Capítulo 7. Embora os provedores ISP, o YouTube, o MySpace e o Facebook estejam começando a remover algumas formas de expressão *online* quando solicitados, a velocidade com que esses conteúdos são removidos depende da natureza e do nível das postagens. Os conteúdos que incluem postagens pornográficas, racistas e homofóbicas, bem como vídeos de estupros ou assassinatos e fotografias modificadas de pessoas em posições sexuais de natureza claramente criminosa em geral são removidos rapidamente. Outros permanecem *online* por longos períodos até que a sua natureza prejudicial seja avaliada (Roher, 1997).

No que se refere às empresas de telefonia celular, também estas não estão de um modo geral obrigadas pela lei a implementar os seus programas antibullying de imediato. O apêndice a este livro contém uma amostra de políticas apresentadas por empresas de telefonia celular. A NetSafe, uma organização da Nova Zelândia que obteve bons resultados ao se engajar ao governo, aos pais e a organizações comunitárias, às autoridades policiais e aos alunos para propor uma variedade de políticas e respostas práticas, também conseguiu convencer empresas de telefonia celular a entrar em contato com os pais após ter recebido cerca de quatro reclamações referentes a formas de expressão negativas que emanem dos telefones celulares usados pelos jovens.

As perspectivas da criminologia

Embora inúmeros criminologistas e cientistas sociais tenham documentado a ameaça de vitimização na internet por parte de jovens[8] e, em nível internacional, os governos e organizações privadas tenham tentado reduzir o problema com vários programas e legislações[9], muito poucas análises empíricas sobre estes programas revelam provas conclusivas quanto ao que seja de fato eficaz.

Considerando que o conteúdo das postagens mais recentes nas ferramentas de redes sociais tem beirado a pornografia e as ameaças criminais, vale a pena observar o que os criminologistas dizem sobre as respostas das políticas públicas a esses comportamentos. Segundo Eck (2002), as estratégias de prevenção do crime eletrônico situacional ou "baseado em um lugar" (ou, para os nossos propósitos, do bullying virtual) são bem-sucedidas se aplicadas de modo semelhante a colocar patrulhas de polícia em determinadas áreas do tráfego ou em determinadas regiões. Ela demonstra que, em vez de tentar alterar o *comportamento* dos autores, as estratégias de prevenção de crimes situacionais é *impedir a oportunidade de cometer um crime,* concentrando-se nas ações dentro do contexto em que ocorrem sob determinadas circunstâncias. As táticas "baseadas em um lugar" podem ter maior influência para reduzir a vitimização do que os programas "com base no ofensor", porque dão mais atenção às situações iminentes. Sugere-se que esses tipos de programas, referidos como processos de aperfeiçoamento do lugar, são conhecidos por reduzir ações potencialmente criminosas devido ao fato que minimizam a atração por cometer um crime em determinadas áreas (Brantingham e Brantingham, 1995). Colocado de forma simples, esses criminologistas defendem uma abordagem preventiva. Os criminologistas também falam sobre "endurecer o alvo", que envolve uma série de medidas de segurança para afastar predadores e autores de bullying virtual, como travas digitais, senhas e controles estabelecidos pelos pais ou responsáveis. Sugerem que o fato de endurecer o alvo não apenas mantém os ofensores motivados longe de determinadas áreas usadas pelos jovens, mas também proporciona um componente de "proteção" para limitar o acesso a determinadas áreas consideradas impróprias.

Com base no grande apoio encontrado pela teoria das atividades de rotina ao analisar os crimes e as medidas preventivas[10], as novas medidas estratégicas que são desenvolvidas sob a mesma base teórica devem funcionar. Há uma expectativa de que os programas que aumentam a proteção ao mesmo tempo em que reduzem a conveniência do alvo (ou seja, as proteções e travas digitais), e também desencorajam o ofensor motivado de abordar jovens na internet, reduzam a probabilidade da vitimização. Por conseguinte, a perspectiva emergente desses criminologistas é que, de modo muito semelhante às iniciativas para tornar mais seguros os parques e playgrounds para os nossos filhos, precisamos transformar os *playgrounds* virtuais em lugares mais seguros para brincar. A questão fundamental aqui é que ainda se deve permitir que as crianças brinquem sem serem vigiadas em excesso. O bloqueio da internet não deve ser tão restritivo a ponto de reduzir os benefícios da aprendizagem *online*.

Um exemplo desse tipo de legislação é a proposta de projeto de lei americana intitulada "Lei de Eliminação de Predadores da internet"[*], de 2006 (Wikipedia, 2007d). Essa proposta de projeto de lei atraiu uma polêmica significativa em função do que alguns teóricos consideram como formas extremas de censura de conteúdo educacional que poderia ser acessado pelos alunos *online* nas bibliotecas e nas escolas, ou pelos seus próprios computadores. É válido considerar as argumentações acerca do projeto de lei com o objetivo de observar que tipos de medidas de "endurecimento de alvo" são razoáveis e quais simplesmente equivalem à censura.

"Lei de Eliminação de Predadores da internet" (2006 – H. R.5319 – "DOPA")

Em maio de 2006, um deputado republicano do estado da Pensilvânia, Mike Fitzpatrick, apresentou o projeto de lei mencionado acima à United States House of Representatives[**], com o objetivo de proteger os jovens e as crianças que utilizam a internet dos predadores virtuais. Entretanto, há muitas preocupações que, caso seja promulgado, o projeto acabaria por censurar a autonomia dos professores de escolas e bibliotecários na definição de quais sites são seguros, depositando-a nas mãos de uma comissão destacada pelo governo. A definição geral de "sites de redes sociais" do projeto de lei pode incluir o Facebook (www.fecebook.com/), o MySpace (www.myspace.com/) e o YouTube (www.you tube.com/), e também a Wikipedia (http://en.wikipedia.org/wiki/Main_Page), o Yahoo (www.yahoo.com/), a Amazon (www.amazon.com/) e outros sites informativos, bem como sites ofensivos. O projeto de lei proposto é uma emenda à Lei das Comunicações[***] de 1934 (Wikipedia, 2007e). A Wikipedia informa que projetos semelhantes para bloquear ou restringir o acesso aos sites de redes sociais foram introduzidos nos estados estadunidenses da Geórgia e da Carolina do Norte. Esses projetos poderiam impor sanções penais a toda rede de comunicação social que permitisse que crianças participassem de salas de chat ou de redes de comunicação sem o consentimento dos pais. No momento em que os pais dão o consentimento, também será

---

[*] N. de T.: No original, *Deleting Online Predators Act* 2006.
[**] N. de T.: Equivalente à Câmara dos Deputados nos Estados Unidos.
[***] N. de T.: No original, *Communications Act*.

solicitado que o site forneça acesso total aos pais. O projeto de lei nº 1715 da câmara de deputados de Oklahoma (Estado de Oklahoma, 2007)[11] solicita que as escolas e bibliotecas bloqueiem o acesso à internet como um todo para os menores que não tenham consentimento. De modo semelhante, a Lei de Proibição das Redes Sociais de Illinois* (Estado de Illinois, 2007)[12] solicita que todas as bibliotecas e escolas públicas bloqueiem o acesso a qualquer site de rede social a usuários de todas as idades. Essas propostas de projetos de lei estaduais são coerentes com as demandas recentes feitas pelos sindicatos de professores do Reino Unido e, em menor extensão, do Canadá. Segundo o site Wikipedia, a legislação original referente aos "sites de redes sociais comerciais" era muito menos restritiva e definia esses sites da seguinte maneira:

> Seção 2 (c) (J) Um site da internet operado comercialmente que:
> (i) permite aos usuários criar páginas de internet ou perfis que forneçam informações sobre si próprios e que estejam disponíveis a outros usuários; e
> (ii) oferece algum mecanismo para comunicação com outros usuários como um fórum, uma sala de chat, e-mail ou serviço de mensagens instantâneas.
>
> (Wikipedia, 2007d)

As "salas de chat" foram definidas como:

> Seção 2 (c) (K) Os sites da internet por meio dos quais vários usuários podem se comunicar em tempo real via mensagens de texto e que permitem que as mensagens estejam quase que imediatamente visíveis a todos os outros usuários ou a um segmento designado entre todos os usuários.
>
> (ibidem)

Os sites populares que se enquadram nesta definição incluem o MySpace e o Facebook. De acordo com informações da Wikipedia, no entanto, esta definição poderia também abranger uma variedade de outros sites informativos e comerciais como a Amazon.com e o Yahoo[13]. O projeto de lei "DOPA" proposto foi alterado da seguinte forma:

> (J) sites DE REDES SOCIAIS COMERCIAIS; SALAS DE CHAT
> Dentro de 120 dias após a data da promulgação da Lei de Eliminação de Predadores da internet (DOPA), de 2006, a Comissão deve, de acordo com a regra, definir os termos "site de rede social" e "sala de chat" para os propósitos desta subseção. Ao determinar a definição de um site de rede social, a Comissão deve levar em consideração a extensão na qual um site:
> (i) é oferecido por uma entidade comercial;

---

* N. de T.: No original, *Illinois Social Networking Prohibition Act*.

(ii) permite que os usuários cadastrados criem um perfil *online* que inclua informações pessoais detalhadas;
(iii) permite que os usuários cadastrados criem um diário *online* e compartilhem este diário com outros usuários;
(iv) obtém informações altamente pessoais do usuário, e
(v) permite a comunicação entre os usuários.

Essa nova linguagem permite que a comissão federal das comunicações defina os termos, e isso pode significar que ela poderia até mesmo restringir sites como a Wikipedia. A Wikipedia informa que, ainda que pessoas de ambos os lados do debate sejam favoráveis ao bloqueio de predadores da internet, a maior polêmica está relacionada à eficácia e aos inconvenientes das medidas que são adotadas pela legislação. A maior preocupação envolve a censura da autonomia profissional.

A Wikipedia enumera os argumentos apresentados pelos dois lados do debate. O senador republicano Michael Fitzpatrick e seus apoiadores argumentam que a internet está assumindo o controle a um "ritmo estonteante" e que, como pai, ele tem sérias preocupações em relação aos predadores perigosos. Os defensores do projeto de lei argumentam que a internet faz com que as crianças se sintam à vontade para falar com estranhos, o que é perigoso, daí a necessidade de restringir as salas de chat e as redes sociais *online*.

Aqueles que se opõem ao projeto de lei concentram-se no empenho para revisá-la a fim de abordar diretamente o problema dos predadores da internet e impedir o bloqueio de sites inofensivos e/ou educativos. Conforme o deputado Bart Stupak resumiu: "Lamentavelmente, os predadores de crianças não são o alvo do projeto hoje apresentado. Isso não eliminará os predadores da internet. Ao contrário, eliminará um conteúdo de internet legítimo das escolas e bibliotecas" (Wikipedia, 2007d).

Henry Jenkins (codiretor do programa de estudos comparativos de mídia do MIT[*]) e Danah Boyd, estudiosa que realizou um trabalho de doutorado para analisar o modo como os jovens utilizam a internet (ambos mencionados no Capítulo 4), foram entrevistados em maio de 2006 e lhes foi solicitado que fornecessem as suas opiniões sobre a DOPA (Wright, 2006).

De acordo com Danah Boyd, a lei proposta estenderia as atuais regulamentações que exigem que todas as escolas e bibliotecas mantidas pelo governo federal instalem filtros de internet. Ela observou que a é

---

[*] N. de T.: MIT – sigla original em inglês para Instituto de Tecnologia de Massachusetts; no original, Massachusetts Institute of Technology.

definida de uma forma tão geral que limitaria o acesso a qualquer site comercial que permita que os usuários criem um perfil e se comuniquem com desconhecidos. Embora a intenção da legislação seja em parte visar o site MySpace, bloquearia também inúmeros outros sites, incluindo ferramentas para blogs, listas de e-mails, sites de vídeo e *podcast*, sites de compartilhamento de fotografias e sites educativos como o NeoPets.

O professor concordou com Danah Boyd e explicou que, na teoria, o projeto de lei permitiria que as escolas desabilitassem esses filtros para que os conteúdos pudessem ser utilizados em contextos educacionais específicos, ainda que, na prática, a maior parte das escolas simplesmente bloquearia os seus computadores e se manteria afastada dessa polêmica em função do medo de ser acusada ou multada com base nessa legislação. Jenkins acredita que os professores que desejam explorar as vantagens educativas dessas ferramentas enfrentariam uma investigação e uma pressão ainda maior para interromper essas práticas, e os alunos não teriam a capacidade de explorar esses recursos por meio de pesquisas ou atividades sociais independentes. Além disso, como algumas das entrevistas anteriormente apresentadas constataram, o *status* econômico reduz o acesso às tecnologias em função de uma falta de capacidade aquisitiva familiar. De um modo geral, esses alunos são deixados muito para trás no seu processo de aprendizagem e na sua capacidade de funcionamento em um mundo que prospera com base no uso da tecnologia. Em função dessas restrições à utilização dos computadores e da internet em bibliotecas e escolas, a legislação eliminaria qualquer possibilidade dos adolescentes que não têm acesso aos computadores em casa, e reduziria a sua esfera mais ampla de contatos sociais fora da escola e da família.

Além disso, como Boyd observou, a maior parte das principais empresas de tecnologia estão se voltando para o *software* social, com a utilização de recursos sociais para ajudar os usuários a encontrar informações, obter recomendações e compartilhar ideias. Tudo isso ficaria limitado. Significativamente, ela argumentou que os pressupostos que fundamentam a legislação proposta são imperfeitos, pois os seus proponentes presumem que não se pode alcançar nada de bom com o uso dos sites de redes sociais. Não seria surpreendente constatar que nenhum dos proponentes jamais tenha se inscrito nesses sites e de fato analisado o seu potencial. Portanto, as bases da legislação estão claramente arraigadas nas mentalidades adultas, conforme consta nas abordagens paradigmáticas da tecnologia apresentadas por Lankshear e Knobel (2006). Como exemplo das restrições que ocorreriam mesmo que a legislação ficasse limitada ao MySpace, Boyd observou que muitos alunos do ensino médio atualmente entram em contato com alunos universitários para obter informações sobre as suas faculdades e universidade, a fim de decidir se devem ou não se candidatar a uma vaga. Eles desenvolvem relacionamentos de tutoria que ficariam proibidos pela DOPA. O professor Jenkins aborda essa questão com outra perspectiva:

> Suponha que, em consideração ao argumento, os críticos do MySpace estejam corretos e que o MySpace esteja, de fato, expondo um grande número de adolescentes a situações de alto risco; logo, ajudar esses adolescentes a compreender esses riscos e a desenvolver estratégias para lidar com eles não deveria ser papel das instituições educacionais? Não estaríamos em uma situação melhor se os adolescentes participassem do MySpace sob supervisão de adultos instruídos e informados? Historicamente, ensinamos às crianças o que fazer quando uma pessoa estranha telefonava para casa quando os pais estavam fora; certamente, devemos ter a capacidade de ensiná-las a controlar a forma como se apresentam nos espaços digitais. A legislação federal proposta não contribui para ajudar as crianças a enfrentar os desafios da interação com as comunidades sociais *online*; ao contrário, *permite que professores e bibliotecários abdiquem da sua responsabilidade de educar os jovens em relação ao que passa a ser um aspecto significativo das suas vidas cotidianas. As nossas responsabilidades como educadores deveriam ser aplicar a razão nas situações que são forjadas com medo e ignorância, não fechar os nossos olhos aos aspectos perturbadores da cultura adolescente* [grifos nossos].
>
> (Wright, 2006)

Se comparada com as diretrizes de políticas públicas que são de outro modo recomendadas no site britânico sobre ciberbullying, pode-se ver claramente a diferença entre as mentalidades para a elaboração de políticas que se baseiam no medo e na ignorância, e aquelas que podem ser aplicadas de uma forma abrangente e refletida, de modo a não comprometer as vantagens educacionais do uso da tecnologia.

Voltando à DOPA, nas suas descrições de vários sites, a Wikipedia explica que muitos deles permitem perfis públicos de usuários e oferecem fóruns de discussão. Os exemplos incluem Yahoo, Amazon.com, Slashdot, RedState, CNET Networks e milhares de outros. Isso potencialmente os qualifica como sites de redes sociais, independente do conteúdo presente nesses sites. Observe a seguir alguns dos tipos de utilização educacional para esses sites.

O uso educativo

Segundo a Wikipedia, a maior parte das bibliotecas escolares americanas já conta com filtros no acesso à internet devido à Lei de Proteção às Crianças na internet (CIPA)* (Wikipedia, 2007f). Os adversários do projeto de lei sustentam que o texto do projeto simplesmente estenderia esse processo de filtragem para incluir sites baseados em tecnologias específicas em vez de um conteúdo específico, o que incluiria os sites baseados naquelas tecnologias que são utilizadas para fins educativos. Alguns educadores incorporaram blogs e Wikis nas lições de sala de aula para os alunos devido à sua utilidade como ferramenta de crítica e edição para o trabalho dos alunos, e como fórum para comentários e sugestões por parte de professores e outros alunos. Esses educadores também preferem essas tecnologias por permitirem a discussão fora da sala de aula que pode envolver os alunos e os professores, além dos pais. Apresento abaixo alguns exemplos fornecidos no site Wikipedia relativos às vantagens educativas dessas tecnologias:

> Will Richardson, professor no estado de New Jersey, organizou um blog para que os alunos discutissem o livro "A Vida Secreta das Abelhas"** e convidou a autora Sue Monk Kidd para participar de um chat. Ela pôde responder às questões dos alunos sobre o livro e proporcionar um melhor entendimento da história que o professor por si só teria conseguido. Organizou-se outro blog de modo a permitir que os pais discutissem o livro paralelamente aos alunos.
> Alguns gestores escolares usam blogs para comunicar notícias e informações sobre eventos aos pais e alunos. A *homepage* da escola de ensino fundamental Meriweather Lewis, no estado de Oregon, é atualizada com observações da Associação de Pais e Professores. O diretor e os professores estão utilizando *softwares* para a publicação em blogs e RSS*** para permitir que pais e alunos tenham acesso a informações atualizadas da escola.
> A biblioteca pública da cidade de Pawtucket, em Rhode Island, é uma das muitas bibliotecas públicas que criaram uma página com o seu próprio perfil no site MySpace. Essas bibliotecas estão tentando se comunicar com os clientes adultos jovens de uma forma mais eficaz por meio da utilização de métodos *online* aos quais os adultos jovens estão se acostumando.
> A Bering Strait School District conta expressivamente com um sistema de conteúdo de currículo voltado para mídias Wiki. O sistema de informações estudantis, elaborado com *software* de código aberto, chamado DART, conecta os professores e alunos diretamente para conteúdo wiki, bem como muitas fontes

---

* N. de T.: No original, *Children's internet Protection Act*. Sigla original em inglês.
** N. de T.: No original, *The Secret Life of Bees*.
*** N. de T.: Sigla para Really Simple Syndication (RSS 2.0). A tecnologia RSS serve para agregar conteúdo ou *Web syndication*, podendo ser acessado mediante programas ou sites agregadores. É usado principalmente em sites de notícias e blogs. (Fonte: Wikipedia)

locais de RSS, *podcasts* e *vodcasts*. Os alunos contribuíram com muitas das quase 4.800 páginas wiki como crédito acadêmico durante o período escolar. O sistema DART lhes diz quais são as suas principais fragilidades e os conecta aos recursos de que necessitam para dominar aqueles critérios do currículo.
O projeto de lei permitiria aos menores um acesso rigidamente limitado a esses sites. Para as escolas, o acesso seria permitido apenas com a supervisão de adultos *e* se o site estiver sendo utilizado para fins educativos. No caso das bibliotecas, o acesso seria permitido apenas se fosse concedida autorização dos pais e se os pais forem informados sobre o fato de que "predadores sexuais podem usar esses sites e salas de chat para se aproveitar das crianças".

(Wikipedia, 2007d)

Portanto, mais uma vez, ao invés de instruir os pais com relação ao potencial educativo dessas ferramentas, a legislação realçaria ainda mais o medo dos predadores da internet que simplesmente aguardam *online* para capturar os seus filhos.

O apoio da biblioteca para a educação *online*

A American Library Association (ALA)[*], de um modo geral forte adversária da censura a livros e literatura, é também contrária à introdução da legislação DOPA, tendo solicitado aos seus membros que se oponham ao projeto de lei. De acordo com o antigo presidente da associação, Michael Gorman: "Sabemos que a melhor maneira de proteger as crianças é ensiná-las a proteger a própria privacidade e a fazer escolhas com sabedoria. Para este fim, bibliotecas de todo o país oferecem formação sobre a utilização segura da internet" (Wikipedia, 2007d). No dia 11 de julho de 2006, a diretora executiva da Young Adult Library Services Association (YALSA)[**], Beth Yoke, testemunhou diante da subcomissão de telecomunicações e internet da comissão de energia e comércio. Ela definiu a postura combinada da ALA e da YALSA sobre a questão, ao dizer:

> Os bibliotecários que trabalham com jovens creem e, mais significativamente, sabem, por experiência, que a educação a respeito das práticas seguras na internet – *tanto para os jovens quanto para os pais* – é a melhor maneira de proteger os jovens. Acreditamos que os controles tecnológicos excessivamente amplos que seriam necessários na vigência da DOPA são muitas vezes inefica-

---

[*] N. de T.: Literalmente, Associação Americana de Bibliotecas. Sigla original em inglês.
[**] N. de T.: Literalmente, Associação dos Serviços de Bibliotecas para Jovens Adultos. Sigla original em inglês.

zes, considerando-se a natureza de rápida modificação peculiar à tecnologia moderna. Além disso, esses controles tecnológicos muitas vezes obstruem inadvertidamente o acesso a sites benéficos. Na essência, acreditamos que essa legislação levará ao bloqueio de sistemas ou *softwares* de internet interativos fundamentais e benéficos, e ainda ampliará a exclusão digital.

(Wikipedia, 2007d)

Como no caso dos professores, a DOPA censuraria a autonomia profissional dos bibliotecários e o apoio local dos curadores da biblioteca, dos conselhos escolares eleitos e dos membros da comunidade, e colocaria a autonomia nas mãos dos delegados que não teriam contextualização nem conhecimento sobre as comunidades nas quais as bibliotecas estivessem situadas.

É importante enfatizar mais uma vez a falta de atenção ao *contexto* por parte deste projeto de lei americano, e observar o quanto esta é uma abordagem totalmente diferente daquela adotada pelas diretrizes de políticas públicas apresentadas no site britânico do Becta. O site do Reino Unido se concentra no contexto e no ambiente local ao tratar do ciberbullying e do crime eletrônico, o que faz muito mais sentido. Aqueles que se opõem à DOPA sustentam que essa ação federal poderia desgastar a autoridade das pessoas responsáveis pela utilização segura das bibliotecas, considerando-se que até 80% dos recursos para bibliotecas e escolas tem origem local (Wikipedia, 2007d).

Os adversários do projeto de lei argumentam que as pesquisas apresentadas pelo deputado Michael Fitzpatrick em apoio ao projeto encontraram, nas duas pesquisas de opinião que cobriram 3.001 crianças e adolescentes com idade entre 10 e 17 anos, apenas dois casos de violência sexual ocorridos por meio de aliciamentos pela internet. A Wikipedia informa que, no total, um questionário sobre a segurança dos jovens na internet sugeriu que o número de crianças e adolescentes aliciados sexualmente *online* em 2005 é reduzido em comparação com os números registrados em 1999. Isso sugere que os usuários da internet estão se tornando mais habilidosos no que se refere a evitar essas solicitações. Entretanto, crianças e adolescentes com idades entre 10 e 17 anos sofrem mais o assédio, o bullying e o ciberbullying praticado pelos seus pares do que por pessoas desconhecidas.

As respostas canadenses

No capítulo seguinte, discuto com algum detalhe uma resolução que foi esboçada pela Federação Canadense de Professores a fim de elaborar respostas de políticas públicas ao bullying virtual (em especial, as formas de expressão virtual antiautoridade emergentes nos sites de redes sociais). No que se refere à legislação existente, no Canadá a educação está sujeita à jurisdição de cada província. A província de Ontário foi a mais atuante para introduzir uma legislação para tratar do bullying, quando, em 2000, criou a controversa Lei de Segurança nas Escolas[*]. A lei deu aos professores poder discricionário para suspender alunos indefinidamente até que um conselho administrativo possa se reunir e decidir se estes devem ou não ser expulsos. Isso provocou sérias preocupações entre os pais quanto à forma como, nesse meio tempo, isso poderia afetar a educação dos alunos. A Lei foi então inserida na Lei de Educação de Ontário[**], que foi recentemente alterada mais uma vez para contemplar o clamor dos professores e gestores escolares em relação às formas de expressão virtual antiautoridade nos sites de redes sociais. O projeto de lei da Lei de Emenda da Educação datado de 16 de abril de 2007, em uma primeira versão, afirmava:

> Um diretor deve considerar a hipótese da suspensão caso acredite que o aluno tenha participado de qualquer uma das seguintes atividades enquanto estava na escola, em uma atividade ligada à escola *ou em outras circunstâncias em que a participação nesta atividade tenha impacto no clima da escola* {grifos nossos}.
>
> (Roher, 2007)

Essa seção é bastante geral no que se refere a cobrir as manifestações sobre os professores no Facebook e em ferramentas de redes sociais semelhantes. Curiosamente, embora a Lei alterada também acrescente o "bullying" como uma ação que permita a hipótese da suspensão (e não da expulsão), não há nenhuma referência específica ao "bullying virtual". Os especialistas em legislação (Flynn, 2007) sugerem que isso se deva às questões controversas levantadas pelos protestos de alunos contra a violação dos seus direitos de liberdade de expressão no momento em que as escolas os suspendem por algo que eles veem como conversas "privadas" entre amigos.

CONCLUSÃO

No Capítulo 7, discutirei algumas das decisões judiciais com base na jurisprudência consagrada ou emergente que até certo ponto esclarecem os limites neste sentido. A ironia da emenda à Lei da Educação de Ontário é que, embora a ministra da Educação, Katheen Wynne, tenha feito declarações públicas afirmando que o governo quer se afastar de

---

[*] N. de T.: No original, *Safe Schools Act*.
[**] N. de T.: No original, *Ontario Education Act*.

uma abordagem de tolerância zero, o mesmo governo instituiu uma legislação que apoia as suspensões nos casos de bullying. As suspensões escolares são, de um modo geral, instruídas por perspectivas de tolerância zero. A legislação não está baseada na pedagogia educacional. Divulgou-se que Wynne teria afirmado que: "Quero reunir alguns alunos e quero começar a falar com as crianças e os adolescentes sobre o que está acontecendo nas suas vidas e sobre o seu entendimento em relação ao ciberbullying e a tecnologia" (Canadian Press, 2007). Os comentários dela levam a perguntar: se o ministério estava tão disposto a ouvir a perspectiva dos jovens, não teria sido melhor ouvir o que eles tinham a dizer primeiro, antes de acrescentar as emendas à legislação?

Além disso, como observei, a legislação é bastante geral ao ponto de permitir discernimento suficiente por parte dos educadores que veem valor no fato de suspender os alunos por atividades que terão impacto no clima da escola. Como no caso da legislação DOPA proposta nos Estados Unidos e da legislação da União Europeia que passaram a ser alvo de críticas por violarem os direitos civis, os pressupostos que sustentam a legislação da província de Ontário, no Canadá, baseiam-se na crença de que não há valor educativo a ser obtido a partir da discussão com os alunos sobre formas de manifestação antiautoridade *online*. Pressupostos semelhantes formam a base de um regulamento municipal em outra província canadense, Saskatchewan, onde o Conselho da Cidade de Regina decidiu "ter o bullying como alvo" conforme a mídia designou, ao permitir multas de até 2 mil dólares pela prática de bullying em público ou no ciberespaço. O regulamento também transformou em delito criminal o ato de tirar fotografias ou fazer filmagem de brigas e postar na internet (CBC News, 2006). Os alunos com idades inferiores a 12 anos não estão sujeitos ao regulamento, e, nos casos que envolvam jovens com idades entre 12 e 16 anos, solicita-se que os pais paguem a multa.

Neste capítulo, apresentei duas respostas muito distintas (as políticas públicas adotadas no Reino Unido e a legislação DOPA) para ilustrar as maneiras pelas quais as partes envolvidas dentro das comunidades escolares podem tanto ser capacitadas para trabalhar coletivamente a fim de encontrar soluções em conjunto (o Reino Unido), ou o quanto a autonomia de ator local dos profissionais da educação, dos bibliotecários, dos conselhos escolares e daqueles que compreendem as suas comunidades pode ser removida. Essas formas locais de autonomia podem ser substituídas por poderes gerais que são colocados nas mãos de representantes do governo que censuram a distância (DOPA).

Expliquei, também, que os adultos comparam as vidas dos seus filhos com as suas próprias experiências de processo de crescimento – que eram muito diferentes das experiências de vida das crianças de hoje. A mentalidade que os adultos levam para as tecnologias, para o aprendizado *online* e para o uso das redes sociais na internet entre os jovens está muito relacionada com a metáfora da caverna de Platão. Aqueles que leram *"A República"* (1987) de Platão lembrarão a história de um grupo de homens que foram acorrentados em uma caverna. Eles encararam apenas uma das paredes da caverna durante a maior parte das suas vidas, onde as únicas mudanças que viam eram as formas das suas próprias sombras deslocando-se com a luz do fogo por trás deles. A libertação da caverna para a luz do dia, com toda a sua claridade, sua cor e suas imagens, seria avassaladora para aqueles homens da caverna. O conflito se torna mais intenso na medida em que apenas alguns dos homens escapam e aprendem a viver no mundo exterior. Quando retornam para a caverna, jamais poderiam se adaptar às antigas regras e relações de poder, e aqueles que no passado estiveram no poder, naturalmente teriam dificuldades para compreender como e por que ocorrera esse deslocamento de poder.

Da mesma forma, a internet, com o seu crescimento acelerado e seu potencial infinito, pode ser avassaladora para aqueles que não sejam proficientes na sua utilização. Esta é uma etapa da modernidade, como observa Jenkins (Jenkins e Boyd, 2006), que vai passar à medida que a próxima geração que cresce com as tecnologias se tornar adulta. Os nossos jovens são homens da caverna que escaparam – e aprenderam a viver no mundo "real" (que hoje exige um ajuste ao ciberespaço). Quando eles crescerem, a internet e as tecnologias a ela relacionadas serão um elemento essencial das suas vidas, da sua comunicação e da sua aprendizagem. Porém, enquanto isso, precisamos encontrar solução para os erros dos homens da caverna que acabam de ser libertados. Observamos o quanto eles tentam desesperadamente recuperar o controle da vida da forma como a conheciam. Uma vez que se coloca um pé para fora da caverna, é impossível voltar à antiga realidade. Neste sentido, o conhecimento tal como o conhecíamos foi transformado para sempre pelas tecnologias. É imperativo, portanto, que nos acostumemos a essa nova realidade e trabalhemos com ela, em vez de tentarmos controlar um mundo que é muito mais amplo que a nossa imaginação nos permitirá alcançar.

Para identificar os limites jurídicos no ciberespaço, precisamos de um sistema de referência que nos informe como as regras do jogo são – e como devam ser – definidas no mundo real. É no nosso universo físico que se estabelecem as relações de poder entre as partes envolvidas. Uma vez que compreendamos os níveis de poder exercidos pelas partes envolvidas nos ambientes físicos que definem as regras de conduta, do discurso e do ensino, será mais fácil avaliar o porquê de determinadas partes envolvidas, como os professores e seus sindicatos, se oporem de forma mais eloquente às regras emergentes relativas ao conhecimento no ciberespaço. As lutas de poder não se limitam ao desequilíbrio entre as esferas federal e local – elas se complicam ainda mais pelos interesses do poder e pelo *desejo de interferir* na definição dos processos de aprendizagem. Isso ocorre porque, em última instância, a educação influencia as hegemonias sociais normativas que, no passado, tiveram êxito em sustentar o currículo da ortodoxia nas escolas. Como o exemplo da legislação DOPA demonstra, as tecnologias levam desafios enormes àqueles que se sentem à vontade para limitar as ideias, os espaços e as oportunidades de aprendizagem das crianças. No fim das contas, a proibição de recursos de qualquer tipo que limitam aquilo que os alunos ouvem, aprendem, exploram e absorvem é algo que reproduz formas de expressão negativas, discriminatórias e antiautoridade que são, antes de tudo, objetos de controle.

Em outras palavras, se compreendermos como as regras de conduta funcionavam dentro da caverna e determinarmos que atores detinham o maior do poder e o maior controle, isso nos ajudará a avaliar por que esses atores são os que mais temem o poder que o ciberespaço proporciona aos nossos jovens. É a essas formas de poder dos atores envolvidos e à abordagem conceitual que determinados atores levam à supervisão nas escolas que me volto no Capítulo 6, antes de passarmos a uma discussão das responsabilidades legais no Capítulo 7.

NOTAS

1 A pesquisa do NCH (2005) descobriu que aproximadamente 30% dos alunos que sofreram ciberbullying não contaram a ninguém. Setenta por cento das crianças da sétima à nona série do ensino fundamental que participaram da minha pesquisa em Québec (Shariff, projeto SSHRC, 2007b) afirmaram não acreditar que fosse responsabilidade da escola intervir no bullying quando este ocorre fora da propriedade física da escola. Examino, de forma detalhada, alguns desses casos posteriormente para analisar as maneiras pelas quais os meios de comunicação colocam certa distorção na nossa compreensão desses casos.
2 Embora a maior parte desses exemplos de casos tenha sido retirada de reportagens da mídia que enquadram as matérias de uma determinada forma, o que é inquestionável em todos eles é a maneira pela qual os jovens e utilizam o seu espaço na

internet. Enquanto isso, os fatos relativos às posturas em geral adotadas por parte de várias partes envolvidas – alunos, pais, políticos e educadores – são constantes em todas as reportagens jornalísticas.
3   A parte final da reportagem afirma que ele foi expulso, quando na verdade ele foi apenas suspenso pelas autoridades da escola.
4   O fenômeno do *happy slapping* é explicado no Capítulo 2.
5   Para mais informações, entre em contato pelo e-mail: P.Tsatsou@lse.ac.uk.
6   Disponível no site: www.legifrance.gouv.fr/.
7   Enquanto este livro estava no prelo, o OFSTED publicou um relatório sobre bullying/bullying virtual em 14 de fevereiro de 2008, disponível no site: www.ofsted.gov.uk.
8   Mitchell et al. (2003); O'Connell et al. (2002); Wolak et al. (2006).
9   Girodo et al. (2002); Mitchell et al. (2005); Mota (2002); Volokh (1997).
10 Cao e Maume (1993); Cohen e Precentor (1980); Collins et al. (1987); Cozinheiro (1987); Gaetz (2004); Garofalo et al. (1987); Lasley (1989); Linche (1987); Madriz (1996); Moriarty e Williams (1996); Mustaine e Tewksbury (1997, 2000); Roncek e Sino (1981); Roncek e Maier (1990); Sampson e Wooldredge (1987); Spano e Nagy (2005); Tseloni et al. (2004); Woolredge et al. (1992).
11 Disponível no site: www.okhouse.gov/Committees/CommitteeReports/7017.doc.
12 Disponível no site: www.ilga.gov/legislation/.
13 Sites bem conhecidos que se encaixam nessa definição incluem o MySpace (www.myspace.com/), o Friendster (www.friendster.com/) e o Livejournal (www.livejournal.com/). No entanto, essa definição pode potencialmente cobrir uma variedade muito mais ampla de sites. Muitos sites jornalísticos como o Slashdot (http://slashdot.org/) e blogs como o RedState (www.redstate.com/) permitem tanto perfis públicos quanto diários pessoais. O site Amazon.com (www.amazon.com/) permite perfis pessoais, inclusive fotos e informações sobre interesses pessoais e formas de contato. Além disso, muitas empresas de comunicação como a News.com (http://news.com.com/) e a CNET Networks (www.cnetnetworks.com/) permitem que os usuários criem perfis que exibem fotos e outras informações pessoais, e permitem também o envio de e-mails a outros membros do site. Alguns serviços de chat muito conhecidos incluem o ICQ (www.icq.com/), o AOL Instant Messenger (www.aol.com/) e o Yahoo! Chat (http://messenger.yahoo.com/chat.php).

6
O poder dos envolvidos

O bullying praticado com a utilização das novas tecnologias de informação (...) dá aos jovens e crianças muito mais poder do que eles jamais tiveram.

(Superintendente de escola Anne Kerr, citada em Girard e Nguyen, 2007)

INTRODUÇÃO

As batalhas são essencialmente uma questão de poder. Iniciei este livro com questões sobre por que o problema do bullying virtual é sempre apresentado como uma batalha. No Capítulo 5, defini o contexto ao sugerir que os leitores refletissem sobre o quanto vigiamos as crianças e sobre as mentalidades que os adultos continuam adotando para conceituar as tecnologias da comunicação, ainda que estas estejam presentes por pelo menos duas décadas.

Quero, neste capítulo, analisar um pouco mais a mentalidade que informa as respostas dos diversos envolvidos às formas recentes do "bullying virtual" que tem causado tanto clamor público no mundo todo. Esse tópico dá prosseguimento ao tema da "supervisão adulta constante" apresentada no capítulo anterior. Quero analisar os papéis das partes envolvidas na determinação das formas de conhecimento e de expressão acessíveis aos jovens. Esse debate altamente público ligado ao ciberbullying se refere basicamente à expressão, à privacidade e à censura, ou ao controle dessa expressão.

Creio que seja relevante basearmo-nos no meu conhecimento relativo à censura nas escolas para destacar maneiras pelas quais vários envolvidos de escolas comunitárias a tem empreendido sempre a fim de definir e manter um currículo de ortodoxia que se ajusta às expectativas e aos padrões normativos (Shariff e Johnny, 2007a. Shariff e Manley-Casimir, 1999). Quaisquer mudanças feitas no *status quo* que ameacem abalar as bases de poder nas escolas e colocá-las nas mãos de personagens menos poderosos em geral são vistas como uma ameaça que deve ser reprimida com o uso de quaisquer que sejam os meios necessários a fim de botar os arrivistas nos seus lugares. A citação apresentada no início deste capítulo, que se refere a uma afirmação feita por uma superintendente de escola (Girard e Nguyen, 2007), confirma o tipo de mentalidade adulta que, como Lankshear e Knobel (2006) explicam, limita a compreensão dos adultos dos letramentos digitais e do seu imenso potencial para a *educação*.

Quando gestores experientes se queixam do poder demasiado nas mãos dos alunos, isso gera uma série de questões: O que há de errado com o poder nas mãos das gerações futuras? Não podemos trabalhar com os jovens e ajudá-los a utilizar as ferramentas tecnológicas incríveis disponíveis de maneiras responsáveis e voltadas para o interesse da sociedade? Qual o sentido de, em vez disso, suspendê-los da escola? Isso de alguma forma diminui o seu poder *online*? Comprovadamente, não. Não há absolutamente nenhuma vantagem educacional. Devemos é nos concentrar em instruí-los em relação a como não abusar desse poder. Trabalhar com eles para demonstrar abordagens de liderança transformadoras, de modo que possam utilizar as suas habilidades tecnológicas para construir um mundo melhor. Dito de outra forma, não seria tão insensato "dar autonomia" aos jovens e às crianças para que possam usar o seu "poder" recém-adquirido de maneiras respeitáveis!

Lamentavelmente, é raro darmos autonomia aos jovens e às crianças em contextos educacionais. Muitos países têm acordos de tratados sujeitos à Convenção Internacional dos Direitos da Criança das Nações Unidas (Organização das Nações Unidas, 1989), onde foram firmados compromissos para garantir os três "Ps" – a proteção, a provisão e a participação das crianças. Segundo o tratado, estes países devem apresentar um relatório às Nações Unidas a cada quatro anos. O último relatório apresentado pelo Canadá recebeu uma boa pontuação em relação à proteção e à provisão, porém não obteve os mesmos resultados no que se refere à categoria da "participação", em particular pelas informações fornecidas pelas escolas (Howe e Covell, 2000). Permitir que os alunos participem ou se envolvam com a própria aprendizagem exige um esforço consciente por parte dos professores e da administração das escolas para conferir-lhes responsabilidade e torná-los responsáveis pelas próprias ações e pelo próprio processo de aprendizagem de uma maneira participativa. Neste capítulo, apresento comprovações a fim de sustentar a minha argumentação de que a resposta às postagens depreciativas na internet por parte dos alunos sobre as escolas, os professores e as autoridades escolares tem atraído uma reação tão forte e urgente dos professores, das escolas e dos representantes dos governos em escala mundial, que isso sugere que essas autoridades escolares consideram que as *suas* atuais bases de poder estejam ameaçadas:

1 preocupam-se com a "tecnologia" por "ela" ser tão difícil de controlar; e
2 preocupam-se com o poder demasiado nas mãos dos alunos porque, dessa forma, as bases do poder como parte envolvida que sempre controlaram aquilo que crianças e adolescentes acessam e aprendem ficarão reduzidas.

Se os alunos, por meio da própria habilidade na internet, conseguem acessar novas formas de conhecimento e de expressão que não estejam sujeitas ao controle das autoridades, logo isso representa uma ameaça às formas de conhecimento que sempre foram produzidas, reproduzidas, perpetuadas e sustentadas nas escolas (Apple, 2000; Kinchelow, 2005; McLaren, 1991).

O CONTROLE DO CONHECIMENTO

Ainda que eu não aceite as piadas e as formas de expressão depreciativas contra as autoridades estabelecidas que ocorrem entre os jovens na internet, questiono o que leva os alunos a humilhar os seus professores e os diretores das escolas? Em muitas das matérias jornalísticas que li e mencionei neste livro, parece já haver uma tensão entre os professores e as autoridades escolares e os alunos que tenham manifestado opiniões negativas ou ofensivas sobre esses professores e autoridades escolares na internet. Além disso, nas comunicações pessoais dos gestores escolares e de alguns professores, pude perceber um padrão que sugere que os professores ficam mais perturbados pelas postagens dos alunos quando há algum fundo de verdade nos comentários. Isto é, quando um professore tem dificuldades para administrar uma turma, e os alunos comentam sobre isso; quando um professor é moralista e tem regras demais e os alunos comentam sobre isso; quando determinados professores ignoram ou marginalizam algum aluno e costumam atormentar sempre os mesmos alunos, eles podem ficar seriamente abalados pelos comentários dos alunos que refletem essas realidades. Comentários relativos à higiene, à aparência e à orientação sexual também podem ter um impacto significativo na autoconfiança dos professores e na forma como eles são vistos pelo público.

Em alguns casos, é notável que professores que não foram alvos das postagens dos alunos na internet assumissem um papel de liderança ao obterem adesões em abaixo-assinados feitos pela escola ou pelos seus sindicatos de professores a fim de tomar alguma atitude como forma de reação à manifestação antiautoridade na internet. Tenho conhecimento, por meio de diversas comunicações pessoais cujas fontes não posso revelar, que em geral esse ativismo por parte dos professores pode estar mais ligado a uma *ação política* que de fato ao que os alunos fazem na internet. O ativismo dos professores representa uma forma de resistência às políticas e práticas dos seus conselhos e administrações escolares. Em outras palavras, nas escolas onde há um desacordo entre os professores e os gestores, e certamente entre professores dos mesmos departamentos, nesse caso um incidente relativamente inócuo pode sair do controle porque os professores podem ter uma reação emocional exagerada, não necessariamente ao conteúdo das postagens, mas em consequência de um ambiente escolar já intoxicado.

As respostas das escolas e dos governos raramente tratam das relações de autoridade em absoluto – a não ser no sentido de reforçar a "autoridade" ao demonstrar o seu "poder" pelo uso da punição. Portanto, peço que os leitores tenham um pouco de paciência enquanto apresento o contexto que explica por que as respostas às manifestações *online* dos alunos podem estar sendo inadequadas, exatamente da mesma forma como tem ocorrido no caso do bullying tradicional. As expressões virtuais antiautoridade, tal como são consideradas – com o poder de desestabilizar a autoridade –, têm atraído reações e respostas contraditórias por parte dos professores. Essas respostas, incentivadas pela mídia, opõem a "tecnologia" e os alunos em um lado contra a escola e as autoridades governamentais em outro. Os professores levam ao seu sentimento de vitimização mais do que a mera dor pelos comentários depreciativos feitos contra eles. Esses comentários são baseados em outras formas de frustração, como turmas grandes, falta de tempo, demandas administrativas, tempo extra para as crianças com necessidades especiais e assim por diante. As tensões se acumulam contra os gestores escolares e os conselhos escolares. Essas "batalhas" não se resumem meramente ao ciberbullying ou ao enquadramento da mídia.

Essas batalhas se referem essencialmente ao controle das informações e à definição do conhecimento. Consistem em manter as hegemonias de poder que sustentam os próprios sistemas de opressão baseados no racismo, no sexismo, na homofobia e no preconceito contra pessoas com incapacidades físicas que emergem como bullying. Lamentavelmente, são modeladas e toleradas de forma tácita pelos adultos na nossa sociedade. Dito de outra forma, os alunos que são punidos pelas suas manifestações contrárias à autoridade do professor muitas vezes *refletem* atitudes e perspectivas que estão profundamente arraigadas dentro das estruturas políticas e orgânicas da cultura das suas escolas e da sociedade como um todo. Este é o resultado das formas normativas de conhecimento (livros didáticos históricos, abrangentes e bem pesquisados) e das formas de expressão que governos, escolas, pais e grupos de interesse específicos impedem nas escolas, e das que promovem visando à manutenção das hegemonias normativas. Isso por sua vez resulta em um currículo de ortodoxia (Shariff e Johnny, 2007a).

Leanne Johnny e eu (2007) escrevemos que, por meio da "seleção" controlada de livros didáticos, livros de biblioteca, recursos educativos e discussões de sala de aula, as autoridade escolares empreendem uma "censura" a fim de oferecer aos alunos um currículo oficial informado pelos interesses do poder. Os interesses das partes envolvidas influenciam e determinam o apreço dos alunos em relação às formas normativas e facilmente controláveis de conhecimento. É quando *a gestão* da informação e da expressão está em perigo que se acendem as disputas dos atores envolvidos. Como no caso do bullying virtual observado dos professores e funcionários das escolas, as disputas nas escolas muitas vezes giram em torno da liberdade de expressão, da privacidade, da segurança e da proteção dos direitos civis. Os alunos e alguns pais acreditam que as escolas não têm nenhum direito de intervir no que chamam de computadores domésticos. Os representantes das escolas argumentam que, no momento em que existe um nexo com a escola, eles têm todo o direito de intervir.

Os pais estão entre as partes envolvidas da escola que também são influenciadas pelo modo como a mídia enquadra determinadas situações (conforme foi explicado no Capítulo 3). Os pais elegem os gestores dos conselhos escolares, os quais por sua vez se curvam à pressão feita pelos representantes do governo no sentido de restringir e controlar quais fontes de conhecimento são apresentadas às crianças nas escolas. Os professores e diretores das escolas, por sua vez, se curvam à pressão dos pais, dos conselhos escolares, dos políticos e da mídia, preocupados com a própria imagem pública e reputação na formação de cidadãos "morais". Por sua vez, censuram ou restringem o acesso a – ou a expressão de – determinadas formas de comunicação por parte dos alunos. O que nenhum deles consegue perceber é que, em vez de criar um ambiente de aprendizagem positivo, capacitador e envolvente, esses sistemas de opressão cruzados e integrados (Razack, 1998) sufocam a criatividade e o desenvolvimento, o questionamento intelectual e a inovação. Em vez disso, fornecem terreno propício à reprodução do preconceito e do fanatismo, das hierarquias autocráticas de poder e a marginalização dos alunos oriundos de grupos com pouca representatividade e desprivilegiados que não satisfazem os padrões.

Sucintamente, *as escolas podem se tornar terrenos de reprodução para a discriminação e a intolerância* da sociedade. Algumas escolas não apenas criam uma cultura de ortodoxia, mas também sustentam uma cultura do medo e da superproteção, o que legitima a necessidade de supervisionar os alunos o tempo todo. Encontrei-me recentemente com gestores de várias escolas, e todos eles já tiveram de lidar com casos nos quais os professores foram difamados ou caluniados por alunos na internet. Alguns gestores ficaram apavorados com o poder coletivo dos seus corpos docentes e dos sindicatos de professores que os apoiaram. Uma frustração comum em todas as suas experiências era o tempo, em especial a falta de tempo. Houve situações em que foram feitas promessas de que seriam tomadas providências. Nesse meio tempo, houve o vazamento de um desses casos para a mídia. Em pelo menos quatro casos, o vazamento prematuro de informações parciais para a mídia gerou pânico em massa entre pais e professores, além de compreensões equivocadas dos casos de bullying virtual. As descrições de dois casos específicos que são apresentadas a seguir me foram repassadas por meio de comunicação pessoal; as fontes são confidenciais e não podem ser divulgadas.

No primeiro caso, uma menina publicou uma lista de desejos que relacionava as pessoas da sua escola que ela gostaria de matar, incluindo professores e alunos. A lista não foi postada *online* com o nome dela, mas sim com o nome de outra pessoa, uma aluna que ela queria incriminar. No dia seguinte, começaram a se espalhar boatos entre os alunos de que havia um assassino portando uma arma no prédio. O pânico em massa tomou conta da escola. O diretor estava em uma reunião fora da escola. Quando chegou, a polícia havia cercado o prédio. As crianças haviam ligado para os pais pelos celulares e os pais haviam corrido para buscar os filhos. Por fim, a garota errada foi presa, interrogada e suspensa. Demorou alguns dias até que a verdadeira culpada fosse identificada.

Em outra escola, professores revoltados apresentaram um abaixo-assinado ao diretor solicitando a remoção de vários alunos da escola. Cem alunos haviam participado de um fórum de discussão *online* sobre os professores. Os alunos que foram apanhados fazendo a maior parte dos comentários ligados à pedofilia e à orientação sexual foram suspensos. Os pais de uma aluna e o diretor da escola haviam chegado a um acordo segundo o qual a mídia não divulgaria o fato da aluna deixar a escola. No dia da assinatura dos documentos de liberação, as manchetes dos meios de comunicação falavam de uma "aluna expulsa" da escola. Alguém da escola havia provocado o vazamento da informação para a mídia. A quebra de confiança fez com que os pais da aluna mudassem de ideia e insistissem que a filha permanecesse na escola. Em toda essa negociação política – entre os professores, a administração da escola e os pais – o futuro educacional da aluna em questão ficou esquecido. Como ela seria recebida pelos professores na escola? Caso saísse mesmo, ela precisaria se despedir de muitos amigos. Quando um jovem está no ensino médio, os amigos e as relações com os colegas significam tudo para ele. Os adolescentes cometem erros. Obrigar a adolescente a abandonar a escola poderia ter sido uma punição rigorosa demais. A aluna estava em uma situação sem saída. Os professores não a queriam na escola.

Conforme demonstrei nos Capítulos 2 e 4, a pressão exercida pelos pares, a socialização, as influências da família e a ação dos hormônios podem influenciar o modo como os alunos se expressam. Algumas das disputas políticas que surgiram entre os adultos envolvidos nestes incidentes ignoram o fato de que as pessoas aprendem com a experiência e deveriam receber uma segunda chance. Até mesmo os adultos cometem erros e recebem uma comutação, conforme mostrarei no Capítulo 7, quando discuto casos jurídicos. Quando os adultos adotam posturas arraigadas e insistem quanto ao que seja melhor para os alunos, rapidamente esquecem a noção jurídica dos "melhores interesses da criança". O mais alto tribunal do Canadá manifestou claramente que as escolas e os pais devem avaliar o que é melhor para as crianças – em vez de colocarem as próprias vontades em primeiro plano nas decisões que envolvam a educação das crianças (*Eaton vs. Brant County Board of Education* {1997} 1 S.C.R. 241).

Portanto, quando analisamos com maior cautela as "batalhas" do bullying virtual, constatamos que são as partes envolvidas adultas da sociedade, e não as crianças, que de fato servem como modelo e incentivam os comportamentos "antissociais" e "antiautoridade". Quando os jovens da sociedade empreendem manifestações discriminatórias, hostis e de ordem sexual, *eles* são os únicos que sofrem as consequências, são *eles* que são suspensos ou expulsos das escolas (o que resulta em registros acadêmicos que os impedem de entrar em universidades, tirando-lhes a oportunidade de serem bem-sucedidos na vida). As crianças e os adolescentes pagam o preço mais alto pelas nossas respostas bitoladas a cada etapa – das vítimas de suicídio como Hamed Nastoh e Dawn Marie Wesley, às vítimas assassinadas como Reena Virk; porém, em última análise, toda a sociedade acaba sofrendo. Bram, Brad e a maioria dos jovens durante a adolescência são simplesmente apanhados em uma batalha de poder entre envolvidos adultos que desejam controlar as vidas dos jovens – e os seus espaços. Não surpreende, portanto, que o ciberespaço, com o seu vasto potencial para todos os tipos de expressão, informação, comunicação e conhecimento, tenha tirado a sujeira de baixo do tapete que preservava a reputação das escolas.

É por isso que, para o corpo de funcionários das escolas, é tão insuportável estar no lado receptor do bullying virtual – onde o equilíbrio de poder se desloca para os alunos à medida que estes adquirem uma proficiência no ciberespaço que claramente supera a de muitos professores e funcionários das escolas. Acredito que, quando o processo de seleção (neste caso, a forma de punição) é motivado por outras razões que não a importância educativa de um recurso de aprendizagem, com frequência se ultrapassa o limite tênue no qual a seleção se transforma em censura.

ATORES INFLUENTES

Antes de entrar em uma discussão das considerações jurídicas levantadas por esses debates, é importante analisar o modo como têm sido historicamente representadas as controvérsias da censura entre os atores envolvidos, e examinar as hierarquias de poder que se cruzam e se integram para resultar em políticas e práticas que podem nem sempre ser no melhor interesse dos alunos, do ambiente de aprendizagem ou do avanço do conhecimento e das relações democráticas na sociedade.

A título de advertência, não sugiro que todas as iniciativas das escolas (muitas das quais são executadas criteriosamente para lidar com o problema) estejam destinadas ao fracasso. Além disso, não sugiro que muitos esforços sinceros por parte dos professores e funcionários das escolas sejam *conscientemente* projetados para promover a ortodoxia. O que quero transmitir é que certas perspectivas dentro das hegemonias gerais em relação à autoridade, à disciplina, à manutenção da ordem, ao bem público e aos valores comuns estão tão enraizadas que as respostas e soluções aparentemente sensatas e convenientes muitas vezes se revelam inadequadas. Isso ocorre em função das mentalidades restritivas ligadas à disciplina do aluno e aos letramentos digitais que informam essas iniciativas. Por exemplo, os pesquisadores argumentam que o motivo pelo qual tantos programas antibullying e políticas de tolerância zero não têm conseguido reduzir o bullying tradicional é o fato de terem oferecido soluções superficiais, soluções "*band-aid*".

Segundo Skiba e Peterson (1999), o conceito de "tolerância zero" como forma de disciplina surgiu a partir de um modelo militar do exército quando os soldados eram apanhados bebendo. Quando esse modelo foi trazido para o contexto escolar, deu aos educadores uma sensação de estar no comando. O modelo também se encaixou como item das suas "listas de coisas para fazer" e às suas orientações sobre como "administrar" o "problema", mas não atacava as causas originais. As causas originais são quase sempre motivadas por formas cruzadas e integradas de discriminação (racismo, sexismo, homofobia, preconceito contra pessoas com incapacidades físicas, classes socioeconômicas) e diferenciais de poder que marginalizam alguns membros da sociedade mais do que outros (Dei, 1997; Razack, 1998).

Desse modo, começo a analisar os professores enquanto atores influentes, a avaliar o modo como eles se posicionam ao lidar com as formas de expressão que os insultam ou depreciam diretamente ou bullying tradicional e o bullying virtual.

Os professores e seus sindicatos

Conforme escrevo este capítulo, um novo estudo foi lançado pela Ontario College of Teachers (OCT, 2007). O estudo informa que 84% dos professores respondentes relatam ter passado pela experiência do bullying virtual na forma dos alunos publicarem fotografias ou declarações obscenas ou difamatórias na internet; 41% têm conhecimento de que o bullying virtual esteja ocorrendo com outros professores; 33% informam saber que esteja ocorrendo com os seus próprios alunos, e 16% sabem que ocorre com alunos de suas escolas.

Pergunta: Como você sabe, a mídia tem falado sobre o bullying virtual, em que os alunos publicam fotos ou declarações obscenas ou difamatórias na internet com o objetivo de prejudicar outras pessoas. Até que ponto cada um dos atores envolvidos apresentados abaixo vivencia o bullying virtual?

Tabela 6.1 Os professores quanto à vivência do bullying virtual (%)

	Sem dúvida vivenciaram				Sem Dúvida, não vivenciaram		Não sabe
	5	4	3	2	1		
Você, pessoalmente	84	3	3	2	5	4
Outros professores ou gestores da sua escola	41	16	11	9	12	11
Os seus alunos	33	11	14	12	18	11
Alunos da sua escola	16	13	19	17	25	10

(Fonte: Reproduzido com a permissão da OCT, 28 de agosto de 2007)

A. e-mail.
B. Conteúdo de sala de chat ou *bashboard*.
C. Conteúdo publicado em páginas pessoais ou blogs na internet.
D. Mensagens de texto.
E. Fotografias ou vídeos.
F. Sites de votação.
NS (não sabem/não opinaram)

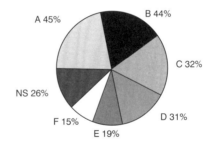

Figura 6.1 As formas características do bullying virtual.
(Reproduzido com a permissão da OCT, 28 de agosto de 2007)

Quarenta e cinco por cento afirmaram que o bullying acontecia por e-mail, e 44% relataram que acontecia em salas de chat, sites de redes de relacionamento e *bashboards*. Trinta e dois por cento encontraram conteúdo difamatório em blogs e páginas pessoais, 31% por meio de mensagens de texto, 19% por meio do uso de fotografias e vídeos, e 15% em sites de votações.

Pergunta: De que forma esses incidentes de bullying virtual normalmente ocorriam?

Os professores consideraram a crítica em relação às suas roupas, aparência e maneirismos e a crítica às suas práticas de avaliação como as formas mais graves de manifestação antiautoridade *online*. Quando questionados se acreditavam que o ciberbullying contribuía para que os professores abandonassem a profissão prematuramente, 19% dos professores pesquisados responderam que achavam que sim. Vinte e um por cento dos professores achavam que o ciberbullying também contribuía para que os alunos abandonassem os estudos; ao passo que 24% acreditavam que o ciberbullying influenciava as taxas de evasão escolar. Vinte e quatro por cento tinham a sensação de que o bullying virtual reduzia a qualidade na sala de aula (ocorreu, portanto, o efeito de contágio para os espaços físicos).

São igualmente perturbadores os resultados que apontam que, enquanto 46% dos professores acreditavam que as suas escolas ou conselhos escolares deveriam impor sanções aos alunos por essas formas de manifestação *online*, 41% dos professores nativos da língua inglesa achavam que a maior parte ou todos os incidentes de bullying virtual deveriam ser informados à polícia. Os professores nativos da língua francesa atribuíram mais responsabilidade às escolas e aos conselhos escolares (59%) e 30% achavam que a polícia deveria ser envolvida.

Pergunta: Qual das respostas fornecidas na Figura 6.2 melhor descreve a postura da sua escola em relação ao bullying virtual?

Quarenta e três por cento dos professores também achavam que o bullying entre pares deveria ser informado à polícia, embora 47% achassem que os seus conselhos escolares deveriam impor sanções aos alunos.

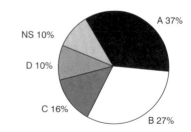

A. Existem regras formais e bem compreendidas, com possíveis consequências.
B. Pode haver regras formais, porém estas não são amplamente compreendidas.
C. Existem regras informais.
D. Não existem regras.

NS (não sabem/não opinaram)

Figura 6.2 A postura da escola em relação ao bullying virtual.
(Fonte: Reproduzido com a permissão da OCT, 28 de agosto de 2007)

A. As escolas ou conselhos escolares devem impor sanções aos alunos envolvidos na perseguição de outros alunos pela internet.
B. A maioria dos incidentes de bullying virtual – ou todos eles – deve ser informadas à polícia.
C. Não há muito que as escolas e os conselhos escolares possam fazer para proteger os alunos quanto a sofrerem perseguições por parte de outros alunos pela internet.

NS (não sabem/não opinaram)

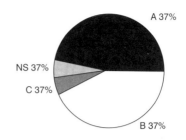

Figura 6.3 Alunos que perseguem alunos.
(Fonte: Reproduzido com a permissão da OCT, 28 de agosto de 2007)

Pergunta: Qual das opiniões fornecidas na Figura 6.3 sobre os fatos de alunos perseguirem outros alunos por meio do bullying virtual mais se aproxima da sua opinião?

É possível que este estudo forneça indicações sobre por que os sindicatos de professores ficam submetidos a tanta pressão. Se 84% dos professores acreditam ter sofrido ciberbullying por meio de postagens *online*, é importante determinar o que está acontecendo. Os alunos estão realmente se tornando implacáveis, como sugerem as matérias jornalísticas? Os professores curiosamente registram queixas junto aos seus sindicatos, acrescentando uma dimensão "quase-jurídica" a questões já litigiosas. Além disso, muitos deles (20%) acreditam que o bullying virtual contribua para que os professores abandonem a profissão. As minhas pesquisas sobre a censura nas escolas (Shariff e Johnny, 2007a. Shariff e Manley-Casimir, 1999) revelaram que os sindicatos de professores muitas vezes são pressionados pelos seus membros no sentido de estimular a aplicação de leis e políticas que ajudem os professores a manter posições de poder. A manifestação virtual antiautoridade faz com que os professores fiquem impotentes. Portanto, não surpreende que, em consequência disso, alguns deles possivelmente desejem abandonar a profissão. A OCT, que encomendou a pesquisa, fez um bom trabalho ao apresentar uma perspectiva equilibrada sobre a questão. Na mesma edição que divulgou os resultados da pesquisa, Shriever (2007) entrevistou diversos especialistas no tema do bullying virtual, a mim inclusive, e obteve um consenso de que proibir as tecnologias e suspender os alunos não são as melhores opções. O advogado Eric Roher e a Dra. Faye Mishna, professora adjunta da Universidade de Toronto, concordaram com a minha recomendação de que há uma necessidade óbvia de se envolver com os alunos para analisar por que eles estão aviltando os professores a tal ponto (84%). Contudo, isso não significa que 84% dos jovens e crianças que utilizam a internet e os sites de redes sociais empreendam estes tipos de condutas. A OCT reitera a minha posição de que, em vez de procurar listas de "como fazer", os professores devem se envolver com os alunos e buscar aprender mais sobre o uso da tecnologia. Precisam também descobrir se os seus alunos estão envolvidos nos seus processos de aprendizagem e se as suas experiências escolares são positivas ou frustrantes. Para alcançar esse objetivo, a Canadian Teachers' Federation (CTF) também adotou medidas positivas.

Após diversos incidentes em que adolescentes do ensino médio foram pegos fazendo postagens depreciativas sobre os seus professores da CTF, a organização, que representa aproximadamente 220 mil profissionais, foi submetida a uma pressão significativa a fim de tomar alguma atitude em relação a isso. É claro que a mídia relatou esse fato como uma batalha, com a manchete: "Professores declaram guerra ao ciberbullying" (Brown, 2007). Informaram a aprovação unânime de uma resolução para formar "um grupo de trabalho emergencial para elaborar um programa nacional durante esta temporada quanto à utilização de telefones celulares durante a aula e de punições escolares pelo uso de blogs, e-mails e qualquer forma de tecnologia para ferir os sentimentos de outras pessoas" (Brown, 2007). Na realidade, a resolução foi concebida mais com o objetivo de reunir uma força tarefa composta de especialistas no assunto com vistas a compreender melhor os usos da internet entre os alunos, a natureza do ciberbullying e os limites da intervenção no ciberespaço do que de fato "empreender uma guerra".

Como parte desta iniciativa, um dos objetivos é estabelecer os padrões éticos ligados ao uso da tecnologia, identificar as responsabilidades legais e as expectativas dos professores canadenses, e elaborar materiais que atendam esses padrões para a aplicação de políticas públicas e diretrizes nacionais consistentes. Creio que a CTF tenha dado um passo importante na compreensão das questões, e que, em vez de "atacar" as políticas nacionais, tal como a mídia descreve, os elaboradores de políticas da federação tenham realizado uma pesquisa detalhada e estejam abordando o assunto de uma forma criteriosa em parceria com os pesquisadores e os especialistas em tecnologia de todo o país. A resolução foi redigida conforme apresentado no Quadro 6.1.[1]

Uma das preocupações que tenho com o texto dessa resolução se refere ao parágrafo "c", que declara "a necessidade de lidar com o problema de uma forma contundente" seguida por "uma orientação sobre as maneiras de lidar com ele". Como colaboradora neste processo, recomendaria que a força tarefa eliminasse a expressão "de forma contundente", em especial tendo em vista que ainda precisam obter uma orientação informada de especialistas do país. Há muitas palavras que poderiam substituir "de forma contundente", como "de forma colaborativa" ou "a necessidade de lidar com o problema com base em abordagens pedagogicamente consistentes". Falarei mais sobre as formas pelas quais os grupos de professores em especial podem lidar com o ciberbullying quando chegar à minha discussão sobre as abordagens recomendadas no Capítulo 8. Nesta conjuntura, basta observar que, à luz do fato de que o encargo fundamental dos professores seja educar, creio que a palavra "educar" também poderia aparecer de forma mais proeminente na resolução.

---

12 de julho de 2007

FICA DECIDIDO QUE a Canadian Teachers' Federation toma uma atitude urgente em relação às questões que surgem com o uso de comunicações eletrônicas de quaisquer formas que prejudiquem alunos e/ou professores e de quaisquer maneiras que sejam prejudiciais ao processo educacional. Essa ação deve abranger, sem, no entanto, ficar limitada a:
a) Alunos, professores, pais e o público em geral das novas tecnologias de comunicação abrangendo, sem estar limitado a: e-mail, Web 2, blogs, sites de redes de relacionamento na internet (por exemplo, Facebook, YouTube, etc.), mensagens de texto e telefones celulares dentro do contexto das escolas, dos alunos e das vidas profissionais dos professores e dos gestores das escolas. Além disso, essa norma deve analisar os padrões éticos associados à utilização dessas tecnologias.
b) Formação de parcerias para a ação a fim de informar os alunos, os professores, os pais e o público em geral sobre as consequências do uso inadequado das tecnologias de comunicação em atividades que constituem bullying virtual.
c) A elaboração de materiais a serem distribuídos pela própria CTF ou em parceria com organizações associadas ou outras instituições em relação à gravidade do bullying virtual, à necessidade de lidar com ele de forma contundente e às orientações sobre as formas de lidar com o problema.
d) Realizar pesquisas, análises e a divulgação das informações coletadas pela própria CTF ou em parceria com organizações associadas ou outras instituições.
e) Formação de um grupo de trabalho nacional dos funcionários da organização de associados da CTF que consultarão tantas pessoas quantas forem necessárias antes de elaborarem e recomendarem ao Conselho de Diretores da CTF um plano de ação nacional sobre as questões emergentes da utilização das tecnologias da comunicação, incluindo o bullying virtual.

Quadro 6.1 Resolução da Canadian Teachers Federation sobre a questão das tecnologias de comunicação

Por que a súbita urgência?

O que considero mais irônico em relação a essa necessidade "urgente" de encontrar uma solução para o bullying virtual, conforme é manifestado pelos professores, é que durante décadas o bullying entre as crianças em idade escolar foi, de um modo geral, admitido como elemento integrante do processo de crescimento, em particular dentro das escolas. Até mesmo a pesquisa de opinião da OCT (2007) revela que, embora 84% dos indivíduos pesquisados tenham relatado terem sido eles próprios alvos de bullying virtual, e 41% tivessem conhecimento do fato de colegas serem alvos de bullying virtual, apenas 33% tinham certeza que seus alunos eram alvos de bullying virtual, e 25% dos professores afirmaram que realmente não tinham conhecimento se os seus alunos sofriam bullying virtual. Esses resultados sugerem que os professores podem estar menos atentos às experiências dos seus alunos como vítimas do bullying virtual. Há pesquisas que sustentam essa tese.

Foi só depois que Dan Olweus publicou o seu trabalho sobre as graves consequências do bullying, no final da década de 1970 (Olweus, 1978), que o interesse pelo assunto realmente se consolidou. Antes disso, as crianças e os jovens que eram vítimas e se queixavam eram vistas como "dedos-duros" e fracos. Não foi antes do início do ano de 2006, quando o Facebook, o MySpace, o LinkdIn, o Ratemyteacher.com e outras redes sociais na internet começaram a surgir de fato como espaços populares para a discussão a respeito das figuras de autoridade que um número maior de professores finalmente começou a prestar atenção ao ciberbullying com maior seriedade. Atualmente ele passou a ser uma prioridade para os professores em muitos países. O bullying entre pares e o ciberbullying entre pares parecem ter sido um problema menor. Analise alguns dos resultados que obtive na minha pesquisa de doutorado no que diz respeito às reações dos professores ao bullying tradicional.

Um muro de defesa

Nas pesquisas sobre o bullying tradicional, há indícios que sugerem que, até muito pouco tempo (nos últimos cinco anos), professores e funcionários de escolas envolvidos em casos de bullying bastante divulgados e nos processos judiciais decorrentes[2] apresentam, supostamente, um padrão de negação, culminando no "muro de defesa". Este muro de defesa resiste às denúncias apresentadas no tribunal ou transmitidas em comunicações pessoais[3] por pelo menos dezenove vítimas do bullying no Canadá. David Knight, mencionado nos capítulos anteriores, e sua mãe, Nancy Knight, sustentaram essas alegações em um processo judicial que moveram contra a escola de David na província de Ontário, no Canadá, que está hoje em fase de negogociação para um acordo de liquidação do processo. Diversos casos canadenses servem como exemplos em que os professores, apoiados pelos representantes das escolas, se recusaram a levar o bullying a sério, apesar dos relatos repetidos dos alunos que eram alvos. Deste número pequeno, muito poucos casos chegaram aos tribunais em virtude de acordos ocorridos antes dos julgamentos. Entretanto, os pais dessas crianças e adolescentes formaram grupos de defesa para dar publicidade às suas experiências e à sua frustração com o modo como as escolas lidaram com os seus casos.

Os adolescentes Azmi Jubran, Hamed Nastoh, Jamie Dufour, Andrew Forin e Dawn-Marie Wesley, todos eles foram vítimas do bullying. Em todos os casos (com exceção de Dawn-Marie Wesley), os pais informaram os incidentes às escolas e, em todos os casos, os pais denunciaram publicamente o fato de que as escolas fizeram muito pouco a fim de proteger os seus filhos. O caso de Azmi Jubran acabou levando a uma ação de direitos humanos contra a escola e o diretor; Hamed Nastoh deu fim à própria vida ao pular de uma ponte; os pais de Jamie Dufour iniciaram uma ação civil por flagrante negligência, porém desistiram da ação antes do julgamento; Andrew Forin foi suspenso da escola por filmar uma briga escolar que foi divulgada pela mídia, e Dawn-Marie Wesley enforcou-se após receber uma ameaça de um dos autores, apesar de ter consultado um orientador psicológico da escola em busca de ajuda.[4]

A maior parte das acusações feitas pelos pais não foi adjudicada por um tribunal e, por isso, permanece como acusações e não como fato comprovado, pois na maioria dos casos houve acordos extrajudiciais ou desistência dos processos. Todavia, o padrão das queixas é tão coerente em todos os casos que as atitudes das escolas (ou a falta destas) não podem ser ignoradas ou desconsideradas. Todos os casos de bullying contêm o seguinte padrão de queixas contra as escolas:

– Os professores e os gestores normalmente pressupunham que a vítima atraísse o bullying e, em geral, negavam que o bullying fosse um problema na escola.
– Todas as escolas assinalavam que tinham regras de tolerância zero e programas antibullying. Faziam referência a declarações de missão, normas escolares e códigos de conduta para os alunos, aparentemente presumindo que a intenção declarada os absolvia da responsabilidade de aplicar essas medidas de forma adequada.
– Os professores e as autoridades das escolas acusavam os pais de reagir de forma exagerada e aparentemente os viam como causadores de problemas e perseguidores.

– Se a vítima revidasse os ataques dos autores, a *vítima* era mais frequentemente suspensa que os autores.[5]
– O bullying continuava ocorrendo muito depois dos professores e das autoridades escolares tomarem conhecimento da situação.
– As vítimas tinham que abandonar a escola enquanto os autores permaneciam, sem que fossem responsabilizados pelos seus atos (até que, em alguns casos, o clamor público resultasse em indiciamentos criminais contra os autores). Poucas atitudes – ou nenhuma – foram tomadas para suspender ou, de alguma outra maneira, punir os autores, apesar da existência de políticas de tolerância zero.
– Os professores e as autoridades escolares se recusavam a reconhecer o problema, e por isso não se empenhavam em um esforço conjunto para investigar o bullying ou proporcionar uma proteção consistente à vítima.

A reputação da escola ou o apoio às vítimas?

Analise o caso de Andrew Forin. Andrew, um adolescente, era um ávido cinegrafista que havia ouvido falar sobre uma possível briga no playground da escola e decidira filmar os dois meninos que estavam batendo em uma criança menor, enquanto um grande número de torcedores observava, incentivando. Depois de filmar a briga, ele foi para o seu trabalho semanal em uma estação de televisão onde mostrou a fita a um dos supervisores. Ele ofereceu a ele 300 dólares pela fita sem explicar-lhe os desdobramentos. A fita foi imediatamente distribuída a redes de comunicação, que transmitiram o seu conteúdo naquela noite. As autoridades da escola ficaram furiosas pelo fato de Andrew ter vendido a fita para a imprensa e o suspenderam no dia seguinte, mas pouco fizeram para punir ou mesmo conversar com os alunos que bateram na criança menor, embora a brutalidade da agressão tenha atraído questionamentos por parte do público em relação ao problema do bullying na escola. Andrew se viu em uma situação sem saída: a escola o suspendera, alegando que o vídeo feito por ele havia dado à escola um "rótulo negativo", e ele ao mesmo tempo passou a ser vítima do sensacionalismo da mídia. O furor em torno do vídeo dele desviou a atenção da questão mais importante, ou seja, o bullying e a agressão real que ocorrera dentro da escola contra um garoto menor. Os autores não sofreram nenhuma punição, até que o público exigiu acusações por ataque criminoso, que foram ajuizadas doze meses após a ocorrência da agressão. Pareceu que a escola estava menos preocupada com o bullying que com a sua própria reputação e imagem pública.

Larson (1997), que encontrou um padrão semelhante na sua investigação de um conflito racial em uma escola americana, tem uma explicação para esse padrão de negação por parte dos professores e dos gestores das escolas. Ela observa que, tradicionalmente, os gestores sempre se preocuparam mais com a boa administração da entidade e com a reputação da escola que em analisar o que antes de tudo impele os conflitos. Quando o bullying ou a violência nas escolas são divulgados, isso tem reflexos negativos na reputação da escola. Por isso, a tendência inicial pode ser minimizar a situação ou negar a existência do problema. Além disso, em vez de investigar as causas fundamentais de um incidente, muitas vezes as escolas redefinem o problema, culpando a vítima ou insinuando que a vítima seja um perigo aos demais.

Larson examinou um caso no qual alunos negros que foram enviados a uma escola onde todos os alunos eram brancos tentaram chamar a atenção para um problema racial queimando uma bandeira em uma competição de talentos. Os alunos negros foram imediatamente suspensos por serem perigosos, muito embora um deles fosse um dos melhores alunos da escola e não tivesse nenhum antecedente de violência. Larson conclui que, ao exaltar o risco percebido das atitudes dos alunos negros, os gestores da escola deixaram de solucionar o problema básico do racismo na escola.

Nesses casos, as respostas dos professores e das autoridades escolares têm algumas semelhanças com vários dos casos recentes de bullying virtual envolvendo conteúdos publicados na internet pelos alunos sobre os professores e o corpo de funcionários da escola. Em uma escola católica romana de Ontário, dezenove alunos foram suspensos por "praticar bullying" contra o diretor da escola em um site. As postagens incluíam chamar o diretor da escola de "o desmancha-prazeres do astral da escola", dirigindo a ele observações de ordem sexual explícitas e exibindo imagens de Osama bin Laden e de Adolf Hitler. Analise as observações feitas por uma autoridade da escola:

> Embora o conselho escolar tenha lidado com situações em que os alunos praticam bullying virtual uns contra os outros, não se tem conhecimento de nenhum ataque anterior contra um membro do corpo de funcionários, o que é uma transgressão do código de conduta do conselho (...). O terreno em que as crianças e os adolescentes estão pisando é muito perigoso. Não é conducente para o tom moral da escola e compromete a autoridade. Isso está prejudicando a reputação desta escola.
>
> (Rusk, 2007)

O jornalista entrevistou uma aluna que afirmou que os alunos suspensos eram o presidente do conselho de alunos e membros do conselho de alunos que haviam sido incluídos como administradores da sala de chat sem que se houvesse dado permissão para isso. Embora concordasse que os conteúdos publicados *online* fossem caluniosos, na opinião dela a punição havia sido rigorosa demais, porque as suspensões apareceriam nos registros de antecedentes dos alunos e impediriam que eles fossem aceitos nas universidades que escolhessem. Ainda que o comprometimento da autoridade seja sem dúvida uma questão grave, não está claro por que a vitimização das crianças e adolescentes que poderiam vir a cometer suicídio em consequência do bullying virtual seja menos relevante. O representante da escola neste caso realmente afirmou que, se o incidente tivesse envolvido o bullying entre os próprios alunos, estes teriam recebido suspensões ainda mais longas. Porém, ainda permanece aberta a questão quanto a que tipo de resultados a escola acredita que serão alcançados. O fato dos alunos receberem uma suspensão de dez ou vinte dias não faz muita diferença no sentido de aliviar a questão nas escolas, exceto por fazer com que os autores fiquem fora da jurisdição dos gestores da escola por alguns dias e isso acalme os professores.

A aceitação tácita do bullying entre pares

No longo prazo, não se pode ignorar o papel dos professores ao admitirem tacitamente o bullying praticado entre os alunos. Há 20 anos, uma pesquisa de opinião realizada com 250 presos britânicos (Devlin, 1997) revelou que não apenas a maioria desses indivíduos havia ou sido autor ou vítima de bullying na escola, mas que, quando aqueles que haviam sofrido o bullying se queixaram, os professores não deram muita atenção. Segundo os presos, o bullying não era apenas tolerado, alguns professores o aprovavam e participavam dele. Devlin relata que os professores muitas vezes atormentavam os alunos verbalmente, eram insensíveis com as incapacidades e demonstravam até mesmo claro preconceito racial e crueldade absoluta.

O estudo posterior realizado por Smith e Sharpe (1994) envolvendo sete mil alunos do Reino Unido, em Sheffield, revelou que alguns professores demonstravam pouca preocupação com as vítimas do bullying. Em algumas escolas, o bullying por meio de xingamentos era inclusive instigado pelos professores. E embora eles representem apenas um pequeno percentual de professores das escolas de Sheffield, o predomínio dessas atitudes é perturbador. Atualmente os professores estão mais bem preparados sobre como se comunicar de maneira positiva com os alunos, e poder-se-ia esperar que a situação tivesse melhorado ao longo do tempo. Não obstante, considerando-se a proliferação de informações e de programas que surgiram nas duas últimas décadas, essa súbita preocupação dos professores em lidar urgentemente com o bullying virtual pelo fato de atualmente serem eles os seus alvos sugere que a maior parte deles perceba, pela primeira vez, o impacto psicológico e o efeito do bullying nos seus ambientes *de trabalho*. Muitos deles negligenciaram o impacto do bullying praticado entre os alunos nos seus ambientes *de aprendizagem* no passado.

Como observei anteriormente, os autores do bullying muitas vezes são líderes que podem ser alunos de quem os professores e os colegas gostem bastante (DiGiulio, 2001; Juvonen e Graham, 2001; Katch, 2001; Olweus, 1978). Isso pode explicar por que alguns professores não levam a sério as queixas das vítimas. Os professores podem não acreditar nas queixas das vítimas caso testemunhem apenas o bom comportamento de determinados autores do bullying. Além disso, como relata o NCPC, as *vítimas* são muitas vezes alunos pouco populares com os seus pares e professores. Quando os alunos vítimas do bullying se queixam, podem ser ignoradas por serem considerados mentirosos, "dedos-duros" ou chorões. Como relata um aluno do Reino Unido:

> Há garotas que quando andam pela sala de aula parecem ser do tipo "santinhas" e os professores acham que elas são maravilhosas, mas quando estão no banheiro feminino e não há funcionários da escola por perto, elas mudam (...). São terríveis, más e tentam tirar o meu dinheiro (...). E sei que não posso conseguir ajuda porque a regra é que não se pode dedurar [denunciá-las].
>
> (Glover et al., 1998, p. 43)

A pesquisa realizada por Petersen e Rigby (1999, conforme citação em Campbell, 2005) também constatou que muitos jovens não denunciam o bullying tradicional ou o bullying virtual por acharem que os adultos não acreditarão na sua denúncia ou que o incidente será banalizado pelos adultos. Os pesquisadores constataram que menos de 25% nunca denunciaram o bullying porque "também não têm muita confiança que os adultos possam resolver o problema e têm medo que os adultos piorem a situação" (Peterson, 1999, conforme citação em Campbell, 2005).

Alguém poderia se perguntar por que os educadores tolerariam o bullying entre pares e por que os alunos têm tão pouca confiança no apoio deles. Uma razão possível para isso é a falta de conhecimento ou de consciência de que certas formas de comportamento constituem, de fato, bullying. O tempo também pode ser um fator. Boulton e Hawker (1997) sugerem que alguns professores podem não enfrentar o bullying psicológico (a menos que seja dirigido a eles) pelo simples fato de terem pouco tempo para lidar com o problema. Eles observam que os danos físicos têm prioridade sobre o bullying virtual, na medida em que os danos físicos podem ser determinados com mais certeza em um tribunal. Os professores que eles entrevistaram explicaram que não podem reagir toda vez que um aluno relata estar sofrendo com provocações. Um deles, por exemplo, observou:

> Parece que todo intervalo tem alguém que vem e me diz "A Karen está sendo má comigo". Tento levar todos eles a sério, mas simplesmente preciso deixar de me preocupar com alguns deles, de outro modo teria de abandonar o restante da turma para resolver as dificuldades deles. Muitas vezes me vejo dizendo para as crianças que contam que foram xingadas: "simplesmente ignore-os e logo eles vão achar coisa melhor pra fazer". Não gosto de fazer isso, porém sinto que preciso.
>
> (ibidem, p. 57)

Desse modo, as várias demandas sobre os professores, incluindo o ensino em sala de aula, a supervisão dos alunos e agora as possibilidades ilimitadas do bullying virtual entre os alunos, podem fazer com que fiquem sobrecarregados e acabem ignorando-os, a menos que envolva figuras de autoridade. Além disso, MacKay e Flood (2001) observam que as restrições de orçamento e a escassez de funcionários podem dificultar que os professores persistam com as diretrizes das políticas escolares. Hoje os professores têm de lidar com turmas muito grandes, com a diversidade étnica e com alunos que apresentam uma série de capacidades e incapacidades, e que são oriundos de contextos e classes sociais variadas. Este nível de diversidade oferece muitas oportunidades para as formas discriminatórias do bullying e menos tempo para que os professores e gestores os enfrentem de maneira adequada. Consequentemente, o clima da escola pode passar a ser menos tolerante para com as diferenças individuais dos alunos e mais dependente das rigorosas políticas de tolerância zero[6] que são aplicadas arbitrariamente a todos os alunos, independente da situação de cada um deles.

Outra razão para a aceitação prolongada dos professores em relação ao bullying tradicional pode ser a crença de que as vítimas devam aprender a se defender sozinhas como parte do seu processo de amadurecimento. Os professores podem considerar a possibilidade do dano, mas o avaliam como algo mínimo se comparado com o dano de ser incapaz de enfrentar os *bullies*. Consequentemente, como no caso dos pais japoneses, enviam as crianças de volta ao *playground* para que enfrentem os seus atormentadores. Isso ficou ilustrado em um litígio britânico sobre o bullying em que uma professora testemunhou a sua crença de que a vítima do bullying, Leah Brantford-Smart, devia aprender a se defender sozinha:

> [Eu] realmente não estava disposta a retirar a Leah de onde ele deveria estar, no *playground*, e senti que esta não era a melhor atitude a ser tomada, que toda vez que ela ficava dentro da escola comigo menos ela exercitava sair e se cuidar sozinha. Não quero mantê-la muito dentro da escola, e não a mantive por mais tempo do que poderia.
>
> *Brandford-Smart vs. West Sussex County Council*
> (2002, para. 11, p. 33)

A professora de Leah adotou a visão tradicional sobre o bullying, que é a que dia que ele contribui para a construção do caráter. Ela realmente acreditava que Leah devia aprender a se defender e, portanto, não disse aos autores que parassem de praticar o bullying contra ela. O tribunal apoiou a professora, determinando que, pelo fato da escola ter políticas antibullying em vigor, a professora não tinha nenhuma obrigação de fazer mais nada.

Alguns teóricos (Jiwani, 2001; Larson, 1997; Perkins, 1997; Razack, 1998; Sefa-Dei, 1997; Wason-Ellam, 1996) sugerem que os professores poderiam ser particularmente insensíveis às necessidades das crianças que já são marginalizadas com base em atributos como raça, orientação sexual, pobreza e incapacidade (ou capacidade), gerando inconscientemente um ambiente escolar discriminatório. Glover e colaboradores (1998) relatam que aqueles professores que nunca sofreram o bullying racial ou outras formas de discriminação podem não reconhecer a provocação como bullying.

Agora que estão no lado receptor do bullying virtual, os professores podem enfrentar e dar atenção ao problema. Os pesquisadores fazem também a observação muito importante que, embora a população estudantil das escolas canadenses (e, curiosamente, as do Reino Unido, dos Estados Unidos e da Europa) seja étnica e culturalmente muito diversa, essa diversidade não se reflete paralelamente no corpo de funcionários ou na administração das escolas.

Razack (1998), Dei (1997) e outros pesquisadores (Epp, 1996; Handa, 1997; Jiwani, 2001; Perkins, 1997) observam que a maioria dos professores e dos gestores das escolas ocidentais é predominantemente branca, ao passo que a população de alunos abrange muitos de descendência asiática, africana, hispânica, do sul da Índia ou do Oriente Médio.

Eles observam que, apesar de estarem conscientes da discriminação, alguns educadores continuam a ver o conflito por meio de lentes eurocêntricas, androcêntricas e de classe média. Os professores aplicam o seu próprio enquadramento de referência à realidade dos outros indivíduos, e, caso o comportamento não se ajuste às suas experiências, podem não considerar a possibilidade de dano. Isso torna mais difícil que muitos alunos vítimas de bullying se identifiquem fielmente com os seus professores -- e vice-versa.

Muitas escolas continuam a se valer de abordagens autoritárias tradicionais no que se refere ao gerenciamento da escola e dos alunos, abordagens estas que perduram há décadas, desde o tempo em que as escolas eram etnicamente muito mais homogêneas. Lamentavelmente, esses modelos são menos eficazes em uma população escolar pluralista, sobretudo quando há o envolvimento das novas tecnologias e do bullying virtual.

Como vimos, a internet criou novos dilemas para os educadores, que afirmam estar despreparados e um tanto incertos sobre como lidar com eles; ainda que sejam bastante eloquentes nos casos em que os alvos de bullying são eles. Além disso, informações do Reino Unido, dos Estados Unidos e de muitas partes do mundo sugerem que as respostas ainda são *reativas* e fortemente focadas no *controle do comportamento* e não na *prevenção por meio de alternativas educativas*. Observe esses comentários feitos em 2006 por um representante do governo, conforme publicado no *Guardian*:

> A cultura do desrespeito e de deixar de assumir responsabilidades não será tolerada (...). É fácil perder de vista o fato de que o comportamento dos alunos na maioria das escolas é bom na maior parte do tempo (...). Mas é necessário apenas um punhado de alunos com mau comportamento para dificultar a vida dos professores e perturbar a educação dos outros alunos.
>
> (Press Association, 2006)

O anúncio do ministério foi feito antes da introdução dos novos direitos legais dos professores. A legislação estende o direito dos professores de educar nos ônibus e trens, para livrá-los do "A Senhora não pode fazer nada comigo aqui", e para preservar a reputação das escolas. Uma autoridade escolar foi citada afirmando que: "A reputação de uma escola pode se perder facilmente com o mau comportamento nos ônibus (...). Há sempre uma incerteza em relação à extensão da autoridade fora da escola, e essa legislação esclarecerá este direito" (Asthana, 2006).

Os professores de uma escola canadense, antigamente uma escola católica, se revoltaram recentemente ao tomarem conhecimento que os alunos analisavam alguns deles em um fórum *online* aberto no site Facebook. A raiva dos professores contra alguns dos alunos foi surpreendente, considerando que até mesmo a administração da escola admitiu que os comentários dos alunos eram, em sua maioria, inofensivos e muito próximos da verdade. Pareceu haver poucos comentários injuriosos, com uma ou duas exceções. Ao tentar entender a fúria dos professores, que exigiam que pelo menos quatro alunos fossem retirados da escola, questionei os gestores em relação à cultura da escola[7]. A nossa conversa revelou que a escola tinha um histórico de relações políticas fragmentadas. A escola foi assumida por vários conselhos escolares ao logo da sua história e havia passado por mudanças, com muitos novos gestores que chegaram e partiram enquanto muitas pessoas que integravam o quadro de funcionários permaneceram na escola. Em função da sua reputação acadêmica de prestígio, a escola é popular entre pais e professores. Os professores e o corpo de alunos são basicamente homogêneos (sobretudo de origem europeia), com poucos alunos de outras origens étnicas. Muitos dos professores se autodeterminam, endossando uma abordagem disciplinar e didática, em vez da abordagem mais interativa e aberta defendida pelo pacote de reforma do ministério da educação de Québec. As relações entre os próprios professores dentro dos departamentos não é uma relação amistosa, e as relações entre o corpo docente e a administração também é hostil. O sindicato dos professores não tem facilitado essas relações.

Durante a minha conversa com os gestores da escola, ficou evidente que os professores poderiam estar utilizando os incidentes do Facebook como uma forma de retaliação às autoridades da escola. As suas frustrações, que por muitos anos se inflamaram sob a superfície, parecem ter irrompido. Lamentavelmente, os alunos passam a ser os bodes expiatórios das lutas de poder entre o corpo docente e as autoridades escolares. Nesta disputa política, perde-se a noção de que os alunos são imaturos, cometem erros e não percebem o impacto dos seus comentários. O fato dos professores serem responsáveis por instruir os alunos a empreenderem um discurso inclusivo e socialmente responsável também fica perdido à medida que os professores assumem posturas entrincheiradas. Essas situações geram ambientes frios e envenenados nas escolas. Esses ambientes favorecem a violência e a discriminação, dificultando a aprendizagem. Não surpreende, portanto, que o clima de descontentamento da escola tenha se refletido nos comentários dos alunos na internet sobre os seus professores. No momento em que todo o foco se mantém sobre os alunos e no seu mau comportamento, os professores e as escolas perdem indícios fundamentais que indicam que há alguma coisa muito errada nas suas escolas e que precisa ser resolvida imediatamente. Isso pode significar uma reestruturação total da escola quando as impressões negativas estão incorporadas e endêmicas dentro da cultura da escola. Suspender e expulsar os alunos que têm a coragem de criticar (embora de forma imatura) a cultura tóxica da escola é algo que de forma alguma resolverá o problema. Os alunos nem sempre são o problema. A internet, o Facebook e o YouTube nem sempre são o problema. O problema reside dentro da cultura da escola – com os professores de longa data e as suas impressões negativas em relação à forma como as coisas são feitas, e com cada nova administração que tenta adivinhar o que exatamente os professores querem e que, de certa forma, temem os protestos dos professores e são pressionadas a ceder nas suas decisões. Estas são as hierarquias de poder dos envolvidos que podem se tornar ineficientes nas escolas.

A extensão dos poderes dos professores combinada com o ambiente de tolerância zero também pode gerar oportunidades desiguais para os alunos oriundos de grupos tradicionalmente excluídos ou para os alunos que são biologicamente predispostos a problemas de comportamento. Epp (1996) sugere que, quando as escolas enfatizam a cumplicidade e a competição, perpetuam a violência sistêmica contra os alunos marginalizados:

> A violência sistêmica é encontrada em toda prática institucionalizada que afete os alunos de forma negativa. Para serem prejudiciais, *as práticas não precisam ter um impacto negativo em todos os alunos. Elas podem ser benéficas para alguns e prejudiciais para outros* [grifos nossos].
>
> (ibidem, p. 3)

Desse modo, muitas práticas que se presumem benéficas podem ser, na verdade, processos que marginalizam determinados alunos.

Seleção... ou censura?

Ainda que já tenha tratado extensivamente do papel dos professores ao lidarem com o bullying tradicional e com o ciberbullying, é importante destacar o seu poder de determinar o que as crianças aprendem e acessam por meio de uma perspectiva de censura. Os professores e os diretores são os membros mais acessíveis de todo o grupo de funcionários e, portanto, a maior parte das contestações relacionadas ao que os jovens e crianças aprendem e ao modo como esperam se comunicar é dirigida a eles em primeiro lugar. Cada vez mais percebemos que o que os professores discutem na sala de aula está sob escrutínio público e, portanto, os especialistas em educação em geral precisam empreender uma boa dose de autocensura, em especial ao analisar questões políticas na sala de aula. Essas autoridades em educação, na tentativa de evitar o conflito e possíveis processos judiciais, podem aquiescer às exigências dos dissidentes e, consequentemente, determinados tópicos ou recursos podem não aparecer na sala de aula. Além disso, podem-se encontrar educadores que empreendem a autocensura com regularidade (Arons, 1986; Dick e Canadian Library Association, 1982; Shariff e Johnny, 2007a; Shariff e Manley-Casimir, 1999). Todos esses autores explicam que a polêmica envolvendo a censura entre pais, alunos e professores pode causar um efeito de medo no ambiente da escola, e, dessa forma, as decisões educacionais sobre os tipos de recursos a serem incluídos, o conteúdo do diálogo e as discussões de sala de aula podem ser motivados por uma necessidade de autoproteção. O caso da proibição de um livro pelo conselho escolar de Surrey (discutido posteriormente) é um exemplo caro na medida em que os pais ameaçaram processar qualquer professor do conselho escolar de Surrey que se arriscasse a entrar em discussões sobre homossexualidade na sala de aula. Isso resultou em um silêncio gerado pelo medo dos professores do distrito escolar que não se manifestaram contra a proibição dos livros infantis nas turmas da pré-escola, embora muitos deles tenham considerado os livros inofensivos e úteis para tratar de temas como a homofobia, o bullying e o ciberbullying (Shariff et al., 2000).

Além disso, Noll (1994) confirma que os questionamentos altamente divulgados acerca dos recursos educativos têm um efeito propagador em sala de aula, pois dissuadem os professores de discutir determinados assuntos com os alunos. Isso termina em um tipo de autocensura por meio da qual os responsáveis pela educação deixam de incluir conteúdos que são aprovados pelo ministério da Educação por medo de invocar a fúria ou a divergência nas suas comunidades escolares. Como observado anteriormente, a tendência de muitos professores e autoridades escolares é evitar a controvérsia proibindo ou tentando varrer as questões sensíveis para baixo do tapete na esperança de que desapareçam e a reputação das escolas fique preservada. Conforme afirmei em outra oportunidade (Shariff e Johnny, 2007a; Shariff e Manley-Casimir, 1999), essa estratégia quase sempre tem o efeito oposto, transformando-se em uma controvérsia acalorada. Quer seja na forma de livros ou de comunicação via internet, no momento em que há qualquer discordância quanto ao fato desse tipo de conteúdo dever ou não ser censurado ou proibido, as pessoas correm para comprar o livro antes que seja retirado das prateleiras ou entram imediatamente nos sites ofensores para ler o conteúdo e tirar as próprias conclusões. As recentes polêmicas relacionadas a conteúdos publicados em sites como o Facebook, o YouTube e assim por diante, tem tido exatamente este efeito. Embora os provedores de tecnologia estejam menos relutantes quanto a remover conteúdo, há normalmente um atraso de um dia ou dois até que determinadas postagens sejam efetivamente retiradas dos sites. Como explica Roher (2007), o reclamante precisa comprovar que o conteúdo é suficientemente ofensivo para que seja removido e, como veremos no próximo capítulo, ainda não ficou definida a questão relativa a que formas de conteúdo *online* possam ser consideradas graves o suficiente a ponto de ser removidas.

Nos últimos anos, houve inúmeros exemplos de educadores que enfrentaram repercussões por manifestarem divergência política. Por exemplo, Giroux (2002) explica que um grupo de professores da City University of New York foi denunciado pelo reitor da universidade por críticas à política externa americanas. Da mesma forma, observa ele, Lynne Cheney condenou o vice-reitor da New York City Schools por sugerir que os ataques terroristas em Nova York haviam gerado a necessidade urgente de ensinar sobre a cultura islâmica nas escolas americanas. Esses exemplos levantam questões sobre até que ponto os funcionários da educação podem exercer o direito à liberdade de expressão na sala de aula e também mostram os desafios que os professores enfrentam ao tentarem abordar questões difíceis e muitas vezes sensíveis com os alunos.

Minha observação em relação a tudo isso: se os professores estão tão limitados quanto ao que podem dizer em sala de aula, não admira que estejam preocupados em relação ao que é dito pelos alunos na internet. Quer os professores sejam ou não autocensores, a internet voltou para si própria a questão do controle da informação. É plausível que o que está surgindo como expressão virtual antiautoridade seja um reflexo daquilo que *não* foi discutido, dos assuntos que foram censurados, mas que deveriam ter sido temas de discussão de sala de aula de modo que os alunos tivessem acesso a uma compreensão mais ampla e mais profunda de questões sociais que podem ser controversas. Não admira que estejamos enfrentando uma síndrome de *Senhor das Moscas* (Golding, 1954), à medida que as tecnologias proporcionam oportunidades infinitas para que as pessoas se manifestem e acessem tantas informações. É isso que é trágico e irônico em relação a toda a situação. Como as nossas escolas em geral oferecem mediocridade ao restringirem o acesso a formas de conhecimento legítimas e abrangentes, agora que temos a oportunidade de aproveitar o conhecimento que pode estar disponível com o clique de um *mouse*, poucos adultos, ou mesmo jovens, sabem por onde começar ou como acessá-lo.

As hegemonias predominantes estão tão profundamente arraigadas que lutamos para tirar vantagem daquilo que um mundo globalizado, reunido pelas tecnologias, tem a oferecer. Embora eu não sugira que tudo que está na internet seja bem fundamentado, autêntico ou bem-informado, a exposição regular e aberta a uma variedade de perspectivas no nível escolar certamente facilitaria o uso criterioso e responsável da tecnologia e dos letramentos digitais. Como consequência, não surpreende que as atitudes manifestadas pelos alunos por meio do bullying virtual tenham se desenvolvido basicamente dentro dos sistemas escolares que admitem tacitamente e, desse modo, promovem e incentivam a intolerância e a ignorância (Apple, 1990; Kincheloe, 2005; P. McLaren, 1991).

O fato dos professores terem precisado vivenciar eles próprios o ciberbullying antes de demonstrarem maior interesse em uma ação "enérgica" para lidar com o problema é perturbador. A maior parte das democracias ocidentais, como o Reino Unido, o Canadá e os Estados Unidos, tem o dever legal de se interessar por proteger as crianças, *in loco parentis*, que foi estabelecido em 1893 (*Williams* vs *Eady* {1983} 10 TLR 41) sob o direito comum britânico e no qual ainda hoje se baseiam os casos que envolvam a supervisão. Como explicarei no Capítulo 7, isso impõe uma obrigação jurídica às escolas para que se comportem como "pais zelosos e prudentes".

OPORTUNIDADES PERDIDAS DE EXERCITAR AS HABILIDADES COMO PAIS

E quanto aos próprios pais? Até que ponto eles tem sido "zelosos e prudentes" nessa polêmica e qual a sua influência na definição do que os filhos aprendem e expressam em um contexto escolar – quer seja na escola ou na internet? Previsivelmente, os pais são, em geral, os mais fortes apoiadores dos filhos e, na "batalha" sobre se as escolas têm ou não o direito de intervir quando os seus filhos difamam os professores, os pais normalmente saem veementemente em apoio à liberdade de expressão e aos direitos civis.

Mensagens confusas: o pai furioso

O leitor deve estar lembrado de Bram, o garoto que mencionei no Capítulo 5, que foi entrevistado na Rádio CBC na presença de seu pai (Findlay, 2007). Bram havia inventado uma "brincadeira" sobre a sua professora estar se masturbando no fundo da sala de aula, publicando-a no site Facebook. Quando entrevistado por Gillian Findlay da Canadian Broadcasting Corporation (CBC), o pai de Bram estava furioso – mas com quem? Pode-se presumir que ele estivesse furioso com o próprio filho por escrever publicamente mentiras ofensivas e de natureza sexual sobre a professora. Mas, não. Embora certamente reconhecesse que os comentários feitos pelo filho fossem de mau gosto, ele estava mais aborrecido com as autoridades da escola por suspenderem o filho dele, impedindo-o de participar de uma viagem de campo para Montreal.

Embora afirmasse que não admitia o que o filho havia feito, insistia vigorosamente que a escola não tinha nenhum direito de intervir na expressão do seu filho, realizada por meio de um computador doméstico. Ele fez uma comparação afirmando que isso se equipararia às autoridades entrarem na sua casa e dizerem a ele o que fazer. Assim, a batalha sobre quem tem o direito de intervir no ciberespaço mais uma vez passa a ser territorial – desta vez entre a casa e a escola. Os pais evidentemente têm autoridade em casa, mas há um ponto importante do qual é preciso que se esteja consciente que se refere ao fato de que algumas vezes os pais assumem posturas para forçar um determinado interesse, de forma muito semelhante ao que fazem os meios de comunicação. Obtém-se isso ao deslocar o foco da origem do conflito.

Por exemplo, ao tirar a atenção do conteúdo da livre expressão do seu filho, o pai de Bram reforçou de forma tácita a crença do filho de que o que ele fez não foi tão grave. É importante lembrar que, embora a liberdade de expressão seja um direito constitucional no Canadá, nos Estados Unidos e em outras democracias ocidentais, este não é um direito irrestrito. No caso do Bram, poder-se-ia presumir que ele tivesse ultrapassado o limite da responsabilidade civil – quer estivesse fazendo uma brincadeira ou não. Esses limites de autoridade entre a família e a escola muitas vezes se sobrepõem toda vez que há um nexo com a escola. Ao deslocar o foco da natureza do ciberbullying para atribuir a culpa à escola por intervir em uma suposta ação particular realizada em casa, creio que se tenha perdido um "momento propício ao ensino e do exercício das habilidades como pais", bem como uma oportunidade de trabalhar junto com a escola para participar de um diálogo com Bram e seus colegas de escola para conscientizá-los das implicações.

Mensagens confusas: a mãe preocupada

De modo semelhante, a mãe de Brad Parson também minimizou o conteúdo da manifestação do seu filho, sugerindo que a escola teve uma reação exagerada pelo fato de que "todos nós agimos dessa maneira". Apesar disso, para demonstrar a sua desaprovação, ela retirou de Brad os privilégios do uso do computador. Isso enviou uma mensagem contraditória. Como ela não achava que a manifestação do filho fosse tão grave, peço que os leitores considerem se a retirada de privilégios faz alguma diferença na sociedade contemporânea, onde se podem acessar computadores em bibliotecas, na casa dos amigos e nas *lan houses*. Que tipo de impacto tem essa retirada do acesso ao computador, em especial quando o aluno não é o único a estar convencido de que não fez nada errado? Creio que houve aqui outra perda de um "momento propício ao ensino e do exercício das habilidades como pais", embora não esteja claro se essa mãe e a escola trabalharam em conjunto a fim de resolver algumas das questões.

É importante analisar não apenas as posturas adotadas pelos pais no que diz respeito à questão do ciberbullying em discussão, mas também o histórico da prerrogativa dos pais nas polêmicas envolvendo a censura por parte das escolas. Não se pode desconsiderar o papel dos pais na definição de que formas de conhecimento e de informação os jovens e as crianças ficam expostos nas escolas. Os pais podem exercer muito poder no momento em que se organizam para pressionar os conselhos escolares e os gestores das escolas no sentido de censurar perspectivas que não desejam que os seus filhos conheçam.

A PRERROGATIVA DOS PAIS NAS ESCOLAS

Os pais muitas vezes reivindicam a sua "prerrogativa como pais" para interferir no tipo de conteúdo a que os seus filhos são expostos, ou que aprendem na escola. Na literatura sobre a censura na escola, há inúmeros exemplos de pais que pressionam os conselhos escolares, os gestores e professores no sentido de proibir recursos educativos que apresentem conteúdos aos quais não desejam que os seus filhos sejam expostos como sexo, feitiçaria, referências à homossexualidade e assim por diante (Arons, 1986; Dick e Canadian Library Association, 1982; Shariff e Johnny, 2007a; Shariff e Manley-Casimir, 1999).

Até esta data, a minha pesquisa sobre a prerrogativa dos pais de questionar as escolas em relação aos recursos educativos revela que a maioria dos protestos origina-se de pais que acham que determinados assuntos, livros ou filmes sejam inadequados para os seus filhos. O que está muito claro é o poder que os pais têm sobre os conselhos escolares, as escolas e o governo para determinar aquilo que é selecionado para ser incluído ou censurado das salas de aula das escolas (e, atualmente, da aprendizagem pela internet).

A American Library Association (ALA, 2006) estima que, nos Estados Unidos, mais de 70% das contestações de livros venham dos pais apenas. Cada vez mais, os pais começam também a reivindicar suas prerrogativas como pais e os seus direitos de opinar em relação ao que os seus filhos são ensinados no currículo, bem como no modo como são socializados nas escolas. Os exemplos de casos de censura em escolas apresentados a seguir, em que pais contestam os conteúdos a que os filhos são expostos, podem não estar diretamente relacionados com o bullying virtual, porém mostram a extensão do controle que os pais podem exercer sobre as escolas a fim de proibir determinados tipos de informação.

Desde a introdução da impressão tipográfica por Johannes Gutenberg, em 1455, intensificou-se a questão dos livros proibidos. Foerstel (1994) explica que, uma vez que o discurso podia ser impresso, este passou a ser uma mercadoria a ser controlada e manipulada em função da religião, da política ou do lucro. Na internet, essas oportunidades multiplicam-se infinitamente, o que por sua vez restringe a intensidade do controle que pode ser exercido. Até os dias de hoje, os livros vêm sendo contestados e proibidos no mundo todo por várias razões. Nos casos onde há crianças pequenas envolvidas, pais super-protetores não medem esforços para impedir que os seus filhos sejam expostos a livros e recursos prejudiciais – desde a representação insignificante de uma garrafa de vinho sendo levada a uma mãe doente em uma cesta de piquenique no conto de fadas "Chapeuzinho Vermelho" dos irmãos Grimm (ibidem, 1994) à feitiçaria e à magia presentes no famoso livro de leitura de David Booth para a quinta série do ensino fundamental no Canadá, a coleção *Impressions*. O livro de leitura de Booth contém uma história intitulada "Nos meus pés"*, em que um par de botas gigantes rapta os pais de uma criança e os leva embora. Em Alberta, os pais, influenciados pelo grupo religioso de direita dos Estados Unidos, liderado por Jerry Falwells, ficaram tão perturbados pela presença de elementos de feitiçaria na história que mantiveram o diretor de uma escola da cidade de Mayo, em Alberta, como refém. Estes atores poderosos envolvidos ameaçaram não libertá-lo a menos que removesse os livros do currículo (Shariff e Manley-Casimir, 1999).

Uma análise realizada por Jalongo e Creany (1991) constatou que os livros infantis são, em geral, censurados por três razões:
1. conteúdo adulto ou realista inadequado para um público jovem e cativo;
2. linguagem profana ou obscena; e
3. conteúdo impróprio de natureza sexual.

O estudo realizado por Herzog (1995) sobre a censura nas escolas nas montanhas rurais de Appalachia, nos Estados Unidos, confirmou esses resultados. Herzog categorizou a censura escolar ao observar a natureza dos eventos de censura, os objetos da censura, os iniciadores da censura e a motivação dos contestadores. A pesquisa dela confirmou o que já havíamos observado – que a natureza da censura escolar concentra-se em torno de valores comunitários, da localização da escola, das influências culturais, das crenças religiosas e das polêmicas públicas – ao que Steven Arons (1986, p. 8) se refere como "conflito corrosivo, irreconciliável e que prolifera entre o governo e a família".

N. de T.: No original, *In my feet*.

Herzog também observou que os objetos da censura incluíam os conteúdos do currículo, textos escolares, livros das bibliotecas das escolas que envolvessem letramento cultural, histórias assustadoras, fantasia, lendas populares, violência, ocultismo, feitiçaria, palavras consideradas tabus, humanismo secular, sexualidade, criacionismo *vs.* evolucionismo e a noção do que seja politicamente correto. Ela observou que os iniciadores da censura consistem, em primeiro lugar, naqueles que buscam manter um currículo de ortodoxia e conformidade. Isso em geral envolve a rede de censura da extrema direita. No outro extremo do espectro, a censura é cada vez mais iniciada pelos progressistas e por indivíduos da extrema esquerda.

A literatura voltada ao público adulto jovem também tem sido alvo dos censores. Sacco (1994) observa que a literatura direcionada a adultos jovens surgiu na década de 1930, mas foi apenas em 1967 que o novo tipo de romance adulto entrou em jogo – o romance "problema". Os romances-problema tratam das questões que os jovens encontram nas suas jornadas em direção à idade adulta. Os temas cobertos por esses livros muitas vezes incluem tópicos considerados tabus como aborto, sexo, homossexualidade, racismo, violência, abuso e assim por diante. Ao longo dos anos, a qualidade dos romances voltados para adultos jovens melhorou significativamente, a tal ponto que os professores utilizam cada vez mais os romances-problema como textos de sala de aula, em substituição aos romances clássicos que os alunos já não consideram interessantes. No entanto, com a introdução desses romances nas salas de aula vieram também as polêmicas problemáticas referentes à censura! Os livros que contêm muitos palavrões e obscenidades, por exemplo, em geral são contestados pelos pais. Bringelson (2005) explica que, para que um adulto jovem seja capaz de imaginar uma cena, o autor deve usar as gírias e as expressões vulgares que os jovens usam hoje. Neste ponto, é importante que o professor intervenha e explique que não é condescendente com esse tipo de linguagem. Os livros são usados principalmente para ajudar os jovens a avaliar que, em alguns contextos do mundo real, utiliza-se a linguagem ofensiva.

A sexualidade presente nos romances dirigidos a adultos jovens também atrai a censura. As temáticas podem variar da primeira experiência sexual de um adolescente a masturbação, desejos sexuais, abortos, menstruação e homossexualidade. É sabido que os adolescentes são curiosos em relação à sexualidade e, nessas condições, são expostos a essas informações dentro de um ambiente de apoio. Tais livros permitem que os alunos aprendam sobre as realidades da vida sem constrangimentos. Apesar disso, livros como o romance de Alice Munro, *Lives of girls and women*[*], em que a personagem principal vê pela primeira vez a genitália masculina, foram alvos de requerimentos a fim de que fossem banidos de uma escola de ensino médio de Toronto em 1982 (Wallechinsky et al., 2005). De modo semelhante, a sra. Serup, uma mãe da cidade de Prince George, na província de British Columbia, retirou os livros *Boys and sex* e *Girls and sex*[**] da biblioteca da Prince George High School. Quando foi solicitado que devolvesse os livros, ela moveu uma ação judicial alegando que os seus direitos de liberdade de expressão protegidos pela seção 2(b) da Carta Canadense de Direitos e Liberdades (a "Carta")[***] haviam sido infringidos pela administração da escola. O tribunal da província de British Columbia decretou que o comportamento dela era destrutivo ao aprendizado dos alunos, e que a existência dos livros na biblioteca da escola não ofendia os seus direitos de expressão. Ela estava preocupada porque não queria que o seu filho adolescente aprendesse sobre sexo na escola.

A província de British Columbia, no Canadá, parece atrair polêmicas envolvendo a censura. Em 1993, em Abbotsford, uma comunidade cristã de direita, a adolescente Katherine Lanteigne escreveu uma peça intitulada *If men had periods*[****] e a inscreveu em uma competição valendo uma bolsa estudantil no valor de mil dólares canadenses. A peça foi boicotada da competição. Esse fato atraiu tanta atenção da mídia que o jornal local, o *Vancouver Sun*, realizou um debate para avaliar as opiniões das pessoas sobre se a peça deveria ou não ter sido boicotada. Katherine recebeu mil dólares para transmitir a peça pela CBC – Canadian Broadcasting Corporation – o sistema nacional de transmissão do Canadá. O professor de Katherine comentou que a peça em si não era boa o suficiente para vencer a competição; porém, o conselho deveria ter permitido que ela entrasse na disputa. Em vez disso, uma peça medíocre recebeu mais atenção que a peça vendedora, que realmente merecia ter recebido atenção e sido transmitida pela CBC. Esse fato reforça a minha tese de que, quando os educadores tentam varrer assuntos sensíveis para baixo do tapete, estes de fato emergem com duas vezes mais notoriedade e costumam constranger os censores. Em geral, os livros que são proibidos vendem mais cópias do que venderiam normalmente, porque as pessoas correm para comprá-los, para ver a que afinal se refere a polêmica. Outros livros direcionados ao público adulto jovem que incitaram polêmicas incluem o romance de Judy

---
[*] N. de T.: Literalmente, "As vidas das garotas e das mulheres".
[**] N. de T.: "Os meninos e o sexo" e "As meninas e o sexo", respectivamente.
[***] N. de T.: No original, Canadian Charter of Rights and Freedoms (the "Charter").
[****] N. de T.: Literalmente, "Se os homens menstruassem".

Blume, *Are you there God? It's me, Margaret**, que trata de assuntos como masturbação, menstruação e relações sexuais.

A violência é também um assunto que alguns pais querem que os seus filhos evitem. *Laranja Mecânica*, de Anthony Burgees, que retrata o estupro e a violência, atraiu muitos protestos como texto obrigatório no ensino médio. Além disso, a série *Captain Underpants**, escrita por Dave Pilkey, foi relatado pela ALA (2006) como o livro mais contestado de 2005 porque o seu conteúdo violento e antifamília foi visto como inadequado à faixa etária. Steven Arons define a motivação dos contestadores como "uma luta geral por significação (...) uma significação entre as forças da divergência privada e os agentes da ortodoxia pública" (conforme citação em Shariff e Manley-Casimir, 1999, p. 161). Aqueles que questionam o currículo escolar são em geral motivados por um ou vários dos seguintes fatores:

– Diferenças religiosas e morais.
– Superproteção fundamentalista ou valores liberais modernos por parte dos pais.
– A política, o autoritarismo e um desejo de proteger os cargos administrativos.
– O medo da manipulação psicológica.
– Interpretações diferentes quanto ao objetivo da educação.
– O medo da mudança.
– Palavras e significados entendidos fora de contexto.

Os famosos livros infantis da série Harry Potter apareceram nas listas de livros contestados de muitas bibliotecas e escolas (Wyman, 2000b). Os pais questionam a adequação da utilização dos livros do Harry Potter em sala de aula pelo fato dos livros retratarem temas como magia e feitiçaria, e por aparentemente "envolverem um tom sério de morte, ódio, falta de respeito e maldade absoluta" (Shariff et al., 2001). A resposta da autora, J.K. Rowling, é em geral uma reação de resignação. Ela afirma que se tentarmos banir todos os livros que mencionam bruxas, teremos que remover a maior parte das histórias infantis clássicas. Por intermédio dos seus personagens, Rowling introduz os jovens leitores a um conflito infinito entre fazer o bem e fazer o mal. Ela explica que Harry representa uma criança com uma profunda consciência moral que tem um "ponto fraco humano" (conforme citação em Wyman, 2000a). Além disso, Rowling destaca a diferença entre es-

---

* N. de T.: Literalmente, "Você está aí, Deus? Sou eu, a Margaret".
** N. de R.: Literalmente, "Capitão Cueca".

colher o caminho certo em oposição a escolher o caminho mais fácil para sair de uma situação moral complicada. Há muitos anos, o psicólogo infantil Bruno Betthelheim (1989) concordou com essa perspectiva. Betthelheim explicou que, no momento em que as histórias obrigam as crianças a confrontar o bem e o mal por meio da feitiçaria, da magia e de outras formas de imaginação, isso na verdade as ajuda a desenvolver uma estrutura moral para compreender as diferenças entre certo e errado. Os conflitos mais intensos entre as partes envolvidas estão ligados a valores – no caso a seguir, as disputas estavam relacionadas a valores religiosos e seculares.

Como já foi observado, pais religiosos têm tido um impacto significativo ao conseguirem a remoção de livros que retratam famílias de cônjuges do mesmo sexo (homoparentais) do currículo das escolas de algumas regiões, ao passo que, ao mesmo tempo, famílias formadas por cônjuges do mesmo sexo reivindicam os seus direitos de ter os contextos familiares dos seus filhos legitimados no currículo. Os pais também reivindicam os seus direitos na esfera da educação especial, desde a solicitação da integração total dos seus filhos com necessidades especiais nas salas de aula regulares ao agrupamento específico de alunos superdotados. Com a desconfiança cada vez maior do público em relação ao sistema escolar, os pais também têm manifestado os seus direitos de examinar os registros acadêmicos dos alunos e de questionar a avaliação dos professores sobre o progresso dos filhos. Ocasionalmente, os pais podem se entusiasmar demais no seu zelo para proteger os filhos. Isso pode resultar em um "assédio dos pais". O assédio dos pais se tornou uma preocupação significativa para os educadores, na medida em que estes buscam cumprir as suas responsabilidades profissionais e satisfazer as exigências que lhes são impostas pelos pais.

Portanto, não é nenhuma surpresa que as complexidades das novas tecnologias façam com que os pais e as escolas se sintam impotentes e sem controle. O medo da mudança e o medo do que os seus filhos aprenderão ou acessarão no ciberespaço são preocupações legítimas dos pais – em especial no caso daqueles que outrora conseguiam influenciar as escolas devido a sua prerrogativa como pais. Essa prerrogativa é também muitas vezes definida por grupos de interesse específicos que geram o medo nas mentes dos pais.

GRUPOS DE INTERESSES ESPECÍFICOS

Embora a maior parte das intimações de censura nas escolas venha dos pais, muitos não contestam sozinhos os recursos educacionais. Ao contrário, estão alinhados com grupos de interesses específicos. Nos Estados Unidos, por exemplo, existem inúmeras organizações nacionais e religiosas, como a Heritage Foundation, o Eagle Forum e o Pro Family Forum, que têm buscado contestar o currículo escolar e os conteúdos de aprendizagem que tratam de questões polêmicas como o aborto, a gravidez na adolescência, as drogas e a feitiçaria (Booth, 1992). Reichman (1993) argumenta que, ao longo da última década, várias organizações políticas e religiosas defenderam a remoção de conteúdos. A pesquisa dele demonstra que os membros dessas organizações são muitas vezes eleitos para conselhos escolares e de bibliotecas, onde alcançam posições de poder que lhes permitem empreender a censura.

Ironicamente, são grupos com interesses semelhantes que têm se beneficiado da internet para promover altos níveis de intolerância e preconceito contra os homossexuais e grupos de origem étnica não europeia por meio de sites que, à primeira vista, parecem ser respeitáveis. Após clicar em alguns links, porém, fica óbvio que promovem o ódio. Gerstenfeld e colaboradores (2003), no seu estudo sobre os sites que promovem o ódio, constataram que muitos deles dão a impressão de serem neutros ao apresentarem declarações de não violência. Este argumentam é exemplificado em Brotherhood of the Lamb, um site que apresenta desenhos, fotografias e vídeos violentos sobre o Oriente Médio. A primeira página do site afirma: "O Brotherhood Of The Lamb não admite violência, fanatismo ou racismo contra ninguém". Declarações como esta compartilham o mesmo espaço com frases como "O fascismo não morreu com Hitler – Os Islâmicos dos Dias de Hoje {são} Fascistas" (Brotherhood of the Lamb, sem data). Outra estratégia que esses sites utilizam para ganhar apoio é a inclusão de páginas educativas. Por exemplo, Gerstenfeld e colaboradores (2003) constataram que, nos sites que promovem o ódio analisados por eles, 7% incluíam páginas infantis, algumas com jogos, música e aulas alternativas de história. Na última década, houve um crescimento da conscientização da maneira pela qual a tecnologia é utilizada para incitar o ódio. A urgência da abordagem desse tópico foi observada na World Conference Against Racism*, na qual as autoridades reuniram-se para discutir a regulação do discurso do ódio e da propaganda racista na internet (United Nations, 2001).

---

* N. de T.: Literalmente, Conferência Mundial Contra o Racismo.

Ao analisar a natureza dos sites de ódio, Gerstenfeld e colaboradores (2003) observam que muitos grupos criam sites que têm uma aparência e uma impressão profissional a fim de conferir maior credibilidade às mensagens sinistras que advogam. Por exemplo, o People's Truth Forum é um site dedicado a notícias e informações sobre o terrorismo em todo o mundo. O site utiliza um *layout* similar aos sites jornalísticos profissionais, sugerindo assim que seja produzido com base na ética jornalística. Embora contenha links para matérias sobre o terrorismo de agências de notícias profissionais como a CNN, a *Times Magazine* e o *Times of London*, têm também links para *e-zines* e outras fontes menos confiáveis, que têm um claro envolvimento ideológico.

Sem dúvida, o ódio e as influências da sociedade na internet não estão restritos a um grupo de pessoas – os extremistas vêm de todas as facetas da sociedade. Como é difícil censurar esses sites, faz mais sentido fazer com que os jovens estejam conscientes da sua existência. Como também é complicado monitorar constantemente os sites que jovens e crianças visitam, se estiverem bem informados poderão estar menos inclinados a ser atraídos pela mensagem desses sites. O diálogo, a discussão aberta e uma variedade de recursos, incluindo livros, relatos históricos de pessoas de várias raças e religiões, bem como outros recursos educativos parecem assegurar melhor que jovens e crianças tenham conhecimento suficiente para que possam fazer os próprios julgamentos criteriosos quanto a visitar ou não esses sites, da mesma forma que os preparamos para não visitar sites de pornografia ou se envolverem com o abuso pela internet.

A INFLUÊNCIA DO GOVERNO

Embora os governos desempenhem um papel vital para elaborar respostas ao bullying virtual, como os sites da União Europeia e do Reino Unido, a legislação proposta nos Estados Unidos (DOPA) e a legislação semelhante existente em Cingapura, na Coreia do Sul e na Índia, eles também têm grande influência na seleção inicial dos recursos de ensino. Os governos têm uma influência significativa sobre a definição dos tipos de manifestação estudantil que são permitidos nas escolas; informar e formar as atitudes e os valores dos jovens dentro da própria escola. Em sua maioria, as escolas são agentes do estado. A principal responsabilidade das escolas é desenvolver os valores e as inclinações dos jovens em relação à responsabilidade civil e social, de modo que possam contribuir de forma construtiva para as democracias nas quais a maior parte deles vive. Contudo, o impulso político e sistêmico para o controle da informação muitas vezes torna esse processo antitético para o espírito da educação e da democracia.

As iniciativas legislativas que muitos governos têm introduzido são basicamente em reação às exigências do público e dos educadores para que tomem alguma atitude em relação ao bullying virtual. A legislação DOPA proposta mencionada no Capítulo 5 é um exemplo, bem como a emenda da Ontario Education Act e a legislação introduzida pelo governo sul-coreano que criminaliza determinadas formas de manifestação *online* (veja no Capítulo 3).

A censura da expressão, seja na forma do que os alunos dizem, seja na forma do que leem e aprendem, não é um fenômeno novo nas escolas. Os governos sempre promoveram interesses políticos por meio dos tipos de materiais de ensino que aprovam. Entretanto, até o advento das tecnologias da informação, esses materiais eram, de um modo geral, táteis – na forma de livros didáticos, livros de biblioteca, vídeos, fotografias, gravações de áudio e assim por diante. Não eram um alvo móvel como hoje o são a expressão e a informação no ciberespaço.

Apple e Christian-Smith (1991) lembram que os recursos educacionais não são meros "sistemas de entrega" que transmitem um conjunto de "fatos" objetivos. Ao contrário, são criações planejadas e selecionadas por pessoas com um conjunto específico de interesses. A recente afobação para alterar a legislação existente e introduzir novas leis para "controlar" o bullying tradicional e o bullying virtual indica que muitos políticos estão apreensivos sobre a manifestação dos estudantes na internet porque não podem controlar as informações que são acessadas *online* e, portanto, não podem proibi-las. Em outras palavras, não podem proibir um conteúdo específico *online* porque ele assume formas distintas, em blogs, salas de chat, e-mail, MSN, mensagens de texto de telefones celulares, vídeos e redes sociais como o Facebook.

Quando as autoridades dos governos aprovam materiais de ensino que favorecem uma visão de mundo em detrimento de outra, é possível que se dediquem a moldar o conhecimento ao deixarem de representar perspectivas múltiplas. Este ponto é exemplificado em vários estados conservadores dos Estados Unidos e em algumas províncias canadenses, onde os livros didáticos oficiais omitem qualquer discussão sobre a homossexualidade como estilo de vida legítimo. Isso por sua vez desempenha um papel significativo no nível de bullying virtual homofóbico que ocorre. Os Estados Unidos, é claro, não são a única nação onde o sistema de educação é vulnerável aos interesses dos políticos. Em muitos países, o governo é uma das principais instituições por meio das quais a educação é oferecida ao público e, portanto, a seleção dos materiais e das políticas educacionais tem conexões próximas com os interesses ideológicos daqueles que governam a nação. Considere a China como exemplo. Esse país está passando por grandes mudanças no que se refere à capacidade do governo de controlar as informações com o advento da internet e a mudança em direção ao capitalismo.

A mudança muitas vezes gera uma sensação de medo e de insegurança, que provoca os tipos de reações "automáticas" que têm surgido em consequência dos professores vivenciarem o bullying virtual em países do ocidente. Como Larson (1997) observa, as instituições (e, neste caso, as instituições políticas) mantêm a autoridade e recuperam o controle das situações pouco conhecidas, atribuindo características perigosas a indivíduos ou bodes expiatórios. Neste caso, o ciberespaço e as suas ferramentas de comunicação passaram a ser os bodes expiatórios escolhidos, bem como os jovens que escolhem testar os seus limites. Ao gerar o medo nas mentes das pessoas de que existe uma necessidade urgente de controlar os riscos, questões como o racismo ou o sexismo, que de fato precisam de atenção, são ignoradas, negligenciadas e varridas para baixo do tapete por meio do enaltecimento dos perigos e da descrição da situação como uma "batalha".

Quando falamos sobre o bullying virtual da forma como ele surgiu na sociedade contemporânea, não é difícil constatar que atitudes, perspectivas e hegemonias semelhantes se originam com os adultos e influenciam significativamente as formas de bullying virtual que ocorrem *online*.

A sociedade adulta serve de modelo para a intolerância por meio de conflitos políticos e raciais; dos debates sobre a homossexualidade e o aborto; e as formas extremas de violência – o terrorismo, a guerra e a opressão sistêmica de determinadas raças, religiões, povos e países, em favor de outros. Por exemplo, os atos abomináveis do 11 de setembro de 2001 trouxeram à tona um debate político muito necessário e, em particular, fizeram de todos os muçulmanos o centro das atenções. Embora não se possa admitir atos de extremismo e de terrorismo em nome da religião em nenhuma circunstância, esses atos voltaram a atenção do mundo para a situação terrível, a desesperança e o desespero que movem gerações de jovens do Oriente Médio que não conhecem outra realidade a não ser a guerra. Como o mundo começa a perceber, as respostas reacionárias de tolerância zero que não resolvem as raízes da questão conseguem muito poucos resultados; na verdade, contribuem mais para exacerbar os problemas. A atual guerra do Iraque é uma prova disso. Os governos que se envolveram para instigar essa batalha específica demonstraram o seu poder – porém, ao longo desse processo, infringiram algumas de suas próprias provisões constitucionais fundamentais, os direitos civis dos seus próprios cidadãos e os tratados internacionais de direitos humanos. A impopularidade política de líderes como o ex-presidente Bush e o ex-Primeiro Ministro Tony Blair são provas claras da necessidade de respostas diplomáticas, éticas e pacíficas que promovam a confiança e o comprometimento, em vez da morte e da destruição onde não há vencedores. Esses exemplos do que chamo "bullying de estado" determinam e influenciam grandemente as opiniões, as vidas e a educação coletiva dos jovens em todo o mundo.

Uma adolescente do estado da Califórnia, nos Estados Unidos, sofreu questionamento por parte do estado e descobriu de forma muito rápida até que ponto os governos podem se envolver quando não gostam de determinadas formas de manifestação *online*. Segundo uma reportagem da mídia ("Garota do primeiro ano do ensino médio na Califórnia questionada sobre ameaças a Bush no MySpace" (Yahoo, 2006), Julia Wilson postou uma fotografia do então Presidente dos Estados Unidos, George Bush, na sua página no site MySpace. No mesmo tom do caso dos estudantes canadenses que foram suspensos por postarem manifestações antiautoridade no site Facebook, Julia rabiscou "Matem o Bush" sobre o topo da fotografia e desenhou uma adaga apunhalando a mão dele estendida. Ela alterou essa página quando, em uma aula de história, tomou conhecimento de que essas ameaças constituíam um crime federal. No entanto, era tarde demais para evitar uma visita de agentes do serviço secreto. Julia foi retirada de uma aula de ciências para um interrogatório de quinze minutos. A reportagem da mídia observou que os pais dela ficaram incomodados pelo fato da filha ter sido interrogada, pois deveriam ter sido notificados e estar presentes durante o interrogatório. Apresento abaixo fragmentos dessa reportagem:

> Na sexta-feira, Julia Wilson afirmou que o questionamento dos agentes sobre a página dela em um site popular entre os adolescentes a levou às lágrimas.

"Eu não represento nenhum perigo. Quer dizer, veja o que está (estampado) na minha mochila – é um coração (...). Sou uma pessoa de paz", afirmou Julia, uma aluna excelente que se descreve como uma pessoa apaixonada por política. "Sou contra a guerra do Iraque. Não vou matar o presidente." A mãe dela, Kristie Wilson, contou que, na quarta-feira à tarde, dois agentes apareceram na residência da família, que fica em um bairro de classe alta, interrogaram-na e prometeram voltar mais tarde quando a filha dela tivesse voltado da escola. Depois que eles saíram, Kristie Wilson enviou uma mensagem de texto para o telefone celular da filha, dizendo-lhe que voltasse direto para casa:
"Há dois homens do serviço secreto que querem falar com você. Aparentemente você fez ameaças de morte contra o Presidente Bush", dizia a mensagem.
"Você está falando sério!?!? Meu Deus! Estou muito encrencada?" respondeu a filha.
Alguns minutos mais tarde, a mãe da garota recebeu outra mensagem de texto da filha dizendo que havia sido retirada da sala de aula pelos agentes.
Julia Wilson relatou que os agentes a ameaçaram dizendo que ela poderia ser enviada a uma prisão juvenil por ter feito a ameaça.
"Eles gritaram comigo", afirmou Julia.
"Eles foram desnecessariamente cruéis."
Julia e seus pais afirmaram que os agentes tinham uma justificativa para questioná-la sobre a sua postagem na sua página no MySpace.com. Porém, afirmaram achar que os agentes foram longe demais por não esperarem até que Julia estivesse fora da escola e por terem-na interrogado sem que um dos pais estivesse presente.
Afirmaram também que os agentes deveriam ter sido mais rápidos para entender que não estavam lidando com um perigo real. Por fim, os agentes disseram à adolescente que iriam apagar [a postagem].
"Ela obviamente não representa uma ameaça à sociedade. Se você observar a idade dela, o seu contexto familiar, a natureza caricaturista da página no MySpace", afirmou o pai de Julia, Jim Moose, advogado ambiental.
"Ela é só uma adolescente normal que cometeu um erro", afirmou a mãe dela durante uma entrevista em sua residência.
Paul Belluomini, assistente de direção da escola, afirmou que os agentes lhe deram a impressão que os pais sabiam que eles planejavam interrogar a aluna na escola. Não há nenhuma exigência legal que os pais sejam notificados.
Os porta-vozes do Serviço Secreto de Sacramento e de Washington disseram que não podiam comentar o caso.
A adolescente da Califórnia tem planos de publicar uma nova página no site MySpace.com, desta vez destinada a mobilizar outros estudantes para protestar contra a guerra do Iraque.
"Decidi hoje e acho que vou mesmo porque isso [o interrogatório] foi longe demais".

(Yahoo, 2006)

Devemos estar conscientes que essa reportagem pode ter sido enquadrada de modo a reforçar a sensação geral de descontentamento do estado da Califórnia com o então Presidente Bush e a guerra do Iraque. Embora tenha minimizado a culpabilidade de Julia (por ela ser de um bairro de classe alta onde nenhum dos habitantes seria capaz de fazer nada errado), o incidente em si mesmo é importante. Ele ilustra o poder do governo para se envolver no monitoramento da expressão, mesmo entre alunos do ensino médio. O padrão presente em todos esses casos reflete o fato de que muitos jovens não percebem a seriedade com que as suas brincadeiras na internet podem ser consideradas. Agora, imagine colocar no lugar de Julia um muçulmano "criado nos Estados Unidos" – vamos chamá-lo de Mohammed Ali. Mesmo que o pai de Mohammed Ali fosse um advogado ambiental, e mesmo que ele vivesse no mesmo bairro de classe alta com uma bela paisagem, ele teria escapado tão facilmente como a Julia? Com base no medo do terrorismo nos Estados Unidos, no Reino Unido e em outros países, é provável que a situação fosse muito pior para um adolescente de origens muçulmanas – independente do fato de que ele pudesse ter sido tão ingênuo ou inocente quanto a reportagem supõe que Julia tivesse sido. É por isso que há tanta necessidade de instruir os jovens, não apenas quanto às possíveis ramificações das suas brincadeiras e comentários na internet, mas também em relação ao quanto os seus comentários podem ser interpretados fora de contexto. Isso em função de um "medo inconsciente" (Sadria, 2007) que reside nas mentes das pessoas que se sentem ameaçadas pelas novas tecnologias, bem como por pessoas de culturas diferentes. Um resultado positivo no caso de Julia foi que, em vez deste incidente tê-la deixado com medo, incentivou-a a tomar uma atitude prática em relação às suas preocupações ligadas à guerra do Iraque. Ela organizou um protesto formal com a participação dos colegas. O que ficou claro na reportagem foi a relação que Julia tinha com os pais. O apoio dos pais pode fazer uma imensa diferença para a capacitação dos jovens que se envolvem em debates políticos sobre as mudanças *positivas* e *educacionais* na sociedade.

Na América do Norte, no Reino Unido e na Europa, as escolas não atendem mais populações escolares homogêneas. Em vez disso, esses países estão lidando com a adaptação de alunos de uma série de origens, culturas e religiões diversas. O "currículo da ortodoxia" a que me refiro é amparado pelas formas de legislação e de diretrizes políticas para as escolas que eliminam os conteúdos indesejáveis por meio da seleção de determinados tipos de recursos curriculares. No Ocidente, isso na verdade mantém um ambiente escolar basicamente eurocêntrico e androcêntrico – onde as informações relevantes, que promovem a compreensão da diversidade, são omitidas ou censuradas. Em uma época em que essa compreensão é essencial para uma melhor avaliação da diversidade, do intelectualismo e da ética da paz existentes dentro do Islã, por exemplo, o meu colega, Professor Joe Kincheloe, defende um currículo mais abrangente para que isso seja alcançado. Como ele observa no seu livro *Miseducation of the West*[*]:

> Muitos teóricos sustentam que a sala de aula seja um lugar essencial para a legitimação de mitos e silêncios sobre os povos não ocidentais e, muitas vezes, não cristãos. Se os educadores que valorizam o poder da diferença fossem ensinar sobre a história do Islã, teriam que repensar a história canônica do Ocidente. Certamente, quando os textos escolares distorcem a história do Islã, distorcem concomitantemente toda a história. Os professores e líderes educacionais que agem de acordo com o poder da diferença forjam tal reconhecimento em um modo de educação politicamente transformador. Essa pedagogia compreende as sociedades ocidentais como coletividades da diferença onde há o potencial para que todos se edifiquem por meio da interação com o outro e das formas de conhecimento que ele ou ela trazem para um encontro.
>
> (Kincheloe, 2004, p. 2)

Bakan (1999) afirma que o modo como a elaboração do currículo está organizada e os interesses que são atendidos neste processo inevitavelmente têm impacto sobre o seu conteúdo. O que por sua vez pode dispor os jovens a adotar determinadas perspectivas e atitudes que, no futuro, estarão presentes também nas suas relações sociais – sejam as relações que acontecem na escola, sejam as que acontecem no espaço virtual.

OS CONSELHOS ESCOLARES

Junto com os ministros da educação, os conselhos escolares também têm poderes discricionários significativos. Por exemplo, na província de British Columbia, no Canadá, a seção 85 da Lei Escolar afirma que os conselhos escolares têm o poder tanto de "determinar as normas

---
[*] N. T.: Literalmente, "A Deseducação do Ocidente".

locais para a operação efetiva e eficiente das escolas" quanto de "aprovar os recursos materiais educacionais e outros suprimentos e serviços". Além disso, a seção 76(3) sugere que "será inculcada a mais alta moralidade, porém as escolas serão dirigidas por um princípio básico estritamente secular e não sectário". Por um lado, isso provê membros de conselho com a autonomia necessária para selecionar os recursos e normas adequadas às necessidades das suas comunidades escolares, mas, quando defende que se "inculque" a "mais alta moralidade", levanta questões importantes quanto a que valores possam ser considerados como da "mais alta moralidade".

Por outro lado, é comprovado que mesmo as decisões dos membros dos conselhos são suscetíveis a pressões políticas e influências externas. Por exemplo, como autoridades eleitas, os gestores das escolas têm o dever de prestar contas aos seus eleitores e estão vulneráveis às demandas de grupos de interesse específicos. Uma das ramificações dessa estrutura é que as decisões educacionais são, por vezes, impelidas por uma necessidade de apaziguar vozes poderosas em vez de serem movidas por uma autêntica preocupação com as perspectivas e os valores diversos da comunidade escolar. Com as preocupações emergentes relacionadas aos insultos que vêm sendo postados em ferramentas de comunicação social como o Facebook e o YouTube, os conselhos escolares, assim como os governos de várias partes do Canadá, dos Estados Unidos, da Irlanda e do Reino Unidos, têm tido de se curvar à considerável pressão por parte das federações e sindicatos de professores.

Em um processo judicial histórico que chegou à Suprema Corte do Canadá em 1998, o conselho escolar da Surrey (SSB)[*], na província de British Columbia, sucumbiu a pressão considerável de um grupo eloquente de pais religiosos, que queriam proibir arbitrariamente três livros infantis que retratavam famílias com pais do mesmo sexo, contradizendo a seção 76(3) da Lei Escolar da Província de British Columbia anteriormente mencionada, segundo a qual as escolas deveriam se manter estritamente seculares. Um professor do ensino fundamental, que é homossexual, havia submetido os livros à aprovação do conselho da sua escola com o objetivo de reduzir a homofobia (e o bullying homofóbico) na escola. O caso polêmico chegou à Suprema Corte do Canadá, custando aos contribuintes canadenses mais de 4 milhões de dólares em taxas judiciárias que poderiam ter sido evitadas. Embora esses exemplos não envol-

---
[*] N. de T.: Sigla original em inglês para *Surrey school board*.

vam ciberbullying, sem dúvida ilustram a forma pela qual as partes envolvidas da sociedade podem influenciar as normas escolares quanto ao que é manifestado e aprendido no contexto da escola.

Com a emergência das tecnologias virtuais, sem dúvida os representantes dos conselhos escolares do mundo todo se preocupam em como monitorar o acesso à informação, que anteriormente era muito mais fácil de controlar. À medida que a diversidade dentro das populações escolares se eleva a ponto destas se tornarem multiculturais, multiétnicas e multirreligiosas (e muito mais interessantes!), aumentam os desafios para os conselhos escolares conforme estes tentam administrar direitos e interesses concorrentes. Como mostra abaixo a pesquisa de opinião realizada pela OCT, os professores acreditam que os conselhos escolares têm uma responsabilidade significativa (49%) de formular e explicar as regras, e determinar as possíveis consequências. Entretanto, as expectativas dos conselhos escolares por parte dos professores precisam ser reconceituadas para destacar que eles se concentram em melhorar a cultura escolar e não em empreender códigos de conduta punitivos.

Pergunta: Qual das seguintes afirmações fornecidas na Figura 6.4 melhor descreve alguma norma que a sua escola ou conselho escolar possam ter sobre como os alunos devem se comunicar na internet e nos sites, ou em e-mails e salas de chat?

Outros exemplos de interferência por parte do conselho escolar na aprendizagem dos alunos (e, desse modo, nas suas atitudes e ações) ocorreu na província canadense de Ontário. O conselho escolar distrital de Toronto retirou o livro infantil *Three wishes*, de Deborah Ellis, das suas bibliotecas escolares. A PEN Canada (2006) informa que o livro havia sido indicado pela Ontario Library Association (OLA) para o Silver Book Award – uma competição na qual crianças da quinta à sétima série são convidadas a votar e escolher o vencedor. A Canadian Jewish Congress argumentou que a discussão apresentada no livro sobre o conflito entre israelenses e palestinos não era adequada para a faixa etária que a competição visava atingir e solicitou que a OLA e os conselhos escolares retirassem o livro da competição. Embora esteja claro que os conselhos escolares têm o dever de aprovar recursos que reflitam as características peculiares das suas comunidades e os valores defendidos pelos pais, nenhuma escola é completamente homogênea, particularmente em sociedades pluralistas. Por isso, ao serem tomadas as decisões relativas à educação, devem-se considerar interesses e valores concorrentes. Lamentavelmente, considerando-se a natureza política do sistema educacional, isso nem sempre ocorre e, como tal, os materiais que poderiam ter uma contribuição positiva para a discussão pública e construir uma maior conscientização acerca de questões polêmicas acabam sendo removidos das listas de leitura das escolas. É possível que isso não ocorra mais, à medida que, ao longo do tempo, se passe a adotar recursos *online*.

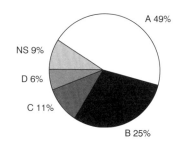

A. Há regras formais, bem compreendidas com possíveis consequências.
B. Pode haver regras formais, porém elas não são amplamente compreendidas.
C. Há regras informais.
D. Não há regras.

NS (não sabe/não opinou)

A 49%
NS 9%
D 6%
C 11%
B 25%

Figura 6.4 As normas da escola.
(Fonte: Reproduzido com a permissão da OCT, 28 de agosto de 2007.)

Os meios de comunicação como censores

Considerando-se que as questões da expressão virtual antiautoridade começaram a surgir recentemente (2006-7), há poucos estudos acadêmicos que já pesquisaram qualitativamente a sua incidência e as respostas das escolas. Por isso, ao longo deste livro, não tive outra escolha a não ser me basear, até certo ponto, em reportagens da mídia e em comunicações pessoais de professores e gestores escolares, para falar sobre os estudos de caso. Reitero que estou o tempo todo consciente de que há muitos aspectos desses casos que não são revelados nas reportagens da imprensa e nas comunicações pessoais. Contudo, afirmo que independente do quanto a mídia enquadre as questões, há seguramente padrões claros que surgem em muitas reportagens. Esses padrões refletem o fato de que os alunos e as tecnologias passaram a ser os bodes expiatórios das hierarquias sistêmicas de poder mais ocultas dentro das escolas e entre as partes envolvidas que não devem ser negligenciadas nas nossas tentativas para solucionar esse vácuo de políticas públicas.

Concordo com Edwards (2005) e Mazzarella (2005) quando eles advertem para o fato de que os meios jornalísticos podem, até certo ponto, controlar a realidade ao enquadrarem as matérias de modo que se ajustem a determinados interesse e controlem a mensagem a fim de colocar o foco sobre determinadas questões em detrimento de outras. Quando os jornalistas e editores dos meios de comunicação selecionam as informações e o tipo de redação para formular uma matéria jornalística, eles de fato se tornam poderosos "censores" das informações que deveriam chegar ao público, mas que muitas vezes são deixadas de fora do quadro ou acabam recebendo menos foco. Dedicar-se ao letramento crítico dos meios de comunicação não é uma tarefa fácil, porém é essencial. Há todo um conjunto de saberes que surgiram na última década para nos convencer da utilidade e da necessidade de nos dedicarmos ao letramento crítico dos meios de comunicação (Chomsky, 2007; Macedo e Steinberg, 2007; Shaheen, 2003; Shaheen, 2000).

Embora não tenha percorrido sistematicamente 100 reportagens jornalísticas sobre o tema do ciberbullying para identificar padrões específicos, conforme escrevo este livro, rapidamente tomei conhecimento de padrões muito claros. Estou, neste momento, cercada por pelo menos quarenta ou cinquenta matérias impressas, muitas das quais foram publicadas em 2006 e 2007, pois as reportagens referem-se a formas de postagens antiautoridade feitas por alunos do ensino médio em sites de redes sociais. Antes de passar a abordar os sistemas jurídicos e as tensões entre a liberdade de expressão dos alunos e a supervisão da escola no capítulo seguinte, seria interessante desconstruir alguns desses fragmentos extraídos de matérias jornalísticas. A essa desconstrução segue-se uma breve menção ao impacto da mídia na sociedade no que se refere às questões políticas em geral. Levanto aqui essas questões mais gerais para ilustrar o modo como a sociedade serve de modelo para os jovens. No momento em que essas atitudes se refletem nos comentários discriminatórios que os adolescentes postam na internet, a sociedade reage de uma forma negativa e com surpresa, sem reconhecer que as postagens simplesmente refletem e espelham as atitudes dos adultos na sociedade que cerca os jovens. Modifiquei alguns dos títulos apresentados por Edwards (2005) com o objetivo de analisar o modo como determinadas palavras são utilizadas nas matérias jornalísticas a fim de transmitir um tipo específico de mensagem.

As vítimas virtuais – os bons alunos que são apanhados

Um dos padrões que emergiram em muitos dos textos das reportagens jornalísticas sobre crianças e adolescentes que foram suspensos da escola por suas postagens na internet é que, de um modo geral, todos eles eram bons alunos. Todos eles acabaram se desencaminhando e pagaram um preço alto demais por sua brincadeira de adolescente. Por exemplo, Brad Parsons é descrito como um "adolescente que gosta de sair e relaxar com os amigos"; que "ele e os amigos há muito tempo têm problemas com {uma vice-diretora}"; e que o grupo deles foi escolhido por ficar matando o tempo nos fundos da escola onde "outros alunos criavam problemas". Logo, ele é descrito como um aluno modelo:

> um aluno cujas aulas preferidas são inglês e teatro, diz que estava tirando boas notas e estava concluindo um trabalho sobre MacBeth quando foi expulso. (...) "Estou sendo prejudicado na minha formação por causa disso e isso vai me atrasar", afirmou ele.
>
> (Chung, 2007)

Como Edwards argumenta, toda essa ênfase no fato de Brad ser um bom aluno que gosta das aulas de inglês e de teatro, que tinha problemas constantes com a assistente da direção da escola; e que agora provavelmente terá a sua educação prejudicada somado aos comentários da mãe dele, de que todos nós falamos coisas ruins sobre os professores, tem o efeito combinado de banalizar o conteúdo das manifestações na internet que originalmente causaram problemas a Brad. Nem ouvimos o lado da assistente de direção quanto à natureza do "problema" constante que esse grupo específico de jovens que ficavam matando o tempo nos fundos da escola tinha com ela (ou ela tinha com eles). Além disso, a reportagem apresenta fatos contraditórios quanto ao aluno ter sido ou não expulso. No início, a matéria afirma que Brad havia sido avisado que seria expulso, porém não foi, e a mesma reportagem mais adiante afirma, como fato, que ele havia sido expulso. Em outra reportagem posterior e mais equilibrada, o superintendente escolar confirma que o aluno não foi na verdade expulso, embora ele tenha afirmado aos jornalistas que havia sido expulso (Girard e Nguyen, 2007).

Ainda que seja veementemente contrária às suspensões de alunos por essa forma de ciberbullying, e apesar de acreditar nesses jovens quando eles afirmam que não percebiam a gravidade das palavras depreciativas que utilizam na internet, me incomoda que, ao apresentar Brad como um aluno de uma pureza evidente e que nunca pensaria em fazer mal a ninguém, a mídia banalize o fato de que a manifestação dele tenha possivelmente ultrapassado algum limite tênue. É importante que os alunos tenham consciência que alguns dos seus comentários podem fazer com que estejam suscetíveis a um processo jurídico como, por exemplo, por calúnia virtual, o que discutirei no Capítulo 7. Além disso, ainda que os alunos mantenham convicção de que se tratava de uma conversa privada, como Edwards (2005) argumenta, o viés adotado pelos meios de comunicação neste caso deslocou o foco da importância de se envolver com os adolescentes para discutir os problemas que eles estavam tendo com a assistente da direção da escola. Evidentemente, havia conflitos. A reportagem também impediu uma explicação a partir da perspectiva dela. É muito provável que tanto ela estivesse tendo problemas com os adolescentes quanto eles estivessem tendo com ela quando "ficavam matando tempo atrás da escola.

Portanto, embora não creia que essas tensões devam ser concebidas como uma batalha, nem necessariamente concorde com as iniciativas formais e um tanto severas que estão surgindo internacionalmente para lidar com essa forma de ciberbullying, certamente não isento os alunos de responsabilidade. O que eu gostaria de ver é uma intensificação dos esforços para *orientá-los a assumir a responsabilidade pelos seus atos*. Deveríamos ajudá-los a entender o impacto que as suas manifestações têm sobre o clima e a aprendizagem de um modo geral dentro da escola, e também a descobrir se os seus comentários são ou não o resultado de um ambiente envenenado que existe dentro da escola.

Outra narrativa jornalística analisada acima apresenta a experiência de Julia Wilson (discutida anteriormente) de uma maneira semelhante. Julia é descrita como uma adolescente de um bairro abastado. A matéria sugere que uma pessoa que tem um enfeite de corações na mochila não poderia fazer nada de errado. Como assinalei, o impacto da ameaça feita por Julia na internet foi minimizado em função do seu contexto racial e da situação econômica dos seus pais. Os excertos apresentados a seguir fazem com que ela apareça como alguém completamente inocente, o que retira o foco do fato de que ela realmente escreveu as palavras "Matem o Bush", e independentemente do quanto ela não concordasse com a guerra do Iraque, esta não era a forma apropriada de manifestar as suas opiniões:

> "Eu não represento nenhum perigo. Quer dizer, veja o que está (estampado) na minha mochila – é um coração (...) Uma aluna excelente que se descreve como uma pessoa apaixonada por política. "Sou contra a guerra do Iraque. Não vou matar o presidente".

Além disso, apresentá-la como uma adolescente ingênua é igualmente eficaz:

> "Você está falando sério!?!? Meu Deus! Estou muito encrencada?" respondeu a filha.
>
> (Yahoo, 2006)

Fica muito claro que a decisão dela de organizar um protesto contra a guerra no Iraque e o fato de ser uma excelente aluna sugerem que ela seja suficientemente inteligente para perceber que, quando publicou a sua manifestação, sem dúvida atrairia algum tipo de reação. A minha questão ao desconstruir essa matéria jornalística é mostrar que, embora a adolescente tenha evidentemente cometido um erro e possa não ter percebido as implicações dos seus atos, é importante reconhecer que os adolescentes devem assumir a responsabilidade pelas suas ações. No caso de Julia, os pais dela adotaram medidas positivas para orientá-la em relação a formas construtivas de se engajar em alguma forma de ativismo sobre a uma questão em relação à qual ela se sentia profundamente atingida. O fato de organizar um protesto contra a guerra no Iraque deu-lhe a ação que ela havia buscado *online* e a sensação de que poderia contribuir para resolver o problema. Em outros casos nos quais os alunos fizeram comentários negativos sobre os professores, eles também estão utilizando a internet como uma ferramenta para a ação – é onde eles sentem que têm autonomia para tomar alguma atitude em relação a um ambiente intoxicado na escola ou a problemas com um professor. Lamentavelmente, eles rapidamente descobrem que essa forma de ação não é tão eficaz, e é aí que uma abordagem não reativa, mas educativa, poderia fornecer-lhes locais alternativos onde poderiam expressar as próprias opiniões e contribuir para mudar o ambiente de aprendizagem.

Os criminosos virtuais: a polícia como heroína

Ao contrario da matéria que apresenta Brad Parsons como um aluno exemplar, duas outras reportagens sobre a mesma notícia centraram o foco no protesto e no "choque" entre os alunos e a polícia. Uma delas, do jornal *The Toronto Star* (Girard e Nguyen, 2007), diz o seguinte:

> Quatro adolescentes foram presos depois que um protesto contra a punição de um colega, aluno do ensino médio, se transformou em um incidente violento quando policiais que tentavam desviar o trânsito foram atingidos por objetos atirados pelos estudantes, incluindo uma garrafa e uma prancha de *skate*.
> O terrível incidente de ontem nos arredores do Birchmount Park Collegiate Institute, na Danforth Avenue e na região da Birchmount Road ocorreu após a suspensão, no início desta semana, de cinco alunos após os gestores da escola terem descoberto comentários depreciativos sobre os funcionários da instituição (...)
> "Todo mundo estava na rua e aí começaram a voar coisas e os policiais começaram a pirar", relatou Ryan Duffy, 16 anos, aluno do terceiro ano do ensino

médio que viu a briga na qual manifestantes furiosos gritavam com a polícia e perseguiam os policiais à medida que jovens eram presos, algemados e imobilizados no chão, depois jogados dentro das viaturas (...)

O uso de palavras como "terrível", "atingidos", "imobilizados no chão, depois jogados dentro das viaturas" destaca o poder do estado ao vencer a batalha. Na mesma matéria há comentários feitos pelo superintendente observando que "o bullying praticado por meio da nova tecnologia de informação (...) dá aos jovens mais poder do que jamais tiveram".

Em muitas matérias jornalísticas semelhantes, fica bastante claro que a batalha resume-se essencialmente a uma questão de poder entre as escolas e os alunos – e se os alunos obtêm muito poder ao utilizar a nova "tecnologia", logo a polícia atenderá o apelo em nome da ordem e os colocará de volta nos seus lugares, utilizando a força caso necessário.

Embora neste caso a reportagem mencione também que os alunos teriam provocado os policiais – aparentemente eles jogaram garrafas e pranchas de *skate* –, contudo, é a maneira como essa matéria apresenta a sequência de eventos que é sugestiva quanto a quem vence a batalha quando os heróis entram em ação. Além disso, observe o uso peculiar da palavra "tecnologia" em vez de "tecnologias" por parte do superintendente. Este é um exemplo da mentalidade adulta para com as tecnologias a que Lankshear e Knobel chamaram a atenção. Ele sugere que a tecnologia como entidade única – da mesma forma que o "letramento digital" – pode ser controlada e dominada, o que sugere uma falta de avaliação da sua pluralidade e da sua fluidez.

Quero mais uma vez enfatizar que não creio que os alunos envolvidos estejam isentos de responsabilidade pelas suas palavras e pelas suas atitudes. Já ilustrei isso com o uso de exemplos de matérias jornalísticas que fazem com que os autores pareçam vítimas. Este é o limite tênue e ambíguo que sempre surge entre a liberdade de expressão e a autoridade.

O enquadramento dado pela mídia às questões globais

Antes de passar a uma discussão das considerações jurídicas, creio que seja adequado destacar alguns exemplos de como, na sociedade como um todo, além das questões relacionadas ao bullying virtual, a mídia também desempenha um papel significativo para determinar as percepções do público. Essas questões também desempenham o seu papel enquanto conflitos de valores ou de discriminação nas escolas.

Por exemplo, após os ataques de 11 de setembro de 2001, as reportagens jornalísticas têm tido uma influência tremenda na formulação das perspectivas das pessoas em relação a determinados grupos da sociedade ao simplificarem as características de todos os membros daquele grupo. Mais uma vez, usemos os muçulmanos como exemplo, já que este é o grupo que mais tem sofrido com os estereótipos e o enquadramento político da mídia contemporânea. Por exemplo, ao se referir a um "terrorista muçulmano", mas não a um "terrorista cristão" (como Timothy McVeigh, que detonou um caminhão-bomba em frente a um edifício, matando aproximadamente 160 pessoas), a mídia gera nas mentes das pessoas um medo de todos os muçulmanos. Martin e Phelan (2002) argumentam que a associação do terrorismo com a cultura mais ampla da qual ele emerge cria estereótipos que são propagados por meio da repetição de rótulos de identificação. Said (1997) lembra que essa construção das culturas não ocidentais como alienígenas e irracionais faz parte de um sistema muito mais amplo de forças colonialistas hegemônicas que tradicionalmente simplificam e reduzem a heterogeneidade e a diversidade do islã.

Os meios de comunicação de massa basicamente deixaram de retratar a vida cotidiana dos muçulmanos em favor de uma imagem mais sensacionalista (Shaheen, 2003). Isso fica comprovado pela ubiquidade dos clichês que caracterizam os muçulmanos e os árabes como fundamentalistas e terroristas (Martin e Phelan, 2002; Nacos e Torres-Reyna, 2002; J. Shaheen, 2003). Esses clichês têm informado as visões de mundo de personagens poderosos em instituições públicas como as escolas. Consequentemente, as decisões relativas à área da educação, muitas vezes, baseiam-se em ideologias hegemônicas, e não em uma compreensão autêntica das religiões e culturas minoritárias. No Reino Unido e no Canadá, os tribunais têm intervindo para adjudicar casos que envolvam a proibição de trajes religiosos como o hijab*, e símbolos como o Sikh kirpan**, um punhal cerimonial que deve ser usado sempre pelos homens Khalsa Sikh*** (Shariff, 2006; Shariff e Johnny, 2007a). Os atos perpetuados pelas matérias jornalísticas têm uma influência substancial para determinar as atitudes dos professores e dos diretores de escolas e, futuramente, nas atitudes dos nossos jovens.

Mesmo antes dos atentados de 11 de setembro, Dolmage (2000), no seu artigo intitulado "Mentiras, malditas mentiras!", expôs claramen-

---

* N. de R.: Conjunto de vestimentas da religião islâmica cujo propósito é cobrir todo o corpo em público, exceto pelo rosto e pelas mãos.
** N. de R.: Espada ou adaga carregada por muitos fiéis da religião Sikh, originária da região do Punjab (região cultural cruzando a fronteira da Índia e do Paquistão).
*** N. de R.: Refere-se ao conjunto de indivíduos batizados na religião Sikh.

te fatos que demonstram que a mídia jornalística em geral publica manchetes relacionadas a uma notícia (por exemplo, violência de gangues urbanas) próximas a fotografias que não estão diretamente relacionadas à notícia (por exemplo, um adolescente negro), de modo que a imagem e a associação ficam gravadas nas mentes dos leitores. Além disso, Dolmage fornece provas de estatísticas inexatas e exageradas que muitas vezes são apresentadas por repórteres que podem não ser tão diligentes quanto deveriam em suas pesquisas. Desse modo, a mídia jornalística censura ao tomar decisões deliberadas em relação ao que deva ser apresentado ao público e o que deva ser abafado. Esse processo acaba impregnando o sistema escolar e a consciência das partes envolvidas que se abastecem das mensagens da mídia, particularmente dos estereótipos. Consequentemente, a mídia jornalística tem uma influência decisiva para determinar o que os adolescentes e as crianças aprendem nas escolas.

O enquadramento midiático perpetuou os estereótipos raciais na América do Norte desde o final dos anos de 1800, quando os jornais eram basicamente antichineses (Anderons, conforme citação em Mahtani, 2001). Houve uma ausência generalizada de mulheres negras por um período de 30 anos nas proeminentes revistas canadenses como a MacLean's (MacGregor, conforme citação em Mahtani, 2001). É lamentável observar que não houve nenhuma mudança significativa quanto a isso. Mais recentemente, nos Estados Unidos, as principais redes de comunicação como a CBS se recusaram a transmitir anúncios políticos que configurassem críticas ao então Presidente Bush, e programas infantis que mostrassem famílias formadas por pais do mesmo sexo também foram recusados por redes como a PBS (Sanders, 2005). Quer se classifiquem esses atos de exclusão como discriminação, quer como dominação ideológica (Lorimer, 1999), a questão principal é que tanto as formas de censura conscientes quanto inconscientes são implacáveis nos meios de comunicação de massa. Não surpreende, portanto, que os alunos reiterem atitudes e perspectivas discriminatórias e desrespeitosas ao encontrarem a liberdade do ciberespaço, a ausência da necessidade de se sujeitar às regras dos adultos.

OS TRIBUNAIS COMO CENSORES

Os tribunais têm um impacto significativo na definição de políticas públicas. Os poderes judiciários do mundo todo terão, em última análise, um papel importante para definir a forma como as escolas respondem ao bullying virtual e ao uso da internet por parte das crianças e dos adolescentes. No capítulo seguinte, destaco várias decisões judiciais que têm relevância para o bullying virtual e que determinam soluções apropriadas para as regras e para as práticas educacionais. Casos jurídicos recentes definem e descrevem o bullying virtual, determinando as soluções adequadas. As decisões contemplam não apenas o caso em questão, mas também estabelecem precedentes, o que influencia as futuras decisões judiciais e de políticas públicas. Dessa forma, os tribunais definem, controlam e mantêm os limites das pessoas e das ações.

Os juízes tomam as suas decisões com base nos fatos de cada caso, mas o fazem admitindo as construções sociais de que falo e que já estão incorporados à linguagem. Neste sentido, os tribunais são simplesmente outro braço da base de poder influente que governa as instituições públicas como as escolas. Quando essas construções não são questionadas, os tribunais as legitimam tacitamente, o que inclui os pressupostos considerados indiscutíveis em relação às crianças, à escola, à liberdade de expressão e à autoridade. Assim, as relações de poder existentes prosseguem e são reforçadas pelos tribunais. A lei, portanto, detém o poder – tanto em termos das decisões que produz quanto dos conceitos que sutilmente endossa. Para compreender o poder jurídico, é importante observar a linguagem da lei, pois, na lei, a linguagem significa poder. Portanto, as perspectivas de teóricos e pedagogos críticos como Giroux (2003), Kincheloe (2005), Apple (1990; 2000) e McLaren (1998) chamam a atenção para o modo como os tribunais "falam do" bullying virtual e como, em termos legais, ele pode passar a ser definido e incorporado nos precedentes jurídicos. Por meio da teoria crítica e dos estudos culturais do direito, é essencial analisar as suposições feitas pelos juízes sobre a autoridade do educador e das relações de confiança fiduciária entre os professores e seus alunos, analisando como essas relações afetam e restringem a liberdade de expressão e a aprendizagem. Uma vez proferida uma decisão jurídica histórica em uma área emergente como a do bullying virtual, a doutrina do *stare decisis* (respeito ao antecedente) garante que a maior parte das decisões futuras seja fiel ao precedente histórico, a menos que o tribunal possa "distinguir" o caso como diferente o suficiente para permitir que a decisão atual se afaste da proferida para o caso precedente. Neste sentido, os tribunais têm uma influência decisiva para determinar as políticas públicas e as ações governamentais. As escolas, como agentes dos governos, devem aderir aos padrões estabelecidos pelos tribunais.

Tendo estabelecido o contexto das hierarquias de poder entre as partes envolvidas, agora passo, no Capítulo 7, à discussão dos sistemas jurídicos que se aplicam à tensão entre a liberdade de expressão do aluno, a privacidade, a segurança e a supervisão no ciberespaço.

NOTAS

1 Quero agradecer a Myles Ellis, da Canadian Teacher's Federation pela permissão para publicar esta resolução.
2 Os reclamantes incluem a família Dufour, que deu início ao processo civil em nome da filha, Jamie Dufour, mas posteriormente desistiu da ação; o processo de direitos humanos de Azmi Jubran, no qual houve apelação por duas vezes da decisão, sendo a decisão final do British Columbia Court of Appeal favorável a Azmi Jubran. Jane Forin que entra com/joins Leanne Dufour e Nasimah Nastoh para elevar a consciência em relação a essas questões; doze pais de Teulon, Manitoba, que deram publicidade às experiências dos filhos através da CBC National News; e os pais de Emmett Fralick (Emmet também se suicidou). Sentimentos semelhantes vêm sendo acrescentados verbalmente por muitos pais preocupados nos fóruns públicos sobre a questão do bullying dos quais participei, incluindo uma oficina de pais realizada durante o congresso anual do British Columbia Parent Advisory Council, em 3 de maio de 2002.
3 As comunicações pessoais recebidas pelas mães Jane Forin, Nasim Nastoh, Nancy Knight e pela mãe de Jamie Dufour estão entre as manifestações que confirmam o "muro de defesa" – termo cunhado por Jane Forin, de Courtney, British Columbia, Canadá. O padrão de negação fica também evidente nos documentos dos processos movidos em várias ações contra as escolas por deixarem de proteger as vítimas do bullying.
4 Todas as informações aqui fornecidas com relação a casos chamados de bullying (sejam extraídos de documentos judiciais disponíveis ao público ou citados com a permissão dos pais) estão baseadas em informações públicas – ou das vítimas e/ou das famílias das vítimas, ou publicadas na mídia. Não se utilizou aqui nenhuma informação sem a permissão dessas pessoas. Nem a autora nem o editor assumem responsabilidade pelas informações que possam ter sido passadas de forma inexata pelos meios de comunicação ou por falsas acusações contidas nos documentos judiciais arquivados.
5 Andrew Forin, que não teve envolvimento com a prática do bullying, porém filmou um incidente de bullying e foi posteriormente manipulado para vender este material para a mídia, foi suspenso por passar a imagem negativa da escola. Azmi Jubran aguentou três anos de bullying antes de dar um soco no estômago do autor. Em um caso, um menino de Ontário ficou preso durante quatro meses sem direito à fiança por ter escrito uma história intitulada *Twisted* sobre a retaliação contra os autores do bullying.
6 Por exemplo, na esteira dos casos de bullying que tiveram ampla divulgação nos últimos seis anos, as escolas adotaram normas gerais de tolerância zero que eram aparentemente maneiras sensatas e eficientes de restringir o bullying. No Capítulo 7, explicarei por que essas normas não são tão sensatas ou eficazes quanto parecem.
7 As fontes dessas comunicações pessoais com gestores escolares não podem ser reveladas em função da consulta em andamento para solucionar algumas das questões acaloradas e sensíveis que ocorrem atualmente na escola.

7
Contrabalançando a liberdade de expressão
Privacidade e segurança no ciberespaço

> *A paisagem em que residia o equilíbrio do discurso que protegia os estudantes do poder punitivo permissivo por parte dos funcionários das escolas mudou profundamente. A internet marca a mudança radical desse panorama, assim como o Front Range* marca o fim das Grandes Planícies.*
>
> (*Beidler vs. North Tbunton Scb. Dist.*, No. 99-2-00236-6
> Thurston Cty. Super. Ct., July 18, 2000)

INTRODUÇÃO

Ao contrário dos tempos de Golding (Golding, 1954), os jovens de hoje não têm que ir a uma ilha distante para encontrar uma paisagem diferente. Ela está ao alcance do telefone celular ou do computador doméstico. O ciberespaço se tornou um verdadeiro lugar sem regras de civilidade virtual claramente definidas. Na internet, ninguém ainda encontrou uma forma aceitável e viável de criar e aplicar um mínimo de cultura que permita às pessoas conviver umas com as outras. Em nenhum lugar na internet isso é mais verdadeiro que no espaço virtual frequentado por crianças e adolescentes, que muitas vezes têm capacidade e habilidade tecnológica suficiente para dar mil voltas eletrônicas nos adultos que os cercam, porém não possuem controles psicológicos e sociológicos internos para moderar o próprio comportamento.

---
* N. de R.: A Front Range é uma cordilheira na costa oriental das Montanhas Rochosas, nos EUA.

Manter um comportamento civil já é bastante difícil em sociedades organizadas, mesmo onde as leis deveriam prevalecer e onde a ordem e a autoridade existem para proteger cidadãos inocentes. Mas o que acontece – como em uma ficção distópica – quando as regras e a autoridades são removidas ou são percebidas pelos jovens como inaplicáveis no ciberespaço? Esse é o dilema enfrentado pelas escolas quando tentam navegar pelos desafios jurídicos e morais de responder ao bullying virtual e, finalmente, conforme tentam desenvolver nos alunos um limite moral apropriado à era eletrônica. Esse capítulo integra um corpo emergente de trabalhos sobre as questões jurídicas relativas ao bullying virtual e ao seu impacto na segurança e aprendizagem dos alunos no contexto escolar. A maioria dos casos é dos Estados Unidos e Canadá (Balfour, 2005; Servance, 2003; Willard, 2003). Nesta etapa, a minha pesquisa jurídica em outros países está apenas começando. Ela se baseia nos meus trabalhos anteriores que examinam as considerações legais relacionadas à liberdade de expressão e à segurança sob a Carta Canadense dos Direitos e das Liberdades; nas Leis de Direitos Humanos do Canadá e nos Direitos Civis Americanos (Título IX): o assédio sexual na internet, as responsabilidades potenciais da escola sob as leis de delito canadenses e estadunidenses e as convenções internacionais referentes aos direitos da criança (Shariff, 2004; Shariff e Gouin, 2005; Shariff e Strong-Wilson, 2005).

As leis norte-americanas são, em sua maioria, decorrentes do direito comum britânico e continuam a ser aplicadas na maioria dos países pós-coloniais em todo o mundo. Portanto, apesar de basear a maior parte desse estudo na legislação e na jurisprudência norte-americanas, as diretrizes políticas que desenvolvo para propor soluções a esses problemas são pertinentes ao contexto internacional. Países como Índia, Japão, Reino Unido, Austrália, Coreia do Sul e Nova Zelândia trabalham com quadros semelhantes e também podem se beneficiar da avaliação das tendências judiciais e das estruturas legais aplicáveis. Conforme os dados preliminares apresentados no Capítulo 3, o perfil internacional emergente do ciberbullying indica que a maioria dos países está apenas despertando para a consciência do ciberbullying. De acordo com o que foi observado em muitos países, os estudos ainda estão no início ou em desenvolvimento. Surgem projetos de pesquisa no mundo todo para examinar como os jovens cidadãos de diversos países estão se adaptando e usando a tecnologia. O modo como a escola responde, enquanto agente institucional da ordem política e social de cada país, ainda precisa ser avaliado. No que diz respeito ao meu projeto de pesquisa internacional sobre o bullying virtual (www.cyberbullying.co.nr/), em sequência à publicação desse livro, trabalharei com colaboradores internacionais para compilar, à parte, uma publicação atualizada. A nossa publicação vai conter capítulos focados no perfil, na extensão e nas respostas que ocorrem em cada país envolvido no nosso projeto.

Enquanto isso, não é menos importante considerar como os norte-americanos e os britânicos têm abordado as complexidades da liberdade de expressão, da privacidade, da calúnia virtual e as respostas à expressão do estudante, especialmente nos termos das obrigações legais em supervisionar essa expressão dentro e fora do ambiente escolar.

A minha pesquisa de doutorado sobre o bullying e questões referentes às leis educacionais confirmou que a justiça sempre transfere a responsabilidade à escola, relutando em infringir a autoridade daqueles cuja responsabilidade é a de prover a educação pública (Case, 1997). Os tribunais são mais relutantes em liberar as comportas dos processos judiciais em casos de bullying devido ao volume potencial de milhares de ações que poderiam entupir o sistema judicial. Em função do número de pessoas que têm acesso à tecnologia e passaram por algum tipo de abuso, não é de se admirar que a maior parte das ações de bullying ou bullying virtual seja resolvida fora dos tribunais. Mencionei inúmeros casos desse tipo nos Capítulos 2 e 4.[1] No que se refere ao bullying em geral e às situações de negligência educacional mencionados aqui, os tribunais afirmam inequivocamente que "tratam-se de questões de políticas públicas" nas quais não podem se envolver por serem decisões educacionais, salvo se houver claras evidências de violação constitucional ou questões grosseiras de negligência ou difamação (Jafaar, 2002).

Parto de um estudo das áreas jurídicas estabelecidas e emergentes relevantes por meio da análise de decisões judiciais para identificar um conjunto de padrões de políticas públicas educacionais e juridicamente justificáveis. O meu propósito é orientar pais e educadores no conhecimento da extensão das suas responsabilidades de intervir no momento em que os alunos participam do ciberbullying (seja na forma de conversas entre pares, seja na forma do discurso virtual antiautoridade). Em outras palavras, destaco os limites de atuação em que os educadores são obrigados a intervir e punir os alunos quando a comunicação no ciberespaço adquire proporções abusivas. Com base em decisões jurídicas pertinentes a certas formas de bullying tradicional ou de bullying virtual, como o assédio sexual, a homofobia, as responsabilidades institucionais, a calúnia ou a calúnia virtual, a negligência na supervisão dos alunos – tendo em todas elas esclarecido as obrigações institucionais e pessoais (mesmo em assuntos que não estejam relacionados especificamente ao ciberbullying) – podemos elaborar uma série de padrões que são educacionais, não arbitrários e amparados pela legislação. O termo "juridicamente justificáveis" significa que, em caso de contestação judicial, os gestores das escolas ou os professores possam defender as suas atitudes por estarem cientes e serem conhecedores dos limites de abrangência da sua responsabilidade de intervir, e assim fazê-lo dentro dos parâmetros e limites estabelecidos pelas decisões dos tribunais.

Sabe-se que a maioria dos casos tradicionais de bullying foi resolvida fora dos tribunais, sem ir a julgamento. E, por poucos que sejam os casos precedentes de bullying virtual, eles existem. A lei de Murphy pode ditar que, no momento em que esse livro chegar ao prelo, um caso histórico de bullying virtual virá à tona e irá estabelecer um precedente jurídico. Se isso acontecer, a nova decisão será publicada em jornais e capítulos de livros vindouros e irá acrescentar fundamentação ao que forneço aqui. Por hora, é possível buscar orientação nos milhares de casos envolvendo negligência na supervisão dos *playgrounds* escolares e das questões de calúnia virtual envolvendo os adultos e o uso da internet (responsabilidade civil); o assédio sexual, a perseguição homofóbica e outras formas de discriminação sob os direitos civis e os direitos humanos; especialmente quando o que está em jogo é a construção de um ambiente escolar positivo. Essas regulamentações sob as leis emergentes e estabelecidas tornam possível extrapolar e avaliar os limites legais (ou o grau de autoridade e responsabilidade) que podem ser esperados de entidades ligadas à educação no que se refere ao bullying virtual. Se for possível encontrar convergências ou tendências nas decisões judiciais sobre as competências institucionais e profissionais dos adultos em contextos escolares e detectar mudanças nas abordagens jurídicas acerca da supervisão do uso da tecnologia dentro e fora do campus, retrataremos o desenvolvimento de uma estrutura de procedimentos que levam a um vácuo de regras. Este é, entretanto, apenas o primeiro passo para a elaboração de uma série de diretrizes para os educadores.

Conforme explicarei no Capítulo 8, não basta que as escolas tenham algum conhecimento dos limites jurídicos. Uma vez identificadas, essas bases jurídicas devem ser aplicadas em um quadro educacional mais amplo. No Capítulo 8, estabeleço que os padrões inferidos aqui são também compatíveis com as teorias educacionais abrangentes nas áreas de pedagogia crítica, justiça social, liderança e direito material. Em outras palavras, o Capítulo 7 levará os leitores à análise de várias interpretações jurídicas aplicáveis ao ciberbullying e de formas de expressão antiautoridade, e a elaborar um quadro de padrões jurídicos (veja o Quadro 7.1, p. 224) para destacar as principais responsabilidades legais das escolas. Esses padrões serão então aplicados no Capítulo 8, para uma estrutura que facilite a compreensão de como os padrões podem determinar políticas e práticas escolares éticas, educacionais e legais juridicamente justificáveis. Aplicados em conjunto, os elementos educacional e jurídico apresentam grandes possibilidades de promover um ambiente escolar (físico e virtual) inclusivo e de conduzir a uma melhoria no processo de aprendizagem. Afinal, estes devem ser os objetivos da educação.

OS SISTEMAS JURÍDICOS

Ao apresentar os sistemas jurídicos, o foco será concentrado em duas formas distintas de bullying virtual:
1. bullying virtual entre pares; e
2. insubordinação virtual antiautoridade.

Cada uma dessas formas requer a aplicação de áreas jurídicas diferentes (porém sobrepostas), devido à natureza e ao conteúdo de expressão; de natureza pública ou privada; das considerações dentro e fora do ambiente escolar; e do nexo com a escola ou com a família. Como já mencionei, ainda permanece em aberto a questão sobre se os comentários antiautoridade publicados em redes sociais *online* constituem ou não ciberbullying.

Ainda que muitos aspectos do ciberbullying sejam de natureza claramente criminosa (como no caso de ameaças de violência, coerção penal, ameaças terroristas, perseguição, crimes de ódio, pornografia infantil e exploração sexual em que todos seriam objetos de ação penal se submetidos a tribunais), concentro maior atenção nas responsabilidades institucionais das escolas, em contraposição à responsabilidade jurídica dos alunos, embora ainda fale da necessidade de esclarecer os alunos a respeito da linha tênue que suas expressões podem cruzar e violar as leis penais.

O DIREITO DE RESPONSABILIDADE CIVIL

O primeiro dos sistemas jurídicos é o do direito de responsabilidade civil (ou o direito que corrige os "erros" cometidos de forma intencional ou não) (Linden and Klar, 1994). Existem duas áreas do direito de responsabilidade civil que são relevantes ao bullying virtual praticado contra pares e figuras de autoridade: a calúnia e a negligência. Considerando-se que haja tanta preocupação manifesta pelas autoridades escolares sobre a versão antiautoridade virtual em redes de comunicação social, podemos começar a nossa análise observando a questão da calúnia como dano – ou erro cometido de forma intencional ou não intencional, e o impacto de comentários difamatórios sobre seus alvos (professores e autoridades escolares).

Como vimos nos comentários dos alunos nos capítulos 4 e 6, os alunos que postam esses tipos de críticas insistem em afirmar que não há intenção de agredir ou de atingir diretamente os professores e a escola em suas discussões *online*. Eles alegam que esses comentários não têm por objetivo serem lidos pelos professores e funcionários das escolas – e que são, simplesmente, conversas privadas entre amigos. Nesse contexto, os alunos não consideram as suas ações como bullying virtual, uma vez que os professores não são os alvos diretos de suas agressões. Diferentemente do bullying virtual praticado entre colegas, onde as páginas na internet são propositalmente criadas com a intenção de chamar a atenção da vítima para suas próprias falhas, as expressões postadas sobre os professores não são direcionadas a eles – sendo assim, qualquer dano causado por esses comentários não é intencional. No entanto, é plausível argumentar no âmbito do direito penal, uma vez que, dependendo das circunstâncias, um dano pode ser causado a alguém sem que haja a intenção (negligência), e isso pode levar à responsabilidade civil – ou um pedido de indenização por perdas e danos. Claramente, a maioria dos jovens não está ciente de que corre riscos de responsabilização legal nesse sentido, o que sugere a necessidade de instruí-los sobre como a lei de responsabilidade civil pode ser aplicada. Poucos adultos, com exceção daqueles que trabalham em áreas relacionadas à justiça e ao direito, estão cientes das questões de responsabilidade envolvidas no direito de responsabilidade civil. Desse modo, acredito que seja necessária uma breve introdução ao assunto. Começo com o contexto canadense, uma vez que o direito de responsabilidade civil do Canadá é derivado basicamente do direito comum britânico, portanto há muitas semelhanças entre eles.

CALÚNIA VIRTUAL: O CONTEXTO CANADENSE

Bernstein e Hanna explicam que a calúnia virtual inclui difamação e/ou comentários por escrito de natureza caluniosa:

> Em definição simples, a difamação é proferir uma declaração depreciativa a respeito de um terceiro, desonrando ou impugnando a reputação de uma pessoa, de modo que essa declaração não seja passível de defesa sob o pretexto de ser um comentário verdadeiro e justo ou protegido por algum tipo de privilégio.
>
> (Bernstein e Hanna, 2005)[2]

Bernstein e Hanna confirmam que, de um modo geral, a calúnia é a difamação em um meio fixo (pela escrita ou de outra forma permanente), enquanto que desacreditar publicamente é a difamação oral (palavras ditas sem que haja um meio de registro fixo). A este respeito, a maioria das calúnias feitas via internet está devidamente caracterizada como difamação, enquanto comentários verbais, insultos e ameaças por telefone podem ser considerados como calúnia, uma vez que são feitos por meio de ondas eletrônicas. O envio de mensagens de texto por meio de telefones celulares constituiria calúnia. Bernstein e Hanna explicam que, apesar de a calúnia virtual não ser uma causa nova de ações ou um ato ilícito independente, ela possui várias características distintas e complexidades próprias. Sugiro que essas características sejam pertinentes ao bullying virtual entre pares adolescentes.

Em primeiro lugar, como já observei anteriormente, os comentários difamatórios postados na internet podem ser lidos por um público vasto. Considere, por exemplo, Ghislain Reza, conhecido como "o garoto do Guerra nas Estrelas" e David Knight, tendo ambos sido difamados diante de milhões de pessoas. Isso levanta considerações jurídicas graves sobre se a lei de difamação que existe atualmente é suficiente para defender ou vindicar as vítimas do bullying virtual. Em segundo lugar, na internet, o material difamatório pode ser publicado de forma rápida e fácil e ser reproduzido infinitamente. Isso dificulta a identificação do autor original e de até que ponto aquele indivíduo foi responsável pela calúnia. Por exemplo: foram feitas 106 cópias do vídeo do "garoto do Guerra nas Estrelas". Apesar de o original ter sido realizado pelo próprio Ghislain Reza, o vídeo foi roubado e postado na internet por autores conhecidos e que foram processados por ele. A parcela de responsabilidade desses autores pelas cópias do vídeo que foram feitas na versão da internet é questionável (Bernstein e Hanna, 2005). Considerando que existem poucos precedentes estabelecidos sobre a distribuição de responsabilidades em casos ocorridos pela internet, isso pode ter sido relevante para que o caso Reza fosse resolvido fora dos tribunais. Além disso, como indicam os perfis do bullying virtual apresentados anteriormente, a informação pode ser postada anonimamente na internet, e os autores podem se esconder sob nomes fictícios, tornando quase impossível sua identificação.

Finalmente, conforme apontado por Bernstein e Hanna, a informação na internet viaja por vários sistemas de computadores entre o autor e os recebedores (uma variedade de intermediários, como fóruns, sites de redes sociais, blogs, páginas da internet, e-mails), podendo ser armazenada em vários servidores. Isso, segundo eles, levanta vários processos intermediários de responsabilidade legal (Ibidem, p. 7). Eles citam L.B. Lidsky e sua diferenciação entre a calúnia em um ambiente físico e a difamação no universo virtual da internet:

> Embora as comunicações via internet possam ter as qualidades efêmeras da fofoca no que diz respeito à precisão, elas são comunicadas por um formato mais difundido que o meio impresso e, por essa razão, têm um tremendo poder de prejudicar a reputação. Uma vez que a mensagem alcança o ciberespaço, milhares de pessoas no mundo todo podem acessá-las. Mesmo que a mensagem seja postada em um fórum frequentado apenas por um punhado de pessoas, qualquer uma delas pode reproduzir a mensagem imprimindo-a ou postando-a instantaneamente em outro fórum de discussão. Caso a mensagem seja suficientemente provocativa, ela pode ser reproduzida diversas vezes. A extraordinária capacidade da internet em replicar infinitamente quase todo tipo de mensagem difamatória dá crédito à ideia de que "a verdade raramente alcança uma mentira". A questão que se impõe à lei de difamação, então, é como proteger a reputação sem reprimir o potencial da internet como um espaço de discurso público.
>
> (Lidsky, 2000, citado em Bernstein e Hanna, 2005, p. 7)

Bernstein e Hanna (p. 9) explicam que, para que os reclamantes sejam bem-sucedidos em uma ação de calúnia, eles têm que provar:
1. que a declaração sobre a qual o requerente reclama é "difamatória";
2. que a declaração difamatória se refere ao reclamante; e
3. que a declaração impugnada foi publicada ou divulgada a uma terceira pessoa.

Assim, David Knight poderia argumentar que as declarações feitas em um site, ao lado de uma fotografia sua, taxando-o de homossexual e pedófilo, são difamatórias; que as declarações referem-se a ele, uma vez que estão postadas em um site da internet ao lado de uma foto sua, e que essas declarações foram publicadas e divulgadas para milhares de terceiros – qualquer um com acesso à internet. Da mesma maneira, os professores furiosos por terem sido taxados como pedófilos, ou por terem sido acusados de se masturbarem em sala de aula, poderiam, potencialmente, processar os estudantes que postaram esses comentários por calúnia virtual.

Quais seriam as suas chances de sucesso no Canadá em um processo de difamação? De acordo com Bernstein e Hanna, os tribunais canadenses, ao contrário dos seus pares nos Estados Unidos, têm demonstrado maior disposição a vindicar de forma mais agressiva os ataques à reputação de outros indivíduos cometidos por meio da internet, com reclamações indenizatórias substanciais (ibid., p. 8). O Tribunal de Apelação de Ontário articulou as questões difamatórias como segue:

> Uma declaração difamatória é aquela em que há a intenção de prejudicar a reputação da pessoa a que se refere (visando à diminuição do prestígio dessa pessoa junto aos membros da sociedade em geral ou em particular para causar a ele [ou a ela] sentimentos de ódio, desprezo, escárnio, medo, aversão ou desprezo). A declaração é julgada dentro dos padrões de um membro comum e consciente da sociedade. Assim, o julgamento é um conceito objetivo (...). É difícil de articular o padrão que constitui um membro comum e considerável da sociedade. Ele não deve ser tão baixo a ponto de sufocar a liberdade de expressão indevidamente, nem tão elevado que coloque em risco a capacidade de proteger a integridade da reputação de uma pessoa. As impressões sobre qualquer conteúdo transmitido ou declaração escrita devem ser avaliadas sob a perspectiva de alguém razoável, ou seja, *uma pessoa razoavelmente ponderada, informada e pensativa*, e não de *alguém que tenha uma sensibilidade extremamente frágil.* Um certo grau de bom senso deve ser atribuído aos observadores [grifo nosso].
>
> *Colour Your World Corp. vs. Canadian Broadcasting Corp.* (1998, 38 O.R., 3d, 97)

O teste objetivo é saber se, aos olhos de uma pessoa razoavelmente ponderada, ao invés de alguém que tenha uma sensibilidade extremamente frágil, menosprezaria, desacreditaria ou teria impacto negativo sobre a reputação do querelante, expondo-o ao ódio ou ao ridículo.

Bram escreveu que a professora estava se masturbando no fundo da sala de aula, fato veementemente negado pela professora. Os comentários escritos por Bram a respeito da sua professora não são substancialmente diferentes dos muitos casos transnacionais, brevemente descritos no Capítulo 3, de alunos que fazem comentários negativos sobre os seus professores.

Embora a maioria dos adultos que conheciam os professores ou os gestores escolares envolvidos entendesse a expressão e soubesse não levar os comentários a sério, uma grande preocupação posterior, conforme explicado no Capítulo 2, é que empregadores em potencial têm navegado pelo Facebook e outros sites de relacionamento para verificar os antecedentes dos possíveis candidatos. Além disso, comentários a respeito dos hábitos de higiene ou sobre a aparência de um professor, ou o peso ou o sotaque de um vice-diretor podem criar constrangimentos bastante significativos a ponto de algumas pessoas se retirarem completamente dos seus ambientes de trabalho. Um diretor de escola desavisado, que pode não saber dos comentários na internet a seu respeito, poderia, confiante, candidatar-se a uma vaga de emprego e ser reprovado por causa das piadas postadas por alunos, criando dúvidas para seus contratantes em potencial de que esse profissional possa ser ou não um pedófilo. A questão que surge é se mesmo os empregadores "razoáveis", especialmente em profissões nas áreas da educação, do cuidado de crianças, do serviço social ou da saúde, assumiriam o risco de contratar alguém para cargos de confiança uma vez que a reputação dessa pessoa tenha sido manchada. Se não houvesse casos envolvendo professores e gestores escolares acusados criminalmente e condenados por envolvimento em pedofilia e abuso sexual, talvez a questão fosse irrelevante, pois ninguém iria acreditar nas acusações dos alunos. Porém, diante de centenas de casos de abuso sexual em escolas católicas e em colégios internos (Stonebanks, no prelo), bem como os casos de má-conduta e de abuso sexual por parte dos professores (Piddocke et al., 1997), o critério "pessoa comum e razoável" pode ser difícil de ser aplicado.

Assim como muitos pesquisadores da área jurídica comentaram (Jafaar, 2002; MacKay e Dickinson, 1998), espera-se de professores, assim como de médicos, um alto padrão de conduta moral e, muitas vezes, eles pagam um alto preço pelas atitudes que tomam em suas vidas particulares. As pessoas se esforçam para alcançar uma reputação, e não é fácil perdê-la por causa de piadas frívolas postadas na internet. Em muitos casos, o impacto psicológico leva os professores a uma crise nervosa ou ao afastamento por estresse. Isso deve explicar a imensa pressão local e nacional dos sindicatos de professores para que se tome alguma atitude.

No bullying entre pares adolescentes, o impacto desse tipo de bullying virtual não é menos devastador. Consideremos novamente o caso de David Knight. Na situação de David, ter sido rotulado internacionalmente como pedófilo pode tê-lo exposto ao desprezo da maioria das pessoas razoáveis. Ele tinha aspirações de se tornar um cadete da força aérea e então ser piloto de aviões. A sua determinação e o apoio da família o ajudaram a atingir esses objetivos. Entretanto, o caso de abuso sexual foi divulgado há alguns anos, antes que as redes sociais Facebook, MySpace e YouTube se tornassem tão populares. Não há como saber se ele teria sido aceito na escola canadense de cadetes ou no treinamento para pilotos se os militares ou alguma companhia aérea à qual ele tenha se candidatado tivessem feito uma busca no Google e vissem os perfis *online* de David, onde era descrito como sexualmente violento e pedófilo.

Assim, o ponto em questão é se mesmo os adultos mais razoáveis veriam o site e estariam suficientemente informados ou conscientes para descartar essas acusações, considerando que tenham sido feitas em sua maioria por crianças e adolescentes, como brincadeira. Na definição do que constitui uma "pessoa razoável, informada e conscientemente ponderada" podemos analisar também os adolescentes que, dentro do contexto de pressão causada pelos colegas, são suficientemente maduros para interpretar essas acusações como reais ou difamatórias. Algumas das principais decisões canadenses relacionadas à calúnia virtual podem esclarecer essa questão. Embora os casos abaixo não estejam inseridos no contexto escolar, apresentam semelhanças com os comentários postados por alunos.

No primeiro caso *(Vaquero Energy Ltd vs. Weir* (2004, ABQB, 68), Vaquero tomou conhecimento de comentários anônimos feitos em um fórum de finanças operado pela Stockhouse Media Corporation, contendo mensagens que chamavam o presidente da Vaquero de insano e o definiam como um idiota equiparável a Hitler, Saddam Hussein e Osama Bin Laden. O tribunal considerou que essas declarações teriam impacto significativo na reputação da empresa e do seu presidente, e indenizou em 10 mil dólares por danos à reputação da empresa e em 40 mil dólares pelos danos à reputação do seu presidente e diretor, e um adicional de 25 mil dólares como indenização punitiva ao presidente.

Os tribunais chegaram a conclusões semelhantes em outro caso *(Barrick Gold Corp. vs. Lopehandia* (2004, OJ. No. 2329), que começou com uma disputa entre uma grande empresa produtora de ouro e uma empresa de mineração a respeito dos direitos sobre determinadas reservas de ouro no Chile. Lopehandia realizou uma campanha na internet por mais de sete messes em que postava material falso e difamatório contra Barrick às pessoas interessadas na indústria de mineração de ouro. As acusações incluíam "fraude, evasão fiscal, lavagem de dinheiro, manipulação de preços mundiais do ouro, falsa representação, obstrução da justiça e crimes contra a humanidade" (conforme citado em Bernstein e Hanna, 2005, p. 29). Barrick foi vitorioso em uma ação julgada à revelia, mas recebeu apenas 15 mil dólares, pois o juiz de primeira instância considerou que os comentários não seriam levados a sério por um leitor razoável. O Tribunal de Apelações de Ontário anulou essa decisão e aumentou o valor da indenização para 75 mil dólares, mais danos punitivos de 50 mil dólares. Por fim, o tribunal concedeu uma medida cautelar impedindo quaisquer outras declarações difamatórias contra Barrick ou a qualquer um de seus funcionários. Baseando-se em um caso anterior (*Ross vs. Holly,* 2004, conforme citado em Bernstein e Hanna, 2005)[3], o tribunal observou, no caso Barrick, que as acusações postadas na internet eram muito mais poderosas que se feitas por e-mail, devido ao seu alto potencial de alcançar um público substancialmente mais vasto. Além disso, o tribunal afirmou:

> Embora seja sempre importante o equilíbrio entre a liberdade de expressão e os interesses particulares e corporativos em preservar suas reputações, e embora seja importante não inibir a livre troca de informações e ideias na internet por meio de indenizações exorbitantes, réus como o Sr. Lopehandia devem saber que o tribunal não aceitará o uso da internet (ou qualquer outro meio) para campanhas com propósito difamatório, como a que está envolvida aqui.
>
> *Barrick Gold vs. Lopehandia,* (citado em Bernstein e Hanna, 2005, p. 30)

A Suprema Corte do Canadá também deixou claro (*Hill vs. Church of Scientology of Toronto,* [1995], 2 S.C.R. 1130 a 1175) que uma boa reputação é tão importante quanto a liberdade de expressão, cujo direito não é ilimitado:

> Uma boa reputação está intimamente relacionada ao valor inato e à dignidade do indivíduo. É um atributo que deve, tanto quanto a liberdade de expressão, ser protegido pela lei da sociedade (...). A democracia sempre foi reconhecida e estimada como tendo fundamental importância para o indivíduo (...) a reputação, uma vez manchada raramente recupera seu brilho. Uma sociedade democrática tem interesse em garantir que os seus membros possam proteger e gozar de sua boa reputação enquanto este for merecida.
>
> *Hill vs, Church of Scientology of Toronto*, [1995], 2 S.C.R. 1130 a 1175)

Em uma ação que se aproxima mais das situações envolvendo instrutores e professores em posições de autoridade, os resultados em um caso australiano (*Cullen vs. White,* 2003, WASC, 153) são relevantes. Esse caso envolveu o ambiente educacional de uma universidade. Cullen era professor na Divine Word University. Um de seus ex-alunos, William White, criou um site na internet questionando a titulação de doutorado de Cullen, insinuando que ele era pedófilo e convidando outras pessoas a escrever comentários difamatórios. A corte australiana afirmou:

> No presente caso, estou ciente de que as acusações difamatórias podem ter um efeito prejudicial sobre a reputação e posição acadêmica do requerente. Também considero que o requerente passou por grande sofrimento pessoal e angústia com o resultado das acusações e que elas causaram aborrecimento considerável. É provável que tais acusações dificultem a obtenção de um novo emprego no futuro. As indenizações devem compensá-lo o suficiente para mostrar ao público a defesa da sua reputação (...). [para. 19]
> O querelante também busca indenizações exemplares. Indenizações exemplares são concedidas sempre que o réu tenha agido de maneira consciente e deliberada com o objetivo de violar os direitos do querelante: *Uren vs. John Fairfax & Sons* (supra) em 138, 154; *Todd vs. Swan Television & Radio Broadcasters Pty* Ltd, 2001, WASC 334 in {139}. Os objetos de indenizações exemplares são os de punir o réu e dissuadir outros de adotarem conduta semelhante. Elas também buscam apaziguar o sentimento de injustiça por parte da vítima: *Cotogno vs. Lamb* (Nº 3) (1986) 5 NSWLR 559.
>
> *Cullen vs. White,* (2003, WASC 153)

O tribunal estipulou o valor de 75 mil dólares australianos e 25 mil dólares australianos como indenizações exemplares.

É possível que o leitor esteja lembrado do caso chinês, apresentado no Capítulo 3, em que Xiaorong modificou fotografias de seu professor transformando-as em todo tipo de bestialidade e postando-as *online*. O aluno admitiu que baixou, a partir do site da escola, as fotos do professor e procurou imagens de pornografia e fotos de animais na internet para, usando o Photoshop, combinar essas imagens em sete novas fotos. Ele alegou que não sabia que havia infringido a lei e insistiu que tudo o que havia feito não passava de uma brincadeira. Ele afirmou ter feito isso para chamar a atenção. Na ocasião, pedi aos leitores para fazer uma nota mental a respeito da perspectiva desse aluno, pois, quando surgem comentários difamatórios e materiais antiautoridade caluniosos, há um padrão que emerge globalmente. Um aspecto é que o estudante quer chamar a atenção para si. Quando eles estão buscando a atenção dos colegas, querem provar que podem ser mais idiotas ou loucos que qualquer um. No entanto, quando os mesmos jovens estão tentando atrair a atenção de um adulto ou de alguém que eles respeitam, podem estar ansiosos em mostrar o quanto são produtivos e focados no uso das ferramentas *online* de maneiras muito inteligentes.

Geralmente os alunos utilizam essas ferramentas de maneira apropriada, apesar de, conforme mostrado pelo levantamento do Reino Unido feito no Capítulo 3, nem todos os estudantes conseguem usá-las de maneira eficiente por não terem o treinamento ou a confiança necessária. É irônico que apenas prestemos atenção ao modo como os jovens estão usando a tecnologia quando eles se envolvem em algum tipo de problema – e então percebemos a existência de ferramentas como o Facebook e o YouTube. Segundo Lankshear e Knobel's (2006), a teoria da mentalidade humana afirma que somente quando podemos aplicar respostas jurídicas para reforçar o controle é que começamos a resolver o problema. É preciso estar atento à forma como os jovens estão usando essas ferramentas e outras tecnologias o tempo todo e trabalhar com eles de modo que se orgulhem de usar esses recursos tecnológicos – e expor o seu trabalho produtivo para o mundo, agora que temos a plataforma para isso.

No que se refere aos aspectos jurídicos envolvidos no caso de Xiaorong, embora a polícia achasse que ele deveria ser punido, foi levado em consideração o fato de que ele não tinha motivação subjetiva para insultar outros indivíduos, e, por ser ainda um aluno do ensino médio, ele sofreu uma medida cautelar e recebeu uma multa de 500 yuan. Segundo as leis criminais da China, aqueles comportamentos que causam dano à sociedade, mas não estão relacionados a atividades criminosas, são penalizados pela segurança pública, órgão baseado nas Regulamentações do Povo da República Popular da China para Penalidades Administrativas de Segurança Pública[4]. Esse caso foi julgado de acordo com o Artigo 42[5]. Não houve relato de como a escola respondeu a essas ações – seja de forma educativa ou disciplinar.

As decisões australianas e canadenses para os casos de calúnia virtual são promissoras para as vítimas do bullying virtual que queiram mover uma ação judicial. Entretanto, é importante enfatizar, como fazem Bernstein e Hanna (2005), que as leis contra difamação são complexas, especialmente no ciberespaço. Assim, o sucesso depende, em grande medida, de fatos e circunstâncias específicas de cada caso (veja também Lidsky (2000) para outras discussões a respeito da calúnia virtual).

À luz da tendência dos tribunais canadenses valorizarem a reputação em relação à liberdade de expressão (baseando-se na avaliação de uma pessoa razoável) podemos perguntar o que os tribunais têm dito sobre as responsabilidades dos provedores de acesso à internet em monitorar e encerrar fóruns, endereços de e-mail e sites, depois de serem notificados por bullying virtual e, como consequência disso, tenha ocorrido calúnia e difamação.

Esse aspecto da lei contra a difamação é muito mais complexo e mais bem explicado por especialistas no assunto, como Lidsky (2000), Bernstein e Hanna (2005). O litígio poderia implicar uma ação movida por "Fulano" ou "Fulana de Tal" por difamação. Como parte de uma ação desse tipo, seria necessário obter uma ordem judicial para obrigar o provedor de acesso à internet ou o operador do fórum a divulgar as informações de identificação. Além disso, a determinação deveria ser feita pelo tribunal uma vez que a difamação *online* teria uma disseminação em larga escala.

Vale a pena mencionar um caso canadense de difamação (*Newman vs. Halstead*, 2006, BCSC 65) que envolvia calúnia *online* (ou calúnia virtual) de professores praticada por um adulto, que não era seu aluno. O caso envolveu vários autores (a maioria professores da escola) que entraram com uma ação contra o réu denominado Halstead. Halstead era uma "ativista comunitária" e altamente envolvida em assuntos relacionados ao sistema educacional por meio de organizações de pais e grupos escolares.

Halstead utilizou o e-mail e sites da internet para divulgar várias acusações difamatórias contra professores, acusando-os de violência, bullying e outros comportamentos impróprios tanto dentro quanto fora da escola. Ela também insinuou que alguns dos reclamantes haviam sido alvos de investigação criminal.

O tribunal julgou-a totalmente responsável por fazer afirmações difamatórias contra os querelantes. Julgou também que nesse caso não existiam defesas aplicáveis contra a difamação. O juiz alegou danos significativos causados aos reclamantes no valor de 626 mil dólares, incluindo compensações, agravantes e danos morais, além de medidas cautelares. Halstead foi proibida de fazer novos comentários difamatórios do tipo, via internet ou não. Além disso, foi obrigada a pedir autorização do tribunal antes de publicar qualquer alegação referente aos reclamantes. Apesar de o julgamento não ter usado termos como bullying virtual (ou ciberbullying), o comportamento de Halstead foi considerado significativamente problemático. O objetivo da calúnia virtual era rebaixar a reputação dos professores envolvidos e conseguir a remoção desses professores de suas posições por meio de uma ação difusa e constante de difamação, utilizando para tanto e-mails, postagem de comentários em sites e em salas de bate-papo na internet, e também pela apresentação de acusações criminais contras determinados professores. Alguns suportaram o peso das acusações divulgadas por Halstead mais do que outros. A extensão dos danos foi variável, mas atingiu com grande impacto muitos dos professores, tanto pessoal quanto profissionalmente. Houve danos na capacidade de relacionamento deles com os alunos, pois alguns deles acreditaram nas acusações feitas por Halstead. Além disso, a natureza pública e amplamente difundida dessas acusações feitas *online* reduziram a possibilidade desses indivíduos conseguirem emprego em outras escolas.

O contexto estaduniense referente à calúnia virtual e às responsabilidades dos provedores de acesso à internet é bem interessante, e vários casos são relevantes para a nossa discussão.

CALÚNIA VIRTUAL: O CONTEXTO ESTADUNIENSE

Nos Estados Unidos, segundo David A. Myers (2006), uma parte relevante da legislação estaduniense que diz respeito ao ciberbullying é a Lei de Decência nas Comunicações (CDA)[*] (Congresso dos Estados Unidos, 1996). Essa lei concede imunidade aos provedores de acesso à internet. A legislação não responsabiliza ninguém por crimes virtuais (bullying virtual, assédio, perseguição, difamação, ameaças e assim por diante). A Seção 230 da lei prevê, em parte:

> (c) Proteção ao bloqueio e rastreamento "Bom Samaritano" de material ofensivo.
> (1) Tratamento do editor ou porta-voz. Nenhum provedor ou usuário de um sistema de computadores interativos pode ser tratado como editor ou porta-voz de quaisquer informações fornecidas por outro provedor de conteúdo informativo.
> (2) Responsabilidade Civil. Nenhum provedor ou usuário de um serviço interativo de computador será responsabilizado por conta de – (A) qualquer atitude tomada voluntariamente de boa-fé para restringir o acesso ou a disponibilidade de material que o provedor ou usuário considere obsceno, indecente, lascivo, sujo, excessivamente violento, agressivo ou censurável, quer esteja constitucionalmente protegido ou não; ou (B) qualquer atitude tomada para permitir ou disponibilizar para os provedores de conteúdo ou a outros os meios técnicos para restringir o acesso a materiais como os descritos no parágrafo (1).

(Ibidem)

Myers (2006) explica que um caso de referência (*Zeran vs. America Online, Inc.*, 958 F. Sup. 1124, 1134 (E.D. Va) disp., 129 F.3d 327, 4º Cir. 1997) é o precedente geral utilizado pelos tribunais dos Estados Unidos para se pronunciar sobre casos de abuso na internet. Este caso resultou em nenhuma responsabilidade legal para as calúnias feitas em comentários anônimos na internet. Ele envolvia uma série de declarações anônimas postadas no

---
[*] N. de T.: No original, Communications Decency Act. Sigla em inglês.

portal America On Line (AOL) logo depois dos atentados a bomba ocorridos na cidade de Oklahoma, em abril de 1995. As mensagens tinham o objetivo de anunciar "camisetas politicamente incorretas de Oklahoma". As frases nas camisetas incluíam "Visite Oklahoma... é uma explosão!!!" e "Finalmente uma Creche que Mantém as Crianças Quietinhas - Oklahoma 1995". O indivíduo que postou as mensagens se identificava como Ken Z e fornecia um número de telefone de Zeran como sendo a pessoa que providenciaria a encomenda das camisetas de conteúdo ofensivo. Em consequência, Zeran passou a receber ligações abusivas e até ameaças de morte e notificou a AOL, que, por sua vez, rescindiu o contrato do cliente que originou as mensagens. Entretanto, o autor continuou a criar novas contas com nomes e cartões de crédito falsos. Zeran finalmente processou a AOL, alegando negligência. O tribunal fez uso da seção 203 da CDA e concedeu total imunidade à AOL independente de seu conhecimento sobre o conteúdo de caráter difamatório.

A decisão no caso Zeran, observa Myers (2006), mantém o *status* dos provedores de internet como "distribuidores" ao invés de "editores". Editores (por exemplo, editores de livros) são responsáveis pela difamação praticada por terceiros usando os seus serviços, especialmente caso eles tenham conhecimento e não tomem nenhuma medida para evitar esse comportamento. À decisão em Zeran seguiu-se um caso em que um provedor de internet foi elevado ao *status* de "editor" (*Stratton Oakmont, Inc. vs. Prodigy Services Co.,* 1995 WL 323710, N.Y. Sup. Ct., 1995). O Prodigy decidiu regulamentar o conteúdo de seus fóruns (em parte para se autointitular como um provedor "voltado para a família"). Ao assumir o papel editorial, a empresa se abriu para uma responsabilidade muito maior que os provedores que não editavam os seus conteúdos. Assim, os prestadores de serviços argumentaram que, se eles concordassem em monitorar e editar o conteúdo *online*, eles estariam, de fato, sujeitos a uma responsabilidade muito maior. É por esse motivo que a maioria dos provedores de internet ignora os relatos de abusos. A maioria está confiante de que não serão considerados juridicamente responsáveis depois do caso Zeran. A ironia nisso tudo, segundo aponta Myers (2006), é que a S.230 afirma a "proteção ao bloqueio e rastreamento 'Bom Samaritano' de material ofensivo". O objetivo da CDA seria proteger os provedores de serviços *online* proativos e preservar a concorrência entre os provedores de acesso à internet.

Myers afirma que, se David Knight tivesse movido a sua ação nos Estados Unidos, a S.230 poderia ter tornado muito mais difícil a argumentação de que o provedor de internet estava ciente e, portanto, era também responsável pelo site com a sua foto, rotulando-o de homossexual pedófilo e viciado em drogas. No entanto, ele acredita que "os ventos da mudança estão soprando" para a imunidade concedida pela S.230. No âmbito estadual, ele cita um caso da justiça comum (*Bryson vs. News America Publ'ns, Inc.*, 672 N.E. 2d 1207, Ill. 1996). O caso envolvia uma história fictícia intitulada "Bryson" escrita por Lucy Logsdon. Lucy escreveu sobre sofrer bullying na escola praticado por Bryson, a quem ela se referia com uma "vadia". A verdadeira Bryson leu o livro e lembrou que havia morado na mesma cidade em que Lucy Lodgson. Ela processou a News America por difamação e ganhou. O tribunal alegou que, mesmo sendo uma história de ficção, a autora retratou personagens reais reagindo de maneira real a eventos reais, e que o leitor poderia logicamente concluir que a autora da história tomou por base as suas experiências da adolescência para escrevê-la. Myers sugere que, se os tribunais tomassem esse caso como referência, os advogados de David Knight poderiam argumentar que o site na internet com a foto de David (rotulado como pedófilo) poderia normalmente ser interpretado como verdadeiro por aqueles que visitaram o site, resultado da negligência, responsabilizando, portanto, o provedor de internet.

Além disso, em outro caso (*Doe vs. GTE Corp.*, 347 F.3d 655, 660, 7º Cir. 2003) envolvendo a filmagem secreta de atletas tomando banho em um vestiário que foi publicada e vendida em um site na internet, a Sétima Vara de Apelação confirmou a imunidade da S.230, invocando o caso Zeran em favor da GTE Corp.. No entanto, o Juiz Easterbrook questionou a fundamentação no caso Zeran, observando que a S.230 supõe o bloqueio e o rastreamento "Bom Samaritano" de material ofensivo, mas, na verdade, ao eliminar a responsabilidade dos provedores de acesso à internet, acaba por defender aqueles que cometem excessos, e legitimou as alegações das vítimas de abusos criminosos na internet. É por essas razões que no caso mencionado na página 137 provavelmente Lori Drew não teria sido bem-sucedida caso o site MySpace tivesse sido processado.

NEGLIGÊNCIA, SUPERVISÃO E IMPERÍCIA

Partindo da discussão sobre se os alunos podem ou não ser responsabilizados legalmente pela prática da calúnia virtual, há um segundo aspecto em que se aplica o direito de responsabilidade civil. Ele envolve o potencial de responsabilização das escolas em uma ação de negligência, caso não ajam rapidamente para proteger os alunos que são vítimas do ciberbullying praticado entre colegas. Além disso, também é válido verificar se os professores, enquanto agentes de formação, podem ser responsabilizados por não educarem os adolescentes a empreenderem um discurso socialmente responsável.

No âmbito "real", as vítimas que são agredidas quando estão na escola podem exigir indenizações dos professores e das escolas pelos danos causados dentro da escola ou em ambientes a ela relacionados (MacKay e Dickinson, 1998). A lei britânica e a lei norte-americana atribuem aos educadores um "dever de cuidado *in loco parentis*". Isso significa que os educadores têm um dever de diligência para com os seus alunos como se estivessem no lugar dos seus pais. Não apenas isso, um caso do final do século XIX (*Williams vs. Body,* 1893, 10 TLR 41) estabelece que os professores devem agir como "pais zelosos e prudentes" quando se trata de proteger os alunos.

A questão fundamental aqui é saber se esse dever de zelo se estende à responsabilidade dos professores em *educar* alunos para serem respeitosos uns com os outros. A doutrina jurídica do "pai zeloso" não aborda as responsabilidades profissionais dos professores como educadores. Apesar das alegações de negligência educacional, os tribunais estadunienses negam categoricamente que as escolas possam ser responsabilizadas por não educar. Isso implica que os professores não podem ser responsabilizados juridicamente quando os seus alunos se envolvem com o bullying psicológico ou verbal. A justiça considera que a educação é uma questão de políticas públicas e não está na esfera profissional – como no caso da negligência médica e jurídica –, e que os professores não são considerados "profissionais" no mesmo sentido em que um médico ou um advogado são considerados. Isso pode acontecer porque os professores são geralmente autônomos na execução das suas tarefas de ensino. Enquanto permanecerem dentro dos parâmetros curriculares, eles têm autonomia para selecionar os critérios educacionais que satisfaçam essas orientações.

Jafaar (2002), no entanto, adianta um forte argumento de que as políticas públicas são o principal aspecto da negligência educacional que podem sustentar as alegações das vítimas contra as escolas. O argumento dela é importante para as vítimas do bullying, pois ela acredita que os tribunais não reconhecem que a educação pública tenha desenvolvido e desenvolva padrões de conduta profissional que não sejam confusos ou ambíguos. As expectativas profissionais no contexto escolar são hoje padronizadas e facilmente reconhecidas, e devem ser obrigatórias por lei por uma questão de políticas públicas sólidas.

Os argumentos de Jafaar baseiam-se em posturas semelhantes elaboradas por Hines (1991) e Parker (1993). Ela argumenta que, ao longo dos últimos 20 anos, como o sistema público educacional cresceu para incorporar os anseios da sociedade, a profissão de educador tem se tornado mais padronizada. Segundo afirma, embora a legislação sobre o ensino possa não estabelecer padrões claros para os professores enquanto profissionais, existem outras fontes importantes de práticas públicas que definem claramente os padrões esperados dos professores e de outros profissionais da educação. Por exemplo, embora a Lei de Educação de Ontário forneça um texto ambíguo a respeito dos deveres dos professores no que diz respeito ao direito sobre o ensino, "para ensinar de forma diligente e fiel às turmas ou os assuntos atribuídos a ele pelo diretor" (s. 264 (1) (a)), em novembro de 1999, a OCT aprovou e publicou os Padrões de Práticas para os Profissionais da Educação que esclarecem o âmbito de regulamentação da profissão. Jafaar (2002) explica que a OCT e órgãos similares como o British Columbia College of Teachers (BCCOT) estabeleceram padrões de certificação dos professores confirmando que lecionar é agora uma profissão, com normas estabelecidas para a prática profissional. Ela argumenta que as diretrizes das políticas de órgãos de certificação de professores enfraquecem ou anulam completamente a argumentação por parte dos tribunais de que não exista o dever do zelo devido à falta de normas claramente definidas

Se o raciocínio de Jafaar for aplicável ao ciberbullying, uma ação pode alegar, por exemplo, a falha de um professor em aderir aos padrões de desempenho da British College em termos de responsabilidade social (1997). Sob esses padrões, *os professores devem monitorar o desenvolvimento social dos alunos nos diversos níveis de ensino*. Os objetivos mais amplos de se ensinar responsabilidade social são descritos dessa forma:

> O desenvolvimento social e humano é um dos objetivos do sistema de ensino da BC. Esse objetivo amplo especifica ainda que se espera que os alunos *"desenvolvam um senso de responsabilidade social, tolerância e respeito pelas ideias e crenças dos outros indivíduos"* [grifo nosso].
>
> (Ministério da Educação da Província de British Columbia, 1997)

Os padrões da província de British Columbia fornecem uma estrutura para monitorar e avaliar uma variedade de escolas e programas educacionais destinada a promover, entre outras coisas, a responsabilidade do aluno. Apesar de os padrões serem arbitrários, eles podem ser úteis aos tribunais para definir as más práticas educacionais. No entanto, a melhor alternativa pode ser determinar que os educadores recebam formação profissional no que se refere ao bullying nas escolas e instrução a respeito das normas jurídicas pertinentes.

Em um caso norte-americano anterior (*Hunter vs Board of Education of Montgomery County*, 439 A. 2d 582 Md. 1982), o voto contrário do juiz Davidson representa uma anomalia em termos de reconhecer um delito de negligência profissional na educação. Nesse caso, um reclamante de 16 anos alegou que, por negligência da escola, teve que repetir o primeiro ano e isso teve consequências sociais, resultando em bullying. Isso o levou ao constrangimento, a deficiências de aprendizagem e à "perda de força do ego" (ibidem, p. 582). O juiz Davidson declarou sua opinião como segue:

> No meu ponto de vista, os educadores públicos são profissionais. Eles recebem treinamento especial e certificação estadual como pré-requisitos para os seus empregos. Eles possuem certas habilidades e conhecimentos que não são compartilhados por não educadores. Como resultado, as pessoas que fazem uso dos seus serviços têm o direito de esperar que eles usem essas habilidades e conhecimentos com um grau mínimo de competência.
>
> (Ibidem, p. 589)

O juiz Davidson argumenta que teria articulado o padrão pedagógico aplicável "baseado na conduta usual" (Hines, 1991, p. 158), o mesmo padrão aplicado nos casos de negligência médica, e rejeitou a hipótese comumente aceita em termos jurídicos de que tal afirmação resultaria em uma avalanche de processos judiciais:

> Ao reconhecer uma ação por negligência educacional, este Tribunal não faria nada mais do que aquilo que os tribunais têm feito tradicionalmente desde tempos imemoriais, ou seja, fornecer uma solução àquele foi prejudicado pelo ato negligente de outra pessoa. As nossas crianças não merecem menos.
>
> (Ibidem, p. 590)

Mencionei anteriormente que, se os alunos não estão recebendo o respeito recíproco dos seus professores, se há a impressão de que os professores não estão comprometidos em promover o seu bem-estar e a sua educação, se forem tacitamente coniventes com o bullying entre colegas, então todos esses elementos podem contribuir para as formas de expressão antiautoridade que emergem *online*. Como a maioria dos alunos não está adequadamente equipada para levantar questões formais sobre a falta de atenção em relação à sua educação de um modo geral, as formas de bullying virtual antiautoridade podem, de fato, representar a expressão dessa falta de atenção ao desenvolvimento social do aluno.

O que quero dizer é que, se os professores são negligentes em fornecer as diretrizes de responsabilidade civil e social, se estão, entre eles mesmos, funcionando como modelo do bullying e estão cientes de que os tribunais não irão responsabilizá-los pelas más práticas educacionais assim como os médicos seriam responsabilizados por negligência médica, eles se isentam dos esforços para desenvolver a responsabilidade social entre os jovens. Assim, como profissionais da educação, parece irônico que os professores que podem, de fato, ignorar uma parte importante do seu trabalho não sejam responsabilizados por isso, mas, ao contrário, apontem os erros de cada um dos seus alunos com quem falharam ao não educarem para a responsabilidade social. Este é o ponto em que argumento fortemente a favor de Jafaar (2002), de que os professores têm que ser responsabilizados por determinados padrões educacionais de responsabilidade social nas escolas. Acredito que, fosse este o caso, testemunharíamos um número muito menor de comentários negativos dos alunos na internet sobre os seus professores. Tudo se resume a questões de respeito e confiança mútuos, sugeridas pela minha pesquisa e que são praticamente inexistentes em muitas escolas.

Acredito ser essencial prestar mais atenção ao fato de que a negligência na educação das crianças para as suas responsabilidades sociais pode resultar em notório prejuízo psicológico. Uma decisão canadense (*Gould vs Regina (East) School Division N°. 77* (1996) [1997] 3 WWR 117 (Sask.)) deixou a porta ligeiramente entreaberta à possibilidade de que os professores sejam responsabilizados em casos explícitos de notório (porém não especificado) dano psicológico ao aluno. Nesse caso, a menina Jacklynne, de 7 anos, e seus pais moveram uma ação contra o conselho administrativo educacional e contra uma das funcionárias da escola, a professora Karen Zarowny. As alegações incluíam negligência e violação da Lei de Educação, bem como prática educacional inadequada. Os reclamantes afirmavam que o comportamento de Jacklynne foi classificado pela srta. Zarowny como "insatisfatório, inapropriado e desagradável" (parágrafo 8); tendo a professora deixado de realizar as suas funções como educadora de acordo com a Lei de Educação, e que ela "intimidou" a criança requerente quando esta estava apenas na primeira série.

A ação alega que a srta. Zarowny falou muito alto na sala de aula, intimidando e ridicularizando os alunos, deixando de "satisfazer as necessidades de aprendizagem da criança requerente", definindo o modelo para a intolerância entre os alunos. (parágrafo 45). O juiz alegou que, dadas as circunstâncias, a sua conduta era "suficientemente chocante e ofensiva para os padrões de uma comunidade que promove oportunidades iguais" (p. 18) e poderia sustentar uma ação de negligência da prática profissional como educadora. Embora sugira a caracterização de formas notórias do bullying e, particularmente, do ciberbullying, o tribunal não esclareceu que circunstâncias e comportamentos poderiam ser qualificados como "suficientemente chocantes e ofensivos". Considerando as alegações de bullying praticado pela professora, o juiz Matheson considerou como os tribunais devem lidar com tais ambiguidades:

> Mas qual o padrão que o tribunal deve utilizar para julgar a pertinência das queixas? Quando falar alto o suficiente para ser ouvido por todos os alunos se torna inaceitavelmente alto? O que é percebido como voz desnecessariamente alta e intimidadora por uma pessoa pode ser visto por outra como um recurso para chamar a atenção. E enquanto um aluno pode considerar o currículo inadequado às suas necessidades, a maioria dos estudantes pode chegar a uma conclusão contrária.
>
> Certamente não é função dos tribunais estabelecer os padrões de conduta para os professores em sala de aula e supervisionar esses padrões. Apenas se a conduta é *suficientemente chocante e ofensiva para os padrões de uma comunidade que promove oportunidades iguais* o tribunal deve considerar como interessante qualquer tipo de reclamação de natureza de práticas educacionais inadequadas [grifo nosso].
>
> (Ibidem, p. 18)

Consequentemente, essa opinião destaca as mesmas dificuldades relatadas em reconhecer as diferenças entre uma brincadeira inocente entre colegas e o bullying. No entanto, seria interessante determinar quando o tribunal consideraria a intimidação verbal e o ciberbullying como "suficientemente chocantes e ofensivos" e suficientemente graves a ponto de resultar em dano psicológico, caso seja instigado por colegas contra colegas, ou ainda, caso envolva discussões "privadas" contendo comentários difamatórios sobre professores. Dado o impacto psicológico devastador em professores e alunos, é plausível que tal expressão constituísse "notório dano psicológico".

Apesar do ciberbullying entre colegas – em sua natureza, anônimo e nebuloso –, ser considerado ofensivo à maioria dos "padrões de uma comunidade que promove oportunidades iguais", são os comentários antiautoridade postados *online* que têm resultado em maior atenção por parte dos professores, dos seus sindicatos e dos representantes das escolas e dos governos, conforme observado nos Capítulos 4 e 5. Assim, pode-se concluir, esta última forma seria considerada muito mais ofensiva aos "padrões da comunidade que promove oportunidades iguais". A lei muda lentamente, em especial quando os juízes estão cientes da avalanche de processos judiciais que podem surgir caso os provedores de internet sejam responsabilizados.

Responsabilidade civil, supervisão e risco

A lei de responsabilidade civil e negligência pode ser aplicada em outra área no que se refere ao bullying virtual. Tratei desse assunto mais detalhadamente em outra publicação (Shariff, 2003); no entanto, vou destacar brevemente alguns dos principais padrões jurídicos aplicáveis ao bullying virtual.

Em primeiro lugar, na lei de responsabilidade civil do direito comum britânico, que continua a ser aplicada na maior parte dos países pós-coloniais, incluindo a América do Norte, as escolas têm o dever legal de cuidar da supervisão de seus alunos. Sob esse dever de cuidado, professores e diretores devem agir como "pais zelosos e prudentes". Essa doutrina foi desenvolvida há mais de 100 anos, quando as escolas eram menores e, em sua maioria, residenciais. A dificuldade é que a aplicação dessa doutrina é pouco exequível, especialmente em uma era de letramentos digitais. Contudo, deixar de supervisionar apropriadamente os alunos pode levar a uma possível ação de negligência (dano não intencional). O ônus recai sobre os alunos reclamantes, que alegarem ser vítimas de bullying ou de bullying virtual, estabelecido em quatro critérios:

1. de que havia um dever de cuidado;
2. de que vivenciaram uma agressão concreta (dano psicológico é mais difícil de determinar se comparado a uma agressão física);
3. de que a agressão era previsível para o supervisor e poderia ter sido impedida;
4. de que a agressão foi causada pela ação ou pela omissão do supervisor.

Assim, em casos de ciberbullying entre colegas, a vítima pode relatar o bullying à escola por diversas vezes e o professor pode não levar a sério ou dizer ao aluno que isso é responsabilidade dos pais. Se o aluno tenta, sem sucesso, cometer suicídio e, em seguida, entra com uma ação de negligência na supervisão, ele pode argumentar que houve dano psicológico suficientemente grave a ponto de levá-lo a tentar cometer suicídio; que o bullying virtual repetido era previsível e que continuou a ocorrer por uma falha (omissão) do professor em impedi-lo. Não há precedentes jurídicos de negligência escolar em supervisionar casos referentes ao ciberespaço a serem registrados. O caso de David Knight poderia se tornar exemplar se fosse levado adiante, porque iria requerer que o tribunal analisasse os sites difamatórios e o seu papel na lei de responsabilidade civil, ambos sob a perspectiva da supervisão e da calúnia virtual. No entanto esse caso está por ser encerrado com um acordo entre as partes e, portanto, não ficaremos sabendo, a menos que outra ação seja levada aos tribunais.

Por fim, no que se refere aos sites antiautoridade, é possível que, sob a lei de responsabilidade civil, um aluno possa ser processado por negligência, mesmo que alegue não ter tido a intenção de agredir o professor com palavras depreciativas. Se o professor puder demonstrar que houve constrangimento e dano psicológico passíveis de levá-lo a uma doença mental ou prejudicá-lo na busca de um novo emprego, e se o professor puder estabelecer que os danos causados pelas palavras do aluno eram "previsíveis" e que as ações – uma expressão do aluno – tenham sido a "causa" de ele ter ficado doente, então há uma possibilidade de ação por responsabilidade civil. Será difícil, no entanto, determinar que o aluno tinha um dever de cuidado para com o professor que não o do código de conduta do aluno. Além disso, o fato de não ter percebido que a internet é um espaço público pode não ser aceito como justificativa. Há uma doutrina jurídica de *volenti non fit injuria* que pode ser evocada. Essa doutrina parte do princípio de que se uma ação traz consigo um certo nível de risco, e se esse risco é conhecido, então ele ou ela pode ser parcialmente responsável por qualquer prejuízo causado pelos seus atos. No caso do bullying virtual, o tribunal pode considerar que o aluno tinha pleno conhecimento de que a internet é uma rede pública e deve ser responsabilizado pelos seus atos. Como poucas ações foram analisadas sob esse aspecto da responsabilidade civil, a possibilidade de um processo judicial não passa de mera especulação. Ainda resta saber até que ponto os tribunais poderiam aplicar alguns dos princípios da lei de responsabilidade civil que se originam de doutrinas elaboradas há mais de 100 anos.

Enquanto isso, escolas precisam de diretrizes que forneçam limites razoáveis e a direção da extensão das suas responsabilidades. Isso amenizaria a sua relutância em violar as garantias de liberdade de expressão ou os direitos de privacidade dos alunos. Ainda que, conforme observa Roher (2007), os provedores de internet estejam cada vez mais dispostos a excluir declarações ofensivas, há em geral um intervalo entre o comentário ofensivo e a verificação dessas denúncias. Se houver um acúmulo de pedidos de verificação, a manifestação pode ficar disponível *online* durante vários dias, o que concede tempo para que esse comentário seja baixado da internet e salvo de modo que possa reaparecer mesmo depois de o site de origem ter sido bloqueado. Isso fica ainda mais complicado pelas grandes discussões públicas e protestos que destaquei em capítulos anteriores, no que diz respeito aos limites entre a liberdade de expressão, a privacidade e a segurança. O debate está no cerne dos princípios constitucionais da igualdade, da liberdade de expressão, da privacidade e da segurança. Esses princípios jurídicos estão isolados das questões de responsabilidade civil que analisamos anteriormente.

A LEI CONSTITUCIONAL: LIBERDADE DE EXPRESSÃO
VERSUS SEGURANÇA E PRIVACIDADE

A minha pesquisa não revelou, até agora, nenhum caso conhecido relatando especificamente o bullying virtual no contexto escolar no Reino Unido ou em outras partes do mundo. Os tribunais dos Estados Unidos, um país altamente litigioso, já tiveram casos envolvendo bullying virtual e, na ausência de precedentes legais no que diz respeito ao ciberespaço, aplicaram um triunvirato de decisões judiciais bem estabelecidas pela justiça americana referentes à liberdade de expressão do aluno.

Houve decisões de tribunais mistos sobre a extensão das responsabilidades da escola na expectativa de intervenção quando os estudantes se envolvem com o bullying virtual por meio de computadores domésticos. Em um dos casos, o jornal independente *Phlashlyte* criticou as normas escolares. Considerando que esse comentário não tenha sido tão ofensivo quanto alguns dos comentários sexuais e humilhantes que são publicados na internet, o juiz declarou: "Os funcionários da escola não podem julgar o comportamento de um aluno enquanto ele está em casa, junto à sua família... eles devem possuir jurisdição sobre os atos dele em um ambiente público" *(Sullivan vs Houston Independent School District,* 307 F. Supp. 1328 1340 (S.D. Tex. 1969); 1969 U.S. Dist. LEXIS 13342; 13 Fed. R. Serv. 2d (Callaghan) 519).

De maneira semelhante, em um caso no Missouri, um estudante de 17 anos foi suspenso por dez dias por ter, a partir do seu computador doméstico, criado um site na internet que incluía um vocabulário grosseiro e fazia críticas sobre o site da escola. Ele foi obrigado a tirar a página do ar, uma liminar foi concedida e a suspensão foi cancelada baseada no seguinte:

> Não gostar ou se sentir incomodado pelo discurso de um aluno descontente não é justificativa para limitar a expressão do aluno (...). Dentro da escola,

deve-se restringir a expressão que interfira substancialmente na disciplina escolar. A expressão individual do aluno não interfere de maneira substancial na disciplina escolar e tem direito a proteção.

(Beussink vs Woodland R-IV School District,
30 F. Sup. 2d 1175 (E.D. Mo. 1988))

O tribunal prosseguiu afirmando que o medo de perturbação do ambiente poderia ser um *temor razoável* – mas não um "medo indiferenciado". O tribunal tinha uma argumentação com relação ao medo "indiferenciado" e ao medo "razoável". Conforme argumentei em capítulos anteriores, o medo provocado pelas reportagens, pelas políticas escolares rigorosas e pela preocupação com a reputação pode resultar em um "ambiente enrijecido" e, em algumas escolas, a reação aos comentários dos alunos pode ser o resultado de um ambiente já "intoxicado", gerando medos irracionais na mente dos professores de que a internet está levando os alunos ao descontrole. Como o tribunal afirmou em uma caso no final dos anos de 1960 (*Tinker vs Des Moines Independent Community School District*, 3930 U.S. 503 (1969)), "os alunos não devem deixar o seu direito à liberdade de expressão nos portões da escola" e é importante fazer uma avaliação informativa de que, se as declarações publicadas *online* sobre os professores são honestas e próximas da verdade, eles não devem reagir com tamanha intensidade. Onde os comentários forem claramente difamatórios, vale a pena conversar com o aluno para descobrir a origem da sua raiva. Está essa raiva enraizada em um ambiente escolar envenenado? Os comentários na internet resultantes são a única saída para a forma de expressão dos alunos? Os casos que seguem são resultado da reação exagerada das escolas aos comentários *online* dos alunos.

Em um caso no estado de Washington, um site satírico, o "Unofficial Kentlake High Home Page" foi criado por Emmett, aluno do ensino médio, co-capitão do time de basquete com uma média de 3,95 pontos. No critério estadunidense, uma nota 3,95 em 4,0 significa que Emmett era um aluno com uma média excelente. O site incluía ressalvas positivas e negativas e obituários de brincadeira. O objetivo dessas brincadeiras era descontrair e relaxar no momento em que os alunos escreviam os seus próprios obituários, por diversão. Baseando-se nos obituários de brincadeira, criou-se um sistema de votação *online* no site sobre "quem deveria ser o próximo a morrer" e se tornar alvo da brincadeira dos obituários. Alguém notificou a mídia, alegando que a página na internet era uma "lista" de pessoas que Emmett planejava matar. O site foi tirado do ar imediatamente, e Emmett foi expulso por "intimidação, assédio, ruptura do processo educacional e violação dos direitos de propriedade da Kent School District". Foi concedida uma medida cautelar. Emmett processou a escola, e o tribunal estabeleceu o seguinte:

> A School District argumenta, persuasivamente, que os gestores da escola estão em uma situação extremamente delicada após os recentes acontecimentos (...). Páginas de internet podem ser uma indicação precoce de tendências violentas dos alunos (...). O réu, entretanto, não apresentou qualquer evidência de que os obituários ou a votação tinham a intenção de ameaçar alguém, ou que tenha efetivamente ameaçado alguém, ou manifestado qualquer tendência violenta.

(*Emmett vs Kent School District No 413*, 92F. Sup. 2d 1088 (WD Wash. 2000))

O tribunal chamou a atenção para a reação exagerada da escola, que estava fora do contexto da brincadeira *online* das pessoas serem mortas. Nesse caso, o tribunal determinou que o fato de a página ter sido criada fora dos limites da escola e sem supervisão escolar foi relevante para a capacidade da escola de punir, mesmo que o público pretendido pertencesse à escola.

Esse caso é importante para alunos como Brad e Bram, suspensos por seus comentários *online*. Esses garotos, assim como os seus pais, acreditando que os seus comentários estavam fora do âmbito escolar, apoiaram a decisão no caso Emmett por considerá-la justa. Entretanto, outras decisões judiciais deixaram claro que, se há um nexo (ou conexão) à escola (colegas, professor, propriedade da escola), logo existe um direito absoluto de intervir.

Por exemplo, o tribunal proferiu uma sentença diferente em um caso da Pensilvânia. Entre 1997 e 1998, J. S. era aluno do ensino médio na Nitschmann Middle School. Kathleen Fulmer havia lecionado nessa escola por 26 anos como professora de matemática. J. S. contou a um colega que havia criado uma página na internet chamada "Professor é um Saco" que incluía:

Por que Fulmer deve ser demitida
Porque mostrou as suas pernas f_____
É uma vaca
Por que ela deve morrer?
Me dê 20 dólares para ajudar a pagar um assassino de aluguel
Representação gráfica da sra. Fulmer com a cabeça cortada

(*J.S., minor, vs Bethlehem Area School District*, 757 A.2d 412, 422. (Pa. Cmwkh. 2000))

Depois de ver o site, o diretor informou a sra. Fulmer, uma vez que levou as ameaças a sério. Ela ficou apavorada, temendo que alguém pudesse tentar matá-la. A sra. Fulmer sofreu danos permanentes incluindo estresse, ansiedade, perda de apetite e perda de peso, e sensação de perda de bem-estar. O tribunal julgou que a escola deveria ensinar valores de uma sociedade civilizada, não sendo socialmente aceitável ameaçar ou assediar aqueles que são responsáveis pela educação de jovens. A página de internet do aluno perturbava materialmente o ambiente de aprendizagem. O diretor se sentiu constrangido pelas alegações do aluno, e a sra. Fulmer se sentiu ameaçada. Professores e alunos estavam cientes do descaso dos alunos com relação às autoridades da escola. Esse comportamento representou uma interferência significativa no processo educacional.

O conselho escolar aprovou a expulsão do aluno das suas escolas. O aluno recorreu e a decisão foi a julgamento. O tribunal apoiou a expulsão. Em apelação à Commonwealth Court of Pennsylvania, o juiz confirmou a expulsão uma vez que o conteúdo da página da internet constituía ameaças de natureza criminosa e não protegidas constitucionalmente. (*J.S., minor, vs Bethlehem Area School District, 751* A.2d 412, 422. (Pa. Cmwlth. 2000)).

Essa decisão foi similar à decisão tomada em um caso canadense de bullying por telefone, em que Dawn Marie Wesley, de 14 anos, se enforcou depois de um de seus colegas de classe pronunciar as palavras "você vai morrer, sua p___!" por telefone após mais de dez dias de bullying intenso (*R. vs D.W. and K.P.D.* [2002] BCPC 0096). O autor foi acusado de assédio criminoso, pois "a intenção de ferir" foi levada a sério pela vítima como um desejo real de machucá-la, o que acabou resultando no seu suicídio. Embora esta tenha sido uma decisão em primeira instância, ela pode ter aberto as portas para processos futuros, incluindo aqueles envolvendo o bullying virtual em que se perceba que a intenção de ferir seja bastante real. Biber e colaboradores (2002, citados em Glaser e Kahn, 2005) constataram que os comentários sexuais indesejados e o assédio *online* são considerados muito mais ameaçadores. Eles sugerem que o meio *online* pode ser mais assustador que a ameaça feita pessoalmente, em especial porque o autor pode se esconder sob a sua identidade virtual.

D.W.H., a garota de 14 anos que disse as palavras ameaçadoras, foi responsabilizada legalmente, mas manteve a afirmação de que não tinha intenção de matar Dawn-Marie. D.W.H. foi convidada a participar do programa de entrevistas de Oprah Winfrey e, em outro programa de televisão, ela pediu desculpas publicamente pela morte de Dawn-Marie – que senti ser uma punição muito dura para uma adolescente que pronunciou aquelas palavras que os jovens muitas vezes usam em momentos de raiva e descontrole, mas que raramente têm significado literal.

Para piorar a situação, D.W.H. era uma canadense aborígene. As garotas caucasianas que haviam se juntado a ela no bullying contra Dawn-Marie foram isentadas de responsabilidade legal na sentença do tribunal. O que foi mais injusto, em minha opinião, foi a repreensão dirigida à comunidade aborígene a que D.W.H. pertence sobre o bullying por parte da especialista americana em bullying, Barbara Coloroso (*It's a girl's world: A documentary about social bullying** (vídeo), 2004)[6]. Parece interessante que uma comunidade aborígene que suportou gerações de dominação e abusos dos colonos norte-americanos; uma comunidade que tem as crianças separadas de suas famílias e levadas para internatos católicos para serem espancadas e abusadas sexualmente pelos padres; uma comunidade que suporta as feridas de gerações de famílias e tradições culturais destruídas por causa da colonização seja objeto de repreensão pelo motivo de o bullying ser inaceitável. Os povos das Primeiras Nações do Canadá foram submetidos a abusos terríveis praticados pelos colonizadores europeus que queriam "civilizá-los". Por isso, argumento que nunca seremos legítimos como sociedade se considerarmos o bullying de uma forma superficial. Há sempre um contexto mais amplo que ainda requer atenção. É por esse motivo que tenho minhas ressalvas contra acusar muito rapidamente as crianças e os adolescentes e a internet, sem questionar criticamente o nosso próprio sistema institucional e as nossas hierarquias.

Há, entretanto, casos de referência tanto no Canadá quanto nos Estados Unidos que fornecem alguma orientação com relação ao modo como os tribunais se posicionam nos termos da legislação existente e como lidam com casos de bullying que exigem a censura da expressão estudantil por parte das escolas. Em cada um desses casos envolvendo a liberdade de expressão nas escolas, uma das considerações fundamentais é o *espaço* – ou o lugar onde a expressão acontece. As questões com relação a onde é originada a expressão (dentro ou fora do *campus*), quem incitou, qual o seu impacto sobre os outros e como foi direcionada, instruem as deliberações acerca da questão pelos tribunais. À medida que tentamos aplicar essas deliberações no contexto contemporâneo, devemos lembrar que mesmo que o bullying ocorra no ambiente virtual, ele gera um ambiente físico desagradável nos recintos escolares, onde a igualdade de oportunidades de aprendizagem fica bastante reduzida (Shariff, 2003). O bullying virtual, independente de onde se origina, é um problema *educacional*. No entanto,

---

* N. de T.: Literalmente, "O universo de uma garota: Um documentário sobre o bullying social".

conforme destacado anteriormente neste livro, as respostas não podem ser direcionadas e acomodadas em um pacote conveniente de intervenções a serem reproduzidas. As considerações legais discutidas abaixo sustentam a minha opinião de que uma apreciação conceitual das questões referentes à censura que emergem como resultado do bullying virtual são muito mais complexas.

Considerações constitucionais

Na maioria das nações democráticas, a liberdade de expressão é um direito garantido aos cidadãos. No contexto canadense, a seção 2 da Carta (*Carta Canadense dos Direitos e das Liberdades,* Documento B, Ato Constitucional, 1982, Canada Act, c. 11 (UK)) prevê que qualquer pessoa tem direito à liberdade de "pensamento, crença, opinião e expressão". Essas liberdades ficam limitadas apenas pela Seção 1 da Carta, que auxilia os tribunais a pesar e contrabalançar os direitos individuais e coletivos em prol do bem comum na democracia. Segundo a seção 1 da Carta, afirma-se que os direitos enunciados estão sujeitos "apenas aos limites razoáveis determinados pela lei conforme possa ser demonstravelmente justificado em uma sociedade livre e democrática". Qualquer política escolar que infrinja os direitos individuais deve ser justificada pelo regulamentador como tendo por *objetivo premente e substancial* proteger o bem comum da sociedade. O ônus dos regulamentadores está em demonstrar que os direitos em questão serão infringidos *o mínimo possível* (veja *R. vs Oakes* [1986] 1 S.CR. 103).

Segundo Mackay e Burt-Gerrans (2005), a análise da seção 1 tem sido geralmente aplicada para justificar a maior proteção possível da definição de liberdade de expressão. Esses estudiosos explicam que a liberdade de expressão é constitucionalmente protegida, desde que não seja violenta (*Irwin Toy Ltd vs Quebec (Attorney General)* [1989] 1 S.CR. 927). Isso significa que *qualquer expressão que tenha intenção de transmitir significado não violento* é normalmente salvaguardada pelos tribunais. Essa alegação é crucial quando consideramos os comentários publicados pelos estudantes *online*. Dependendo do conteúdo exato dos comentários – se os alunos estão apenas zombando dos professores com *intenção de transmitir significado não violento,* eles deverão ter a salvaguarda dos tribunais.

Essa interpretação tem sido estendida ao ambiente escolar. Para exemplificar, um dos casos mais conhecidos de proteção de liberdade de expressão em escolas envolveu uma música de *rap* que continha uma mensagem aos alunos no sentido de reduzir a promiscuidade. Chris Lutes cantou uma música da Queen Latifah, chamada *Let's talk about sex**, na escola, mesmo depois de a música ter sido banida pelo distrito escolar. O tribunal (*Lutes vs Board of Education of Prairie View School Division Nº. 74* (1992) 101 Sask. R. 232 (Q.B.) alegou que o direito do aluno à liberdade de expressão presente na secção 2(b) da Carta Canadense dos Direitos e das Liberdades tinha sido violado e que a medida de proibir a música não apresentava justificativa razoável para infringir esses direitos. Na verdade o tribunal alegou que esta havia sido uma reação exagerada a uma música com conteúdo educativo a respeito da abstenção sexual porque um dos assistentes da superintendência estava visitando a escola na mesma época em que Lutes, sabendo quem ele era, continuou cantando-a enquanto ele estava presente.

A expressão como "perturbação material e substancial"

A decisão pronunciada no caso de Lutes corrobora um padrão para a liberdade de expressão nas escolas definido nos casos estadunidenses – que a menos que a expressão dos alunos desestruture *material e substancialmente* o processo de aprendizagem, ela não pode ser censurada ou reprimida. Por exemplo, em um caso histórico de 1969, John e Mary Tinker e Christopher Eckhardt foram suspensos por usarem uma fita preta no braço em sinal de protesto contra a Guerra do Vietnã (*Tinker vs. Des Moines Independent Community School District*, 3930 U.S. 503 (1969). Eles ignoraram os avisos dos gestores da escola pedindo que não usassem a fita. Eles processaram o distrito escolar alegando a liberdade de expressão de acordo com as disposições estabelecidas na Primeira Emenda. O tribunal decidiu em favor dos alunos, alegando a famosa máxima que diz "dificilmente se pode defender a ideia de que tanto os alunos quanto os professores devam deixar os seus direitos constitucionais de liberdade de expressão no portão da escola." (p. 506).

Servance (2003) explica que a questão fundamental para a defesa de Tinker é que, a menos que a escola possa apresentar um motivo válido para restringir a liberdade de expressão, os alunos devem estar autorizados a expressar seu direito à livre expressão. O tribunal reconheceu,

---

* N. de T.: Literalmente, "Vamos falar de sexo".

no entanto, que este não é um direito irrestrito. Os alunos têm o direito à expressão a menos que perturbem materialmente a capacidade da escola em cumprir a sua missão de maneira ordenada ou infrinjam o direito dos outros de estarem livres de assédio. Este é o padrão *material e substancial* criado em Tinker e que continua a ser aplicado em casos contemporâneos. Conforme observado por Justice Fortas:

> O princípio desses casos não está confinado ao espaço ordenado e supervisionado da sala de aula. O uso principal a ser adotado pelas escolas é o de alojar os alunos durante o horário fixado para a realização de determinados tipos de atividades. Entre essas atividades se dá a comunicação interpessoal entre os alunos (...). Este não é apenas um elemento inevitável do processo de se frequentar a escola; é também uma parte importante do processo educacional. O direito de um aluno, entretanto, não abarca apenas as horas passadas em sala de aula. Quando está na lanchonete ou na quadra jogando, ou no campus durante os horários estabelecidos, ele pode expressar as suas opiniões, mesmo acerca de assuntos controversos como o conflito no Vietnã, desde que o faça sem entrar em conflito "material e substancial" com as exigências de disciplina apropriada na escola e sem prejudicar os direitos dos outros indivíduos (...) *porém a conduta do aluno em sala de aula ou fora dela que, por qualquer razão – mesmo que surja de tempos em tempos, lugar ou tipo de comportamento –, prejudique materialmente o trabalho em aula ou envolva desordem substancial ou invasão dos direitos do outro, certamente não estará sob a imunidade do direito garantido constitucionalmente de liberdade de expressão* {grifo nosso}.
>
> (*Tinker vs. Des Moines Independent Community School District*, 3930 U.S. 503 (1969)

Não há dúvidas de que Justice Fortas estava se referindo ao ambiente escolar como era até então, mas se esse padrão continuar a ser aplicado em casos atuais de liberdade de expressão e supervisão é possível que se questione se os horários estabelecidos como períodos de atividades escolares tenham sofrido alterações uma vez que os alunos são estimulados a trabalhar em computadores e acessar a internet na própria escola, fora do horário das aulas. Além disso, uma questão fundamental nessa declaração é que a comunicação interpessoal entre os alunos "não é apenas um elemento inevitável do processo de se frequentar a escola, é também parte importante do processo educacional" (Ibidem). Pode-se argumentar que, se a comunicação interpessoal entre os alunos é um elemento integrante do processo educacional e se essa comunicação prejudicar "material ou substancialmente" a aprendizagem de outros (afetando assim os direitos de igualdade de oportunidades de aprendizagem sem que haja perseguição ou discriminação), as escolas terão autoridade para censurar. O ambiente de aprendizagem não está mais restrito ao *campus*. Ele é fluido. A interação da escola física continua no ciberespaço. Os alunos (e os professores), por meio de e-mails, levam adiante as intercomunicações no ciberespaço. Assim, a distinção entre dentro/fora do *campus* não é facilmente definida. Ela é muito mais realística se considerarmos o ambiente educacional em termos de contexto físico e virtual onde acontece o processo de aprendizagem do aluno.

A partir do momento em que a natureza da comunicação interpessoal do aluno cruza a linha invisível, mas bastante real da brincadeira rude e da provocação usual para o bullying há uma responsabilidade de deveres educacionais, em especial quando há um nexo – ou conexão com a escola (Mitchell e Kendall, 2007; Roher, 2007). Quando o bullying passa a ocorrer dentro do ambiente virtual escolar sem nenhuma supervisão ou cuidado por parte dos educadores, ele pode ter consequências devastadoras, não apenas para a aprendizagem, mas também para a saúde do aluno (Shariff, 2004).

Sem dúvida, o ciberbullying tem um profundo impacto na aprendizagem de todos os alunos, tanto dentro quanto fora dos limites da escola. Os comentários de Justice Fortas referentes à conduta do aluno dentro e fora da sala de aula se aplicam nessa consideração: "mesmo que surja de tempos em tempos, lugar ou tipo de comportamento – prejudique materialmente o trabalho em aula ou envolva desordem substancial ou invasão dos direitos do outro, certamente não estará sob a imunidade do direito garantido constitucionalmente de liberdade de expressão" (*Tinker vs. Des Moines Independent Community School District*, 3930 U.S. 503 (1969), p. 513). Assim, faz sentido que, se os tribunais devem continuar se baseando no caso Tinker, que seja por este aspecto do caso que se aplica às restrições da liberdade de expressão no contexto do ciberbullying. Isso não significa que eu não concorde com a decisão no contexto do protesto político silencioso realizado pelos alunos neste caso. Concordo integralmente que os alunos não deixem seu direito à liberdade de expressão na porta da escola. Destaco, entretanto, que quando esse discurso envolver a perseguição e o abuso de outros alunos e o constrangimento de professores e funcionários da escola sem que esses problemas sejam resolvidos por meio de alguma forma de diálogo e comunicação com os alunos envolvidos, isso cria um ambiente hostil e desagradável para os alunos (tanto no *campus* quanto no ciberespaço) e prejudica os objetivos educacionais das escolas.

A expressão como "perturbação da missão educacional básica"

No contexto americano, um novo padrão de expressão estudantil foi instaurado em 1986. A Suprema Corte determinou em Fraser (*Bethel School District No. 403 et al. vs. Fraser, menor, et al.* U.S. 675 (1986)) que as escolas poderiam proibir a manifestação que prejudicasse a sua "missão educacional básica"(p. 504). O caso envolveu um discurso de campanha feito pelo aluno Matheus Fraser, contendo insinuações sobre as suas proezas políticas e sexuais:

> Sei de um homem que é duro – é duro em suas calças (...). {Ele} pesa as suas calças e o seu conteúdo em libras (...) ele não acompanha as coisas em estocadas – ele segue duro, batendo, batendo, até finalmente – gozar o sucesso (...) {Ele} é um homem que vai até o fim – até mesmo o clímax para cada um de vocês.
>
> (*Bethel School District No. 403 et al. vs. Fraser, menor et al.* 478 U.S. 675 (1986)

A escola suspendeu Fraser ao notar que alguns dos alunos reunidos ficaram perturbados. O aluno não foi autorizado a discursar na formatura e processou a escola, alegando o direito à liberdade de discurso, garantido pela Primeira Emenda. Em resposta a opiniões contrárias no caso Tinker, o tribunal declarou que a escola deveria manter o controle do comportamento dos seus alunos e observou que o ambiente escolar não era adequado para o vocabulário grosseiro adotado no discurso de Fraser. O tribunal percebeu que a escola não deveria tolerar um discurso incompatível com os seus valores. Entretanto, o juiz reconheceu como crucial permitir o discurso impopular, enfatizando que a escola tem papel vital em preparar os alunos para participar de uma sociedade democrática, ensinando aos alunos a "forma adequada de discurso civilizado, necessário em uma sociedade civilizada" (p. 511).

Sendo de relevância significativa para a censura da expressão *online* dos alunos de hoje, essa decisão também declarou que as escolas devem ensinar aos alunos os limites do comportamento socialmente aceitável (Servance, 2003). O tribunal declarou que o discurso ameaçador ou ofensivo tem pouco valor em um ambiente escolar e não pode ser ignorado pelas escolas. Além disso, o tribunal observou que o discurso feria os direitos de outros indivíduos (apesar de não terem sido declarados especificamente, os direitos das mulheres ali presentes). As insinuações sexuais de estupro foram claramente ofensivas e ameaçadoras para os alunos.

A decisão tomada no caso Fraser é extensiva a Tinker, e é também, segundo o meu ponto de vista, aplicável à censura à liberdade de expressão no contexto do ciberbullying. Como expliquei nos Capítulos 2 e 4, um volume substancial de pesquisas emergentes na comunicação via internet revelam assédio sexual, solicitações sexuais e ameaças contra mulheres ou alunas. Essa forma de ciberbullying não apenas prejudica materialmente a aprendizagem e impede a realização de objetivos educacionais, como também cria um desequilíbrio de poder dentro do ambiente escolar e desvia as alunas da igualdade de oportunidades de aprendizagem. Em consonância com a decisão em Fraser, a expressão que fere o direito constitucional em um contexto educacional cria um ambiente escolar hostil e negativo (tanto físico quanto virtual).

Mais recentemente, ocorreu um caso em Indianápolis em que uma adolescente foi colocada em liberdade condicional por usar um palavrão em uma postagem no site MySpace criticando o diretor da escola. O Tribunal de Recursos do Estado de Indiana julgou o caso e se pronunciou contrário à escola, deixando a cargo de uma corte menor a questão da liberdade condicional. O júri, composto por três pessoas, ordenou que o Tribunal de Recursos do Condado de Putnam anulasse a sentença contra a menina, referida como A.B.: "Embora tenhamos poucas considerações pelo uso de epítetos vulgares por A.B., concluímos que o conjunto da mensagem dela constitui livre expressão política" (Wilson, J. in *A3. vs State of Indiana*, 2007). Apesar de não esclarecer que mensagem política foi postada pela aluna, a corte de apelação não caracterizou os comentários dela como algo que provocasse rupturas no processo de aprendizagem ou na missão educacional da escola.

Nexo: os computadores como propriedade escolar

Sob a seção 8 da Carta Canadense de Direitos e Liberdades, todas as pessoas têm direito de estarem livres de buscas e apreensões injustificadas. Desse modo, a proteção da privacidade é garantida dentro dos limites razoáveis de uma sociedade livre e democrática. Além disso, a seção 7 da Carta afirma que "todos têm direito à vida, à liberdade e à segurança pessoal". No contexto do bullying virtual, ambas as seções são relevantes. Os limites referentes às obrigações das escolas em buscar e confiscar direitos para proteger o direito do outro devem ser contrabalançados com o direito à vida, à liberdade e à segurança pessoal. Além disso, as vítimas podem alegar que os seus direitos à vida, liberdade e segurança são infringidos na seção 7 quando a escola deixa de intervir e protegê-los do bullying virtual.

Baseando-se nas considerações da seção 1, os tribunais geralmente dão prioridade ao maior numero de interessados como justificativa para ignorar os direitos à privacidade. Por exemplo, a Suprema Corte do Canadá (*R. vs M.R.M.* [1998] 3 S.C.R. 393) determinou que, ainda que um diretor de escola não aja como um oficial de polícia, ele pode vasculhar os armários dos alunos em caso de suspeita de que haja armas ou drogas escondidas. O tribunal alegou que os armários são propriedade da escola. Quando houver perigo à segurança e à aprendizagem dos alunos, a infração à privacidade dos alunos pode ser justificada de maneira coerente de acordo com a seção 1 da Carta. Dado o efeito psicológico devastador nas vítimas do bullying virtual e no ambiente escolar como um todo, é bem provável que, com uma interpretação da Carta que exija o equilíbrio dos direitos das vítimas à segurança garantidos na Seção 7 e os direitos à privacidade do autor previstos na Seção 8, e à liberdade de expressão conforme a Seção 2(b), o tribunal pode decidir em favor da vítima.

Como exemplo, Mackay e Burt-Gerrans (2003) explicam que a base lógica usada pela Suprema Corte em *R. vs M.R.M.* foi a de que os alunos já devem ter uma expectativa reduzida no que se refere à privacidade, porque eles sabem que os diretores e os gestores das suas escolas poderão ter de realizar buscas nas escolas, e a segurança deve ser a preocupação primordial na proteção dos alunos. O tribunal explicou a sua interpretação do que seja um ambiente escolar seguro e ordeiro:

> Os professores e os diretores estão em posições de confiança que acarretam pesadas responsabilidades. Quando crianças frequentam a escola ou suas dependências cabe a eles cuidar da segurança e do bem-estar dessas crianças. São eles que realizam a tarefa de fundamental importância de ensinar essas crianças de modo que elas possam integrar nossa sociedade e suprir as suas necessidades potenciais. Com o objetivo de ensinar, os funcionários das escolas devem promover uma atmosfera que estimule a aprendizagem. Durante o horário escolar, eles têm que proteger e ensinar as nossas crianças.
>
> (*R. vs M.R.M.* {1998} 3 S.C.R. 393)

Essa declaração do tribunal também é altamente significativa para o bullying virtual indireto ou não intencional dos professores. A declaração atribui uma grande responsabilidade aos professores enquanto protetores das crianças e disseminadores da educação.

As bases lógicas dos tribunais seguem a linha de casos dos Estados Unidos em que os armários foram considerados como propriedades das escolas. Portanto, não configura uma violação dos direitos constitucionais buscar e apreender objetos caso estes violem as regras da escola (*Singleton vs Board of Education USD 500* 894 F. Supp. 386 (D. Kan. 1995)). Por exemplo, o tribunal alegou que (*People vs Carlos Overton* 20 N.Y. 2d 360 at 596 (1967)) as escolas podem estabelecer critérios com relação ao que pode ser guardado nos armários da escola. De maneira correspondente, os professores encarregados podem realizar buscas involuntárias nos armários para garantir que os alunos cumpram o regulamento. Na verdade, os tribunais consideram a inspeção dos armários dos alunos não só um direito, mas também um *dever* das escolas quando estas acharem que os alunos estejam usando a propriedade da escola para abrigar material ilegal. Essa lógica poderia certamente ser aplicada ao contexto do bullying virtual se as escolas tivessem uma política que regulamentasse o tipo de conteúdo que seria enviado e recebido nos computadores da escola. Por exemplo, poderia ser argumentado que, assim como os armários, os e-mails são propriedade da escola. Logo, se um aluno é suspeito de enviar comentários de assédio por e-mail ou encontrou esse tipo de comentário enquanto navegava em um dos computadores escolares, a escola pode considerar que seja sua responsabilidade monitorar e disciplinar essas atividades.

Esse argumento pode ainda ser justificado por outros casos (incluindo *Garrity vs John Hancock Mut. Life Ins. Co.* 18IER Cases 981 (D. Mass. 2002)), em que os empregadores acreditavam que tinham o direito de inspecionar a conta de e-mail dos funcionários, notificando-os de que seus e-mails poderiam ser acessados por um terceiro. Com relação às buscas por parte da escola, podemos considerar casos como em *New Jersey vs T.L.O.*. Nessa decisão, concluiu-se que, apesar de os alunos terem uma expectativa legítima de privacidade no ambiente escolar, as escolas também têm o direito de fazer buscas nas propriedades dos alunos, sem prévio aviso, caso existam motivos razoáveis para suspeitar de que os alunos estejam violando tanto a lei quanto as normas da escola (*New Jersey vs T.L.O.* 469 U.S. 325 (1985)). Caso isso se estenda para o ciberespaço e para o ambiente virtual da escola, pode ser justificado que o nexo escolar não esteja mais limitado ao espaço físico. Portanto, embora os alunos tenham uma expectativa de privacidade para suas conversas *online*, se houver alguma conexão com a escola, especialmente com os seus professores e figuras de autoridade, as conversas poderão ser acompanhadas e, se necessário, outras medidas poderão ser tomadas. *A questão mais ampla, para mim, é o que precisamos fazer com relação a isso. A chave para solucionar esses problemas está no modo como respondemos a eles.* Mais uma vez, pode parecer razoável que as escolas apliquem essa lógica, caso haja motivos para acreditar que os alunos estejam usando os computadores da escola ou páginas da escola na internet com objetivo de realizar atividades ilegais como perseguições contra outras pessoas.

A expressão do aluno fora do ambiente escolar

Os tribunais canadenses e estadunidenses demonstraram a importância de restringir as formas lascivas e indecentes de expressão no ambiente escolar e também de proporcionar aos professores a autoridade para realizar buscas na propriedade escolar na tentativa de manter a ordem e a segurança dentro das escolas. Apesar dos casos discutidos aqui serem aplicáveis à censura nas escolas, eles não tratam da questão de até que ponto as escolas podem censurar a expressão dos alunos quando esta ocorre entre colegas, quando é realizada em casa durante os finais de semana e com a utilização dos seus próprios computadores, e cujo conteúdo se refira às autoridades escolares.

A jurisprudência de direitos humanos e civis: no ambiente escolar

No momento, há mais precedentes constitucionais nos Estados Unidos relacionados à liberdade de expressão, à segurança e à igualdade no ciberespaço do que nas leis da Carta Canadense. Pode levar algum tempo até que a Suprema Corte do Canadá se pronuncie sobre as questões da censura envolvida no bullying virtual, porque casos desse tipo são geralmente levados a júri com base nas leis que se referem à negligência ou aos direitos humanos. Isso não sugere, contudo, que considerações constitucionais não estejam implícitas ou presumidas. Vários casos canadenses de direitos humanos envolvendo assédio sexual (por exemplo, *Robichaud vs Canada (Treasury Board)* {1987} 2 S.C.R) determinaram que é responsabilidade da instituição fornecer a seus empregados ambientes de trabalho seguros, mesmo que o assédio sexual entre colegas de trabalho aconteça fora do local de trabalho. O fato de que as vítimas tenham que enfrentar os seus perseguidores no ambiente de trabalho impõe ao empregador uma obrigação de solucionar o problema de maneira definitiva. Esse caso é bastante relevante para a questão da censura da expressão dos estudantes *online*, porque as autoridades das escolas geralmente alegam que não são responsáveis pelo assédio entre colegas de escola que ocorra *online* ou fora do horário da escola. No entanto, como o tribunal confirmou no caso Robichaud, se a vítima tem que encarar o agressor dentro do ambiente institucional, logo é responsabilidade da instituição corrigir o problema, independente do local onde o assédio tenha acontecido. O tribunal reitera que, para cumprir os objetivos mais amplos da legislação de direitos humanos (ou seja, erradicar as circunstâncias antissociais da sociedade), a lei de direitos humanos deve ser coerente com os princípios da Carta. Portanto, as instituições devem garantir aos indivíduos direitos a oportunidades iguais de aprendizagem e trabalho sem medo de assédios e perseguições. Nesse caso, o que estava em questão era a igualdade de oportunidade de trabalho ou aprendizagem. A Seção 15(1) da Carta diz o seguinte:

> Todo indivíduo é igual perante e sob a lei e tem direito à proteção igualitária da lei sem discriminação de raça, nação ou etnia, cor, religião, sexo, idade ou deficiência física ou mental.
>
> (Canadian Carter of Rights and Freedoms, Schedule B, Constitution Act, 1982, Canada Act, c. 11 (UK))

O tribunal também determinou (em *Ross vs New Brunswick School District Nº. 15* {1996} 1 S.C.R. 825) que as escolas devem proporcionar condições favoráveis à aprendizagem. Apesar de o caso Ross envolver a liberdade de expressão de um professor que distribuía publicações de conteúdo antissemita fora da escola, a declaração apresentada abaixo tem sido mencionada em quase todos os argumentos à Carta a favor de um ambiente escolar positivo:

> As escolas são o espaço para a troca de ideias e devem, portanto, estar comprometidas de acordo com os princípios da tolerância e da imparcialidade para que todas as pessoas dentro do ambiente escolar possam se sentir livres para participar. Como declarou o conselho, um conselho escolar tem o dever de manter um ambiente escolar positivo para que todas as pessoas se beneficiem dele.
>
> (*Ross vs New Brunswick School District no. 15* {1996} 1 S.C.R. 825, para. 42)

Apesar das publicações antissemitas de Ross terem sido distribuídas fora da escola, o tribunal alegou que ele havia contaminado a escola e o ambiente da sala de aula para os seus alunos judeus. Eles tinham conhecimento das suas publicações e se sentiam ameaçados, amedrontados e pouco à vontade. Portanto, se nos basearmos na lógica utilizada no caso Ross, parece discutível o conceito de distinção de dentro/fora do campus (espaço físico *vs.* espaço virtual). O que é relevante é o *efeito* da perseguição, do bullying e das ameaças – apesar do fato de serem realizados fora do espaço físico da escola. Se impedirem que os alunos aprendam dentro do ambiente físico da escola, se geram um ambiente nocivo para os alunos, logo é responsabilidade da escola intervir e censurar essas manifestações.

O ambiente escolar e um "ambiente escolar deliberadamente perigoso" foram também o tema de uma decisão polêmica em 1998. A Suprema Corte estadunidense quebrou a tradição de evitar grandes enxurradas de processos no caso *Davis vs Munroe County Bd. of Ed.* O caso envolvia o assédio sexual constante praticado contra uma jovem da sexta série do ensino fundamental, Lashonda Davis, cujos pais inúmeras vezes informaram aos professores e ao diretor da escola, mas nenhuma atitude foi tomada. Lashonda repetiu o ano e a saúde dela foi prejudicada. Por maioria de 5 a 4, a Suprema Corte decidiu que a escola havia criado um ambiente deliberadamente perigoso que inibia a "igualdade de oportunidades de aprendizagem" *(Davis vs. Munroe County Bd. of Ed.* 526 U.S. 629 (1999)). Poder-se-ia argumentar plausivelmente que o ciberbullying (nas suas formas entre pares e antiautoridade) gera um ambiente de perigo semelhante ao ambiente criado para as vítimas dentro do ambiente físico da escola.

RESUMO: PADRÕES JURÍDICOS PARA AS ESCOLAS

Como demonstrei na discussão anterior, existem diversos padrões jurídicos que são claramente aplicáveis à censura envolvendo a expressão do aluno relacionada à perseguição *online* ou ao ciberbullying. Em primeiro lugar, com base nos casos estadunidenses relativos à liberdade de expressão, as escolas devem garantir que *não haja prejuízo material ou substancial à aprendizagem (Tinker vs. Des Moines Independent Community School District,* 3930 U.S. 503 (1969)). Segundo, deve haver o *desvio mínimo na missão básica da educação (Bethel School District No.*

403 et al. vs Fraser, a minor et al. 478 U.S. 675 (1986)). Terceiro, e com base nos casos da Carta Canadense, as escolas devem assegurar-se quanto a *criar um ambiente escolar que proporcione igualdade de oportunidades de aprendizagem sem medo de perseguição ou bullying (de qualquer tipo – físico, verbal ou virtual)* (*Chamberlain vs Surrey School District No.* {2002} 4 S.C.R. 710, 2002 SCC 86; *Davis vs Munroe County Bd. of Ed.* 526 U.S. 629 (1999); *Jubran vs North Vancouver School Distr. No. 44* {2002} B.C.H.R.T.D. No. 10 (Q.L.) 221; *R. vs M.R.M.* {1998} 3 S.C.R. 393; *Robichaud vs Canada (Treasury Board)* {1987} 2 S.C.R 84; *Ross vs New Brunswick School District No. 15* {1996} 1 S.C.R. 825). Como sabemos, o ciberbullying afeta a aprendizagem e as condições sociais dentro do ambiente físico da escola. No entanto, se as escolas não conseguirem resolver a situação, elas estarão criando um *ambiente deliberadamente perigoso (Davis vs Munroe County Bd. of Ed.* 526 U.S. 629 (1999)) para os seus alunos e ainda para o corpo de professores e funcionários de apoio. Além disso, nos casos de postagens *online*, deve haver um *nexo com a escola* – algum tipo de conexão em que o comentário ou se origine de um computador da escola ou envolva colegas de escola, professores ou autoridades escolares, ou a página da escola na internet. Isso, repito, depende da natureza da expressão, conforme vimos na decisão do caso de Indiana que estabeleceu que mesmo que a expressão do aluno seja vulgar, ainda assim ele tem direito à liberdade de expressão desde que constitua um discurso político protegido pela Primeira Emenda estadunidense e as disposições relativas aos direitos civis.

Com base na Carta Canadense, as vítimas e os pais das vítimas podem argumentar que o fato de deixar de protegê-los fere a Seção 7 sobre o direito à vida, à liberdade e à segurança do individuo. O *efeito* da manifestação e o seu *impacto real* e *percebido* é também crucial para justificar a atitude da escola ao intervir (*R. vs D.W. and K.P.D.* {2002} BCPC 0096). Por fim, pode-se argumentar que, se o bullying virtual for praticado por colegas de classe por meio do uso dos computadores da escola, as escolas ficam menos limitadas pela obrigação de proteger a liberdade de expressão e a privacidade da Carta ou da Primeira Emenda (*R. vs M.R.M.* {1998} 3 S.C.R. 393). Elas têm a autoridade de intervir quando a expressão é incentivada na propriedade da escola (computadores).

Para auxiliar o leitor a lembrar desses padrões, apresento-os de forma resumida no Quadro 7.1.

Quadro 7.1 Padrões jurídicos aplicáveis: emergentes e consagrados (Shariff, 2007)

Sistema jurídico	Padrões para os gestores	Padrões para os professores	Padrões para os pais	Padrões para os alunos
– Lei de responsabilidade civil (calúnia virtual)	– Pode intervir se houver nexo com a escola. A expressão deve envolver "comentário injusto".	– Como a calúnia é interpretada por uma pessoa que seja *razoavelmente ponderada e informada*, e não por *alguém que tenha uma sensibilidade extremamente frágil*.	– Precisam explicar a fronteira em que a "brincadeira" no âmbito público do ciberespaço foge do limite e se torna calúnia, resultando em responsabilidade jurídica. Precisam de um entendimento básico das leis referentes à calúnia.	– Aprender que o ciberespaço raramente funciona como um espaço privado. Aprender as limitações da liberdade de expressão. Praticar o uso responsável e a prestação de contas. Informar outros indivíduos que ultrapassam o limite.
– Lei de responsabilidade civil (supervisão)	– Dever de cuidado "*in loco parentis*". Deve estar ciente: . Do dano tangível . Do dano previsível . Da causa da ofensa (referente a uma ação ou omissão por parte do gestor).	– Obrigação de agir como "Pai Zeloso e Prudente". Dever de cuidado "*in loco parentis*". Deve estar ciente: . Do dano tangível . Do dano previsível . Da causa da ofensa (referente a uma ação ou omissão por parte do professor).	– Igualmente responsável por supervisionar e estar ciente das postagens e do discurso dos filhos na internet.	– A doutrina jurídica da *volenti non fit jura* afirma que reclamantes podem ser responsabilizados por suas ações caso saibam dos riscos envolvidos e, ainda assim, assumam esses riscos – que podem estar relacionados à expressão anti-autoridade e ao bullying virtual.
– Lei de direitos humanos e civis (responsabilidade institucional)	– Dever de evitar "ambiente perigoso" ou "ambiente envenenado". Provisão, proteção e participação do aluno na aprendizagem e na elaboração de códigos de conduta.	– Os professores devem estar preparados e ser sensíveis ao bullying dentro e fora do ambiente escolar (ambientes físicos e virtuais). Proteção, provisão e o estímulo à participação dos alunos.	– Devem estar cientes dos direitos dos filhos de aprender dentro de um ambiente sem discriminação e conducente à aprendizagem.	– Aprender que quando perseguem ou cometem bullying virtual, criam um ambiente escolar envenenado (físico e virtual) e afetam a aprendizagem. Participar da elaboração de códigos de conduta.

continua

Quadro 7.1 Continuação

Sistema jurídico	Padrões para os gestores	Padrões para os professores	Padrões para os pais	Padrões para os alunos
– Princípios constitucionais	– Deve justificar a violação de direitos a fim de proteger o bem maior e prejudicar minimamente os direitos das partes envolvidas. Pode intervir caso a expressão do aluno "perturbe a aprendizagem material e substancialmente" ou "interfira na aprendizagem ou na missão educacional".	– Deve estar ciente que "os alunos não deixam os seus direitos à liberdade de expressão nos portões da escola", porém sabem dos limites dessa expressão.	– Ensinar aos filhos que a liberdade de expressão é um direito, porém não um "direito irrestrito". Não é ilimitado e existem barreiras.	– Conhecer os seus direitos de liberdade de expressão. Conhecer os limites desses direitos. Podem ser responsabilizados por ultrapassar esses limites.
– Direito penal	– Intenção percebida = Ameaça real. A possibilidade de acusações de fraude por fraude eletrônica pela adoção de novas identidades no ciberespaço que podem fazer com que as vítimas tenham medo ou se sintam ameaçadas.	– Necessidade de conscientização com relação ao ponto em que o bullying virtual ultrapassa o limite e passa a ser uma ameaça criminosa, p. ex., de natureza pornográfica, racista ou homofóbica.	– Precisam estar conscientes do ponto em que a expressão no ciberespaço pode passar dos limites e ser vista como "ameaça" que são criminosas, e ensinar os filhos com relação a isso.	– Aprender que ameaças não intencionais podem ser consideradas como ameaças reais, resultando em responsabilização criminal.

No entanto, a simples definição de padrões para os educadores e os legisladores, muitos dos quais têm conhecimentos mínimos de legislação, não é o suficiente. No Capítulo 8, proponho uma fórmula para que a formação de professores e o desenvolvimento profissional incorporem esses padrões dentro de um modelo que combine o letramento jurídico e as teorias educacionais. Juntos, eles podem preparar melhor os profissionais da educação para elaborarem soluções e respostas de políticas públicas informadas, ponderadas, não arbitrárias, éticas e juridicamente responsáveis ao bullying virtual, sem que tenham de se envolver em uma batalha de tolerância zero contra as crianças e as tecnologias. As soluções que proponho são colaborativas. Elas estão baseadas em princípios democráticos e pedagogias educacionais abrangentes. Temos à nossa disposição várias opções que substituem a necessidade de travar uma guerra com as crianças e os adolescentes. Quando essas situações parecem ficar fora de controle e quando os gestores das escolas acreditam estar no meio de uma crise em que lhes é solicitado que ouçam os professores furiosos e os seus sindicatos de apoio, pais e alunos irritados que insistem não ter feito nada de errado; quando veem as manchetes na imprensa, que distorcem completamente o que ocorreu na escola, apresentando fatos fora de contexto, é muito fácil se sentir dominado pelas "cornetas do dilema". É para resolver a questão dessas "cornetas" que agora me volto para o capítulo final deste livro.

NOTAS

1   Ghislain Reza, o "Garoto do Star Wars", David Knight — processo judicial em negociações finais; Jamie Dufour — abandono de caso.
2   Veja também Takach (1999).
3   Nesse caso, Pat Holly, membro da First Nations, enviou 30 e-mails acusando o reclamante de roubo e crimes contra sua equipe durante escavações arqueológicas.
4   Artigo 2: Aquele que perturba a ordem pública, ameaça a segurança pública, infringe os direitos do indivíduo e da propriedade ou obstrui a administração social, que traz danos à sociedade e que, conforme previsto pela Lei de Crimes dos Cidadãos da República Popular da China, constitui crime, deve ser investigado por responsabilidade legal de acordo com a lei; e, caso tal ato não seja suficientemente grave para a punição por meio de processo criminal, o órgão de segurança pública deve impor a ele uma penalidade administrativa de segurança pública segundo essa Lei.
5   Artigo 42: Aquele que cometer um dos seguintes atos deve ser detido por não menos que cinco dias ou obrigado a pagar fiança de não mais que 500 Yuan; e se as circunstâncias forem relativamente sérias, deverá ser detido por não menos que cinco e não mais que 10 dias e deve, ainda, ser multado em mais 500 Yuan:

1. escrever cartas de intimidação ou ameaça à segurança pessoal de outrem por quaisquer outros meios;
2. humilhar abertamente outra pessoa ou difamar outrem inventando fatos falsos a seu respeito;
3. tramar contra outra pessoa inventando fatos falsos a seu respeito com o objetivo de tornar tal pessoa objeto de investigação ou penalização por parte da administração da segurança pública;
4. ameaçar, humilhar ou espancar uma testemunha ou seus parentes próximos, ou promover retaliação a qualquer um deles;
5. despachar repetidamente material pornográfico, humilhante, intimidador ou informações que perturbem a vida cotidiana de outrem; ou
6. espionar secretamente a privacidade de outra pessoa tirando fotos, espreitando ou tornando pública a privacidade de outra pessoa.

6 Ver também Stonebanks (no prelo) sobre o impacto das escolas residenciais entre os povos aborígenes canadenses.

8
Soluções harmônicas

INTRODUÇÃO

Concluí o capítulo anterior com uma referência às "cornetas do dilema" e fiz a introdução do meu capítulo final com um desenho relacionado a essa ideia. Quando enviei primeiramente esse desenho ao meu editor, ele ficou preocupado que a imagem pudesse banalizar as questões tratadas neste livro. De fato, à primeira vista, é fácil compreender a preocupação dele. O último capítulo de um livro tem, em especial, uma importância fundamental, pois é aqui que apresento "soluções" para as "cornetas do dilema", para as batalhas no ciberespaço, a fim de acalmar as preocupações de pais, professores e alunos angustiados. Lamentavelmente, não trago uma solução acabada. Não há modelos ou instruções a serem seguidas, há diretrizes. A representação acima apresenta a compreensão pura de uma criança de 10 anos. Essa representação simplifica uma situação muito complexa ao mostrar o modo como ela pode ser facilmente solucionada. Como adultos, ficamos tão absortos nas complexidades de determinados questionamentos que deixamos de identificar as soluções mais óbvias que estão bem diante dos nossos olhos.

Há 10 anos, tentei retratar as "cornetas do dilema" quando me preparava para defender a minha tese de mestrado sobre direitos e interesses concorrentes no episódio da proibição de livros por parte do conselho escolar de Surrey. Esse caso é mencionado no Capítulo 6, na seção que trata dos conselhos escolares como partes envolvidas. Meu filho Hanif (cujo nome ironicamente significa "aquele que busca a verdade") já era um músico promissor aos 10 anos. Pedi a ele que encontrasse algumas "cornetas" na internet. Inacreditavelmente, a representação dele ilustrava alguns dos desafios mais fundamentais que as escolas enfrentam ao lidar com as controvérsias da atualidade relativas à censura e ao ciberbullying. Ao mesmo tempo, este singelo desenho também oferece soluções óbvias.

As "cornetas" do dilema

Figura 8.1 *As "cornetas" do dilema.*
Fonte: Hanif Shariff, 1999, 10 anos

O desenho retrata as autoridades escolares ao centro, com várias "cornetas" ou vozes de personagens envolvidos exigindo a sua atenção. As autoridades escolares estão muito conscientes do fato de que a situação é potencialmente explosiva. Suponha que o dilema seja causado por um incidente de calúnia virtual amplamente divulgado, em que uma das cornetas representa os alunos que manifestaram opiniões ofensivas e pouco lisonjeiras sobre os professores e funcionários da escola na internet. As cornetas maiores representam as vozes furiosas dos professores, apoiados pelos seus sindicatos de professores; as outras cornetas representam os pais que possivelmente estejam furiosos com os filhos ou, mais provável, furiosos com os funcionários e professores da escola por terem uma reação exagerada e suspenderem os seus filhos. Todas as cornetas estão soando alto – porém não de uma forma coesa. Cada parte envolvida procura uma solução diferente. Os alunos querem o próprio espaço e, em um nível não tão aparente, podem ter questões não resolvidas com os professores que depreciam tão publicamente. Os professores têm as suas próprias questões – com a administração, uns com os outros, com os pais e com os alunos. Eles podem achar que a administração se curva às vontades dos pais, abalando assim o respeito que recebem dos alunos. Podem também achar que a administração está apenas usando um discurso retórico ao tomar atitudes contra o expressões virtuais, e que a escola faz muito pouco no sentido de elaborar políticas antibullying que sejam basicamente ineficazes. Os professores querem uma atitude mais enérgica. A administração está encurralada no meio do conflito, tentando agradar a todos. No meio disso tudo, outra corneta soa alto – a dos meios de comunicação. A mídia ouve falar de uma polêmica sensacional, divulga todas as coisas erradas que encontra de uma forma ampliada e desproporcional, e enquadra a matéria fora de contexto. O que resulta é um concerto "chiado e grasnado", com todas as cornetas fora de sincronia. O barulho é ensurdecedor – como o são normalmente as batalhas – e muitos participantes acabam sendo prejudicados. Quais são as soluções?

É aí que o desenho é perspicaz e de forma alguma banal. Observe o potencial das várias cornetas. Da mesma forma que esses instrumentos podem fazer muito barulho desconexo, os próprios instrumentos – as vozes das partes envolvidas – podem também se unir em um som vigoroso, harmônico e belo quando orquestrados, treinados e conduzidos de maneira refletida e cuidadosa. É necessário um condutor instruído e experiente para conciliar essas vozes em harmonia. Quando se dá a cada instrumento a chance de ser ouvido, de revelar a beleza das suas notas e acordes, quando se dá uma atenção cuidadosa para orquestrar, ouvir e conduzir uma música com paciência e colaboração, logo a harmonia entre os instrumentos pode produzir uma música bela. Embora nem todos sejam músicos natos, a prática pode gerar resultados excelentes. É necessário muito trabalho, junto com um questionamento crucial e constante das suas próprias suposições e das dos outros indivíduos, para fazer um esforço conjunto e ouvir as vozes de *todas* as partes envolvidas em um sistema escolar pluralista. A capacidade de ouvir, interagir e dar autonomia em um nível intelectual e pluralista é um aspecto central na hora de enfrentar as cornetas do dilema e tomar decisões quanto às medidas a serem adotadas. A minha ideia ao usar essa metáfora é que é essencial *falar* sobre os dilemas de uma maneira *inteligente, respeitosa* e *confiante*. Os educadores adultos deveriam dar o exemplo dessas responsabilidades em todas as ocasiões.

Da forma como as escolas tentam dar conta do ciberbullying, a competência e a paciência, os ingredientes necessários à aprendizagem colaborativa e coesa, estão quase totalmente ausentes. Os programas anti-bullying reativos e as políticas de suspensão e tolerância zero nada fazem além de acrescentar a raiva e a frustração a uma "orquestra" já desconexa formada pelas reclamações dos envolvidos. Apresentei comprovações de pesquisas suficientes nos capítulos anteriores para mostrar que essas iniciativas são em grande parte superficiais e não contemplam o ponto central das questões. Pode-se esperar pouco progresso a menos que se considerem os direitos e os interesses dos envolvidos por meio de programas e políticas crítica e pedagogicamente instruídos. Os professores e os gestores de escolas precisam estar mais bem equipados para lidar com os dilemas contemporâneos. Os programas de formação e de desenvolvimento profissional dos professores têm feito, até agora, um trabalho insuficiente no sentido de equipar os educadores para conduzir as reivindicações dos envolvidos. A internet e os letramentos digitais tornaram os problemas mais complexos.

SOLUÇÕES PRAGMÁTICAS E ABRANGENTES

Para elaborar uma abordagem coesa e colaborativa relativa às partes envolvidas com o objetivo de tratar dos dilemas do ciberbullying, é necessário que se faça uma guinada pragmática. Essa guinada deve informar o modo como concebemos as questões da censura e do ciberbullying. Há três lacunas fundamentais que vêm à tona nas controvérsias que envolvem o bullying virtual:

1. A necessidade de formação para os professores e formação profissional para os funcionários das escolas e os elaboradores de políticas públicas, de uma forma instruída e aperfeiçoada.
2. A necessidade de nivelar as hierarquias de poder entre as partes envolvidas para reconceituar a vida escolar por meio de abordagens de ensino colaborativas e não restritivas. É importante que estas abordagens se fundamentem em uma base abrangente de letramentos digitais, pedagogias críticas, liderança e legislação substantiva, de modo que aprendamos junto com as crianças e os jovens e possamos

aproveitar a imensa fluidez, capacidade e potencial comunicativo e de aprendizagem oferecidas pelas tecnologias contemporâneas.

3 Na ausência das duas alternativas apresentadas acima, será difícil criar e manter ambientes escolares que sejam inclusivos e conducentes à aprendizagem, que preparem os alunos para o envolvimento democrático na sociedade civil – quer este ocorra em ambientes físicos, quer em ambientes virtuais.

Para solucionar essas lacunas, apresento dois modelos e um mapa conceitual que foram elaborados como parte do meu trabalho inicial de formação e aprimoramento profissional como professora na McGill University ao longo dos últimos quatro anos. Acredito que esses modelos não apenas contribuem significativamente para satisfazer as responsabilidades jurídicas delineadas no Capítulo 7 (Quadro 7.1), mas também informam a elaboração de políticas proativas e colaborativas sobre o bullying virtual em níveis internacionais.

O meu modelo fundamental de letramento jurídico se baseia em uma compreensão conceitual de princípios jurídicos substantivos e do pluralismo jurídico. Estes princípios não correspondem aos aspectos positivistas e punitivos da lei nos quais os educadores tendem a se basear, o que leva a suposições entre professores e gestores escolares de que a lei não tem espaço na pedagogia ou nas políticas educacionais.

O letramento jurídico

O letramento jurídico para educadores os prepara para aplicar os princípios jurídicos substantivos que informam os princípios fundamentais da democracia e da conduta para com as outras pessoas. Na discussão e na análise da jurisprudência que fornece várias contestações educacionais, programáticas e de políticas públicas, o modelo inclui direitos e conflitos das partes envolvidas, como o debate relativo à liberdade de expressão e à privacidade no ciberespaço. Os professores aprendem a aplicar exercícios e conhecimentos práticos para uma compreensão aprimorada dos padrões jurídicos incluídos no Quadro 7.1. Mais especificamente, os professores adquirem uma compreensão prática daquilo que queremos dizer quando falamos sobre a igualdade, a liberdade de expressão, a liberdade de culto religioso e de consciência, o direito à vida, à liberdade e à segurança, o direito a não estar sujeito à busca e apreensão sem motivos e assim por diante, em um sentido constitucional. Aprendem sobre a extensão das suas responsabilidades de supervisão na lei de responsabilidade civil *in loco parentis* e as suas obrigações como "pais zelosos e prudentes". A minha abordagem oferece aos professores uma oportunidade de aprender como os tribunais equilibram e avaliam direitos concorrentes, e o quanto esse equilíbrio de direitos e responsabilidades é um aspecto que integra a condução de um sistema escolar democrático.

Considero perturbador que tão poucos professores e funcionários de escolas tenham algum conhecimento de legislação substantiva. Essa falta de conhecimento limita-lhes a compreensão da lei enquanto instrumento de controle – o que exige que tratem cada situação por meio de soluções contraditórias, punitivas e positivistas. Como expliquei no Capítulo 5, a censura e o controle didático daquilo que jovens e crianças aprendem nas escolas contribui para atitudes discriminatórias e depreciativas que passam a figurar no conteúdo da manifestação dos alunos (bullying virtual) contra os colegas e os professores. Em outro trabalho (S. Shariff e Johnny, 2007a), escrevi que muitas das perspectivas e formas de conhecimento abrangentes omitidas do nosso sistema escolar são censuradas tanto arbitrária quanto habilmente de uma forma que nem sempre fica clara. Por exemplo, Apple e Christian-Smith (1991), na sua discussão dos materiais de ensino, lembram que os livros didáticos são produtos de uma tradição seletiva – representam a "seleção feita por alguém; as visões acerca do conhecimento legítimo e da cultura dessa uma pessoa; uma escolha que, no processo de conferir direitos ao capital cultural de um grupo, priva outro dos seus direitos" (Ibidem, p. 4). Embora esses teóricos admitam que alguns textos modernos tenham visado incorporar perspectivas multiculturais, eles argumentam que muitas destas perspectivas são mencionadas apenas de passagem em vez de serem discutidas em maior profundidade. Além disso, Charles Taylor afirma que, quando a realidade do outro não é representada de forma adequada, isso pode levar a uma espécie de opressão social. Ele afirma:

> O reconhecimento igualitário não é apenas o caminho apropriado para uma sociedade democrática saudável. A sua recusa pode infligir prejuízo àqueles a quem isso é negado. A projeção de uma imagem inferior ou degradante no outro pode, na verdade, desfigurar e oprimir, ao ponto dessa imagem ser internalizada (...). As relações raciais e as discussões do multiculturalismo sustentam-se pela premissa de que negar o reconhecimento pode ser uma forma de opressão.
>
> (Taylor, conforme citação em McDougall e Philips Valentine, 1999, p. 335)

A maneira como o conhecimento é construído pelo nosso sistema escolar é, sem dúvida, uma consideração importante para a forma como compreendemos e definimos as manifestações dos alunos e as formas aceitáveis de comunicação. Observe, por exemplo, o trabalho de estudiosos como Montgomery (2005). Na sua investigação sobre o racismo nas escolas, ele constatou que, apesar dos livros de história no Canadá parecerem reconhecer exemplos de racismo, eles são apresentados como eventos isolados que ocorrem apenas entre indivíduos excepcionalmente falhos. Ele afirma que "essa representação do Canadá como um lugar onde o racismo seja algo superado e controlado (...) perpetua o mito da benevolência do colonizador branco enquanto, ao mesmo tempo, oculta os racismos mais comuns nos e por meio dos quais o estado-nação é construído e reconstruído" (Ibidem, p. 439). Esses exemplos lembram-nos que a censura não se resume apenas ao que é banido das nossas escolas, mas também *ao modo como as informações são apresentadas*. Ocultar a realidade de grupos marginalizados nos livros didáticos oficiais pode sem dúvida ter consequências significativas para a sociedade, pois, como observa Inglis (1985), "um currículo não é nada menos que o sistema de conhecimentos de uma sociedade e, portanto, não é somente uma ontologia, mas também a metafísica e a ideologia que aquela sociedade concordou em reconhecer como legítimas e verdadeiras; o currículo estabelece os cânones da veracidade" (Ibidem, p. 22).

Como mencionei nos estudos sobre a censura em outro trabalho (Shariff e Manley-Casimir, 1999), na maior parte do tempo, diretores, professores, secretários, atendentes e outros funcionários de escolas ocupam-se eles próprios de censurar todos os tipos de livros e recursos educacionais. Muitas vezes páginas de livros consideradas "ofensivas" são arrancadas ou inutilizadas. Portanto, conforme observam Lankshear e Knobel (2006), não surpreende que os educadores transportem essa mentalidade para a aprendizagem e a expressão *online*. Para abordar esses usos da interferência e de critérios – e começar a incorporar os elementos da confiança e do fortalecimento do papel dos alunos – o tipo de modelo de formação profissional e de formação para professores que recomendo a seguir está baseado no letramento jurídico e no pluralismo jurídico. Essa combinação leva em conta a "especificidade cultural" (MacDonald, 2006). Quando aplicado, o modelo se baseia em uma variedade de teorias educacionais que são em grande medida informadas por uma perspectiva crítica.

Os futuros professores, alunos de pós-graduação e gestores de escolas aprendem de uma forma crítica a avaliar as suas próprias abordagens de interferência e de liderança, a questionar as próprias suposições em relação às diferenças existentes entre os alunos e a aplicá-las no sistema do letramento jurídico. Esse exercício os auxilia a determinar se eles, de fato, levam uma perspectiva hegemônica ao seu ensino, à sua supervisão e às suas tarefas administrativas, incluindo a disciplina e a punição para as formas de manifestação nas quais se baseiam o bullying tradicional e o bullying virtual.

SOLUÇÕES PRÁTICAS: AS LIMITAÇÕES *ONLINE*

Os programas de formação para professores e de formação profissional para os funcionários das escolas precisam integrar e aplicar as abordagens mencionadas anteriormente com uma atenção mais funcional para os letramentos digitais. O desenvolvimento da familiaridade e da confiança com os letramentos digitais deve ser um elemento fundamental desses cursos. Podem-se chamar especialistas em letramento em mídias para apoiar esses programas de uma forma constante e trabalhar com os futuros professores e gestores escolares a fim de identificar os recursos *online* em uma variedade de matérias de ensino. Estratégias práticas de pesquisa na internet e links para fontes úteis; blogs que discutem os direitos civis, os direitos de liberdade de expressão e as suas limitações; definições digitais que podem ser encontradas em sites como a Wikipedia.com; informações sobre legislação e políticas públicas; sites educativos sobre assuntos que variam desde a geografia às artes e à arquitetura, às competições para escritores e ao jornalismo de boa qualidade; links para sites de jurisprudência, publicações periódicas médicas e científicas; links que fornecem informações sobre a NASA e o programa espacial; links que conectam a informações culturais; sites de música, literatura, poesia – a lista é infinita. Os especialistas em letramentos digitais precisam ser convidados a participar de práticas efetivas com os futuros professores para orientá-los sobre como desenvolver recursos de bancos de dados de sites úteis de modo que eles possam pouco a pouco superar a mentalidade restritiva e incorporar os letramentos digitais como um elemento normal da sua prática de ensino cotidiana.

No Canadá, o Media Awareness Network, "MNet", desenvolveu programas de formação de professores nos quais eles obtêm um licenciamento para atuar como membros de conselhos escolares. Esses programas incluem introduções ao direito constitucional e à legislação de direitos humanos, às questões da justiça criminal relativas aos jovens, sendo que todos eles utilizam a internet de forma interativa, de modo que os professores desenvolvem essa competência ao utilizá-la. Essa organização sem fins lucrativos também elaborou excelentes recursos interativos *online* que auxiliam os jovens a avaliar de forma crítica as suas relações sociais e as suas atitudes na internet. Para os alunos mais jovens, eles criaram um jogo interativo chamado "Privacy Playground: The First Adventure of the Three CyberPigs" e "CyberSense and Nonsense: The Second Adventure of the Three CyberPigs"[*] (Media Awareness Network, sem data).

Para alunos mais velhos, eles também desenvolveram um programa educativo interativo que aborda a manifestação do ódio na internet, que foi licenciado para aproximadamente oitenta distritos escolares em todo o Canadá (Steeves e Wing, 2005). Estou trabalhando com a MNet para elaborar planos de aula detalhados para futuros professores e alunos do ensino médio sobre os direitos das crianças; a ética da comunicação *online* e os códigos morais para a comunicação social; o direito de responsabilidade civil e a calúnia virtual; o direito de responsabilidade civil e a negligência na supervisão; a lei penal relacionada às ameaças e ao assédio pela internet; a legislação constitucional e internacional no que se refere aos direitos humanos. Essa organização também está desenvolvendo redes com a Canadian Girl Guides Association e a Cruz Vermelha do Canadá sobre o tema da educação anti-bullying, com foco no respeito. Nesse sentido, estão lançando uma enorme campanha de conscientização do público. A MNet trabalha com linhas de telefone de apoio para crianças em diversas províncias em todo o Canadá e é membro da PREVNet, uma empresa de rede social acadêmica que reúne pesquisadores interessados nas relações sociais entre jovens em nível nacional e internacional. Outras iniciativas a serem consideradas incluem a mediação *online* entre grupos de jovens e especialistas jovens que trabalham com adultos para mostrar-lhes como navegar na internet.

De modo semelhante, no Reino Unido, o site Teacher Resource Exchange (British Educational Communications and Technology Agency, sem data, b) permite a troca de recursos desenvolvidos por professores na internet, como é o caso do diretório Becta de recursos *online* para professores (British Educational Communications and Technology Agency, 2007). Concedem-se premiações às escolas que conseguem incorporar e elevar a conscientização quanto às formas de integrar os letramentos digitais

---

[*] N. de T.: Uma tradução possível: "O Parquinho da Privacidade: A Primeira Aventura dos Três CiberPorquinhos" e "NoçãoVirtual e SemNoção: A Segunda Aventura dos Três CiberPorquinhos".

nas escolas (British Educational Communications and Technology Agency, sem data, a).

Além disso, os exemplos da ALA em resposta ao projeto de legislação DOPA nos Estados Unidos, apresentados no Capítulo 7, sugerem que as bibliotecas possam contribuir para o desenvolvimento da proficiência dos adultos na internet. Esse conhecimento pode, por sua vez, auxiliar as crianças na utilização das ferramentas *online*. A variedade de guias de recursos educativos *online* se expande a cada dia, à medida que os especialistas em TI se unem a pedagogos, bibliotecários e teóricos da educação para desenvolver o acesso e a proficiência de melhor qualidade nos letramentos digitais.

Não faz parte do escopo deste livro enumerar todos eles. No entanto, apresento-os com o objetivo de citar um importante estudo realizado por pesquisadores de bibliotecas que se envolveram com as crianças no desenvolvimento de um portal de internet. Large e colaboradores (2006) realizaram uma pesquisa que investigou três desafios ao desenvolvimento de recursos de internet para uso em sala de aula. Eles queriam determinar o modo como os alunos do ensino fundamental utilizam os portais de internet para encontrar informações de apoio para trabalhos de aula. Também analisaram o que constitui um portal de internet com um projeto eficaz para os alunos do ensino fundamental; e, por fim, queriam descobrir se as técnicas de planejamento de gerações integradas podem ser utilizadas para elaborar um portal de internet desse tipo. O estudo utilizou duas equipes constituídas de integrantes de gerações distintas (uma equipe composta de três pesquisadores e oito alunos da sétima série do ensino fundamental; e, na outra equipe, os mesmos três pesquisadores e seis alunos da quarta série do ensino fundamental). Cada equipe projetou um protótipo elementar de portal de internet. A pesquisa foi realizada em uma escola de ensino fundamental situada em um subúrbio de classe média de Montreal.

Posteriormente, os dois portais elementares foram convertidos em protótipos de trabalho para pesquisar na internet por sites em inglês, ou em francês, relacionados à história canadense. Os portais foram avaliados por grupos de foco compostos por alunos da sétima e da quarta série. Os pesquisadores relataram que, de um modo geral, esses usuários responderam de forma muito positiva aos dois portais e afirmaram que optariam por utilizá-los em detrimento de portais famosos como o Google ou o MSN, caso buscassem informações para um trabalho sobre a história do Canadá. Com base em uma revisão literária sobre projetos de portais na internet que incorporavam metodologias de *design* centradas no usuário, abordagens de *design* contextual e abordagens centradas no aluno, os *designers* desenvolveram um novo sistema metodológico que chamaram de "*design* vinculado", pois acreditavam que esse termo resumisse a essência daquilo que foi vivenciado por todos os membros da equipe de *design*. Essas experiências estão mais bem explicadas nas próprias palavras dos *designers* nos fragmentos apresentados a seguir:

> A equipe incluía 11 indivíduos em um caso e oito no outro, mas esses indivíduos podem ser divididos em dois grupos: os jovens *designers* e os *designers* adultos. Cada grupo tinha a sua habilidade especial e única que era essencial à conclusão bem-sucedida da tarefa da equipe. As crianças tinham a habilidade de pensar como crianças; elas representavam a comunidade de usuários para a qual os dois portais estavam sendo projetados. Os adultos com bastante frequência se apegam à ilusão de que entendem as crianças e podem conjurar o modo como elas pensam e se comportam. Eles alimentam essa ilusão com base em uma de duas concepções equivocadas: do fato de que eles próprios um dia foram crianças e que, por vontade própria, podem voltar no tempo e reviver a infância perdida; ou pelo fato de que têm os seus próprios filhos e que por meio da observação dos filhos conseguem gerar uma visão infantil do mundo. Lamentavelmente, com poucas exceções, os adultos se iludem. A sua saída da infância é irreversível. *Se os adultos desejarem entender as crianças, eles deverão trabalhar ao lado delas, tendo-as como colaboradoras* [grifos nossos].
>
> (Large et al., p. 78)

O projeto de *web design* com diferentes gerações integradas também refletiu a minha metáfora das "cornetas" operando em conjunto, apesar das suas intensidades e contribuições distintas. Por exemplo, os pesquisadores explicam que:

> Embora as crianças estivessem envolvidas junto com os adultos como membros da equipe, com igual direito a voz, nem todas as vozes cantavam a mesma música. As crianças eram usuários novatos. Elas naturalmente tinham uma habilidade fundamental – entendiam como as crianças pensam e se comportam–, porém sabiam muito pouco sobre portais de internet e sobre o processo de *design*. Por outro lado, os adultos tinham habilidade no *design* de portais de internet e funcionalidade, porém não conseguiam pensar como crianças. Além disso, não se pode negar que foram os adultos que definiram as pautas, planejaram o projeto de pesquisa inicial e determinaram detalhes importantes como a intensidade, o conteúdo e a organização das sessões. Embora a atmosfera das sessões do projeto fossem relaxadas e informais, quando exigido, eram os adultos, e não as crianças, que retomavam a ordem.
>
> (Ibidem)

Se considerado em termos do medo dos adultos de perder o controle, este modelo ilustra que as crianças precisam da orientação dos adultos mesmo nas situações em que os adultos podem não necessariamente ter grandes habilidades. Contudo, a aprendizagem se deu nos dois sentidos:

> Da perspectiva de todos os membros da equipe – tanto adultos quanto crianças – o processo do *design* foi evolutivo. Ao final das sessões, os adultos tinham uma melhor compreensão das perspectivas das crianças, e da mesma forma as crianças estavam muito mais bem informadas sobre a funcionalidade do portal, do processo de *design* e sobre o trabalho em equipe. Isso introduz um aspecto irônico: as crianças estão envolvidas no processo porque pensam como crianças e não como *designers*, porém, conforme adquirem mais conhecimento, elas podem aos poucos possivelmente tornar-se menos representativas dos seus próprios grupos de pares.
> Logo, nem as crianças nem os *designers* adultos sozinhos poderiam ter realizado a tarefa de *design* que se lhes apresentava – projetar dois portais de internet apropriados para ferramentas de busca de informações para jovens. Mas, quando esses dois grupos desiguais foram vinculados em equipes de *design*, eles foram capazes de recorrer às suas capacidades relativas e alcançar algo que nenhum deles conseguiria de forma isolada [grifos nossos].
>
> (Ibidem)

Estes são os tipos de iniciativas que, creio, precisam ser considerados. As capacidades que cada equipe com diferentes gerações integradas leva para o trabalho colaborativo geram uma forte sensação de vínculo e de respeito mútuo.

Portanto, a essência do *design* vinculado para Large e a sua equipe de pesquisa é um meio de reunir membros de diferentes gerações em uma equipe que se une apesar da diversidade. A equipe inclui adultos especialistas em *design* e crianças que são "especialistas" no sentido de saberem as exigências que as crianças podem ter na internet. Os adultos e as crianças trabalham juntos ao longo de todo o processo de *design*. Os autores observam que, da mesma forma que a investigação cooperativa, o *design* vinculado enfatiza a parceria entre as gerações que trabalham para atingir um objetivo comum. Isso garante também que as crianças tenham um papel ativo no processo de *web design*, conferindo-lhes uma sensação de interferência e confiança que elas não poderiam vivenciar se fossem consideradas meras avaliadoras ou testadoras ao final do processo de *design*.

Os pesquisadores explicam que o *design* vinculado também compartilha aspectos do *design* centrado no aprendiz por oferecer um ambiente de aprendizagem para todos os membros da equipe – crianças e adultos igualmente. O *design* centrado no aprendiz pressupõe que todos sejam aprendizes, profissionais ou estudantes. Ao projetar portais de internet para crianças, o objetivo da equipe era garantir que o *design* incorporasse os interesses, os conhecimentos e os estilos da criança – o usuário para o qual o *design* foi elaborado.

Embora compartilhassem reservas em relação à verdadeira igualdade das crianças ao lado dos adultos em uma equipe de *design*, concluíram que a investigação cooperativa era o foco central no envolvimento das crianças desde o início até a conclusão do processo de *design*.

Os autores explicam que, essencialmente, o *design* vinculado se situa entre a investigação cooperativa e o *design* informativo. Ele depende da crença na capacidade das crianças de trabalhar como parceiras em todos os aspectos do processo de *design*; contudo, conserva reservas em relação a até que ponto a cooperação completa e igualitária pode ocorrer por meio da barreira geracional. Portanto, nestes sentidos, alguns aspectos informativos e instrutivos são necessários por parte dos adultos envolvidos na equipe de *design*. Os pesquisadores também relatam que os portais de internet foram criados dentro de um período significativamente curto e que ambos foram convertidos em portais em funcionamento que podem ser usados pelas crianças. Neste sentido, registram a eficiência do *design* vinculado. Por fim, os pesquisadores observam que o ponto forte do *design* vinculado reside no fato de que une crianças e adultos, novatos e especialistas em uma experiência compartilhada, mas conserva os pontos fortes e os pontos fracos dos indivíduos, os seus variados tipos de competência em um empreendimento cooperativo. A Figura 8.2 ilustra o modo como o *design* vinculado funciona para unir as partes envolvidas.

Esse exemplo de envolver tanto adultos quanto crianças no desenvolvimento de recursos educativos *online* é condizente com os princípios constitucionais da igualdade e da liberdade de expressão, e está também alinhado com as convenções internacionais dos direitos da criança. Permite às crianças a oportunidade de se envolver e de participar da elaboração de ferramentas de internet. Essa autonomia que eles adquirem lhes confere propriedade, e com a propriedade vem a responsabilidade, visto que nenhuma das crianças envolvidas no projeto gostaria de vê-lo sendo usado para a prática do ciberbullying ou para fazer declarações difamatórias. Esta é uma das iniciativas mais importantes. Os professores devem se acostumar a se envolver com os alunos no desenvolvimento e na criação de portais de internet, blogs e grupos de discussão, de modo que não se sintam mais excluídos, e fazendo com que os jovens deixem de enxergar o ciberespaço como seu próprio espaço privado. Os adolescentes demonstrarão muito mais respeito pelos seus professores se reconhecerem o conhecimento deles sobre TI, a sua disposição a participar de discussões *online* e a sua competência para ajudá-los a encontrar recursos. Quando os alunos percebem que os professores não têm competência e que têm medo da internet, é mais provável que se sintam tentados a tirar vantagem da situação. Se mais adultos fizerem um esforço consciente para aceitar e utilizar a tecnologia ativamente como uma fonte importante de aprendizagem, com textos e livros que complementem essa utilização, os alunos pouco a pouco irão adquirir confiança na competência dos seus professores e demonstrarão maior respeito.

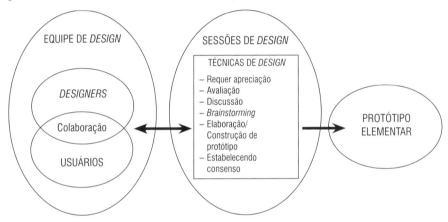

Figura 8.2 O modelo do *design* vinculado.
Fonte: Large e colaboradores, 2006, p. 80

Estabelecendo a proficiência em casa

É também importante que esse envolvimento comece em casa e tenha continuidade na escola. Para este fim, vale a pena levar em consideração as recomendações apresentadas no estudo do Reino Unido, chamado "UK children go online" (UKCGO)* (Livingstone e Bober, 2005).

Quanto ao controle da internet em casa, o UKCGO enfatiza que os pais enfrentam desafios difíceis à medida que buscam controlar o modo com os filhos utilizam as tecnologias. Como sugerem as citações apresentadas a seguir, os pais estão preocupados e conscientes em relação às suas responsabilidades de monitorar o que os filhos fazem na internet:

---

* N. de T.: Literalmente, "As crianças do Reino Unido entram no universo *online*". Sigla original em inglês.

> Penso que os pais deveriam tentar se informar. Alguns podem dizer "os meus filhos sabem" e os deixam sozinhos (...) [mas esses] pais estão agindo errado. Então você deixa o seu filho sentado sozinho navegando na internet por duas, três horas? Não! Você deve sentar ali com a criança (...). Não há nada de errado em aprender com os filhos (...). Você deve se interessar pelo que o seu filho está fazendo.
>
> (Mãe de Anisah, 15 anos, de Londres, Ibidem, p. 24)

> Bom, tivemos longas conversas com elas, e elas estão totalmente conscientes dos perigos das salas de chat e dessas coisas. Confio nelas até certo ponto. Confio até ali. Se elas estão na internet, eu só dou uma olhada por cima dos ombros delas ou algo assim, mas confio que não vão fazer nada errado. Acho que elas estão muito conscientes dos perigos que estão à espreita nesses lugares.
>
> (Mãe de Eve, 12 anos, e Clarissa, 12 anos, de Surrey, Ibidem)

O estudo realizado no Reino Unido faz duas recomendações de regras no que se refere ao uso da internet em casa:

Em primeiro lugar, o estudo incentiva os pais a compartilhar o uso da internet com os filhos. Isso significa que os pais precisam intensificar as suas atividades de apoio aos filhos quando eles estão *online*. Questões simples como "o que você está fazendo na internet?", ficar de olho na tela, ajudá-los a encontrar recursos, ficar na mesma sala junto com eles mesmo que seja usando outro computador, e entrar na internet junto com eles. O estudo constatou que isso aumenta as habilidades e oportunidades dos jovens na internet. Embora os resultados sugiram que isso possa não reduzir os riscos na internet, indicam que poderia aprimorar a conscientização dos pais quanto aos riscos que os filhos encontram. Obviamente, o ponto até onde os pais conseguem participar com os filhos na internet dependerá das suas próprias habilidades no uso da internet. Por isso, alguns pais estarão em melhor posição para participar que outros. Contudo, essa recomendação do estudo deve ser considerada com seriedade por todos os pais, e não apenas por aqueles preocupados que os filhos estejam se envolvendo com atividades antissociais ou pouco saudáveis na internet.

Em segundo lugar, o estudo sugere que os pais respeitem a privacidade dos filhos *online* em casa. Embora isso soe como uma contradição à primeira sugestão, o estudo defende um equilíbrio com sensibilidade. Se os pais forem invasivos demais ao monitorar, restringir e controlar as atividades dos filhos na internet, isso poderá estimular a evasão ao invés da cooperação a partir das tentativas de controlar a internet em casa. Como o estudo observa, os adolescentes podem querer proteger ferozmente a própria privacidade quando percebem que os pais tentam interferir. Ao mesmo tempo, os pais precisam de mais informação, confiança e orientação; portanto, esse processo exige uma negociação sensível quanto ao espaço – dentro de casa e no ciberespaço. Por fim, os pais precisam estabelecer um elemento de confiança de tal modo que os filhos se sintam à vontade em tê-los à sua volta em todos os momentos que estão *online*.

As diretrizes gerais de normas extraídas do estudo UKCGO enfatizam que se deve tomar cuidado *para não reduzir as oportunidades dos jovens na internet*. O relatório desse estudo observa que, como muitos dos jovens e crianças entrevistados manifestaram angústias em relação aos riscos da internet, ou em relação às práticas restritivas dos pais (e da escola) por limitarem as suas oportunidades *online*, os pesquisadores recomendam cuidado com a elaboração de letramentos e de iniciativas de segurança. Embora o relatório reconheça que, no momento, as oportunidades *online* cada vez maiores caminham lado a lado com riscos cada vez maiores, os resultados apresentados sugerem que o controle dos pais direcionado com cuidado pode proteger os filhos dos riscos ao aprimorar as habilidades deles na internet.

Os pesquisadores acreditam que a orientação e o controle podem ser direcionados de uma forma mais criteriosa a diferentes grupos de jovens e crianças. Os pesquisadores explicam que as crianças e os jovens adotam estilos distintos de envolvimento com a internet. Isso depende não apenas de fatores demográficos, mas também das habilidades e dos interesses, o que os leva a contrabalançar as oportunidades e os riscos de maneiras diferentes. Desse modo, sugerem que a orientação e o controle devam ser mais bem direcionados àqueles que são avessos ao risco (ou cujos pais são avessos ao risco), com maior incentivo por parte de especialistas. Os exploradores em nível avançado também se beneficiariam com uma sofisticada orientação crítica e de segurança.

Por fim, o relatório recomenda melhorias no *design* dos sites que incentivem o letramento digital. Os pesquisadores observam que, como o nível das habilidades em internet de jovens e crianças tem uma influência direta na amplitude de oportunidades *online*, recomendam-se múltiplas vias para o aprimoramento do letramento em internet. Como exemplo, eles explicam que alguns sites solicitam informações pessoais que os jovens são orientados a não fornecer. No entanto, isso os impede de entrar em outros sites com conteúdos de boa qualidade. Desse modo, as mensagens enviadas aos jovens e às crianças são confusas – ou se quer que eles acessem esse sites ou não. Consequentemente, os pesquisadores do Reino Unido recomendam a criação de portais infantis e juvenis melhores e maiores, semelhantes ao portal de internet construído por Large e colaboradores (2006) no exercício de vínculo inter-geracional que realizaram. Os pesquisadores do UKGCO propõem que, como até mesmo as crianças e jovens mais habilidosos não podem evitar os riscos da internet, é preciso que se dê mais atenção à estruturação do próprio ambiente *online*, de modo a torná-lo mais seguro para eles e para todos os usuários. Assim, sugerem uma abordagem dupla que contemple as habilidades e a competência de jovens e crianças, e também a natureza e a organização do ambiente *online* do qual eles participam (Ibidem, p. 27).

Para esse fim, há várias etnografias conectivas sendo realizadas com relação aos letramentos *online* e *offline*. Uma fonte excelente é um artigo escrito por Kevin Leander (no prelo). O relatório do UKGCO, as etnografias emergentes sobre os letramentos *online* e *offline*, o trabalho de Lankshear e Knobel (2006) e o trabalho de Boyd e Jenkins (Wright, 2006) – todos esses estudos representam a mentalidade e a abordagem desejadas para acessar e participar de uma sociedade do conhecimento que não está mais em um futuro distante, mas aqui e agora. Esta é a mentalidade alternativa que deve informar o trabalho dos educadores que continuam a administrar e ensinar crianças e jovens nas nossas instituições educacionais públicas e privadas. As controvérsias, as hierarquias de poder e as respostas arbitrárias à adaptação dos jovens às suas novas realidades vividas precisam ser abandonadas em favor de um esforço genuíno a fim de se envolver com as ferramentas educacionais do século XXI. Evitar ou banir essas ferramentas não podem ser ações consideradas como opção, da mesma forma que remover os jovens e as crianças do seu lugar legítimo nas instituições educacionais por meio de suspensões e da expulsão é algo que prejudica gravemente os seus direitos humanos internacionais de participação. As suspensões não devem ser uma opção. Essas respostas estão tão ultrapassadas quanto a punição física, que foi utilizada de forma tão predominante nos últimos 30 anos. Da mesma forma que existe um limite impreciso entre as manifestações *online* aceitáveis e inaceitáveis, existe um limite impreciso entre restringir o acesso ao mundo virtual e apoiá-lo. Com observei, a censura daquilo que os alunos leem, acessam, discutem e manifestam tem sido um aspecto integrante da educação escolar.

ELEVANDO A CONSCIENTIZAÇÃO DO ALUNO COM RELAÇÃO À CENSURA

Quero destacar que trabalhar com as crianças e os jovens a fim de desenvolver a virtude cívica e a responsabilidade social não é algo limitado ao ciberespaço. Lisa K. Winkler (2004) é uma educadora de Nova York que concorda que devemos garantir que os alunos possam se tornar cidadãos responsáveis, capazes de satisfazer os complexos desafios da sociedade. Ela acredita que, além de ensinar a ler, a escrever, a falar, a ouvir e a enxergar, é importante que os alunos também se tornem conscientes da censura em todas as suas formas. Winkler utiliza leituras e provas simuladas onde os alunos têm a permissão de escolher os seus próprios livros de consulta, bem como tarefas de produção de textos curtos para levar a questão da censura para a sala de aula. Ken Petress (2004) concorda que, na aula, são essenciais as discussões a respeito das motivações que estão por trás da censura, com o objetivo de incentivar a análise crítica dos alunos. Leslie Keene (2004) oferece atividades que combinam com as discussões de sala de aula sugeridas no seu livro, *Who said I can't read this?*[*]. Keene elaborou unidades que complementam os recursos fornecidos pela ALA. O Book and Periodical Council of Canada[**] lança, em todo mês de fevereiro, uma semana anual chamada *Freedom to Read*[***] (Book and Periodical Council, 2004), que publica listas de livros contestados e proibidos, com suas respectivas sinopses. As discussões sobre a censura podem ter início com uma questão polêmica do momento, que faça com que os alunos tenham conhecimento sobre todos os aspectos do problema, com a discussão sobre músicas e livros proibidos, filmes e sites polêmicos, e as razões para essa polêmica a partir de todas as perspectivas. Os professores podem facilitar a discussão e recomendar leituras que proporcionem perspectivas alternativas ou uma série de perspectivas sobre a questão.

Como Foerstel (1994) assinalou, enquanto houver autores que tenham coisas significativas a dizer, os censores se erguerão, gerando um imenso dilema para as escolas, ainda que eu certamente perceba que, em alguns casos, a censura poderia servir a propósitos úteis, como quando algum material prejudicial à sociedade passa a ter uso restrito no sistema público de educação, em especial a pornografia infantil e os crimes de ódio, que, como observamos, proliferam na internet.

Entretanto, há muita coisa escrita sobre os benefícios educacionais e para a saúde de se apresentar aos alunos uma variedade de opiniões sobre questões sensíveis ou controvertidas (Bettlheim, 1989; Elbaz-Luwisch, 2004; Katch, 2001; Shariff, 2004). Por exemplo, quando os jovens e as crianças têm contato com mais de uma perspectiva, eles reúnem o conhecimento

---

[*] N. de T.: Literalmente, "Quem disso que eu não posso ler isso?".
[**] N. de T.: Literalmente, "Conselho Canadense do Livro e Publicações Periódicas".
[***] N. de T.: Literalmente, "Liberdade para Ler".

de que precisam para tomar decisões informadas sobre as suas vidas e, em última instância, sobre o modo como manifestam as suas opiniões e atitudes para com os outros. A evitação pode simplesmente gerar conflito, à medida que as preocupações contidas se inflamam e vêm à tona por meio de disputas explosivas (Elbaz-Luwisch, 2004; Hezog, 1995; Larson, 1997; Shariff, 1999; Shariff et al., 2000, 2001). Em outras palavras, o crescimento educacional de jovens e crianças e a promoção da tolerância na sociedade se beneficiam de um sistema escolar que inclua um currículo abrangente, que reconheça adequadamente as realidades, os valores e a cultura de diversos grupos sociais. As realidades vividas, as tradições orais, as culturas e a religião, e as perspectivas de gênero devem estar no centro da educação do desenvolvimento se o objetivo for emancipar os beneficiários da educação no sentido da autossufi-ciência, da democracia, da saúde e da paz.

Na discussão sobre o modo com os aspectos da censura se apresentam nas controvérsias envolvendo expressões virtuais, conceituei a censura como um ato de poder em um sistema educacional que exclui determinados grupos. Nos capítulos anteriores, elaborei até mais esse entendimento ao refletir sobre o quanto a censura desempenha um papel-chave na hegemonia cultural e no controle dos espaços dos alunos, bem como aos conteúdos a que são expostos e que lhes são permitidos aprender nesses espaços. Com esse objetivo, me baseei em perspectivas teóricas sobre o pluralismo e a sociedade civil que proporcionam uma orientação para avaliar e validar as histórias, as contribuições e as culturas de alunos oriundos de diversos contextos.

Também alertei os educadores para o fato de que a censura é uma questão jurídica, que deve estar mais fundamentada nos direitos humanos substantivos e no pluralismo jurídico que em abordagens positivistas de políticas públicas que podem resultar em consequências caras para os conselhos escolares. Concordo com a observação que diz que atualmente parecemos estar construindo "uma arquitetura que desatrela 60% do cérebro [e] um sistema jurídico que encerra essa parte do cérebro" (Lessing, 2004, conforme citação em Lankshear e Knobel, 2006, p. 21). Lankshear e Knobel (2006) argumentam que encerrar as atividades de 60% do cérebro é precisamente o impacto do atual cenário de políticas públicas da educação de um modo geral, bem como as versões oficiais do "letramento digital" (p. 21). Isto é certamente verdadeiro no momento em que as abordagens de políticas de tolerância zero e a censura reativa (retirar privilégios quanto ao uso do computador, a proibição de livros, o uso de *firewalls*, etc.) são aplicadas de forma arbitrária sob a pressão exercida por parte dos professores e dos pais. Uma abordagem positivista normalmente se inflama nas polêmicas discutidas de forma acalorada que desviam o foco dos problemas dos alunos.

Ao contrário, com o auxílio de doutrinas substantivas, críticas e juridicamente pluralistas, este livro demonstra que a lei substantiva é um elemento essencial da construção do conhecimento e da educação que satisfazem uma sociedade global pluralista.

MODELO DE LETRAMENTO JURÍDICO ESSENCIAL PARA A FORMAÇÃO DO PROFESSOR

Apresento e analiso as questões dentro do contexto sociocultural mais geral, usando modelos e um mapa conceitual de orientação que demonstram maior garantia de serem éticos, educativos e juridicamente justificáveis no momento em que irrompem as controvérsias relativas à censura.

A Figura 8.3 ilustra o modo como o modelo pode informar a filosofia educacional central dos professores na condução dos complexos dilemas do bullying virtual e da censura.

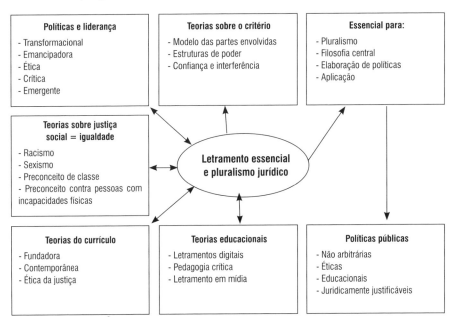

Figura 8.3 Modelo de letramento jurídico essencial.
Fonte: Shariff (2006)

A partir da utilização do modelo de letramento jurídico essencial, que incorpora, por exemplo, abordagens de sala de aula defendidas por pedagogos críticos (Apple, 2000; Kincheloe, 2005), os futuros educadores podem começar a remover as camadas das atitudes prejudiciais que têm empreendido em consequência de anos de censura, e a reconstruir o conhecimento que se fundamenta no letramento digital jurídico abrangente e em perspectivas críticas. Há hoje uma enorme quantidade de literatura excelente sobre os letramentos digitais, bem como uma série de estudos que examinam as maneiras como a tecnologia é utilizada por jovens e crianças e pelos adultos (Leander, no prelo; Mazzarella, 2005; Lankshear e Knobel, 2006).

A minha abordagem crítica de letramento jurídico fornece poucas oportunidades para conflitos e permite a incorporação de recursos educacionais, métodos curriculares impressos e digitais que envolvem e legitimam a diversidade e os sistemas éticos e culturais dos alunos. Ainda que não sugira que o uso desse modelo possa produzir os resultados desejados instantaneamente, ao longo do tempo, ele facilitará o processo de ruptura das barreiras hegemônicas. O modelo também contempla o fato de que os responsáveis por tomar as decisões relativas à educação utilizam a *interferência* quando selecionam, censuram ou punem os alunos. Nessa conexão, também ajudará os educadores a avaliar criticamente as formas de interferência e de construção do conhecimento que levam para as suas decisões com relação às discussões do discurso negativo *online* ou pessoalmente com os alunos. Independentemente do conteúdo de uma manifestação ofensiva de um aluno incluir conotações sexuais sobre um professor, este incidente pode ser uma oportunidade para ensinar. Por exemplo, se eu fosse a professora sobre a qual Bram escreveu no Facebook, teria pedido que os alunos pesquisassem a etimologia do bullying, a história do bullying e as polêmicas sobre a censura na escola que envolvem a liberdade de expressão e a supervisão – e solicitaria que eles decidissem em que momento se passa dos limites e se tem um caso de calúnia virtual ou manifestação criminosa.

Além disso, eu tentaria descobrir o que contribuiu para a raiva que resultou nos comentários feitos na internet. Será que o aluno ficou descontente com a nota que recebeu? Ele percebeu algum tratamento injusto? Será que ele estava tendo problemas em casa e acabou manifestando as suas frustrações dessa forma? Onde há fumaça, sempre há fogo, e é a origem desse fogo que precisa ser tratada.

Considerando-se a natureza litigiosa das controvérsias escolares entre educadores, alunos e pais sobre a liberdade de expressão, o monitoramento, a privacidade e a segurança, é imperativo que a construção de conhecimento por parte dos professores esteja baseada no letramento jurídico, na pedagogia crítica e no letramento essencial em relação à mídia, bem como em teorias de liderança, ética e justiça social. Atualmente, creio que muitos programas de formação de professores universitários e de formação profissional não apresentam modelos coerentes que forneçam aos educadores o embasamento conceitual de que precisam para viver em um mundo interligado e litigioso. Esse embasamento poderia facilitar o reconhecimento dos elementos comuns e a congruência entre os princípios jurídicos substantivos, as pedagogias críticas e os sistemas éticos que incorporam as perspectivas culturais e paradigmáticas de uma ampla variedade de atores.

Como foi explicado no Capítulo 6, é de significativa importância que os currículos escolares não apenas incluam uma perspectiva histórica comparativa das civilizações mundiais, mas que também envolvam as partes interessadas e os alunos para que apresentem as suas próprias perspectivas éticas (sejam elas fundamentadas na religião ou no secularismo) e informem as suas contribuições (tanto históricas quanto atuais). Essas formas fundamentais de conhecimento, creio eu, no longo prazo, poderiam ir muito mais longe no sentido de reduzir o bullying tradicional e o bullying virtual do que suspensões e expulsões, cuja ineficácia já ficou comprovada. O mais importante, a exposição ao contexto, às histórias e às lutas de pessoas de todos os estilos de vida pode contribuir para um ambiente de maior aceitação às diferenças, como deveria ser nas escolas.

UM MAPA CONCEITUAL: AMBIENTES ESCOLARES POSITIVOS

Um dos padrões jurídicos identificados no Capítulo 7 (veja o Quadro 7.1) é a obrigação das escolas de evitar a aceitação tácita do bullying e da perseguição, de tal forma que criem um "ambiente deliberadamente perigoso" para os alunos e para os professores. Há uma expectativa jurídica clara, baseada nas decisões de direitos humanos e do direito civil na América do Norte[1], de que as escolas devem criar e manter ambientes escolares positivos.

Além disso, ao longo deste livro enfatizei que o ambiente da escola desempenha um papel importante na produção do conhecimento e na aprendizagem dentro do contexto da escola. Expliquei que, quando as realidades vividas e os recursos educacionais de algumas partes envolvidas são ignorados, há um impacto no ambiente escolar, seja físico, seja virtual (com o envolvimento de colegas de aula com o ciberbullying). Por isso, aquilo que é aprendido a partir de um modelo essencial de letramento jurídico pode ser transferido para um mapa conceitual que informa os objetivos da criação e da manutenção de ambientes escolares que sejam acolhedores e inclusivos, dessa forma habilitando todos os alunos para que possam participar com confiança do seu próprio processo de aprendizagem. Isso pode significar permitir que eles explorem a internet, porém preparando-os por meio da discussão e do diálogo para saber quando evitar predadores; quando evitar participar com os seus colegas de brincadeiras que ultrapassam a fronteira do ciberbullying e da calúnia virtual; e a se manifestar livremente contra o ciberbullying ou outras formas de expressão discriminatórias.

Um caso de alunos que se manifestaram contra o bullying virtual aconteceu na esteira dos tiroteios em massa ocorridos no estado de Virginia, nos Estados Unidos, em abril de 2007. Os jovens utilizaram o site Facebook de duas formas. A primeira foi que milhares de jovens puderam entrar em contato com os alunos da Virginia Tech University e manifestar as suas condolências. Essas trocas os ajudaram a desenvolver vínculos e a ter a sensação de que mesmo assim estavam contribuindo em uma situação de total impotência. Outros jovens, no entanto, começaram a atacar um aluno asiático pelo fato de o assassino ser sul-coreano. Esse movimento foi rapidamente reduzido pelo influxo de reações de jovens que protestaram contra a discriminação e a estereotipagem do jovem asiático (Agence France Presse, 2007).

O bullying virtual é reduzido em um ambiente onde a seleção daquilo que é ensinado, discutido e legitimado como aprendizagem é informado por uma abordagem educacional proativa que incorpora pedagogias críticas, letramento digital e de mídia, letramento jurídico e sistemas éticos relevantes. Uma abordagem como esta não é construída com base em suposições, mas sim incorporada por meio do diálogo e do envolvimento de alunos oriundos de todos os contextos. É aí que as ferramentas das redes sociais, como Jenkins e Boyd (Wright, 2006) observam, podem ter um valor positivo significativo. As pesquisas apresentadas anteriormente confirmam que, quanto mais os alunos estiverem envolvidos na definição dos parâmetros e do conteúdo da própria educação, maior a probabilidade que eles participem de forma crítica do próprio processo de aprendizagem.

Analisei alguns dos padrões usuais que surgem quando os ambientes escolares estão "envenenados" e nos quais as relações estabelecidas entre a administração, os professores, os pais e os alunos não são coesivas. Apresento um mapa conceitual que incorpora o letramento jurídico essencial abordado descrito anteriormente (veja a Figura 8.4). O mapa conceitual informa o nível de instrução do professor com relação ao bullying tradicional e o bullying virtual, e ilustra as vantagens das respostas mais proativas sobre as respostas reativas. A abordagem que os educadores adotam em última análise determina se o ambiente da escola será positivo e conducente à aprendizagem ou envenenado e prejudicial à aprendizagem.

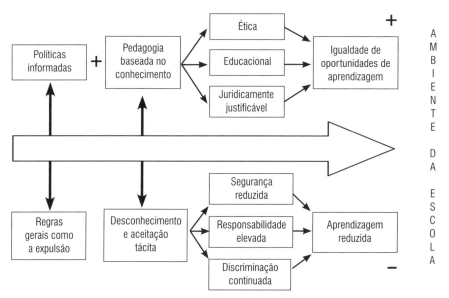

Figura 8.4 Mapa conceitual que integra o letramento jurídico essencial.
Fonte: © Shaheen Shariff, Ph.D., McGill University

O modelo ilustra que uma abordagem reativa, que serve de base para as suspensões, expulsões, para a censura às manifestações dos alunos e ao uso das tecnologias, tem como consequência a aceitação tácita de atitudes discriminatórias por meio de regras gerais que ignoram a diferença. Além disso, uma abordagem reativa costuma reduzir a segurança do aluno, porque incentiva o racismo, o sexismo, a homofobia e outras formas de discriminação. Uma abordagem reativa também pode estar fundamentada em relações historicamente negativas e de ruptura entre a administração e os funcionários das escolas, e também na ausência de metas educacionais comuns. Não há dúvida que, em um ambiente como este, a aprendizagem dos alunos fica obstruída porque os alunos acabam sendo perturbados pelas mensagens negativas, hostis e discriminatórias que recebem.

A política de tolerância zero não oferece nenhuma oportunidade ao diálogo, à análise das formas de expressão depreciativas ou à consideração das perspectivas de todas as partes envolvidas. Os alunos podem testemunhar o impacto da sua manifestação nos professores que decidem escolher como vítimas, na sua capacidade para trabalhar ou para encontrar outro emprego; nos seus sentimentos de frustração ao não serem legitimados como bons professores, o que em última análise afeta os seus cônjuges e as suas famílias. No momento em que os ambientes escolares forem mais protetores e menos hostis, adolescentes como Brad, Bram, Julia e outros analisados nos Capítulos 5 e 6 podem pensar melhor antes de publicar comentários negativos sobre os professores e os gestores das escolas na internet. É neste ponto que o modelo das partes envolvidas que elaborei como parte integrante do modelo de letramento jurídico essencial é útil também.

NIVELANDO AS HIERARQUIAS DE PODER DOS ENVOLVIDOS

A Figura 8.3 compreende um modelo das partes envolvidas dentro da abordagem do letramento jurídico essencial, que aparece junto com "confiança e interferência". Este é um componente importante da abordagem do letramento jurídico essencial. Durante os meus 10 anos estudando as questões jurídicas da educação, elaborei um teste muito simples para o equilíbrio não arbitrário de direitos concorrentes no contexto escolar. O teste foi desenvolvido com base no processo de adjudicação que os tribunais canadenses utilizam ao pesar e contrabalançar os direitos dos envolvidos para decidir sobre questões de igualdade, liberdade de expressão, liberdade de culto e consciência e assim por diante. É desse modo que funciona o modelo das partes envolvidas.

O modelo das partes envolvidas

O modelo das partes envolvidas pode ser aplicado a uma série de questionamentos democráticos específicos nas escolas onde há conflitos entre partes envolvidas. Ainda que o modelo possa parecer um tanto mecanicista, sugiro que represente um primeiro passo para ajudar os educadores a conduzir as preocupações das partes envolvidas no que se refere ao bullying virtual e a expressão dos alunos.

A partir de uma combinação de textos jurídicos procedentes da jurisprudência dos Estados Unidos e do Canadá sobre disputas constitucionais, o modelo das partes envolvidas orienta uma compreensão e uma avaliação das perspectivas que cada personagem leva para a questão. Nos Capítulos 5 e 6, mencionei várias escolas de ensino médio que haviam enfrentado um número significativo de postagens com conteúdo antiautoridade sobre os professores e os gestores escolares feitas pelos alunos nas escolas.

O ambiente envenenado

Em uma escola de ensino médio (escola X), mais de 100 alunos haviam se inscrito em um fórum com o nome da escola criado no site de relacionamento Facebook. Aproximadamente vinte alunos foram pegos analisando os professores e, destes, restringiu-se a quatro o número de alunos que postaram os comentários mais negativos sobre os professores. Quando me reuni com gestores, o que me impressionou foi a história das divisões extremas dos funcionários em departamentos, sendo que muitos deles nem ao menos falavam uns com os outros. Havia ressentimento em relação à administração por ter sido alterada com tanta frequência, e ressentimento e desconfiança para com o conselho escolar. Os pais eram competitivos e exigentes, pois essa escola tem um programa acadêmico altamente competitivo; e a abordagem dos antigos professores era didática. Além disso, os novos gestores nos informaram que os professores jovens que passaram a integrar o quadro da escola rapidamente se tornaram pares da – e foram influenciados pela – cultura cética da escola.

As manifestações virtuais eram um sintoma deste envenenamento, em que os alunos manifestavam em palavras os sentimentos negativos transmitidos e passados como modelo pelos professores. Fui convidada a trabalhar com a escola para dar oficinas sobre o ciberbullying para professores e alunos. Percebi que isso não faria nenhuma diferença a menos que eu fosse capaz de abordar as questões mais profundas e a cultura escolar dividida. Como eu poderia abordar as "cornetas do dilema"? Era um momento perfeito para recorrer ao auxílio do modelo das partes envolvidas.

Etapa 1: Identificar os envolvidos

Como destaquei ao longo deste livro, embora os meios de comunicação façam com que as pessoas pensem que os ataques virtuais estejam restritos a uma batalha entre professores e alunos, ou entre os próprios alunos, esta avaliação é imprecisa. Se observarmos o caso da escola X, percebemos que o antagonismo entre os professores e a administração da escola existe há muitos anos, desde quando a escola deixou de ser particular e foi assumida por diversos conselhos escolares. Cada vez que um novo conselho assumia, eram feitas mudanças administrativas. As promessas feitas pelo conselho anterior raramente eram cumpridas pelo seguinte. Entretanto, os professores permaneciam na escola em função da sua reputação como uma instituição de alto padrão acadêmico. Este fato tornava a escola atrativa para os professores e lhes fornecia um grande interesse em permanecer. Os gestores chegavam e saíam, em alguns casos por não conseguirem lidar com a hostilidade dos docentes. Os alunos eram de alto calibre, tendo em vista que uma quantidade significativa deles estava em um programa de ensino internacional. Isso fazia com que a escola fosse atrativa para pais competitivos que queriam que os filhos tivessem sucesso acadêmico. Usando a Etapa 1 do modelo das partes envolvidas, podemos identificar vários personagens:

1 o conselho escolar atual – gestores eleitos;
2 os novos gestores;
3 os pais que apoiam a liberdade de expressão fora do ambiente escolar e aqueles que não a apoiam; os pais que apoiam as suspensões como punição e aqueles que se opõem a essa medida;
4 os professores que:
- endossam o uso de ferramentas de redes sociais na internet e os que não entendem ou não utilizam a internet;
- utilizam métodos didáticos de ensino e apoiam medidas punitivas como as suspensões e as expulsões;
- preferem o ensino interativo no qual os alunos ganham autonomia e têm voz.

5 os alunos variam daqueles que usam ferramentas de redes sociais apenas para fins pessoais e aqueles que as utilizam como um fórum de discussão para manifestar as suas opiniões.

Na escola X, quando os comentários dos alunos na internet foram descobertos, os professores fizeram um abaixo-assinado exigindo que a administração pedisse que os alunos ofensores deixassem a escola. O sindicato dos professores endossou esse abaixo-assinado. Por outro lado, os pais tiveram a impressão de que os filhos estavam sendo punidos injustamente e argumentaram que os professores haviam reagido de forma exagerada. A administração ficou em meio ao fogo cruzado. Os meios de comunicação se envolveram quando vazaram informações, o que resultou em dissonância e conflito. É neste ponto que a etapa 2 do modelo é oportuna. As demandas expostas a seguir se originaram do conhecimento sobre o enquadramento da mídia; da minha análise da série de reportagens jornalísticas sobre bullying virtual; dos estudos de caso discutidos nos Capítulos de 5 a 7; das entrevistas realizadas com professores e gestores escolares dentro do projeto das minhas bolsas de pesquisa; e dos questionários anônimos aplicados com alunos dentro dos meus dois projetos de pesquisa financiados pelo SSHRC, apresentados no Capítulo 4. Algumas das demandas expostas surgem a partir de comunicações pessoais com professores, gestores e membros de conselhos escolares de uma série de escolas como parte da minha pesquisa em andamento e de atividades de consultoria. São também exemplificadas na escola X, onde os problemas parecem ter existido durante muitos anos, e onde as suscetibilidades são descritas como extremas. O Quadro 8.1 mostra quais poderiam ser as demandas da escola X.

Etapa 2: Legitimar as demandas das partes envolvidas

Veja o Quadro 8.1

Etapa 3: Avaliar criticamente cada uma das demandas

É sempre mais fácil avaliar os direitos e os interesses das partes envolvidas uma vez que estas tenham sido identificadas e as suas demandas ouvidas. Estas duas primeiras etapas são as mais negligenciadas pelas políticas de respostas reativas.

Quadro 8.1 Legitimando as demandas das partes envolvidas

	Mídia	Conselho escolar	Gestores de escolas	Professores [a]	Pais	Alunos
Demanda 1	Quer uma matéria sensacionalista que possa ser enquadrada de uma determinada forma – a "batalha".	Preocupa-se com a reputação e com a recuperação do controle da situação.	Buscam equilibrar as demandas de todas as partes envolvidas – pais, professores, alunos, conselho escolar.	Furiosos com os alunos por atingirem a sua vida particular com comentários e afirmações de ordem sexual.	Preocupados com a interrupção da aprendizagem dos filhos.	Precisam de um ambiente de aprendizagem positivo para ter bons resultados acadêmicos.
Demanda 2	Quer uma matéria que apoie os professores porque eles estão furiosos.	Precisa satisfazer as expectativas dos pais – não quer reduzir a popularidade ou os padrões.	Preocupam-se com a reputação, mas são também assoberbados com o trabalho – não têm tempo para satisfazer as necessidades de todos.	Preocupam-se com a sua reputação arruinada e com a possibilidade de encontrar emprego em outro lugar.	Preocupam-se que os filhos tenham um tratamento justo.	Pressionados pelos pais para ter sucesso acadêmico.
Demanda 3	Quer uma matéria com bodes expiatórios – os alunos, a tecnologia, a administração da escola.	Quer que os professores saibam que o conselho escolar está ouvindo e tomando alguma atitude.	Preocupados em ganhar a confiança dos professores e em criar um clima escolar coesivo e colaborativo.	Já desconfiam do conselho escolar – céticos e furiosos com a resposta do conselho e com as promessas de tomar alguma atitude.	Preocupados com a reputação dos filhos e com as suas próprias reputações se o caso tiver publicidade.	Precisam de formas para expressar os seus sentimentos em relação às tensões dentro da escola.
Demanda 4	Quer uma matéria sobre o impedimento de um aluno brilhante obter sucesso acadêmico.	Tem políticas sobre o bullying e o bullying virtual – com a devida diligência.	Querem garantir a justiça na punição dos alunos, em especial aqueles que estão se formando.	Já têm desconfiança em relação à administração – céticos e furiosos pelo fato dos gestores não se importarem.	Preocupados que os professores possam maltratar os filhos caso permaneçam na escola.	Precisam de privacidade sem supervisão – longe dos adultos = ciberespaço. Cometem erros – "estavam só brincando" – precisam de outra chance.
Demanda 5	Quer concentrar-se nos comentários mais negativos – a conduta sem observar as motivações.	Criou uma força-tarefa para lidar com o bullying virtual – com a devida diligência.	Desejam manter a confiança dos pais.	Determinados a obter vingança e a serem vingados – querem "ver sangue", segundo um gestor.	Não querem ter que tirar os filhos da escola – em especial se estes forem formandos.	Não recebem atenção suficiente dos professores – percebem que os professores não se preocupam, porque estão ocupados demais brigando entre si.

a – Essas demandas referem-se a professores insatisfeitos que sofreram forte impacto causado pelo bullying virtual antiautoridade e que pedem a punição dos alunos em vez de buscar alternativas educativas. A autora reconhece que muitos autores comprometidos buscam soluções alternativas, educativas e proativas.

As demandas do conselho escolar

Na sua pressa de "controlar" os alunos, apaziguar os professores ou pais e preservar a boa reputação das suas escolas, os representantes dos conselhos escolares muitas vezes ignoram as duas primeiras etapas do modelo das partes envolvidas e se concentram apenas nos alunos. Quando as demandas de outras partes envolvidas não são ouvidas ou legitimadas, o processo fica condenado ao fracasso. Os professores e os pais começam a perder a confiança no conselho escolar pelo fato de as suas preocupações serem ignoradas. Tenho sido contatada com frequência por pais frustrados cujos filhos são vítimas de bullying tradicional ou de bullying virtual. Em todos os casos, os pais enfrentam o "muro de defesa" descrito no Capítulo 6. O fato de ter políticas antibullying e forças-tarefa em andamento não é suficiente. De modo semelhante, os professores e gestores escolares que participam dos meus cursos de pós-graduação na McGill University expressam frustração diante do fato de que muitas vezes as políticas dos seus conselhos escolares não são apoiadas com um treinamento ou uma quantidade de tempo adequados à aplicação das iniciativas para lidar com a questão do bullying. Se as demandas dos conselhos escolares são aplicadas à Etapa 2 do modelo das partes envolvidas, constatamos que, a partir de uma perspectiva administrativa, manter um controle razoável e administrar crises são prioridades justificadas. A questão que se coloca a essa justificação é se o fato de dar prioridade ao controle da situação deveria superar as preocupações de natureza educacional de partes envolvidas como no caso dos alunos e dos pais. Esta é a questão que determinará a influência das justificações do conselho escolar.

As demandas dos gestores

Os administradores escolares são, conforme retratado no desenho das "cornetas do dilema" na introdução deste capítulo, frequentemente apanhados no centro do conflito. O conselho escolar quer que os coordenadores e os diretores mantenham a reputação da escola e mantenham as coisas sob controle. Querem evitar a atenção da mídia a todo custo. Precisam manter os pais satisfeitos. Nos casos em que alunos com proficiência acadêmica são apanhados praticando ciberbullying, os gestores precisam tomar decisões difíceis em relação à melhor maneira de puni-los. Eles devem apoiar os professores que querem que os alunos sejam suspensos ou expulsos? Devem ouvir os pais que insistem que os filhos fiquem na escola e possam se formar? Em meio a todo esse caos, os gestores criam oportunidades ou têm tempo para ouvir a versão dos alunos? O modo como os gestores reagem pode ter uma influência enorme para o clima escolar negativo ou positivo. Os gestores escolares precisam lembrar que, além de fazer malabarismos para atender as demandas das partes envolvidas, eles são coordenadores escolares ou diretores de instituições de *ensino*. As suas prioridades deveriam ser os *alunos*. Os alunos observam as reações dos gestores das suas escolas. Com base nos padrões jurídicos identificados no Capítulo 7, é comprovado que o ciberbullying impede o *ensino*, e impede também a *missão educacional* da escola. Quando colegas de aula ou professores são os alvos de ataque virtuais, há também um nexo com a escola. Os gestores devem estar sempre cientes do fato de que uma responsabilidade jurídica claramente estabelecida dos educadores deve garantir que as escolas não criem um ambiente escolar hostil ou "deliberadamente perigoso". A obrigação reside na responsabilidade de assegurar que tanto o clima físico quanto o clima virtual sejam conducentes à aprendizagem. É neste ponto que as demandas administrativas perdem a legitimidade. As suspensões de tolerância zero transmitem uma sensação de intolerância; uma ausência de preocupação; uma falta de responsabilidade. Remover a criança "problema" da escola parece isentar as escolas da responsabilidade de ir mais longe. No entanto, esta atitude em si mesma gera um clima hostil e assustador na escola. Isso é particularmente verdadeiro no momento em que os alunos observam que poucas atitudes são tomadas para enfrentar o bullying tradicional ou o bullying virtual entre colegas. Logo, neste contexto, é razoável questionar se a suspensão é uma demanda justificável por parte dos diretores e coordenadores escolares.

Sempre afirmei que o único valor educacional das suspensões é que elas ensinam e dão o exemplo da intolerância. Os educadores argumentam que os alunos precisam de consequências. Há muitas outras formas pelas quais os alunos podem sofrer as consequências dos seus atos. Tratarei de algumas delas posteriormente neste capítulo. Nunca deixo de me impressionar com a falta de criatividade dentro dos sistemas escolares do mundo todo para encontrar alternativas. Argumento que, se pesadas em uma escala em comparação com as alternativas educacionais, as suspensões escolares não têm uma influência significativa na escala de demandas legítimas.

As demandas dos professores

Quando professores que descobrem terem sido difamados, aviltados e caluniados no fórum público do ciberespaço exigem consequências, é razoável concordar que as reivindicações deles são plenamente justificadas. A reivindicação deles por *vingança* na forma de suspensões e expulsões contra os alunos, no entanto, *não* se justifica e tem pouca relevância. Essas reivindicações poderiam estar instruídas pela insatisfação e pela desilusão com o conselho escolar e com o apoio administrativo no passado, e pela ausência de confiança na forma como as coisas são conduzidas na escola. Entretanto, a menos que os professores redirecionem a sua atenção para *"por que estão nesta situação"*, a menos que reconceituem o seu papel como educadores, protetores, cuidadores e mentores dos alunos, argumento fortemente que as suas reivindicações não se justificam ao exigirem punições rigorosas. As suspensões têm como fundamento os modelos militares e os campos de treinamento. Não são baseadas em pedagogias educacionais. Os indivíduos responsáveis pela educação e pela criação das futuras gerações deveriam lembrar-se disso. Em vez de exigir uma proibição do site YouTube, ou solicitar uma atitude "enérgica", os educadores poderiam buscar maneiras de abordar essas questões com a utilização dos infinitos recursos educativos proporcionados pelas tecnologias. Se os professores forem capazes de superar as mentalidades que Lankshear e Knobel (2006) afirmam que acabam por refreá-los, as possibilidades de colaboração criativa com alunos aborrecidos e céticos serão infinitas. Se os professores conseguirem se conectar com os alunos e lhes dar poder para que esses mesmos alunos os orientem quanto ao uso das as novas tecnologias, terão melhores chances de se sair bem. A resolução que apresento no Capítulo 6, esboçada pela CFT, dá início a esse movimento. A resolução é suficientemente abrangente e busca saber mais sobre como os jovens estão usando as tecnologias.

As reações predominantes dos professores, conforme comprovado nas entrevistas realizadas, (Shariff, 2007b) sugerem que, quando comparadas com os tipos de oportunidades educacionais na internet descritas anteriormente, as demandas dos professores por suspensões e expulsões e a sua falta de atenção em geral com o bullying entre colegas têm pouco peso como demandas legítimas. Se considerarmos isso a partir da perspectiva do direito comum (*common law*) do Reino Unido e das obrigações previstas na lei de responsabilidade civil canadense, o dever do cuidado que se impõe aos professores de serem "pais zelosos e prudentes" e de ficar no lugar dos pais (*in loco parentis*) sustentam que há uma ética do cuidado e de responsabilidade de demonstrar preocupação, zelo e orientação pelos alunos. Se os professores oferecerem apenas punição e vingança, poderia parecer que as suas demandas estão aquém das expectativas de um dever jurídico de cuidar dos seus alunos.

O Quadro 8.1 mostra a importância de se comunicar. Se o conselho escolar estiver realmente decidido a ouvir os professores, os gestores escolares precisarão demonstrar isso de uma forma que vá além de simplesmente ter políticas antibullying tradicional e antibullying-virtual em vigor. Além disso, os professores precisam conceder tempo para que os novos gestores se informem sobre as circunstâncias e possam fazer alguma diferença. Precisam criar oportunidades para estabelecer relações de confiança. Como educadores, as suas demandas por vingança são menos válidas que as reivindicações dos alunos por um ambiente de ensino que seja menos envenenado e mais conducente à aprendizagem. Essa condição, conforme estabelecido pela lei, foi detalhada no Capítulo 7, e, se as responsabilidades do professor estão reconhecidas de acordo com a doutrina do "dever jurídico do cuidado" e do "pai ou mãe zeloso e prudente", quantos pais zelosos não dariam aos filhos uma segunda chance uma vez que estes houvessem cometido um erro? Mais uma vez, as reivindicações feitas pelos alunos apresentam maior validade do que as reações hostis dos professores. Além disso, de acordo com os tribunais, o teste para avaliar a calúnia virtual é se *uma pessoa comum que não seja demasiadamente sensível* interpretaria a manifestação como sendo verdadeira. A realidade é que alguns professores podem estar demasiadamente sensíveis, e essa sensibilidade pode também estar refletida na pesquisa da OCT (2007), que sugere que 84% dos professores relataram sofrer ciberbullying. É possivelmente por isso que os casos de comentários feitos por alunos e que estavam muito próximos da realidade receberam reações tão enérgicas.

Por exemplo, em um caso, a professora havia declarado abertamente que era lésbica, e ainda assim ficou extremamente ofendida quando os alunos a descreveram como lésbica na internet. Outra professora foi criticada por causa do seu sotaque. Ela ficou muito incomodada com isso, porém, de fato, ela tinha um forte sotaque. Em vez de buscar vingança por meio de suspensões, os professores deveriam se concentrar em buscar saber de que forma poderiam explicar o impacto das declarações dos alunos na internet. Como educadores, é responsabilidade deles comunicarem-se e dedicarem-se ao diálogo com os alunos sobre *por que* aquelas declarações, independente do quanto elas possam estar relacionadas com a realidade, são perturbadoras. Por intermédio do diálogo, ou seja, *comprometer-se com o respeito e a confiança dos alunos*, ouvir e *escutar* as perspectivas dos alunos. A prioridade de um professor deve ser determinar se foi o ambiente envenenado da escola que levou aos comentários *online*. Nesse caso, a próxima etapa é buscar informações dos alunos a respeito de como o ambiente de aprendizagem poderia ser aperfeiçoado por eles. Descobrir *o que está faltando*, que *atitudes dos professores estão aborrecendo os alunos*, e *como* eles podem modificar aspectos das suas abordagens de ensino. Os alunos estão tendo oportunidades para dar opiniões? Essas opiniões estão sendo validadas?

Os direitos de participação das crianças e dos adolescentes estão protegidos pela *Convenção Internacional dos Direitos da Criança* das Nações Unidas (1989). O Canadá e uma série de países europeus e asiáticos assinaram um tratado que exige atenção à *provisão*, à *proteção* e à *participação* dos alunos no seu processo de aprendizagem. Caso isso não esteja ocorrendo de forma adequada, os professores devem informar os alunos que eles têm esse direito e trabalhar junto aos professores para desenvolver maneiras de garantir a participação deles nas discussões de sala de aula, na elaboração de códigos de conduta e assim por diante. O problema é que poucos professores têm conhecimento sobre os direitos humanos ou as suas implicações para as políticas ou atividades educacionais (Shariff e Sarkar, 2004). Uma vez que os alunos percebam que os professores estão genuinamente interessados no seu bem-estar e nas suas experiências de aprendizagem, estarão significativamente mais abertos a ouvir os motivos pelos quais as suas manifestações na internet não deveriam ultrapassar o limite e configurar calúnia ou difamação virtual. Conforme demonstrou o Media Awareness Network (Media Awareness Network, sem data), no momento em que as crianças e os adolescentes assumirem a liderança para tratar da conduta dos colegas, eles poderão ser muito eficazes.

Recordo, por exemplo, do meu filho, que ficou frustrado com o seu professor de matemática na oitava série. Ele era o único aluno da turma que estava cursando matemática avançada e o professor considerou como tarefa sua corrigir os trabalhos dele. Esta era uma turma coensinada por dois professores. Em consequência, um dos professores – uma professora – estava sempre atrasada na devolução dos trabalhos. Ela raramente prestava atenção nele durante a aula, além de pedir que ele ensinasse os alunos que tinham dificuldade com a matemática. Um dia, após ter perguntado por diversas vezes pela devolução da sua prova corrigida, ele recebeu uma resposta seca, em que a professora afirmou não ter corrigido a prova.

Sentindo-se frustrado, ele proferiu baixinho as palavras "vá se f—". O outro professor ouviu, e ele foi suspenso. A administração da escola neste caso lidou muito bem com a questão. Embora ele ainda tivesse que cumprir a sua suspensão dentro da escola, após tomarem conhecimento da questão, os gestores o convidaram a receber uma delegação visitante de representantes do governo, mais especificamente do ministério da educação, como um a espécie de embaixador ou líder da escola para lhes mostrar as instalações, responder perguntas e lhes perguntar sobre determinadas mudanças de políticas que eles planejavam fazer. Esse caso mostrou que a escola tinha confiança na capacidade dele e proporcionou-lhe uma oportunidade de assumir a liderança. Ainda que eu não sugira que ele não devesse ter enfrentado nenhuma consequência por proferir claramente a palavra "F___" contra a professora, fico questionando o que teria acontecido se a internet estivesse disponível naquele momento e ele tivesse tido a chance de descontar as suas frustrações usando palavras ainda piores em relação a ela.

Além disso, se eu não tivesse dedicado o meu tempo como mãe para descobrir a que se referia essa conduta incomum por parte do meu filho, será que ele teria recebido essa oportunidade de liderança que a escola lhe deu? Questiono quantos alunos são negligenciados quando estão aborrecidos, desmotivados ou frustrados com os professores nas escolas e não podem recorrer aos pais. Portanto, sugiro que, quando os jovens se envolvem com esse tipo de manifestação na internet, sem dúvida vale a pena ouvir o ponto de vista deles *antes* de decidir sobre as consequências. Evidentemente, há a perspectiva da professora de que ela tinha uma carga intensa de trabalho e isso significava trabalho extra –, porém quando ponderamos e legitimamos cada demanda podemos argumentar que os alunos estão na escola para aprender e, quando a professora não está realizando um trabalho de ensino adequado, logo a demanda dela é menos válida que a do aluno que está fazendo tudo o que pode para aprender.

No mesmo exemplo, se considerarmos o modo como os gestores da escola transformaram uma oportunidade negativa de aprendizagem em uma oportunidade positiva, ao mesmo tempo em que preservavam a reputação da escola com os representantes do ministério da educação, eles criaram, pelo menos ao nível da escola, um ambiente proativo. Poder-se-ia argumentar que há outras crianças que não usam esse tipo de linguagem. Todos nós achamos que os nossos filhos não são capazes de usar esse tipo de linguagem eventualmente, porém no fundo sabemos que todos eles a utilizam, bem como a maior parte dos adultos em momentos de frustração.

O que o meu filho aprendeu naquele dia foi que ele tem apoio em casa e na escola, e que quando estiver aborrecido ou tendo dificuldades com o professor, ele sempre pode buscar a ajuda de alguém em vez de sofrer sozinho com a situação. Ele também aprendeu que usar aquela palavra que começa com "F" é uma atitude que acarreta consequências, mas que as consequências que ele teve foram muito justas e ponderadas.

As demandas dos pais

Na maior parte dos casos de ciberbullying discutidos anteriormente e analisados em outros estudos (Shariff, 2004; 2005; Shariff e Johnny, 2007b), os pais relataram de um modo geral dois tipos de reação por parte das escolas:
1 Se o filho deles fosse a vítima, então a escola erguia um "muro de defesa", pressupondo que os pais fossem superprotetores; ou
2 Se o filho deles fosse constatado como autor do bullying virtual contra os colegas ou professores, neste caso eles consideravam a punição severa demais.

Não se pode culpar os pais por se sentirem apreensivos em relação às implicações acadêmicas e sociais para o progresso dos filhos quando estes recebem suspensões ou transferências de escola. As suas principais preocupações que dizem respeito à segurança, à proteção e à participação, e também aos direitos de liberdade de expressão dos filhos, são legítimas. Essas preocupações atingem um alto padrão de avaliação ao longo do espectro de demandas de partes envolvidas, pois todas elas estão protegidas por leis constitucionais. Alternativamente, os pais não devem ser isentados da sua responsabilidade de se envolver com os filhos e instilar neles os valores do respeito, do discurso inclusivo e não discriminatório ou degradante, e os limites razoáveis às próprias manifestações. Isso é particularmente verdadeiro para pais de alunos que fazem comentários caluniosos de natureza sexual sobre os professores ou os colegas. Para os pais, há uma responsabilidade incumbente de garantir que colaborem com a administração da escola e com os professores a fim de ajudar os filhos a avaliar em que proporção eles ultrapassaram o limite a ponto de estarem sujeitos a responder criminal e juridicamente pelas suas palavras e ações. Por isso, as demandas dos pais que atribuem toda a responsabilidade de educar os filhos às escolas têm um peso muito pequeno.

As prioridades da mídia

Os repórteres jornalísticos deveriam ser lembrados reiteradamente que o enquadramento das suas matérias tem um impacto significativo na geração e na manutenção de um nível doentio de medo entre professores, pais e gestores escolares. Deve-se fazer com que a mídia perceba que o enquadramento das suas reportagens (em especial as suas manchetes cuidadosamente elaboradas) contribui para a geração de um medo inconsciente e um ambiente envenenado em algumas escolas. Os conselhos escolares e os gestores deveriam se comunicar com os repórteres jornalísticos das suas regiões e garantir que eles publiquem também reportagens positivas sobre a energia dos alunos, o comprometimento, a lealdade, as atividades voluntárias e os serviços comunitários realizados nas escolas. Há muitos jovens que participam de importantes trabalhos comunitários – levantamento de recursos, organização de concertos e eventos esportivos, trabalhos com idosos e pessoas com necessidades especiais, e raramente vemos grandes manchetes divulgando essas realizações nos jornais. As escolas e os meios de comunicação devem trabalhar em cooperação em projetos conjuntos que envolvam os alunos, a mídia, a internet e as comunicações. Isso capacitaria e envolveria os alunos no sentido de fazer contribuições importantes para a construção do conhecimento na sociedade – de uma forma positiva e "construtiva". Essas soluções seriam muito mais produtivas, modificando o modo como a mídia apresenta os jovens na sociedade contemporânea. É hora de direcionar a atenção do público para os jovens que são inteligentes, éticos, talentosos e criativos.

Repassei algumas das considerações que são úteis na aplicação do modelo das partes envolvidas e orientei os leitores no processo de ponderação e justaposição das reivindicações concorrentes dos envolvidos para assim avaliar as suas respectivas legitimidades. Neste processo não arbitrário não há espaço para respostas reativas ou soluções paliativas. Ainda que eu avalie que, em algumas circunstâncias – quando todas as partes envolvidas fazem reivindicações ao mesmo tempo –, a resposta reativa pareça ser a única opção, insisto que os elaboradores de políticas educacionais lembrem do desenho sobre como é lidar com as cornetas do dilema. Vale a pena comprometer-se com o processo para ouvir e captar demandas relevantes (em termos musicais, as notas e seus tons), e reunir essas vozes de uma forma colaborativa e coesiva a fim de gerar harmonia. Embora isso possivelmente soe utópico demais, não estou aqui descrevendo nenhuma panaceia. Os juízes utilizam esse processo o tempo todo para adjudicar casos complexos. Embora concorde que os resultados de algumas decisões judiciais nem sempre sejam satisfatórios, afirmo que pelo menos o modelo das partes envolvidas permite uma avaliação ponderada e ética das questões, levando em consideração os padrões e as responsabilidades jurídicos identificados no Capítulo 7 e as considerações éticas e educacionais que têm impacto em todos os envolvidos. Há uma etapa final no modelo das partes envolvidas.

Etapa 4: o prejuízo mínimo dos direitos

Uma vez que as demandas das partes envolvidas tenham sido avaliadas e comparadas entre si, é importante que os envolvidos que tomarão as decisões garantam que, independente de qual decisão com relação às políticas a serem adotadas seja a mais validada, essa decisão ou política *não infrinja substancialmente* os direitos de determinadas partes envolvidas. Por exemplo, se a escola decide manter uma política de tolerância zero e suspender apenas os alunos que fizerem comentários caluniosos de natureza sexual sobre os professores, esta política representa uma regra justificável. Por quê? Porque ela protege os interesses do maior número de professores. No entanto, os elaboradores de políticas devem então considerar se entre os alunos ofensores há alunos prestes a se formar; avaliar até que ponto as suspensões poderão afetar as notas deles e as suas chances de aceitação em faculdades e universidade, e assim por diante. Nos casos em que um aluno "nota dez" receber uma suspensão deste tipo, pode ser válido considerar uma punição alternativa que não tenha um impacto em todo o futuro acadêmico do aluno. Embora a manifestação difamatória possa certamente afetar a reputação de um professor, é importante lembrar que ainda estamos lidando com um jovem imaturo que precisa ser educado com relação a por que ele não deve se comportar dessa forma. Os jovens merecem uma segunda chance. Vou tentar esclarecer isto em termos jurídicos.

No caso das manifestações dos alunos que humilham professores e funcionários de escolas, publicadas no site de rede social Facebook, a maioria das respostas das escolas tem sido suspender os alunos envolvidos. Alguns desses alunos, como o Brad Parsons, protestaram contra a violação dos seus direitos de liberdade de expressão. Muitos pais concordam. Eles acham que as suas escolas não têm nenhum direito de interferir nos comentários feitos a partir de computadores domésticos em uma conversa privada pela internet. É possível que a escola tenha uma política que exige a suspensão como medida de tolerância zero. Essa política pode ter o apoio da legislação governamental. Apesar disso, as autoridades das escolas precisam tomar decisões importantes.

Eles precisam levar em consideração se os comentários do aluno foram tão prejudiciais que tenham afetado negativamente *o ambiente escolar com um todo e a aprendizagem de todos os alunos* da escola ou da turma. Conforme têm determinado os casos envolvendo liberdade de expressão, as escolas de fato têm a autoridade de interferir caso a manifestação afete *material ou substancialmente* a aprendizagem, ou caso interfira na missão educacional da escola. No caso de comentários de natureza sexual sobre os professores serem pedófilos ou se masturbarem durante a aula, afirmo que esses comentários representam de várias maneiras um risco ao bem comum. Eles abalam a autoridade dos professores e das autoridades escolares em questão. Quando os alunos leem os comentários, é provável que fofoquem e fiquem dando risadinhas durante a aula. Isso impede a concentração e a aprendizagem dos alunos, e perturba o professor. Quando o professor descobre, a raiva dele tem também um impacto significativo que envenena todo o ambiente escolar.

Embora concorde que as escolas têm a responsabilidade de garantir que as postagens flagrantemente ofensivas ou abusivas sejam removidas, e que os alunos estejam conscientes das consequências previstas para essas postagens, não concordo com os *meios* adotados pelas escolas e alguns governos, como as políticas de suspensão, proibição do uso de tecnologias na sala de aula, retirada do privilégio do uso do computador ou, como ocorre em alguns casos, suspensão dos alunos das saídas de campo da escola que eles normalmente estão ansiosos por participar. Os alunos devem participar da elaboração de políticas e de códigos de conduta. As consequências devem abranger um componente educativo, como fazer com que os ofensores tenham consciência do seu impacto nas vidas, na confiança e na autoestima das vítimas, quer sejam colegas, professores ou gestores. A abordagem de tolerância zero não ensina os alunos a assumirem responsabilidade ou a prestarem contas das suas atitudes. Ao contrário, tenta amordaçá-los. Isso, em minha opinião, não *prejudica minimamente* os direitos de liberdade de expressão do aluno. Essa abordagem tenta amordaçá-los por completo. É por isso que o teste do prejuízo mínimo é uma etapa fundamental do modelo das partes envolvidas. As autoridades escolares têm a responsabilidade de determinar alternativas educativas para ajudar os alunos a perceberem o impacto das suas declarações. Defendo a introdução das abordagens de julgamento em círculo, por exemplo, que são usadas por muitas comunidades aborígenes. Com a utilização desse método, os autores ficam frente a frente com as suas vítimas e ouvem as suas reações e a sua dor. Não apenas isso, os instigadores devem ouvir o quanto as suas reações afetaram negativamente as vidas das famílias e das pessoas mais próximas das vítimas. No caso da difamação *online* antiautoridade, devem ouvir os professores, as suas famílias e outros alunos que querem aprender mas que se sentem perturbados quando acontecem essas controvérsias. Da mesma forma, quando há o envolvimento do bullying entre colegas, deve-se fazer com que os autores encarem os pais das vítimas, os irmãos e qualquer outra pessoa que tenha sido afetada.

CONCLUSÃO

Embora no capítulo anterior tenha argumentado que as escolas têm uma base legal para estender o seu âmbito de poder para o ciberespaço, reitero que censurar os sites dos alunos ou investigar e-mails, por exemplo, *não* é o meio mais eficaz de evitar o ciberbullying. Ao contrário, reconheço que as políticas escolares de disciplina são pelo menos bem-sucedidas quando servem como mero mecanismo de reação às condutas indesejadas. Embora acredite que as escolas tenham uma obrigação de monitorar os discursos incendiários dos alunos, é igualmente importante reconhecer que os educadores têm um dever de cultivar uma atmosfera educacional que seja coerente com os princípios morais e políticos fundamentais à expansão dos valores democráticos. Em outras palavras, quando o bullying virtual passa a ser generalizado dentro de uma escola, não podemos simplesmente atribuir a culpa aos alunos. Em vez disso, devemos examinar os valores e as crenças transmitidos pelas nossas escolas e pelos nossos princípios constitucionais, e escolher medidas educativas para garantir que esses valores promovam a aceitação, o respeito e a decência entre os alunos.

Como observado por pesquisadores com Giroux (2003), a disciplina escolar é mais bem alcançada quando incorpora um elemento que vise a educar os alunos a respeito de princípios morais e políticos. Giroux afirma que:

> as escolas devem proporcionar formas de educação crítica que se utilizem da ética e dos valores para ensinar os alunos a conservar vivo o espírito da justiça em si próprios, a abarcar a necessidade de ser compassivos, a respeitar os direitos dos outros indivíduos e a estar conscientes das consequências dos seus atos.
>
> (Ibidem, p. 94)

Observei também que os adultos precisam se tornar proficientes e participar com os jovens a fim de aprender a usar as tecnologias que compõem uma parte tão importante e proeminente das suas vidas. Se os adultos não tomarem a iniciativa de fazer isso, futuramente serão excluídos ou, com se poderia argumentar, censurados, dos universos virtuais dos seus filhos e alunos. Como já comentei, os alunos cada vez mais estabelecem relações sociais e aprendem muito por meio das novas tecnologias. Cabe aos educadores se envolverem com essas tecnologias a fim de elaborar programas de currículo interativos que não fiquem restritos ao período de aula. Conforme expliquei antes, há um imenso potencial de aprendizagem na era digital. Analise, por exemplo, algumas das sugestões pedagógicas recomendadas por Lankshear e Knobel (2006). Os autores comentam que o elemento "digital" ou de "habilidade de ensino" dos letramentos digitais é muito menos importante que conceder espaço para que as relações sociais "surjam organicamente" (p. 20) por meio da imersão nas novas tecnologias. Recomendam os tipos de escolas de produção de conhecimento que estão sendo desenvolvidas por Chris Bigum, Leonie Rowen e Sócios (sites Knowledge Producing Schools, 2005; Lankshear e Knobel, 2003). Recomendam também o célebre estudo realizado por James Gree, "O que os videogames têm a nos ensinar sobre aprendizagem e letramento" (2003)[*], no qual Gee explora o jogo de videogame como uma prática sociocultural (ele testa o que leva as pessoas a aprender e a continuar aprendendo, e o modo como elas realizam e prosperam no seu processo de aprendizagem).

Neste livro, busquei fornecer uma lente ajustada pela qual devemos ver a questão altamente divulgada do ciberbullying. No Capítulo 1, apresentei a seguinte metáfora e creio que seja conveniente recordá-la agora: o artista precisa se afastar por algum tempo da sua pintura quando as cores que utiliza começam a ficar tão confusas que ele não consegue mais vê-las com clareza. Ele faz uma pausa para consultar um optometrista. Durante o exame dos olhos, o foco não está mais no *que* ele vê, mas em *como* ele vê. O foco dessa breve consulta com o optometrista é o ajuste da lente através da qual ele vê e interpreta o que está ao seu redor. (Esmail, 2007). De modo semelhante, este livro foi escrito para ajudar os educadores e elaboradores de políticas públicas a interromper o seu trabalho momentaneamente e considerar um reajuste das lentes que parecem ter desfocado as suas alternativas de práticas e políticas a tal ponto que precisem

---

[*] N. de T.: No original, *What video games have to teach us about learning and literacy*.

refocalizar e reconceituar as questões. Em vez de ver o bullying virtual como uma batalha e um problema que precisa ser controlado e reprimido, uma lente ajustada poderá refocalizar a nossa atenção para aquilo que esses sintomas estão nos dizendo, e para o modo como podemos tratar as causas originais que orientam esse tipo de manifestação.

Espero ter sido bem-sucedida na minha busca por informar os educadores sobre a importância de abordar os direitos e os interesses de uma variedade cada vez maior de partes envolvidas. Expliquei que, quando as questões que são importantes para alguns membros da comunidade escolar são simplesmente ignoradas, é muito provável que as formas de bullying tradicional e de bullying virtual, as polêmicas envolvendo a censura e as contestações acabem aparecendo. À medida que os panoramas das escolas se desenvolvem para acompanhar as mudanças da tecnologia e da sociedade, é importante considerar as alternativas simples fornecidas neste livro, e que têm um custo menor que a convocação de "batalhas", a perda das vidas de crianças e adolescentes por suicídio e as regras positivistas que tentam impor a conformidade. Ainda que tenha fornecido vários modelos e um mapa conceitual que, acredito, demonstram maior potencial para solucionar o vácuo de políticas e os imensos desafios trazidos pelas tecnologias, reitero que este livro não é um texto do tipo "como resolver o problema do...". Ao contrário, espero que tenha fornecido aos leitores uma lente ajustada que revele um contexto valioso para a discussão e para o diálogo sobre as complexidades biológicas e de definição, as influências ambientais e sistêmicas que determinam e perpetuam o conteúdo das manifestações dos alunos no ciberespaço. Além disso, espero que este livro motive os leitores a se envolverem em um processo responsável de análise que evite a dependência de decisões reativas que levam aos tipos de "batalhas" sobre as quais os meios de comunicação estão sempre ansiosos por escrever.

Para concluir, a abordagem que defendo sugere um maior potencial para tratar das "cornetas do dilema da tecnologia" que desafiam os educadores das escolas contemporâneas do que as formas reativas e insidiosas de seleção e censura que mantêm a ortodoxia, controlam a expressão dos alunos e promovem a cultura da conformidade. De acordo com o apelo feito por Hamed Nastoh de *educar* em vez de punir os jovens que forçam os limites do discurso social e do ciberespaço, espero que este livro tenha convencido os leitores de que o bullying virtual, da forma como é atualmente definido, não é uma batalha, mas um apelo pelo aperfeiçoamento e a intensificação da atenção para com a educação, o diálogo, a conexão e o envolvimento com os nossos jovens. Nesse aspecto, é uma oportunidade com um potencial infinito para enfrentar a ignorância, superar a ortodoxia e se comprometer com os desafios da nossa sociedade do conhecimento compartilhado por meio de práticas e políticas éticas, educativas, digitais e juridicamente justificáveis. Os nossos jovens e crianças e a nossa sociedade como um todo não merecem menos.

NOTA

1 Apresentei alguns aspectos desta pesquisa no Capítulo 6 e também em conferências na Universidade de Oxford, no Reino Unido, na Universidade de Granada, na Espanha, e nas conferências de San Francisco (2006) e de Chicago (2007) da American Education Research Association.

Referências

Adam, A. (2001). Cyberstalking: Gender and computer ethics. In E. Green and A. Adam (eds), *Virtual gender: Technology, consumption and identity.* New York: Routledge, pp. 209-24.
Adam, A. (2002). Cyberstalking and internet pornography: Gender and the gaze. *Ethics and Information Technology,* 4: 133-42.
Advertiser, The (2003). Girls lured via Internet. 27 September {electronic version}: 42.
Agence France Presse (2007). Foreign students don't fear backlash. *The Gazette:* A4.
Akiba, M. (2004). Nature and correlates of ijime — Bullying in Japanese middle school. *International Journal of Educational Research, 41(3):* 216-36.
American Library Association (2006). Challenged or banned books [electronic version]. Retrieved 1 December 2006 from www.la.org/ala/oif/bannedbook sweek/challcngedbanned/challengedbanned .htm.
Anand, S. S. (1999). Preventing youth crime: What works, what doesn't and what it all means for Canadian juvenile justice. *Queen's Law Journal, 25(1):* 177-249.
Apple, M. W. (1990). *Ideology and curriculum,* 2nd edn. New York: Routledge.
Apple, M. W. (2000). *Official knowledge: Democratic education in a conservative age,* 2nd edn. New York: Routledge.
Apple, M. W. and Christian-Smith, L. K. (1991). The politics of the textbook. In M. W. Apple and L. K. Christian-Smith *(eds), The politics of the textbook.* New York: Routledge, pp. 1-21.
Arons, S. (1986). *Compelling belief.* Amherst, MA: University of Massachusetts Press.
Artz, S. (1998a). *Sex, power and the violent school girl.* Toronto, ON: Trifolium Books.
Artz, S. (1998b). Where have all the school girls gone? Violent girls in the school yard. *Child and Youth Can Forum, 27(2).*
Artz, S. and Riecken, T. (1997). What, so what, then what? The gender gap in school-based violence and its implications for child and youth care practice. *Child and Youth Care Forum, 26(4):* 291-303.

Ashford, M. W. (1996). *Boredom as a neglected issue in violence prevention programs in schools.* Vancouver: Simon Fraser University.

Askew, S. (1989). Aggressive behaviour in boys: To what extent is it institutionalized? In D. Tattum and D. Lane (eds), *Bullying in schools.* Stoke-on-Trent: Trentham.

Associated Press (2004). Japanese girl fatally stabs a classmate. *The New York Times,* 2 June: 12.

Associated Press (2006). Indiana students outraged over schools' blog crackdowns [electronic version], *foxnews.com,* 2 October. Retrieved 5 October 2006 from www.foxnews.com/story/0,2933,217121,OO.html.

Asthana, A. (2006). Discipline to go beyond school gate [electronic version]. *Guardian Unlimited,* 5 February. Retrieved 22 July 2007 from http://education.guardian.co.uk/pupilbehaviour/story/0,,1703314,OO.html.

Asthana, A. (2007). School war against the bullies brings academic success [electronic version]. *Guardian Unlimited,* 3 June. Retrieved 13 August 2007 from http://education.guardian.co.uk/pupilbehaviour/story/0,,2094886,00.html

Asthana, A. and Smith, D. (2007). Teachers call for YouTube ban over 'cyber-bullying' [electronic version]. *Guardian Unlimited,* 29 July. Retrieved 22 August 2007 from http://observer.guardian.co.uk/uk_news/story/0,,2137177,00.html.

Australian Bureau of Statistics (2005). Household use of information technology, Australia, 2004-5 [electronic version]. *Australian Bureau of Statistics.* Retrieved 15 August 2007 from www.ausstats.abs.gov.au/Ausstats/subscriber.nsf/0/CA78A418687 3588CCA2570 D8001B8C56/$File/81460_2004-05.pdf.

Bakan, J. (1999). Beyond censorship: An essay on free speech and law. In K. Petersen and A. C. Hutchinson (eds), *Interpreting censorship in Canada.* Toronto, ON: University of Toronto Press, pp. 80-100.

Balfbur, C. (2005). A *journey of social change: Turning government digital strategy into cybersafe local school practices.* Paper presented at 'Safety and security in a networked world: Balancing cyber-rights and responsibilities', Oxford Internet Institute, University of Oxford. Retrieved 10 August 2007 from www.oii.ox.ac.uk/microsites/cybersafety/?view=papers.

Barak, A. (2005). Sexual harrasment on the Internet. *Social Science Computer Review,* 23(1):77-92.

Bartlett, L. (2007). Cyber bully concern grows [electronic version], *cooltech iafrica.com,* 29 March. Retrieved 29 March 2007 from http://cooltech.iafrica.com/features/729468.htm.

BBC (2005). Mother rages at 'slap attackers' [electronic version, 19 May 2005]. *BBC News Online.* Retrieved 14 August 2007 from http://news.bbc.co.uk/2/hi/uk_news/england/manchester/4563419.stm.

Beckerman, L. and Nocero, J. (2002). You've got hate mail. *Principal Leadership (High School Ed),* 3(4): 38-41.

Becta. (2007). What is an acceptable use policy? Web page. Retrieved 23 August 2007 from http://schools.becta.org.uk/index.php?section=is&catcode=ss_to_es_pp_aup_03&rid=11087.

Belew, B. (2007). Cyberbullying in China — Students record video while physically belittling teacher [electronic version]. *The biz of knowledge.* Retrieved 12 August 2007 from www.thebizofknowledge.com/2007/05/cyberbullying_Jn_china_ student.html #more.

Belsey, B. (2005). Internet usage: Facts and news. Web page. Retrieved 8 July 2005 from www.cyberbullying.ca/facts_st.html.

Bentley, K. M. and Li, A. K. F. (1995). Bully and victim problems in elementary schools and students' beliefs about aggression. *Canadian Journal of School Psychology, 11:15* 3-65.

Berkowitz, L. (1993). *Aggression: Its causes, consequences, and control.* Philadelphia, PA: Temple University Press.

Bernstein, A. and Hanna, B. W. (2005). *Cyberlibel: Defamation proofing your online world.* Paper presented at the the Ninth Annual Canadian IT Law Association Conference, Montreal, Quebec, Canada.

Berson, I. R., Berson, M. J. and Ferron, J. M. (2002). Emerging risks of violence in the digital age: Lessons for educators from an online study of adolescent girls in the United States. *Journal of School Violence, 1(2):* 51-71.

Besag, V. E. (1989). *Bullies and victims in schools: A guide to understanding and management.* Milton Keynes: Open University Press.

Bettelheim, B. (1989). *The uses of enchantment: The meaning and importance of fairy tales.* New York: Vintage Books.

Bjorqvist, K., Lagerspetz, K. M. J. and Kaukiainen, A. (1992). Do girls manipulate and boys fight? Development trends in regard to direct and indirect aggression. *Aggressive Behavior, 18:* 117-27.

Bohn, G. (2006). Curb 'cyberbullies' prof urges. *The Vancouver Sun,* 22 February: A9.

Book and Periodical Council (2004). Freedom to read week. Web page. Retrieved 26 August 2007 from www.frc-edomtoread.ca/freedom_to_read__week/index.asp.

Booth, D. W. (1992). *Censorship goes to school.* Markham, ON: Pembroke.

Boulton, M. (1993). A comparison of adults' and children's abilities to distinguish between aggressive and playful fighting in middle school pupils. Implications for playground supervision and behavior management. *Educational Studies,* 29X3): 193-203.

Boulton, M. and Hawker, D. (1997). Verbal bullying: The myth of 'sticks and stones'. In D. Tattum and G. Herbert (eds), *Bullying: Home, school and community.* London: David Fulton, pp. 53-63.

Boulton, M. and Underwood, K. (1992). Bully/victim problems among middle school children. *British Journal of Educational Psychology, 62:* 73-87.

Bowlby, B. L. and Regan, J. W. (1998). *An educator's guide to human rights.* Aurora, ON: Aurora Professional Press, boyd, d. and Jenkins, H. (2006). MySpace and Deleting Online Predators Act (DOPA) [electronic version]. *MIT Tech Talk, 26* May. Retrieved 13 August 2007 from www.danah.org/papers/MySpaceDOPA.html.

Boyd, N. (2000). *The beast within: Why men are violent.* Vancouver, BC: Greystone Books. Brail, S. (1996). The price of admission: Harassment and free speech in the wild, wild west. In L. Cherny and E. R. Weise (eds), *Wired_women: Gender and new realities incyberspace.* Toronto, ON: Seal Press.

Brantingham, P. and Brantingham, P. (1995). Criminality of place: Crime generators and crime attractors. *European Journal on Criminal Policy and Research, 3:* 5-26.

Brecher, E. J. (1994). Crossing 'confidence gap' poses high hurdle for girls [electronic version]. *The Miami Herald,* 30 September, IF. Retrieved 19 August 2007.

Bringelson, C. (2005). On intellectual freedom [electronic version]. *Intellectual Freedom and Social Responsibility,* 24. Retrieved 22 November 2006 from www.schoiibraries.ca/articles/154.aspx.

British Columbia Ministry of Education (1997). Policy circular number 97-04, pp. 9-10.

British Educational Communications and Technology Agency (2007). Becta Home Page, August. Web site. Retrieved 26 August 2007 from www.becta.org.uk/.

British Educational Communications and Technology Agency (no date, a). School improvement professionals event. Presentation. Awareness of ICT in schools for school improvement professionals. Retrieved 26 August 2007 from http://events.becta.org.uk/display.cfm?cfid=662527&cftoken=63d05f972705-4b7df789-c05d-eael-98481l65ea7bbc6b&resID=29602.

British Educational Communications and Technology Agency (no date, b). Teacher exchange resource. Web site. Retrieved 26 August 2007 from http://tre.ngfl.gov.uk/

Brotherhood of the Lamb web site (no date). Retrieved 10 August 2006 from www.brotherhoodofthelamb.com.

Brown, L. (2007). Teachers declare war on cyber-bullying [electronic version]. *TbeStar.com,* 13 July. Retrieved 13 August 2007 from www.thestar.com/article/235675.

Bukowksi, W. and Sippola, L. (2001). Groups, individuals, and victimization: A view of the peer system. In J. Juvonen and S. Graham (eds), *Peer barrassment in school: The plight of the vulnerable and victimized.* New York, London: Guilford Press.

Butler-Kisber, L. and Portelii, J. P. (2003). The challenge of student engagement: Beyond mainstream conceptions and practices. *McGill Journal of Education, 38(2):* 207.

Campbell, M. (2005). Cyberbullying: An old problem in a new guise? *Australian Journal of Guidance and Counseling, 15(1):* 68-76.

Canadian Charter of Rights and Freedoms (1982). Schedule B, Constitution Act, 1982, Canada Act, c 11 (UK).

Canadian Press (2007). Ontario takes aim at bullying [electronic version}. *TheStar.com,* 16 April. Retrieved 16 April 2007 from www.thestar.com/News/article/203714.

Cao, L. and Maume, D. J. (1993). Urbanization, inequality, lifestyles and robbery: A comprehensive model. *Sociological Focus,* 26(1): 11—26.

Case, R. (1997). *Understanding judicial reasoning: controversies, concepts and cases.* Toronto, ON: Thompson Educational Publishing.

CBC News (2006). Regina bylaw to target cyber-bullies [electronic version], *cbc.ca,* 25 April. Retrieved 13 August 2007 from www.cbc.ca/canada/saskatchewan/story/2OO6/O4/25/buUying-reginaO6O425.html.

Chamberlain, E. and Houston, B. (1999). School sexual harassment policies: The need for both justice and care. In M. S. Katz, N. Noddings and K. A. Strike (eds), *Justice and caring: The search for common ground in education.* New York: Teachers College Press, pp. vi, 186.

Chomsky, N. (2007). Preface to *The myth of the liberal media.* In D. Macedo and S. R. Steinberg (eds), *Media literacy: A reader.* New York: Peter Lang, pp. 24-6.

Chu, J. (2005). You wanna take this online? Cyberspace is the 21st century bully's playground where girls play rougher than boys. *Time, Canadian Edition,* 8 August: 42—3.

Chung, M. (2007). Online comments were 'inside joke'. Posts meant for friends only, teen says [electronic version]. *TheStar.com,* 25 March. Retrieved 15 August 2007 from www.thestar.com/article/195823.

Churchill, A. (2007). Experience being 'cyberbullied'. Unpublished research conducted as part of a three year research project on cyber-bullying, funded by Social Science and Humanities Research Council of Canada (SSHRC). Shaheen Shariff, McGill University, Principal Investigator.

Cohen, L. and Cantor, D. (1980). The determinants of larceny: An empirical and theoretical study. *Journal of Research in Crime and Delinquency, 17*(2): 140-59.
Collins, J., Cox, B. G. and Langan, P. A. (1987). Job activities and personal crime victimization: Implications for theory. *Social Science Research,* i6(4): 345—60.
Cook, P. J. (1987). Robbery violence. *The Journal of Criminal Law and Criminology, 78(2)*:357-76.
Crick, N. R., Grotpeter, J. K. and Bigbee, M. A. (2002). Relationally and physically agressive children's intent attributions and feelings of distress for relational and instrumental peer provocations. *Child Developnient,* 73(4): 1134-42.
Darwin, C. (2003). *The Origin of Species.* New York: Signet Classics.
Davidson, J. (2004). Teens and technology: Where they get lost on line. *Australian Financial Review,* 14 February 14: 14.
Dedman, B. (2000). Schools may miss mark on preventing violence [electronic version]. *Chicago Sun-Times,* 16 October. Retrieved 12 August 2007 from www.ustreas. gov/usss/ntac/chicago_sun/shoot 16.htm.
Dei, G. S. (1997). Race and the production of identity in the schooling experiences of African-Canadian youth. *Discourse studies in the cultural politics of education, 18(2):* 241-57.
d'Eon, J. and Senoo, Y. (2007). Cyber bullies in Japan: A cultural perspective. Study material, 10 February. Paper presented at the initial team meeting of the International Cyberbullying Research Project, McGill University, Montreal, funded by the Social Science and Humanities Research Council of Canada (SSHRC). Shaheen Shariff, Principal Investigator.
Department for Children, Schools and Families (DfCSF) (2007). Don't suffer in silence. Web site. Retrieved 23 August 2007 from www.dfes.gov.uk/bullying/.
Devlin, A. (1997). Offenders at school: Links between school failure and aggressive behaviour. In D. Tattum and H. Graham (eds), *Bullying: Home, school and community.* London: David Fulton Publishers, pp. 149-58.
Dibbell, J. (1993). A rape in cyberspace or how an evil clown, a Haitian trickster spirit, two wizards, and a cast of dozens turned a database into a society. *Village Voice, 21* December, *38: 36-42.*
Dicey, E. (1863). *Six months in the federal states.* London/ Cambridge: Macmillan.
Dick, J. and Canadian Library Association (1982). *Not in our schools? If!: School book censorship in Canada: A discussion guide.* Ottawa: Canadian Library Association.
DiGiulio, R. C (2001). *Educate, median, or litigate? What teachers, parents, and administrators must do about student behavior.* Thousand Oaks, CA: Corwin Press.
Dolmage, W. R. (2000). Lies, damned lies ami statistics: The media's treatment of youth violence. *Education and Law Journal, 10:*1-46.
Doob, A. N., Marinos, V., Varma, KL N. and University of Toronto, Centre of Criminology (1995). *Youth crime and the youth justice system in Canada: A research perspective.* Toronto, ON: Centre of Criminology, University of Toronto.
Eck, J. (2002). Preventing crime at places. In L. Sherman, D. Farrington, B. Welsh and D. MacKenzie (eds), *Evidence-based crime prevention.* New York: Routledge, pp. 241-94.
Education Act (1990) R.S.O., c. E. 2.
Edwards, L. Y. (2005). Victims, villains, and vixens. In S. R. Mazzarella (ed.), *Girl wide web.* New York: Peter Lang, pp. 13-30.

Egan, K. (1997). *The educated mind: How cognitive tools shape our understanding.* Chicago, IL: University of Chicago Press.

Eicher, D. (1994). Perils of puberty girls 'crash and burn' in adolescence. *The Denver Post,* 4 July: E01.

Elbaz-Luwisch, F. (2004). How is education possible when there's a body in the middle of the room? *Curriculum Inquiry, 34(1): 9—21.*

Epp, J. R. (1996). Schools, complicity, and sources of violence. In J. R. Epp and A. M. Watkinson (eds), *Systemic violence: How schools hurt children.* London: Falmer Press, pp. 1-25.

Esmail, A. (2007). *Untitledlecture.* Paper presented at the Institute of Ismaili Studies, McGill University, Montreal, Quebec, August.

European Commission (2007a). EU kids online, 7 June. Web site. Retrieved 23 August 2007 from www.eukidsonline.net/.

European Commission. (2007b). Safer Internet *plus* Programme, 31 July. Web site. Retrieved 22 August 2007 from http://ec.europa.eu/information_society/activities/sip/programme/index_en.htm.

European Commission (2007c). Making the Internet a safer place: The Safer Internet fact sheet [electronic version], 2 February. Retrieved 22 August 2007 from http://ec.europa.eu/information_society/doc/factsheets/018-saferinternetplus.pdf.

European Committee on Crime Problems (2001). Draft convention on cyber-crime [electronic version], 29 June. Retrieved 29 June from www.privacyinternational.org/issues/cybercrime/coe/cy bercrime-final.html.

Findlay, G. (2007). Facebook: Student and parent [electronic version]. *The Current,* 2 May. Retrieved 2 May 2007 from www.cbc.ca/thecurrent/2OO7/2OO7O5/2OO7O5O2.html.

Finkelhor, D., Mitchell, K. and Wolak, J. (2000). *Online victimization: A report on the nation's youth.* Retrieved 12 August 2007 from www.unh.edu/ccrc/pdf/Victimization_Online_Survey.pdf.

Finn, J. (2004). A survey of online harassment at a university *campus. Journal of Interpersonal Violence, 19: 468-85.*

Finn, J. and Banach, M. (2000). Victimization online: The downside of seeking human services for women on the Internet. *Cyberpsychology and behavior,* 3(5): 785-96.

Flynn, R. (2007). Private communication: Interpretation of changes to Bill 212, 27 July 2007 email to S. Shariff.

Foerstel, H. N. (1994). *Banned in the USA: A reference guide to book censorship in schools and public libraries.* Westport, CT: Greenwood Press.

Forss, P. (2006). 14% of students experience cyber bullying through SMS: survey [electronic version]. *Channel News Asia,* 19 June. Retrieved 20 June 2006 from www.channelnewsasia.eom/stories/singaporelocalnews/view/214481 /1/.html.

Forss, P. (2007). Educators concerned about increasing trend of cyber-bullying [electronic version]. *Channel News Asia,* 18 June. Retrieved 14 August 2007 from www.channelnewsasia.com/stories/singaporelocalnews/view/282978/l/.html.

Franek, M. (2006). Foiling cyberbullies in the new wild west. *Educational Leadership,* 63(4): 39-43.

Fratina, S. (2007). India's Internet censorship policy. Unpublished report produced as part of the International Cyberbullying Research Project, McGill University, Montreal, funded by the SSHRC. Shaheen Shariff, Principal Investigator.

Gaetz, S. (2004). Safe streets for whom? Homeless youth, social exclusion, and criminal victimization. *Canadian Journal of Criminology and Criminal Just ice/La Revue canadienne de criminologie et de justice penale, 46(4):* 423—56.

Gamson, W. A. and Modigliani, A. (1989). Media discourse and public opinion on nuclear power: A constructionist approach. *The American Journal of Sociology, 95(1):* 1-37.

Garbarino, J. (1999). *Lost boys: Why our sons turn violent and how we can save them.* New York: The Free Press.

Garofalo, J., Siegel, L. and Laub, J. (1987). School-related vicitimizations among adolescents: An analysis of national crime survey narratives. *Journal of Quantitative Criminology,* 3(4): 321-38.

Gati, A., Tenyi, T., Tury, F. and Wildmann, M. (2002). Anorexia nervosa following sexual harassment on the Internet: A case report. *The International Journal of Eating Disorders,* 32(4): 47'4-7.

Gee, J. P. (2003). *What video games have to teach us about learning and literacy.* New York: Palgrave/MacmilIan.

Genta, M. L., Menesini, E., Fonzi, A., Costabile, A. and Smith, P. K. (1996). Bullies and victims in schools in central and southern Italy. *European Journal of Psychology of Education,* 77:97-110.

Gerstenfeld, P., Grant, D. and Chiang, C. (2003). Hate online: A content analysis of extremist Internet sites. *Analysis of Social Issues and Public Policy,* 3(1): 29-44.

Gibson, C. (2006). Standing up to cyber bullies [electronic version]. *Adelaidean: News from the University of Adelaide,* August. Retrieved 28 November 2006 from www.adelaide.edu.au/adelaidean/issues/136Ol/newsl3683.html.

Girard, D. and Nguyen, L. (2007). Students, police clash [electronic version]. *TheStar.com,* March 24. Retrieved 1 April 2007 from www.thestar.com/article/195604.

Girodo, M., Deck, T. and Morrison, M. (2002). Dissociative-type identity disturbances in undercover agents: Socio-cognitive factors behind false-identity appearances and reenactments. *Social Behavior and Personality,* 30(7): 631-44.

Giroux, H. A. (2002). Democracy, freedom, and justice after September 1 lth: Rethinking the role of educators and the politics of schooling. *Teachers College Record, 104(6):*1138-62.

Giroux, H. (2003). *The abandoned generation: Democracy beyond the culture of fear.* New York: Palgrave/Macmillan.

Glover, D., Cartwright, N. and Gleeson, D. (1998). *Towards bully-five schools.* Buckingham, Philadelphia, PA: Open University Press.

Glueck, S. and Glueck, E. T. (1962). *Family environment and delinquency.* Boston, MA: Houghton Mifflin.

Goff, H. (2007). Websites urged to act on bullies [electronic version]. *BBC News Online,* 16 April. Retrieved 13 August 2007 from http://news.bbc.co.uk/2/hi/uk_news/education/65 39989.stm.

Golding, W. (1954). *Lord of the flies.* New York: Penguin Putnam.

Gramsci, A. (1971). *Selections from the prison notebooks of Antonio Gramsci.* London: Lawrence Wishart.

Gramsci, A. (1975). *Letters from prison* (L. Lawner, trans.). London: Jonathan Cape.

Gregson, K. S. (2005). What if the lead character looks like me? Girl fans *of Shoujo* anime and their web sites. In S. R. Mazzarella (ed.), *Girl wide web: Girls, the Internet and the negotiation of identity.* New York: Peter Lang.

Hall, M. T. (1999). Administrative discretion and youth violence in schools: An analysis. Unpublished doctoral dissertation. Burnaby, BC: Simon Fraser University.

Handa, S. (1997). Caught between omissions: Exploring 'culture conflict' among second generation South Asian women in Canada. Unpublished doctoral dissertation. Toronto, ON: University of Toronto.

Harmon, A. (2004). Internet gives teenage bullies weapons to wound from afar [electronic version]. *New York Times, 24* August. Retrieved 26 August 2004 from www.nytimes.com./2004/08/26/education.

Harris, M. (2007). Facebook is for 'good' kids - MySpace is for freaks. *The Gazette,* 29 June.

Harris, S. and Petrie, G. (2002). A study of bullying in the middle school. *National Association of Secondary School Principals (NASSP) Bulletin,* 86(633): 42-53.

Hasegawa, M., Iwasaki, K. and Nakata, H. (2006). Junior high and high school students' real knowledge and the assessment of risk in using the Internet. *The Bulletin of Liberal Arts and Social Science Studies in Kinjo Gakuin University,* 1-12.

Hasegawa, M., Iwasaki, K. and Nakata, H. (2007). Junior high and high school students' actual knowledge and the assessment of risk in using Internet. Interim report. Paper presented at the initial team meeting of the International Cyberbullying Research Project, McGill University, Montreal, funded by the Social Science and Humanities Research Council of Canada (SSHRC). Shaheen Shariff, Principal Investigator. Translation by Yasuko Senoo.

Haynie, D. L, Nansel, T. R., Eitel, P., Crump, A. D., Saylor, K., Yu, K. *et al.* (2001). Bullies, victims, and bully/victims: Distinct groups of at-risk youth. *Journal of Early Adolescence, 21:* 29-49.

Henderson, N. R. and Hymel, S. (2002). *Peer contributions to bullying in schools: Examining student response strategies.* Paper presented at the National Association of School Psychologists (NASP) Annual Convention (Poster session), Chicago, Illinois.

Henderson, N. R., Hymel, S., Bonanno, R. A. and Davidson, K. (2002). *Bullying as a normal part of school life: Early adolescents' perspectives on bullying and peer harassment.* Paper presented at the Safe Schools Safe Communities Conference (Poster session), Vancouver, British Columbia.

Herring, S. C (2002). Cyberviolence: Recognizing and resisting abuse in online environments. *Asian Women, 14:* 187-212.

Herzog, M. J. R. (1995). School censorship experiences of teachers in southern Appalachia. *International Journal of Qualitative Studies in Education, 8(2):* 137—48.

Higginbottom, N. and Packham, B. (2007). Student cracks government's 85M porn filter [electronic version]. *The Herald Sun, 26* August. Retrieved 26 August 2007 from www.news.com.au/story /0,2 3 599,22304224-421,00.html.

Hinduja, S. and Patchin, J. (in press). Cyberbullying: An exploratory analysis of factors related to offending and victimization. *Deviant Behavior.*

Hindustan Times (2008). Retrieved 13 January 2008 from www.hindustantimes.com/StoryPage.

Hines, M. A. (1991). Malpractice in education. In W. F. Foster and F. Peters (eds), *Education and law: Strengthening the partnership.* Georgetown, ON: CAPSLE, pp. 154-62.

Hodges, E. V. E. and Perry, D. G. (1996). Victims of peer abuse: An overview. *Reclaiming Children and Youth: Journal of Emotional and Behavioral Problems, 5(1):* 23-8.

Hogg, C. (2006). Japan's deadly bullying problem [electronic version]. *BBC News Online,* 6 December. Retrieved 14 August 2007 from http://news.bbc.co.Uk/2/hi/asia-pacific/6213716.stm.

Hoover, J. H. and Olsen,G. W. (2001). *Teasing and harassment: The frames and scripts approach for teachers and parents.* Bloomington, IN: National Educational Service.
Howe, R. B. and Covell, K. (2000). Schools and the participation rights of the child. *Education and Law Journal, 10:* 107-23.
Inglis, F. (1985). *The management of ignorance.* Oxford: Blackwell.
Itoh, M. (1999). Iwaki-shi 'ijime' jisatsu jiken hanketsu nit suite [electronic version]. *10.* Retrieved 18 March 2007 from www.itoh.org/io/parent/iwaki.htm.
Ivengar, S. (1991). *Is anyone responsible? How television frames political issues.* Chicago, IL: University of Chicago Press.
Jackson, P. W. (1986). *The practice of teaching.* New York: Teachers College Press.
Jafaar, S. B. (2002). Fertile ground: instructional negligence and the tort of educational malpractice. *Education and Law Journal,* 72(1): 131-22.
Jaishankar, K. and Shariff, S. (in press). Cyber bullying: A transnational perspective. In F. Schmallager and M. Pittaro (eds), *Crimes of the Internet.* Upper Saddle River, NJ: Prentice Hall.
Jalongo, M. R. and Creany, A. D. (1991). Censorship in children's literature: What every educator should know. *Childhood Education,* 67(3): 143-8.
James, O. (1995). *Juvenile violence in a winner-loser culture: Socio-economic and familial origins of the rise in violence against the person.* London, New York: Free Association Books.
Janovicek, N. (2001). *Reducing crime and victimization: A service provider's report.* Prepared for the Feminist Research, Education, Development and Action Centre; Burnaby, BC: Simon Fraser University.
Jenkins, H. and boyd, d. (2006). Discussion: MySpace and Deleting Online Predators Act (DOPA) [electronic version]. *Digital Divide Network,* 30 May. Retrieved 12 June 2006 from www.digitaldivide.net/mides/view.php:ArticleID=592.
Jiwani, Y. (1997). *Reena Virk: The erasure of race? Kinesis.* Vancouver, BC: FREDA Centre for Research on Violence Against Immigrant and Refugee Girls and Women; Burnaby, BC: Simon Fraser University.
Jiwani, Y. (2001). *Mapping violence: A work in progress.* Vancouver, BC: Feminist Research, Education, Development and Action Centre; Burnaby, BC: Simon Fraser University.
Juvonen, J. and Graham, S. (2001). *Peer harassment in school: The plight of the vulnerable and victimized.* New York, London: Guilford Press.
Kapoor, G. (2003). School spats: Fights, squabbles and school rivalries take a nasty turn online [electronic version]. *Rediff India Abroad, 26* May. Retrieved 12 August 2007 from www.redifT.com/netguide/2OO3/may/26bully.htm.
Katch, J. (2001). *Under dead man's skin: Discovering the meaning of children's violent play.* Boston, MA: Beacon Press.
Keene, L. (2004). Who said I can't read this? *School Library Media Activities Monthly, 21(2):* 29-32.
Kincheloe, J. L. (2004). Introduction. In J. L Kincheloe and S. R. Steinberg (eds), *The miseducation of the West: How schools and the media distort our understanding of the Islamic world.* Westport, CT, London: Praeger Publishers, pp. 1-23.
Kincheloe, J. L. (2005). *Classroom teaching: An introduction.* New York: Peter Lang.
Knowledge Producing Schools web site (2005). October 22. Retrieved 19 August 2007 from deakin .edu.au/education/lit/kps/.
Kochenderfer-Ladd, B. and Wardrop, J. L. (2001). Chronicity and instability of children's peer victimization experiences as predictors of loneliness and social satisfaction trajectories. *Child Development, 72(1):* 134-51.

Kozol, J. (2005). *The shame of the nation: The restoration of apartheid schooling in America.* New York: Crown.

Kumpulainen, K., Rasanen, E. and Henttonen, I. (1999). Children involved in bullying: psychological disturbances and the persistence of the involvement. *Child Abuse and Neglect: The International Journal, 23(12):* 1253-62.

Kumpulainen, K., Rasanen, E., Henttonen, I., Almqvist, F., Kresanov, K. et al. (1998). Bullying and psychiatric symptoms among elementary school-age children. *Child Abuse and Neglect: The International Journal, 22(1):* 705-17.

Lampert, A. (2006). Prof raises alarm about cyber-bullying [electronic version]. *The Gazette,* 21 February. Retrieved 13 August 2007 from www.canada.com/montrealgazette/news/montreal/story.html?id = 51354824-385b-4fd6-971e-27ece9185803&k=62517.

Lanctot, N. (2001). *Violence among females from adolescence to adulthood: Results from a longitudinal study.* Paper presented at the Vancouver Conference on Aggressive and Violent Girls. Simon Fraser University, Vancouver, British Columbia.

Land, J. (2006). Bullies inflicting 'extreme misery' on UK school pupils [electronic version]. *24dash.com,* 6 November. Retrieved 10 November 2006 from www.24dash.com/ printNews/48/12656.htm.

Lankshear, C. and Knobel, M. (2003). *New literacies: Changing knowledge and classroom learning.* Buckingham: Open University Press.

Lankshear, C. and Knobel, M. (2005). *Digital literacies: Policy. pedagogy and research considerations for education.* Opening plenary address. Paper presented at the ITU Conference, Oslo, Norway. Retrieved 9 August 2007 from www.geocities.com/clankshear/ Oslo.pdf.

Lankshear, C. and Knobel, M. (2006). *New literacies: Everyday practices and classroom learning,* 2nd edn. Maidenhead, New York: Open University Press.

Large, A., Nesset, V., Beheshti, J. and Bowler, L. (2006). 'Bonded design': A novel approach to intergenerational information technology design. *Library and Information Science Research,* 28(1): 64-82.

Larson, C. L. (1997). Is the land of Oz an alien nation? A sociopolitical study of school community conflict. *Educational Administration Quarterly,* 33(3): 312-50.

Lasley, J. (1989). Drinking routines/lifestyles and predatory victimization: A causal analysis. *Justice Quarterly, 6(4):* 529-42.

Leander, K. (in press). Toward a connective ethnography of online/offline literacy networks. In J. Coiro, M. Knobel, C. Lankshear and D. Lou (eds), *Handbook of research on new literacies.* Mahwah, NJ: Lawrence Erlbaum.

Lee, J. (2005). Teens with mobiles to steal thunder from 3G revolution {electronic version}. *The Sydney Morning Herald,* 17 February. Retrieved 12 August 2007 from http://smh. com.au/articles/2005/02/16/1108500153501.html.

Leishman, J. (2002). Cyber-bullying: The Internet is the latest weapon in a bully's arsenal {electronic version}. *CBC News. The National,* 10 October. Retrieved 27 January 2003 from http://cbc.ca/news/national/news/cyberbullying/index.html.

Lenhart, A. (2007). Data memo {electronic version}. *PEW Internet and American Life Project,* 27 June. Retrieved 14 August 2007 from www.pewinternet.org/pdfs/PIP%20 Cyberbullying% 20Memo.pdf.

Li, Q. (2005). Cyber-bullying in schools: The nature and extent of adolescents' experience. Paper presented at the American Education Research Association (AERA) Conference, Montreal.

Lidsky, L. B. (2000). Silencing John Doe: Defamation and discourse in cyberspace. *Duke Law Journal,* 49(855): 862-5.
Limber, S. P. and Small, M. A. (2003). State laws and policies to address bullying in schools. *School Psychology Review, 32(ò):* 445-55.
Linden, A. M. and Klar, L. N. (eds) (1994). *Canadian tort law: Cases, notes and materials,* 10th edn. Markam, ON, Vancouver, BC: Butterworths Canada.
Livingstone, S. and Bober, M. (2005a). *UK children go online: Final report of key project finding,* April. Retrieved 14 August 2007 from www.lse.ac.uk/collections/children-go-online/UKCGO_Final_report.pdf.
Livingstone, S. and Bober, M. (2005 b). *UK children go online: Final report of key project findings,* April. London: Economic and Social Research Council.
Lorimer, R. (1999). The market and professional censorship of Canadian school textbooks. In K. Petersen and A. C. Hutchinson (eds), *Interpreting censorship in Canada.* Toronto, ON: University of Toronto Press, pp. 367-85.
Louis Harris and Associates (1993). *Hostile hallways: The AAUW survey on sexual harassment in America's schools.* Washington, DC: American Association of University Women.
Lynch, J. (1987). Routine activity and victimization at work. *Journal of Quantitative Criminology, 3(4):* 283-300.
Ma, X. (2001). Bullying and being bullied: To what extent are bullies also victims? *American Educational Research Journal, 38(2):* 351-70.
Maag, C. (2007). Retrieved 13 January 2008 from www.nytimes.com/2007/ll/28/us/28hoax.html.
McCarthy, P., Rylance, J., Bennet, R. and Zimmermann, H. (2001). *Bullying from The Backyard to Boardroom,* 2nd edn. Leichhardt: The Federation Press.
McCormick, N. and Leonard, J. (1996). Gender and sexuality in the cyberspace frontier. *Women and Therapy, 19(4):* 109-19-
MacDonald, R. A. (2006). *Pluralistic human rights: Universal human wrongs,* 1 November. Paper presented at the Dialogues on human rights and legal pluralism workshop. Centre for Human Rights and Legal Pluralism, Faculty of Law, McGill University, Montreal.
McDougall, A. and Philips Valentine, L. (1999). Selective marginalization of Aboriginal voices: Censorship in public performance. In K. Petersen and A. C. Hutchinson (eds), *Interpreting censorship in Canada.* Toronto, ON: University of Toronto Press, pp. 334-50.
Macedo, D. and Steinberg, S. R. (2007). *Media literacy: A reader.* New York: Peter Lang Publishing.
Mackay, A. W. and Burt-Gerrans, J. (2005). Student freedom of expression: Violent content and the safe school balance. {Special issue: Schools and courts: Competing rights in the new millennium}. *McGill Journal of Education, 40(0),* 423-44. MacKay, A. W. and Dickinson, G. M. (1998). *Beyond the 'Careful Parent: Tort liability in education.* Toronto, ON: Emond Montgomery Publications.
MacKay, A. W. and Flood, S. (2001). Negligence principles in the school context: New challenges for the 'careful parent'. *Education and Law Journal, 10(3):* 371-92.
Mackey-Kallis, S. and Hahn, D. (1994). Who's to blame for America's drug problem?: The search for scapegoats in the '.war on drugs.' *Communication Quarterly, 42(1):* 1-20.
MacKinnon, R. (2001). Virtual rape. *Journal of Computer Mediated Communication, 2(4):* n.p.
McLaren, P. (1991). Schooling the postmodern body: critical pedagogy and the politics of enfleshment. In H. A. Giroux (ed.), *Postmodernism, feminism, and cultural politics:*

redrawing educational boundaries. Albany, NY: State University of New York Press, pp. 144-73.

McLaren, P. (1998). *Life in schools: An introduction to critical pedagogy in the foundations of education,* 3rd edn. New York: Longman.

MacLean, S. (2006). Survey reveals cyber bullying {electronic version}. *Australian IT,* 20 April. Retrieved 20 April 2006 from http://australianit.news.com.au/.

McLuhan, M. (1964). *Understanding media: The extensions of man.* New York: Mentor.

McMillin, D. C. (2005). Teen crossings: Emerging cyberpublics in Índia. In S. R. Mazzarella (ed.), *Girl wide web: Girls, the Internet, and the negotiation of identity.* New York: Peter Lang, pp. 161-78.

McNeil, L. M. (1988). *Contradictions of control: School structure and school knowledge.* New York: Routledge.

McVeigh, B. J. (2003). Individualization, individuality, inferiority, and the Internet: Japanese university students and e-mail. In N. Gottlieb and M. McLelland (eds), *Japanese Cybercultures.* London: Routledge.

Madriz, E. (1996). The perception of risk in the workplace: A test of routine activity theory. *Journal of Criminal Justice, 24(5).*

Mahtani, M. (2001). Representing minorities: Canadian media and minority identities. *Canadian Ethnic Studies,* 33(3): 99-133.

Mainchi Daily News (2007). Prime minister backs harsher punishment for school bullies {electronic version, 22 January}. *MSN-Mainichi Daily News.* Retrieved 22 January 2007 from http://nidn.mainichimsn.co.jp/national/news/2007012p2 a00m0na016000c.html.

Mann, J. (1997). A perilous age for girls. *The Washington Post,* October 10: E03.

Marjoribanks, K. and Mboya, M. M. (1998). Factors affecting the self-concepts of South African Students. *Journal of Social Psychology, 138(5):* 572-80.

Martin, M. and Phelan, S. (2002). Representing Islam in the wake of September 11: A comparison of US television and CNN online messageboard discourses. *Prometheus,* 20(3): 263-9.

Mazur, A. (1983). Physiology, dominance and aggression in humans. In A. P. Goldstein and Syracuse University Center for Research on Aggression (eds.), *Prevention and control of aggression.* New York: Pergamon Press, pp. 145-55.

Mazzarella, S. R. (ed.) (2005). *Girl wide web. Girls, the Internet, and the negotiation of identity.* New York: Peter Lang.

Mazzarella, S. R. and Pecora, N. (2002). *Girls in crisis: Newspaper coverage of adolescent girls.* Paper presented at the meeting of the National Communication Association, New Orleans, LA.

Media Awareness Network (2005). Kids' online activites: Key findings {electronic version}. *Young Canadians in a wired world: Key findings.* Retrieved 10 January 2006 from www.media-awareness .ca/english/resources/special_initiatives/survey_resources/students_survey/key_findings/kids_online_key_findings.cfm.

Media Awareness Network (no date). Media Awareness Network web site. Retrieved 10 December 2006 from www.mediawareness.com.

Medical News Today (2007). Survey identifies teen online behaviors associated with online interpersonal victimization {electronic version, 7 February}. *Medical News Today.* Retrieved 14 August 2007 from www.medicalnewstoday.com/articles /624l8.php.

Mitchell, A. (2004). Bullied by the click of a mouse {electronic version}. *The Globe and Mail,* 24 January. Retrieved 10 August 2007 from www.theglobeandmail.com/servlet/story/RTGAM.20040124.wbully0124/BNStory/Front/?query=bullying.

Mitchell, K. J., Finkelhor, D. and Wolak, J. (2003). The exposure of youth to unwanted sexual material on the Internet: A national survey of risk, impact, and prevention. *Youth and Society, 340):* 330-58.

Mitchell, K. J., Finkelhor, D. and Wolak, J. (2005). Protecting youth online: Family use of filtering and blocking software. *Child Abuse and Neglect: The International Journal,* 29(7): 753-65.

Montgomery, K. (2005). Imagining the antiracist state: Representations of racism in Canadian history textbooks. *Discourse: studies in the cultural politics of education, 26(4):*427-42.

Mooney, A., Creeser, R. and Blatchford, P. (1991). Children's views on teasing and fighting in junior schools. *Educational Research, 33:* 103-12.

Moretti, M. (2002). Aggressive and violent behaviour in girls: Rates, risk factors and relevance for adjustment. Paper presented at the Vancouver Conference on Aggressive and Violent Girls, Simon Fraser University, Vancouver, British Columbia.

Moriarty, L. J. and Williams, J. E. (1996). Examining the relationship between routine activities theory and social disorganization; An analysis of property crime victimization. *American Journal of Criminal Justice, 21(1):* 43-59.

Morita, Y. and Kiyonaga, K. (1994). *ljime: Kyôshitsu no yamai (Bullying: Pathology in classrooms,* 2nd edn. Tokyo: Kanedo-shobo.

Mota, S. (2002). The U.S. Supreme Court addresses the Child Pornography Prevention Act and Child Online Protection Act in *Ashcroft v. Free Speech Coalition* and *Ashcroft v. American Civil Liberties Union. Federal Communications Law Journal, 55:* 85-98. MSN. (2006).

MSN cyberbullying report: Biogging, instant messaging and email bullying amongst today's teens {electronic version}. Retrieved 12 August 2007 from www.msn.co.uk /img/specials/portal/cyberbullying/cyberbullying_tall_revised3.pdf.

Mustaine, E. E. and Tewksbury, R. (1997). The risk of victimization in the workplace for men and women: An analysis using routine activities/lifestyle theory. *Humanity and Society, 21(1):* 17-38.

Mustaine, E. E. and Tewksbury, R. (2000). Comparing the lifestyles of victims, offenders, and victim-offenders: A routine activity theory assessment of similarities and differences for criminal incident participants *Sociological Focus,* 33(3): 339-62.

Myers, D. A. (2006). Defamation and the quiescent anarchy of the Internet: A case study of cyber-targeting. *Penn State Law Review, 110(3):* 667-86.

Mynard, H., Joseph, S. and Alexander, J. (2000). Peer victimisation and post traumatic stress in adolescents. *Personality and Individual Differences, 29:* 815-21.

Nacos, B. and Torres-Reyna, O. (2002). Muslim Americans in the news before and after 9-11. Paper presented at the Symposium: Restless searchlight: terrorism, the media and public life, cosponsored by the APSA Communication Section and the Shorenstein Center at the John F. Kennedy School, Harvard University.

Nansel, T., Overpeck, M., Pilla, R. S., Simons-Morton, B. and Scheidt, P. (2001). Bullying behaviors among US youth: Prevalence and association with psychosocial adjustment. *Journal of the American Medical Association, 285:* 2094-2100.

National Crime Prevention Council (1997). *Report on Bullying.* Retrieved 24 July 2005 from www.crime-prevention.org.

NCH (2005). *Putting U in the picture. Mobile Bullying Survey 2005.* Retrieved 5 December 2006 from www.nch.org.uk/uploads/documents/Mobile_bullying_ %20report.pdf.

Neuman, W. R., Just, M. R. and Crigler, A. N. (1992). *Common knowledge: News and the construction of political meaning.* Chicago, IL: The University of Chicago Press.

Noll, E. (1994). The ripple effect of censorship: Silencing in the classroom. *English Journal,* 83(8): 59-64.

O'Connell, P., Pepler, D. and Craig, W. (1999). Peer involvement in bullying: Insights and challenges for intervention. *Journal of Adolescence, 22:* 437-52.

O'Connell, R., Barrow, C. and Sange, S. (2002). *Young peoples' use of chat rooms: Implications for policy strategies and programs of education.* London: Home Office.

Olweus, D. (1978). *Aggression in the schools: Bullies and whipping boys.* Washington. DC, New York: Hemisphere, distributed solely by Halsted Press.

Olweus, D. (1991). Bully/victim problems among school children. Basic facts and effects of a school based intervention program. In D. J. Pepler and K. H. Rubin (eds), *The development and treatment of childhood aggression.* Hillsdale, NJ: Erlbaum.

Olweus, D. (1993). *Bullying at school: What we know and what we can do.* Oxford, Cambridge MA: Blackwell.

Olweus, D. (2001). Peer harassment: A critical analysis and some important issues (introduction). In J. Juvonen and S. Graham (eds), *Peer harassment in school: The plight of the vulnerable and vicitmized.* New York: Guildford Press, pp. 3-20.

Ontario College of Teachers (2007). COMPAS State of the Teaching Profession {electronic version}. *Professionally Speaking, The Magazine of the Ontario College of Teachers.* Retrieved 28 August 2007 from www.oct.ca/publications/PDF /survey07_e.pdf.

Out-Law News (2006) Europe investigates dangers of mobiles to children [electronic version, 27 July]. *Out-Law News.* Retrieved 22 August 2007 from www.out-law.com/page-7141.

Parker, J. C. (1993). Educational malpractice: A tort is born. *Education and Law Journal, 4:* 163-87.

Patchin, J. and Hinduja, S. (2006). Bullies move beyond the schoolyard: A preliminary look at cyberbullying. *Youth Violence and Juvenile Justice, 4(2):* 148-69.

Payne, S. (2007). Cyber-bullying: It's not 'cool', it's cruel [electronic version}- *Bangkok Post Learning Post,* 1 May. Retrieved 12 August 2007 from www.bangkokpost.net/education/index.htm.

Pellegrini, A. D. and Bartini, M. (2000). A longitudinal study of bullying, victimization, and peer affiliation during the transition from primary school to middle school. *American Educational Research Journal,* 37(3): 699-725.

PEN Canada (2006). Challenging books [electronic version], *PEN Canada Spring Bulletin.* Retrieved 4 December 2006 from www.pencanada.ca/media /NewsletterSpring06.pdf.

Pepler, D. and Craig, W. (1997). *Bullying: Research and interventions. Youth Update.* A publication of the Institute for the Study of Antisocial Youth.

Perkins, C. (1997). Any more colorful we'd have to censor it. In S. de Castell and M. Bryson (eds), *Radical in-ter-ventions: Identity, politics and differences in educational praxis.* Albany, NY: SUNY, pp. 247-68.

Perry, D. G., Williard, J. C. and Perry, L. C. (1990). Peers' perceptions of the consequences that victimized children provide aggressors. *Child Development, 61:* 1310-25.

Petress, K. (2004). The role of censorship in school. *Journal of Instructional Psychology,* 32(3): 248-52.

Phipher, M. (1994). *Reviving Ophelia: Saving the selves of adolescent girls.* New York: Ballentine Books.

Piddocke, S., Magsino, R. and Manley-Casimir, M. (1997). *Teachers in trouble: An exploration of the normative character of teaching.* Toronto, ON: University of Toronto Press.

Plato. (1987). *The republic* (D. Lee, trans.). London: Penguin Books.
Pollack, W. (1998). *Real boys*. Markham, ON: Fitzhenry & Whiteside.
Portsmouth Herald Editorial Board (2005). Internet age brings new form of harassment: Cyber-bullying [electronic version]. *Portsmouth Herald,* 30 March. Retrieved 12 August 2005 from http://archive.seacoastonline.com/2005news/ 03302005/editoria/72651.htm.
Press Association (2006). Teachers to be given powers outside school [electronic version]. *Guardian Unlimited,* 8 February. Retrieved 22 July 2007 from http://education.guardian.co.uk/pupilbehaviour/story/0,,1705138,00.html.
PREVNet (2006). Cyber-bullying Meeting. PREVNet, Promoting relationships and eliminating violence. A national network funded by Canadian Centres for Excellence, Toronto, 15 December.
Prinsloo, E. and Du Plessis, S. (1998). *Socio-education 1*. Pretoria: University of South Africa, Department of Educational Studies.
Rahul. (2007). Orkut: The sex hub! {electronic version}. *Merinews,* 21 March. Retrieved 12 August 2007 from www.merinews.com/catFull.jsp?articleID=124543.
Rauste-Von Wright, M. (1992). The function of aggression in the life process of adolescents. In A. Fraczek and H. Zumkley (eds), *Socialization and aggression*. Berlin: Springer-Verlag. pp. 185-99.
Razack, S. (1998). *Looking white people in the eye: Gender, race, and culture in courtrooms and classrooms*. Toronto, ON: University of Toronto Press.
Reading Evening Post (2006). Cyber bullying blighting our lives [electronic version], get-reading, 1 June. Retrieved 13 August 2007 from www.getreading.co.uk/news/2001/2001939/cyber_bullying_blighting_ourJives.
Reichman, H. (1993). *Censorship and selection: Issues and answers for schools,* rev. edn. London, Chicago, IL: American Library Association.
Reiss, A. J., Roth, J. A. and National Research Council (US), Panel on the Understanding and Control of Violent Behavior (1993). *Understanding and preventing violence*. Washington, DC: National Academy Press.
Renfrew, J. W. (1997). *Aggression and its causes: A biopsychosoc'utl approach*. New York: Oxford University Press.
Research committee for protection of children against negative influences in the virtual community in the National Police Agency (2006). Baacharu shakai no motarasu heigai kara kodomo o mamoru tameni, final report {electronic version}, December. Retrieved 19 March 2007 from www.npa.go.jp/safetylife/syonen29/ finalreport.pdf.
Riga, A. (2007). Cyberbullying: Schools are fighting back. *The Gazette,* 5 August: Al, A4.
Rigby, K. (1997). Reflections on *Tom Brown's Schooldays* and the problem of bullying today. *Australian Journal of Social Science,* 4(1): 85-96.
Rigby, K. (2001). Health consequences of bullying and its prevention in schools. In J. Juvonen and S. Graham (eds), *Peer harassment in school: The plight of the vulnerable and victimized*. New York, London: Guilford Press, pp. 310-31.
Rigby, K. (2002). How successful are anti-bullying programs for schools? Paper presented at the Australian Institute of Criminology (invited) in conjunction with the Department of Education, Employment and Training, Victoria and Crime Prevention, Victoria, Melbourne.
Rios-Ellis, B., Bellamy, L. and Shoji, J. (2000). An examination of specific types of ijime within Japanese schools. *School Psychology International, 21(5):* 227-41.

Rivers, I. (2003). *Bullying: Implications for mental health.* Paper presented at the Child Mental Health Research Networking Day, Postgraduate Medical Education Centre, York, UK, January.

Robertson, H.-J. (1998). *No more teachers, no more books: The commercialization of Canada's schools.* Toronto, ON: McClelland & Stewart.

Roher, E. (1997). *An Educator's Guide to Violence in Schools.* Toronto, ON: Canada Law Books.

Roher, E. (2007). Intimidation.com: Dealing with cyberbullying. Paper presented at the CAPSLE Conference, Vancouver, British Columbia.

Roncek, D. and Maier, P. (1991). Bars, blocks, and crimes revisited: Linking the theory of routine activities to the empiricism of'hot spots'. *Criminology, 29(4):* 725-53.

Roncek, D. W. and Bell, R. (1981). Bars, blocks, and crimes. *Journal of Environmental Systems, 11:* 35-47.

Rusk, J. (2007). High school suspends 19 for bullying principal on website [electronic version]. *The Globe and Mail,* 13 February. Retrieved 13 February 2007 from www.theglobeandmail.com/servlet/story/RTGAM.20070213.wxfacebookl3/BNStory/.

Sacco, M. (1994). The censorship of young adult literature. In J. E. Brown (ed.), *Presert-ing intellectual freedom: Fighting censorship in our schools.* Urbana, IL: National Council of Teachers of English, pp. 63-72.

Sadria, M. (2007). Islamic arts and architectures. Paper presented at the Summer Institute on Islam, McGill University, Montreal, Quebec, 13 August.

Said, E. (1997). *Covering Islam: How the media and the experts determine how u* see the rest of the world.* New York: Vintage Books.

Salkind, N. (1990). *Child development.* Chicago, IL: Holt, Rinehart & Winston.

Salmivalli, C. (1999). Participant role approach to school bullying: Implications for intervention. *Journal of Adolescence, 22:*453-9.

Salmivalli, C. (2001). Group view on victimization: empirical findings and their implications. In J. Juvonen and S. Graham (eds), *Peer harassment in school: The plight of the vulnerable and victimized.* New York, London: Guilford Press, pp. 398-419.

Salmivalli, C, Lagerspetz, K., Bjorqvist, K., Osterman, K. and Kaukiainen, A. (1996). Bullying as a group process: Participant roles and their relations to social status within the group. *Aggressive Behavior,* 22(1): 1-15.

Sampson, R. and Wooldredge, J. (1987). Linking the micro- and macro-dimension of lifestyle - routine activity and opportunity models of predatory victimization. *Journal of Quantitative Criminology,* 3: 371-93.

Sanders, B. (2005). Censorship of the media creating insidious chill on free expression of our airwaves {electronic version]- *CommotiDreams.org News Center Website,* 17 February. Retrieved 9 November 2006 from www.commondreams.org /views05/0217-32.htm.

Sankey, D. (2007). Beware: Your prospective boss could see you naked on the Net. *The Gazette,* 18 July: B6.

Schissel, B. (1993). *Social dimensions of Canadian youth justice.* Don Mills, ON: Oxford University Press Canada.

Schmidt, S. (2006). Web ensnares teens up to eight hours a day. Instant messages average 40 a day. *The Gazette,* 15 November: A14.

Schuster, B. (2001). Rejection and victimization by peers: Social perception and social behavior mechanisms. In J. Juvonen and S. Graham (eds), *Peer harassment in school:*

The plight of the vulnerable and victimized. New York, London: Guilford Press.

Schwartz, D., Dodge, K. and Coie, J. (1993). The emergence of chronic peer victimization. *Child Development, 64:* 1755-72.

Schwartz, D., Dodge, K., Pettit, G. S. and Bates, J. E. (1997). The early socialization of aggressive victims of bullying. *Child Development,* 68(4): 665-75.

Sears, J. T. (1993). Responding to the sexual diversity of faculty and students: Sexual praxis and the critically reflective administrator. In C. A. Capper (ed.), *Educational administration in a pluralistic society.* Albany, NY: State University of New York Press, pp. xiv, 323.

Sefa-Dei, G. (1997). Race and production of identity in the schooling experiences of African-Canadian youth. *Discourse: Studies in the cultural politics of education, 18(2):* 241-56.

Séguin, R. (2002). Quebec youth face extortion from peers, survey finds. *The Globe and Mail, 21* November: A8.

Sengupta, S. (2006). Orkut: The new danger [electronic version], *Merinews,* 16 November. Retrieved 12 August 2007 from www.merinews.com/catFull. jsp?articleID=123746&category=Technology&catID=4.

Senoo, Y. (2007). Netto-ijime (cyber-bullying): Bullying moves to cyberspace. Unpublished term paper for EDEM 609 Issues in Education Masters course. Prof. Shaheen Shariff. Department of Integrated Studies in Education, Faculty of Education, McGill University.

Servance, R. L. (2003). Cyber-bullying, cyber-harassment and the conflict between schools and the First Amendment. *Wisconsin Law Review* (6), 1213-15.

Shaheen, J. (2003). Reel bad Arabs: How Hollywood vilifies a people. *The Annals of the Anurican Academy of Political Social Science, 588:* 171-93.

Shaheen, J. G. (2000). Hollywood's Muslim Arabs. *Muslim World (90),* 22-42.

Shariff, S. (1999). Managing the dilemma of competing rights: The case of the three books. Unpublished Master of Arts thesis, Simon Fraser University, Vancouver, British Columbia.

Shariff, S. (2000). Identifying successful school and community programs for youth: An evaluation rubric and compendium of sources. A research project of Youth Justice Education Partnerships supported by Justice Canada [electronic version], May. Retrieved 23 July 2005 from www.acjnet.ca.

Shariff, S. (2001). Email from 'Raveger, Raveger'. In *Legal Context of Education, EDUC 445. Course Study Guide.* Burnaby, BC: Centre for Distance Education, Simon Fraser University.

Shariff, S. (2003). A system on trial: Identifying legal standards for educational, ethical and legally defensible approaches to bullying in schools. Unpublished doctoral dissertation. Burnaby, BC: Simon Fraser University.

Shariff, S. (2004). Keeping schools out of court: Legally defensible models of leadership to reduce cyber-bullying. Educational Forum. *Delta Kappa Pi, 68(3):* 222-3.

Shariff, S. (2005). Cyber-dilemmas in the new millenium: Balancing free expression and student safety in cyber-space. Special issue: School and courts: Competing rights in the new millennium. *McGill Journal of Education,* 40(3): 467-87.

Shariff, S. (2006a). Balancing competing rights: A stakeholder model for democratic schools. *Canadian Journal of Education, 29(2):* 476-96.

Shariff, S. (2006b). Cyber-dilemmas: Balancing free expression and learning in a virtual school environment. *International Journal of Learning, 12(4): 269-7 S.*

Shariff, S. (2006c). Cyber-hierarchies: A new arsenal of weapons for gendered violence in schools. In C. Mitchell and F. Leech (eds), *Combatting Gender Violence in and around schools.* London: Trentham Books, pp. 33-41.

Shariff, S. (2007a). Adult perceptions of cyber-bullying. Compiled by research assistant Julie d'Eon. Unpublished research conducted as part of a three year research project on cyber-bullying, funded by SSHRC. Shaheen Shariff, McGill University, Principal Investigator.

Shariff, S. (2007b). Unpublished research conducted as part of a three year research project on cyber-bullying, funded by SSHRC. Shaheen Shariff, McGill University, Principal Investigator; Margaret Jackson and Wanda Cassidy, Simon Fraser University, Co-Investigators.

Shariff, S. (2007c). 'What's the school's role? What about rights? and Would you report it?'. Data compiled by research assistants, Andrew Churchill, Julie d'Eon and Tomoya Tsutsumi. Tables and figures prepared by Andrew Churchill. Unpublished research conducted as part of a three year research project on cyber-bullying, funded by SSHRC. Shaheen Shariff, McGill University, Principal Investigator.

Shariff, S. (in press). *Cyberbullying: What schools need to know to control misconduct and avoid legal consequences.* New York: Cambridge University Press.

Shariff, S. and Manley-Casimir, M. E. (1999). Censorship in schools: Orthodoxy, diversity and cultural coherence. In K. Petersen and A. C. Hutchinson (eds), *Interpreting censorship in Canada.* Toronto, ON: University of Toronto Press, pp. 157-81.

Shariff, S. and LaRocque, L. (2001). Unpublished report on violence in schools and school anti-violence policies for British Columbia Ministry of Education. Simon Fraser University, Vancouver, British Columbia.

Shariff, S. and Sarlcar, M. (2004). Investigating inclusion: From educational policies to practice. A project funded by the SSHRC. Unpublished research findings. Department of Integrated Studies in Education, Faculty of Education, McGill University.

Shariff, S. and Gouin, R. (2005). Cyber-dilemmas: Gendered hierarchies, free expression and cyber-safety in schools. Paper presented at the Safety and security in a networked world: Balancing cyber-rights and responsibilities, Oxford Internet Institute, University of Oxford, UK. Retrieved 9 August 2007 from www.oii.ox.ac.uk/microsites/cybersafety/?view=papers.

Shariff, S. and Strong-Wilson, T. (2005). Bullying and new technologies: What can teachers do to foster socially responsible discourse in the physical and virtual school environments? In J. Kincheloe (ed.), *Classroom teaching: An introduction.* New York: Peter Lang Publishers, pp. 219-40.

Shariff, S. and Hoff, D. L. (2007). Cyber-bullying: Clarifying legal boundaries for school supervision in cyberspace [electronic version}. *International Journal of Cyber Criminology.* Retrieved 9 August 2007 from www40.brinkster.com/ccjournal /ShaheenMioffijcc.htm.

Shariff, S. and Johnny, L. (2007a). *Censorship! ... or Selection?: Confronting a curriculum of orthodoxy through pluralistic models.* Rotterdam: Sense Publishers.

Shariff, S. and Johnny, L. (2007b). Cyber-libel and cyber-bullying: Can schools protect student reputations and free expression in virtual environments? Paper presented at the American Educational Research Association (AERA) Conference. Chicago, Illinois.

Shariff, S., Case, R. and Manley-Casimir, M. (2000). Balancing competing rights in education: Surrey School Board's book ban. *Education and Law Journal, 10(1):* 47-105.

Shariff, S., Case, R. and LaRocque, L. (2001). Begging the questions: The court of appeal decision in the Surrey school board controversy. *Education and Law Journal, 11(1):*85-111.

Shriever, B. (2007). Cyberbullying: Students have always gossiped and complained about their teachers. But in cyberspace such behaviour can take a life of its own [electronic version]. *Professionally Speaking, The Magazine of the Ontario College of Teachers.* Retrieved 28 August 2007 from www.oct.ca/publications/professionally_speaking/September_2007/cyberbullying.asp.

Simmons, D. (2006). Cyber bullying rises in S Korea [electronic version]. *BBC Click Online,* 3 November. Retrieved 30 March 2007 from http://news.bbc.co.Uk/2/hi/programmes/click_online/6l 12754.stm.

Simpson, J. A. and Weiner, E. S. C. (eds) (1989). *The Oxford English dictionary* (Vol. 2). Oxford: Clarendon Press/Oxford University Press.

Skiba, R. and Peterson, R. (1999). The dark side of zero tolerance: Can punishment lead to safe schools? *Phi Delta Kappan, 80(5):* 372-6, 381-3.

Slee, P. T. (1995). Peer victimization and its relationship to depression among Australian primary school students. *Personality and Individual Differences, 18:* 57-62.

Slee, P. T. and Rigby, K. (1993). Australian school children's self-appraisal of interpersonal relations: the bullying experience. *Child Psychiatry and Human Development, 23:* 272-83.

Smith, D. J. (1995). Youth crime and conduct disorders: Trends, patterns and causal explanations. In M. Rutter and D. J. Smith (eds), *Psychosocial disorders in young people: Time trends and their causes.* Chichester, and New York: Published for Academia Europaea byj. Wiley, pp. 389-489.

Smith, W. J. (2004). Balancing security and human rights: Quebec schools between past and future. *Education and Law Journal, 14(1):* 99-136.

Smith, P. K. and Sharp, S. (1994). *School bullying: Insights and perspectives.* London, and New York: Routledge.

Smith, P. K. and Shu, S. (2000). What good schools can do about bullying: Findings from a survey in English schools after a decade of research and action. *Childhood,* 7: 193-212.

Smorti, A., Menesini, E. and Smith, P. K. (2003). Parents' definitions of children's bullying in a five-country *comparison. Journal of Cross-Cultural Psychology, 34(4): 417-32.*

Snider, M. (2004). Stalked by a cyberbully. *Maclean's,* 24 May, *117:* 76.

Soloyon, C. (2005). A gift from the devil: Worry about on-line activities. *The Gazette,* 2 February: A2.

Song, W. (2006). Ijime ga jisatsu ni tsunagaru nihon no 'kuuki' {electronic version}. *Nikkei Business Online, 2* November. Retrieved 18 March 2007 from http://business.nikkeibp.co.jp/article/manage/2006l031/112784/.

Spano, R. and Nagy, S. (2005). Social guardianship and social isolation: An application and extension of lifestyle/routine activities theory to rural adolescents. *Rural Sociology,* 70(3): 414-37.

Spitzberg, B. and Hoobler, G. (2002). Cyberstalking and the technologies of interpersonal terrorism. *New Media and Society, 4:* 71-92.

State of Illinois (2007). Illinois Social Networking Prohibition Act, SB1682.

State of Oklahoma (2007). House Bill No. 1715.

Steeves, V. and Wing, C. (2005). Young Canadians in a wired world. Media Awareness Network web site. Retrieved 4 December 2006 from www.media-awareness.ca/english/research/YCWW/phasell/.

Stein, N. (1991). It happens here, too: Sexual harassment in the school. *Education Week, 11(15):* 32.

Stein, N. (1995). Sexual harassment in K-12 schools: The public performance of gendered violence. *Harvard Educational Review: Special Issue: Violence and Youth,* 65(2): 145-62.

Stein, N. (1999). *Classrooms and courtrooms: Facing sexual harassment in K-12 schools.* New York: Teachers College Press.

Stonebanks, C. (in press). *The James Bay Cree.* Rotterdam: Sense Publishers.

Suler, J. R. and Philips, W. L. (1998). The bad boys of cyberspace: Deviant behavior in a multimedia chat community. *Cyberpsychology and Behavior,* 7(3): 275-94.

Swartz, J. (2005). Schoolyard bullies get nastier online [electronic version]. *USA Today,* 7 March. Retrieved 12 August 2007 from www.usatoday.com/tech/news/2005-03-06-cover-cyberbullies_x.htm.

Takach, G. S. (1999). Internet law: Dynamics, themes and skill sets. *Canadian Business Law Journal, 32(1):* 1-83.

Tanaka, T. (2001). The identity and formation of the victim of 'shunning'. *School Psychology International, 22(4):* 463-76.

Tanner, J. (1996). *Teenage troubles: Youth and deviance in Canada.* Toronto, ON: Nelson Canada.

Tattum, D. P. (1997). Developing a programme to reduce bullying in young offenders' institutions. In D. Tattum and H. Graham (eds), *Bullying: Home, school and community.* London: David Fulton Publishers, pp. 159-72.

Tattum, D. P. and Herbert, G. (1993). *Countering bullying: Initiatives by schools and local authorities.* Staffordshire: Trentham Books.

Tavani, H. and Grodzinsky, F. (2002). Cyberstalking, personal privacy, and moral responsibility. *Ethics and Information Technology, 4:* 123-32.

Thiessen, D. D. (1976). *The evolution and chemistry of aggression.* Springfield, IL: Thomas.

Thomas, C. and Canadian Press (2007). Discipline over student postings on Facebook highlight need for education: Ont [electronic version]. *Redorbit breaking news,* 1 May. Retrieved 15 August 2007 from www.redorbit.com/news/education /919877/discipline_over_student_postings_on_facebook_highlight_need_for_education/index.html.

Tolman, D. L., Spencer, R., Rosen-Reynoso, M. and Porches, M. (2001). 'He's the man!' Gender ideologies and early adolescents' experiences with sexual harassment. Paper presented at the American Educational Researchers Association (AERA) Conference, Seattle, Washington.

Tremblay, R. E. (1991). Aggression, pro-social behaviour and gender: Three magic words but no magic wand. In D. L. Pepler and H. K. Rubin (eds), *The development and treatment of childhood aggression.* Hillsdale, NJ: Lawrence Erlbaum Associates, pp. 71-7.

Tseloni, T., Wittebrood, K., Farrell, G. and Pease, K. (2004). Burglary victimization in England and Wales, the United States and the Netherlands. *The British Journal of Criminology, 44(1):* 66-91.

United Nations (1989). Convention on the rights of the child. New York: United Nations.

United Nations (2001). World conference against racism web site. Retrieved 9 August 2007 from www.un.org/WCAR/.

United States Congress (1996). Communications Decency Act.

Volokh, E. (1997). Freedom of speech, shielding children, and transcending balancing {electronic version]. *Supreme Court Review,* 141: 141-7. Retrieved 20 August 2007 from www.law.ucla.edu/faculty/volokh/shield.htm.

Wallechinsky, D., Wallace, A., Basen, I. and Farrow, J. (2005). *The book of lists.* Toronto, ON: Alfred A. Knopf Canada.

Wason-Ellam, L. (1996). Voices from the shadows. In J. R. Epp and A. M. Watkinson (eds), *Systemic violence: How schools hurt children.* London: Falmer Press, pp. 93-104. Watkinson, A. M. (1999). *Education, student rights, and the Charter.* Saskatoon, SK: Purich.
Welsh, D. M. (1998). Limiting liability through education: Do school districts have a responsibility to teach students about peer sexual harassment? *Journal of Gender and the Law, 6:* 165-97.
Whitney, I. and Smith, P. K. (1993). A survey of the nature and extent of bullying in junior/middle and secondary schools. *Educational Research, 35:* 3-25.
Wikipedia (2007a). Description of cyber-bullying. Retrieved 10 May 2007 from http://en.wikipedia.org/wiki/Cyberbullying.
Wikipedia (2007b). Description of Kuso. Retrieved 14 August 2007 from http://en.wikipedia.org/wiki/Kuso.
Wikipedia (2007c). Description of happy slapping. Retrieved 23 August 2007 from http://en.wikipedia.org/wiki/Happy_slapping#_note-9.
Wikipedia (2007d). Description of the Deleting Online Predators Act of 2006. Retrieved 23 August 2007 from http://en.wikipedia.org/wiki/Deleting_Online_Predators_Act_of_2006(#_note-thomas#_note-thomas).
Wikipedia (2007e). Description of the Communications Act of 1934. Retrieved 23 August 2007 from http://en.wikipedia.org/wiki/Communications_Act_of_1934.
Wikipedia (2007f). Description of the Children's Internet Protection Act. Retrieved 23 August 2007 from http://en.wikipedia.org/wiki/Children%27s_Internet_Protection_Act.
Willard, N. (2003). Off-campus, harmful online student speech. *Journal of School Violence,* 1(2): 65-93.
Willard, N. (2005). Educator's guide to cyber bullying: Addressing the harm caused by online social cruelty [electronic version]. Retrieved 10 December 2005 from www.cyberbully.org.
Willard, N. (2007). Educator's guide to cyberbullying and cyberthreats [electronic version], April. Retrieved 12 August 200T' from www.cyberbully.org/cyberbully/docs/cbct educator.pdf.
Winkler, L. K. (2004). Celebrate democracy! Teach about censorship. *English Journal,* 94(5):48-51.
WiredSafety (n.d.). Cyberstalking and harassment. Web page. Retrieved 23 August 2007 from http://wiredsafety.org/gb/stalking/index.html.
Wolak, J., Mitchell, K. J. and Finkelhor, D. (2003). Escaping or connecting? Characteristics of youth who form close online relationships. *Journal of Adolescence,* 26(1): 105-19.
Wolak, J., Mitchell, K. J. and Finkelhor, D. (2006). *Online victimization of children: Five years later.* Washington, DC: National Center for Missing and Exploited Children.
Wooldredge, J. D., Cullen, F. T. and Latessa, E. J. (1992). Research note victimization in the workplace: A test of routine activities theory. *Justice Quarterly, 9(2),* 325-35.
Wright, P. (1986). Schemer schema: Consumers' intuitive theories about marketers' influence tactics. *Advances in Consumer Research, 13:* 1-3.
Wright, S. (2006). MySpace and Deleting Online Predators Act (DOPA) [electronic version]. *MIT Tech Talk.* Retrieved 13 August 2007 from www.danah.org/papers/MySpaceDOPA.pdf.
Wyman, M. (2000a). Rowling thunder. *The Vancouver Sun,* 21 October: Bl, B5.
Wyman, M. (2000b). You can lead a fool to a book but you can't make them think. *TheVancouver Sun, 26* October: Al, A4.

Yahoo (2006) California Grade 9 girl questioned about threats to Bush on MySpace [electronic version]. *Yahoo! News Canada,* 13 October. Retrieved 16 October 2006 from http://ca.news.yahoo.eom/s/capress/061013/ztechnology/myspace_bush_ threat.

Ybarra, M. L. and Mitchell, K. J. K. (2004a). Online aggressor/targets, aggressors and targets: A comparison of associated youth characteristics. *Journal of Child Psychologyand Psychiatry, 45:* 1308-16.

Ybarra, M. L. and Mitchell, K. J. K. (2004b). Youth engaging in online harassment: Associations with caregiver-child relationships, Internet use, and personal characteristics. *Journal of Adolescence,* 27(3): 319-36.

Ybarra, M. L., Mitchell, K. J. K., Finkelhor, D. and Wolak, J. (2007). Internet prevention messages: Targeting the right online behaviors. *Archives of Pediatric and Adolescent Medicine, 161(2):* 138-45.

Yoneyama, S. and Naito, A. (2003). Problems with the paradigm: The school as a factor in understanding bullying (with special reference to Japan). *British Journal of Sociology of Education, 24(b):* 315-30.

Zhang, W. and Wei, J.-Y. (2007a). Internet use in China. Paper presented at the initial team meeting of the International Cyberbullying Research Project, McGill University, Montreal, funded by the Social Science and Humanities Research Council of Canada (SSHRC). Shaheen Shaxiff, Principal Investigator.

Zhang, W. and Wei, J.-Y. (2007b). The cyber-bullying research (China II). Hangzhou, China: Zhejiang University, funded by the SSHRC. Shaheen Shariff, Principal Investigator, McGill University, Montreal, 22 July.

Zubrick, S. R., Silburn, S. R., Teoh, H. J., Carlton, J., Shepherd, C. and Lawrence, D. (1997). *Western Australian child health survey: Education, health and competency catalogue 4305.5.* Perth: Australian Bureau of Statistics.

Processos judiciais

A.B. vs State of Indiana, No. 67AO1-O6O9-JV-372, 2007 Ind. App. LEXIS 694 (Ind. Ct. App. Apr. 9, 2007)
Barrick Gold Corp. vs Lopehandia (2004) OJ. No. 2329
Beidler vs North Tburston Sch. Dist., No. 99-2-00236-6 (Thurston Cty. Super. Ct., July 18, 2000)
Bethel School District No. 403 et al. vs Fraser, a minor, et al 478 U.S. 675 (1986)
Beussink vs Woodland R-TVSchool District, 30 F. Supp. 2d 1175 (E.D. Mo. 1988)
Brantford-Smart vs West Sussex County Council (2002)
Bryson vs News America PubTns, Inc., 672 N.E. 2d 1207 (111. 1996)
Chamberlain vs Surrey School District No. 36 {2002} 4 S.C.R. 710, 2002 SCC 86 *Colour Your World Corp. vs Canadian Broadcasting Corp.* (1998) 38 O.R. (3d) 97 *Cullen vs White* {2003} WASC 153
Davis vs Monroe County Bd of Ed. 526 U.S. 629 (1999)
Doe vs GTE Corp., 347 F.3d 655, 660 (7th Cir. 2003)
Dufour vs Howe Sound Board of Education (2000) (Case abandoned)
Eaton vs Brant County Board of Education {1997} 1 S.C.R. 241
Emmett vs Kent School District No 413, 92F. Supp. 2d 1088 (WD Wash. 2000)
Garrity vsjohn Hancock Mut. Life Ins. Co. 18 IER Cases 981 (D. Mass. 2002)
Gould vs Regina (East) School Division No. 77 (1996) {1997} 3 WWR 117 (Sask.)
Hill vs Church of Scientology of Toronto {1995} 2 S.C.R. 1130 at 1175
Hunter vs Board of Education of Montgomery County, 439 A. 2d 582 (Md. 1982) *I.M.L. vs State*, 61 P. 3d 1038 (Utah, 2002)
Irwin Toy Udvs Qutbec (Attorney General) {1989} 1 S.C.R. 927
J.S., a minor, vs Bethlehem Area School District, 757 A.2d 412, 422. (Pa. Cmwlth. 2000)
Jubran vs North Vancouver School Distr. No. 44 {2002} B.C.H.R.T.D. No. 10 (Q.L.) 221

Lutes vs Board of Education of Prairie View School Division No. 74 (1992) 101 Sask. R. 232 (Q-B.)
Morse vs Frederick, 551 U.S. (2007)
New Jersey vs T.L.O. 469 U.S. 325 (1985)
Newman et al. vs Halstead et al. {2006} BCSC 65
Newton vs Vancouver (1932) 46 B.C.R. 67
People vs Carlos Overton 20 N.Y. 2d 360 at 596 (1967)
R. vs D.W. {2002} B.C.J. No. 627
R. vs D.W. and K.P.D. {2002} BCPC 0096
R. vs M.R.M. [1998] 3 S.C.R. 393
R. vs Oakes [1986] 1 S.C.R. 103
Robichaud vs Canada (Treasury Board) [1987] 2 S.C.R. 84
Ross vs New Brunswick School District No. 15 [1996] 1 S.C.R. 825
Ross vs Holly (2004), cited in Bernstein and Hanna (2005)
Singleton vs Board of Education USD 500 894 F. Supp. 386 (D. Kan. 1995)
Stratton Oakmont, Inc. vs Prodigy Services Co., 1995 WL 323710 (N.Y. Sup. Ct., 1995)
Sullivan vs Houston Independent School District, 307 F. Supp. 1328, 1340 (S.D. Tex. 1969)
The People vs B. F.Jones, 62 Mich. 304 (1886)
Tinker vs Des Moines Independent Community School District, 3930 U.S. 503 (1969)
United States of America vs Jake Baker, 890 F. Supp. 1375 (E. D. Mich. 1995)
Vaquero Energy Ltd vs Weir (2004) ABQB 68
Williams vs Eady [1893] 10 TLR 41
Zeran vs America Online, Inc., 958 F. Supp. 1124, 1134 (E.D. Va) aff'd, 129 F.3d 327 (4th Cir. 1997)

Índice

A laranja mecânica (Burgess) 253
A polícia como heroína 165, 270-271
A sexualidade na literatura de ficção votada para adultos jovens 252-253
A.B. *vs* State of Indiana, 2007 311
Abordagem reativa 344-345
Adam, A. 70, 72, 152
Adolescentes 121
Adultos
  como risco 162-163
  mentalidades 186-189, 288
  perspectivas 126, 129, 186-189
Agents France Presse 344
Aggression in the schools: Bullies and whipping boys (Olweus) 35
Akiba, M. 84, 89
Alunos
  e a censura 338-341
  os bons alunos e a mídia 267-270
  perseguição de outros alunos 231
  perspectivas do bullying virtual 127-130
Amazon.com 207, 208
Ambiente 147-157
  envenenado 243, 302, 315-316, 344, 347, 355
  família 169n9
  positivo 343
  socialização de gênero na família 148
Ambiente envenenado 243, 302, 315-316, 344, 347, 355

America Online (AOL) 291
American Library Association (ALA) 213-214, 250, 330, 339
Amero, Julie 27
Anand, S. S. 192-193, 203
Anonimato 63-64, 153-155
Apple, M. W. 173-175, 222, 247, 257, 274, 342
Arons, S. 245, 250, 252, 253
Artz, S. 46, 145-146, 148-150, 169n7
Artz, S. and Riecken, T. 42, 76n6
As escolas como 223-227
As meninas como risco 161-163
As meninas em risco 162-163
Ashford, M. W. 36, 174-175
Askew, S. 39
Assédio sexual 46, 50, 64-65, 105, 314-316; *veja também* gênero e boato
Associated Press 182-184
Asthana, A. 19, 21, 242
Asthana, A. e Smith, D. 194
Australia
  bullying virtual 80, 133
  considerações específicas 82
  estupro online 134
  hacking 135-136
  NetAlert
  o uso do computador 80
  o uso do telefone celular 80
  plano 135-136

Autoridade
  dos pais 249
  e poder 189-194

Bakan, J. 263
Balfour, C 276
Barak, A. 70-72
Barrick Gold Corp. vs Lopehandia (2004)
Bartlett, L 92, 101-102, 134
BCSC 106 289-291
Bebo.com 68-69
Beckerman, L. and Nocero, J. 114
Becta 202-204, 213-214, 330
Beidler vs North Thurston Sch. Dist., No. 99-2-00236-6 (Thurston Cry. Super. Ct. July 18, 2000) 276
Belew, B. 99-100
Belluomini, Paul 261
Belsey, Bill 58
Bentley, K. M.
Bering Strait School District 212
Berkowitz, L. 262n5
Bernstein, A. e Hanna, B. W. 282-284, 286-287, 289
Berson, I. R. et al., 72, 75n4
Besag, V. E. 52
Bethel School District No. 403 et al. vs Fraser, a minor, et al. 478 U.S. 675 (1986) 310-311, 316
Betthelheim, Bruno 254-255, 339
Beussink vs Woodland R-IV School District, 30 F. Supp. 2d 1175 (E.D. Mo. 1988) 301
Bigum, Chris 361-362
  fatores biológicos 143-147
Bjorqvist, K. 75n5
Blogs, o uso educativo dos 212
Bloqueio, *online* 206-215
Boatos 117, 149-150
Bohn, G. 19, 22
Book and Periodical Council of Canada 339
Booth, D. W. 256
Boulton D. e Hawker, M. D. 38, 51, 52, 54, 239, 75n3
Boulton, M. e Underwood, K. 75n2
Boyd, D. e Jenkins, H. 27, 66-67, 337
Boyd, Danah 66-67
Boyd, N. 140, 143-147, 149-150
Boys and sex 253
Brail, S. 70
Brantford-Smart vs West Sussex County Council (2002) 241

Brantford-Smart, Leah 241
Brantingham, P. and Brantingham, P. 206
Bringelson, C. 252
British Columbia 253, 263
British Columbia College of Teachers (BCCOT) 295
British Columbia Parent Advisory Council 275n2
Brotherhood of the Lamb 256
Brown, L 19, 21, 232
Bryson vs News America Publns, lnc. 672 N.E. 2d 1207 (111. 1996) 292
Bukowksi, W. e Sippola, L. 40-41
Bullying
  autores 42-44
  condenações por 168n2
  definição 32-35, 75n3
  e brincadeiras de provocação 36-39
  e o gênero 39-41
  efeitos do 53-55
  estatísticas 55-56, 75n2
  etimologia do 35-36
  fatores contributivos 40-41
  físico 45-48
  formas do 75n5
  online 107-109
  papéis 51-53
  psicológico 48-51
  vítimas 42-44
Bullying entre pares 23, 59, 282, 300
  os professores admitem 238-244
Bullying virtual
  como guerra 19-23, 158-160
  definições 57-62
  formas de 229-230
  lacunas 325-326
Bush, George W. 260, 273
Bushido 92
Butler-Kisber, L. e Portelli, J. P. 174-175

Calúnia virtual 318
  Canada 282-291
  United States 291-293
Campbell, M. 32, 33, 59, 61, 62, 134, 177, 239
Canada
  as perspectivas dos alunos 127-130
  Birchmount High, Ontario 132
  bullying virtual 80, 123
  calúnia virtual 282-291
  condutas alternativas *online* 122, 125-126
  considerações específicas 82
  first nations 305

Gatineau, Quebec 132
  o uso da internet 122, 125-126
  o uso do computador 80
  o uso do telefone celular 80
  PEN Canada 265
  percepções dos adultos 126
  Rosemont High School, Quebec 132
Canadian Broadcasting Company 253
Canadian Charter of Rights and Freedoms 253, 306, 311, 315, 320
Canadian Girl Guides Association 330
Canadian Jewish Congress 265
Canadian Press 216
Canadian Red Cross 330
Canadian Teachers' Federation 215, 232, 233
Captain Underpants (Pilkey) 253
Carnell, Liz 108
Case, R. 278-279
CBS 273
CBS News 21, 216, 275n2
Censura 245-247, 327-329
  conscientização dos alunos 338-340
  e a mídia 266-273
  e os grupos de interesses específicos 255-257
  e os pais 250-255
  e os tribunais 273-274
  influências dos governos 257-263
Chamberlain vs Surrey School District No. 36 [2002] 4 S.C.R. 710, 2002 SCC 316
Chapeuzinho Vermelho (Irmãos Grimm) 250
Children's Internet Protection Act 211
China
  bullying virtual 80, 94
  calúnia através do roubo de identidade 101
  Kuso caso Piggy 99-100
    o uso do telefone celular 80
  Kuso contra um professor 98-100
  kuso Ning 99-101
  o caso da agressão contra o gato 94-96
  o caso da briga por telefone 96
  o caso do garotinho gordo 99-100
  o uso da internet 93
  o uso do computador 80
  trote pela internet (*kuso*) 97-98
China Internet Network Information Center (CNNIC) 93
Chomsky, N. 266
Christian-Smith, L. K. 257-259
Chu, J. 70, 72-73, 114, 153
Chun Seong Lee 93
Chung, M. 179, 267

Churchill, Andrew 128, 173
Ciberespaço e as crianças 175-177
Cingapura
  bullying virtual 81
  o uso do computador 81
  o uso do telefone celular 80
CNET Networks 219n12
Código de silêncio 47
Coloroso, Barbara 305
Colour Your World Corp. vs Canadian Broadcasting Corp. (1998) 70 O.R. (3d) 149-150 284
Comissão Europeia 196
Communications Act (1934) 207
Communications Decency Act (CDA) 291
Conferência Mundial contra o Racismo (World Conference Against Racism) 255
Conhecimento 327
  o controle do 223-227
Conselho da Europa 196
Convenção Internacional dos Direitos da Criança das Nações Unidas 221, 355
Cornetas do dilema 324-325
Crianças
  e as escolas 174-175
  e o ciberespaço 175-177
  supervisão do espaço das 172-174
Crianças com necessidades especiais 50-51
Crick, N. K. 39, 40
Crime and Disorder Act (1998) 201
Cullen vs White [2003] WASC 226 287-289
Cyber Crimes Ordinance (Pakistan) 138
CyberSense and Nonsense: The Second Adventure of the Three CyberPigs 330

d'Eon, Julie e Senoo, Yasuko 87-88
DART 212
Darwin, C. 172
Davidson, Justice 296
Davis vs Munroe County Bd. of Ed. 526 U.S. 629 (1999) 316
Davis, Lashonda 316
Dawson College, Montreal 32
Dedman, B. 32
Defesa, muro de 234-236, 275n3
Dei, G. S. 47, 50, 228, 242
Deleting Online Predators Act (DOPA) (2006) 206-216, 257, 330
Department for Schools and Families 113
"Destroidor, Destroidor" 24-26
Deus, você está aí? Sou eu, a Margaret (Blume) 253

392 Índice

Devlin, A. 54, 63, 238
Dewey, John 174-175
Dibbell J. 70 Dicey, E. 75n3
Dick and Canadian Library Association 250
Dickie 84, 106
Digital: exclusão 110
 letramentos 186, 192-193, 329-334
DiGiulio, R. C 33-34, 40-41, 48, 54, 55, 145-147, 173-175, 203, 239, 75n2, 77n15, 139n1
Direitos
 civis 314-316
 humanos 314-316
Discriminação
 formas cruzadas de 74
Discriminação sexual 70-74
 autores do sexo feminino 72
 vítimas do sexo feminino 71-72
 vítimas e autores do sexo masculino 72-74
Disney 65
Doe vs GTE Corp., 347 F.3d 655, 660 (7th Cir. 2003) 293
Dolmage, W. R. 55, 56, 174-175, 273
"Don't suffer in silence" *website* 199, 204-205
Doob, A. N. 77n17
Drew, Lori 137-138, 293
Dufour vs Howe Sound Board of Education (2000) (Casos abandonados) 54, 77n12, 275n2
Dufour, Jamie 234-236, 275n2, 275n3, 275n6
Dufour, Leanne 275n2

E jurisprudência civil 318
Eagle Forum 256
Eaton vs Brant County Board of Education [1997] 1 S.CR. 241 227
Eck, J. 206
Eckhardt, Christopher 307-309
Educar, tratar ou processar (DiGiulio) 173
Education Act, R.S.O. (1990) 22
Education Amendment Act, Bill 302 (16 April 2007) 215
Educational mind, The (Egan) 174-175
Edwards, L Y. 157, 160-168, 266, 267, 269
Egan, Kieren 174-175
Elbaz-Luwisch, F. 339
Ellard, Kelly 47
E-mails como propriedade da escola 312-314
Emmett vs Kent School District No 413, 92F. Supp. 2d 1088 (WD Wash. 2000) 302
Emoções, reprimidas 156-157

Endurecer o jogo 206
Enquadramento da mídia 157-160, 218n2
 a polícia como heroína 165, 270-271
 e os papéis de gênero 160
 liberdades civis para os autores 165-167
 meninas como risco 161-163
 meninas em risco 162-163
 os adultos como risco 162-163
 pais em risco 162-164
 questões globais 271-273
Epp, J. R. 242, 245
Escolas
 ambientes positivos 343-345
 armários 311-312
 como partes envolvidas 223-227
 conselhos escolares 263-266, 351
 direitos humanos e jurisprudência civil 314-316
 e as crianças 173-175
 e-mails como propriedade da escola 312-314
 gestores 351, 352
 livros-texto 224, 327; *veja também* alunos; professores
 padrões jurídicos para as 316-320
 postura sobre o bullying virtual 229-231
 reputação das 236-238
 tiroteios 32-33, 77n13
Esmail, A. 363
Espaço 162-164, 170-172
 como algo privado: Brad Parsons 178-182
 como algo privado: Bram Koch 180-182
 como algo privado: Indianápolis case 182
 supervisão 172-173
Estados Unidos
 adolescentes 121
 bullying *offline* 116-117
 bullying virtual 81
 considerações específicas 83
 diferenças de gênero 117-118
 diferenças raciais 120
 fotografias modificadas 118-120
 homofobia 122
 O uso da internet 113-116
 o uso do computador 81
 o uso do telefone celular 80
 primeira emenda 320
 sra. Drew e Megan 137-138, 293
Estereótipos raciais 273
Estupro *online* 134

EU Kids Online 198
Expressão
  como rupture da missão educacional essencial 310-311
  liberdade de 306-307
  permanência da 65
Expressão virtual anti-autoridade 23-24, 281, 300
Expulsões 352-353

Facebook.com 22, 65-68, 204-205, 207, 208, 215, 234,344
Falwell, Jerry 250
Família 169n9
Farrington, D. 148
Filtros 135-137
Findlay, G. 248
Finkelhor, D. 72
Finkelhor, D. 114
Finn, J. 70
Finn, J. e Banach, M. 70
First Nations 304-305
Físico 169n4
Fitzpatrick, Mike 207, 208, 213-214
Flynn, R. 215
Foerstel, H. N. 250, 339
Forin, Andrew 234-237, 275n5
Forin, Jane 275n2, 275n3
Fortas, Justice 307-309
Foshan Daily Forum 98
Fotografias, modificadas 118-120
Fralick, Emmett 275n2
France 198
Franek, M. 22
Fraser, Matthew 310
Fratina, Sakina 105
Freevote.com 68-69

Gamson, W. A. e Modigliani, A. 158-159
Garbarino, J. 156-157
Garrity vs john Hancock Mut. Life Ins. Co. 18 IER Cases 981 (D. Mass. 2002) 314
Gau, A. 63, 70
Gazette, The 66
Gee, James 361-362
Geis, Michael 178
Gênero 39-41, 140-142, 76n3, 169n6, 169n8
  a socialização na família 148
  e boatos 117
  Estados Unidos 117-118; veja também assédio sexual

o enquadramento dos papéis de gênero na mídia 160
  papéis de gênero femininos 148-152
  papéis de gênero masculinos 152-157
Genética 144, 168n3
Genta, M. L. 33
Gerstenfeld, P. 256-257
Gill, Kimver 186
Girard, D. e Nguyen, L. 267, 270
Girls and sex 253
Giroux, H. 173-175, 246, 274, 361-362
Glaserand Khan 304-305
Glover, D. 35, 38, 39, 42-43, 47, 50, 239, 241
Glowatski, Warren, autor do bullying 47
Glueck, S. e Glueck, E. T. 169n9
Goff, H. 21, 204-205
Golding, W. 170, 183-184, 194, 276
Gore, Al 114
Gorman, Michael 213-214
Gouin, Rachel 70
Gould vs Regina (East) School Division No. 77 (1996) C1997J 3 WWR 117 (Sask.) 297
Governo e censura 257-263
Gramsci, A. 141-142
Gregson, K. S. 85, 151, 152
Guardian 242
Guerra: o bullying virtual como 19-23, 158-160

Hacking 135-136
Haheen, J. G. 266
Hail, M. T. 39, 54, 148, 168n3, 169n5, 169n9
Handa, S. 50, 54, 242
Happy slapping 113, 195, 198
Harmon, A. 19, 21, 62, 63, 153
Harris, M. 66
Harris, S. e Petrie, G. 34
Harry Potter (Rowling) 254-255
Hasegawa, M. 84
Hasegawa, M. 84, 85-86
Haynie, D. L. 53, 54
Henderson, N. R. e Hymel, S. 40-41, 51-52
Henderson, N. R. 63, 75n.2
Heritage Foundation 256
Herring, S.C 70, 71,72
Herzog, M.J.R. 252, 339
Hill vs Church of Scientology of Toronto [1995] 2 S.CR. 1130 at 1175 287
Hindustan Times 138
Hines, M. A. 295, 296
Hodges, E. V. E. e Perry, D. G. 53
Hogg, C. 92

Holly, Pat 320n3
Homicídio 147
Homofobia 46-47, 64, 122, 145-146, 245-246
Hoover, J. H. e Olsen, G. W. 33-34
Hormônios 144-146, 169n5
House Bill 1715 (Oklahoma) (2007) 207
Howe, R. B. e Covell, K. 221
Hunter vs Board of Education of Montgomery County, 439 A. 2d 582 (Md. 1982) 296

Idade
  curva crime-idade 145-146
Identidade: e a internet 151-152
If men had periods (Lanteigne) 253
Ijime 84, 91-92
Ijime-jisatsu 91
Illich, Ivan 190
Illinois Social Networking Prohibition Act (2007) 208
Impressions (Booth) 250
In loco parentis 293, 353
Índia: o uso do computador 80, 151-152
  bullying virtual 80, 103
  considerações específicas 82
  telefones celulares 80
Inglis, F. 327
Internet
  anonimato 63, 153
  e identidade 151
Intolerância 258-260
Invengar, S. 158-159
Irwin Toy Ltd vs Québec (Attorney General) [1989] 1 S.CR. 927 306

J.S., a minor, vs Bethlehem Area School District, 757 A.2d 412,422. (Pa. Cmwlth. 2000) 303
Jackson, P. W. 141-142
Jafaar, S. B. 279, 285, 293-296, 297
Jaishankar, K. e Shariff, S. 99-100, 103, 105
Jalongo, M. R. e Creany, A. D. 252
James, C. 169n9
Janovicek,N. 47, 50
Japan Times 88
Japão
  bullying móvel (*gakko ura saito*) 90
  telefones celulares 81, 85-86
  considerações específicas 82, 88
  o uso do computador 81, 84-85
  bullying virtual 81, 86-88

Jenkins, H. e Boyd, D. 175-177, 181, 217-218, 344
  sobre DOPA 210-211
Jiwani, Y. 46, 47, 50, 241, 242
Jubran vs North Vancouver School Distr. No. 44 [2002] B.C.H.R.T.D. No. 10 (Q.L.) 36-38, 54, 316
Jubran, Azmi 36-38, 47, 57, 73-74, 234-236, 275n5
Jurisprudência civil e direitos humanos 318
Juvonen, J. e Graham, S. 40-41, 53, 239

Kapoor, G. 103, 105
Katch, J. 42, 43, 239, 339
Kcene, Leslie 339
Kerr, Anne 189, 220
Kharfen 114
Kholi, Ritu 105
Kincheloe, J. L. 141-142, 173-175, 247, 274, 342
Knight, David 61-62, 64, 74, 102, 234, 284-286, 292, 320n1
Knight, Nancy 234, 275n3
Knowledge Producing Schools web site 361-362
Koch, Bram 180-182, 247-249, 285, 303
Kochenderfer-Ladd, B. e Wardrop, J. L. 53
Kozol, J. 174-175
Kumpulainen, K. 33-34, 54
Kuso veja China

Lampert, A. 19, 22
Lanctot, N. 145-146, 76n6, 169n6
Lanham, Richard 189
Lankshear, C. e Knobel, M. 27, 58, 187-188, 192-193, 210, 220, 271, 288, 328, 337, 340, 342, 353, 361-362
Large, A. 331-335, 337
Larson, C L. 236-237, 241, 258-259, 340
Leander, Kevin 337, 342
Lee Ta-Hee 92
Lei 276-280
  Ghislain Reza 63-64
  lei penal 319, 320n4, 320-321n5
  letramento jurídico 326-329
  direitos humanos ou civis 314-316
  padrões jurídicos para as escolas 316-320;
    veja também lei constitucional, lei de responsabilidade civil

Lei constitucional
  liberdade de expressão *vs.* segurança e privacidade 301-306
  o controle da informação 223
  princípios constitucionais 319
Lei de responsabilidade civil 280-282
  calúnia virtual 318
  calúnia virtual: Canadá 282-291
  calúnia virtual: Estados Unidos 291-293
  direitos humanos e jurisprudência civil 318
  imperícia 296-297
  negligência 293-295
  supervisão 295
  supervisão e risco 299-301, 318
Lei penal 318, 320n4, 321n5
Leishman, J. 21, 61,153, 75n4
Lenhart, A. 114, 116, 118-121
Leonie Rowen and Associates 361-362
Lester B. Pearson school board 125-126
Letramento jurídico 326-329
Li, A. K. F. 75n2
Li, Q. 130
Liberdade para Ler (Freedom to Read) 339
Liberdades civis 216, 320
  para os autores 165-167
Lidsky, L. B. 282-284
Limber, S. P. e Small, M. A. 32
Linden, A. M. e Klar, L. N. 280
Linkdln 234
Lives of girls and women (Munro) 253
Livingstone, S. e Bober, M. 109, 110, 335
Locke, John 174-175
Logsdon, Lucy 292
Lombroso, Cesare 168n4
Lorimer, R. 273
Lost boys (Garbarino) 156-157
Lucas, George 63
Lutes vs. Board of Education of Prairie View School Division No. 74 (1992) 101 Sask. R. 232 (Q.B.) 306-307
Lutes, Chris 306-307

Ma, X. 33
Maag, C. 138
Macedo, D. e Steinberg, S. 266
MacKay, A. W. e Burt-Gerrans, J. 306, 312
MacKay, A. W. e Dickinson, G. M. 285, 293
MacKay, A. W. e Flood, S. 241
Mackay-Kallis, S. e Hahn, D. 158-159
MacKinnon, R. 70
MacLean's 273

Malicious Communications Act (1998) 199, 201
Mansion 153
Manual de letramento digital 195
Mapas conceituais 343-345
Marjoribanks e Mboya 169n8
Martin, M. e Phelan, S. 271
Matheson, Judge 297-298
Matsuda, Misa 177
Matthews, Larry 166
Mazur, A. 169n5
Mazzarella, S. R. 266, 342
McCarthy, P. 33-34
McCormick, N. e Leonard, J. 70
McLaren, P. 141-142, 173, 222, 247, 274
McLuhan, M. 60
McMillin, D. C. 151
McNeil, L.M. 174-175
McVeigh, Timothy 271
Media Awareness Network 59, 328-330, 355
Medical News Today 118-119
Medo 301-302
Meier, Megan 137-138
Mentalidades sobre a tecnologia 186-189, 288
Meriweather Lewis Elementary School, Oregon 212
Mídia
  e censura 266-273
  e os bons alunos 267-270
  muçulmanos na 271
  prioridades 358-358
Ministério da Educação de British Columbia 295
Miseducation of the West (Kincheloe) 262-263
Mishna, Faye 232
Mitarai, Satomi 87-88
Mitchell e Kendall 308-309
Mitchell, K.J. 72-73, 84
MNet 330
Modelo de design vinculado 331, 337
Modelo de letramento essencial 341-343, 345
Monk Kidd, Sue 212
Montgomery, K. 327
Mooney, A. 75n4
Moose, Jim 261
Moretti, M. 76n6, 169n6
Morita, Y. e Kiyonaga, K. 89
Morita, Y. 84
"MSN cyber-bullying report: Blogging, instant messaging and email bullying amongst today's teens" (MSN) 107-108
Muçulmanos: retratados na mídia 271
Myers, David A. 291-293

Mynard, H. 33-34
MySpace 65-67, 138, 204-205, 207-209, 211, 234

Nacos, B. e Torres-Reyna, O. 271
Nansel, T. 54, 75n2
Nastoh, Hamed 32, 53, 54, 72-73, 91, 234-236, 363, 275n2, 275n3
National Center of Missing and Exploited Children 164
National Children's Home 106, 218n1
National Crime Prevention Council (NCPC) 42, 46, 50, 51, 54, 143, 144, 148, 75n2
Nelson e Lewak 148
NetAlert, programa 135-136
NetSafe 137 204-205, 278-279
Netto-ijime 88-91
New Jersey vs. T.L.O. 469 U.S. 325 (1985) 314
Newman et al. vs. Halstead [2006]
Newman, W. R. 158-159
News.com 275n2
Ng Koon Hock 93
Nova Zelândia 137
Nutrição 144

O caso de Indianápolis 182
O caso de proibição no conselho escolar de Surrey 245-246, 263
O massacre da Columbine High School 32-34
O uso do telefone celular, internacional 80-81
O uso educacional dos blogs 212
O'Connell, R. et al. 53, 76n10
O'Moore e Hillery 52
O.J. No. 2329 286-287
Oklahoma City bombings 291
Olweus, D. 34, 35, 40-41, 42, 45, 50, 54, 144, 234, 239, 75n5
Ontario College of Teachers (OCT) 295
 conselhos escolares 265
 estudo do bullying virtual 228-233, 353-355
Ontario Education Act 214-216, 257, 295
Orkut 68-69, 103-106
Os computadores com propriedade da escola 311-312
 o uso internacional 80-81
Oxford English Dictionary, definição do bullying 35

Pais
 autoridade 249
 como partes envolvidas 224
 demandas 356
 e censura 250-255
 pais em risco 162-163-164
 papel dos 148-149-150
 respostas ao bullying virtual 247-249
Palace, the 153
Papéis de gênero femininos 148-152
Papéis de gênero masculinos 152-157
Paquistão 138
Parker, J. C. 295
Parsons, Brad 178-180, 181-182, 249, 267-269
Partes envolvidas
 demandas 349, 350
 e direitos 359-360
 identificação 348-363
 modelo 346
 os pais como 224
Patchin, J. e Hinduja, S. 59
Pawtucket Public Library 212
Payne, S. 103 PBS 273
Pellegrini, A. D. e Bartini, M. 33-34
PEN Canada 265
People's Truth Forum 256-257
Pepler, D. e Craig, W. 39, 51
Perkins, C. 241, 242
Perry, D. G. e Perry, L C. 41
Perseguição racial 46, 47, 120
Perspectivas da criminologia 206-207
Petress, Ken 339
PEW/Internet and American life Project 114-116, 119-120
Piddocke, S. et al. 285
Platão 174-175
Poder e autoridade 189-194
Pollack, W. 155-156
Por que eu não posso ler isso? (Who said I can't read this?) (Keene) 339
Portsmouth Herald 114
Predadores 164
 liberdades civis para os 44
Press Association 242
Preston, Brad 303
PREVNet 191-193, 330
Prinsloo, E. e DuPlessi, S. 169n8
Privacidade 311-314
Privacy Playground: The First Adventure of the Three CyberPigs 330
Pro Family Forum 256
Professional Association of Teachers 194
Professores
 a experiência do bullying virtual 229-233

apoio às vítimas 236-238
demandas 353-356
e modelo de letramento essencial 341-343
muro de defesa como resposta ao ciberbullying 234-236, 275n3
preocupação com a reputação da escola 236-238
sindicatos 231-233
tolerância com o bullying entre colegas 238-245
Proficiência em casa 335-338
Protection from Harassment Act (1997) 199-201
Provocação 36-39, 75n4
Público, infinito 63-65
Punição 361-362

Qian, Zhijun 99
Questões globais: o enquadramento da mídia 271-273

R. vs. D.W. and K.P.D. {2002} BCPC 0096 304-305, 320
R. vs. M.R.M. {1998] 3 S.C.R. 393 311, 316, 320
R. vs. Oakes {1986} 1 S.C.R. 306
Racismo 201
Rahal 105
RateMyProfessor.com 68-69
RateMyTeacher.com 68-69, 234
Razack, S. 47, 70, 224, 228, 241, 242
Reading Evening Post 21
Real boys (Pollack) 155-156
RedState 219n12
Regulations of the People's Republic of China on Administrative Penalties for Public Security 288
  Article 2 139n1, 320n4
  Article 42 139n2, 320-321n5
  Article 348 139n3
Reichman, H. 256
Reino Unido
  a natureza do uso da internet 109-110
  acesso à internet 109
  bullying virtual 81, 106-109
  Comunicação *online*, riscos da 111
  comunicação, métodos de 110
  considerações específicas 83
  controle do uso da internet 112-113
  desigualdades 110
  habilidade na internet 110
  o uso do computador 81

participação 111-112
respostas ao bullying 199-205
uso do telefone celular 80
Reiss, A. J. 144
Religiões e culturas minoritárias 273
Renfrew, J. W. 169n5
República (Platão) 216-217-218
Rerealidadelity, e o enquadramento da mídia 157-160
Reza, Ghislain ("O Garoto do Guerra nas Estrelas" 63-65,282, 320n1
Richardson, Will 212
Riga, A. 113
Rigby, K. 33-34, 53
Roberston, H.-J. 174-175
Robertson, Judge 37-38
Robichaud vs. Canada (Treasury hoard) [1987] 2 S.C.R. 314-316
Roher, E. 35, 55, 68-69, 204-205, 215, 232, 246, 300-301, 308-309
Romances-problema 252
Ross vs. Holly (2004), citação em Bernstein e Hanna (2005) 286
Ross vs. New Brunswick School District No. 15 [1996] 1 S.CR. 825 315, 316
Rousseau, J.-J. 174-175
Rouste-Von Wright, M. 39
Rowling, J. K. 254-255
Rusk, J. 238

Sacco, M. 252
Sadria, M. 262
Safe Schools Act (2000) 215
Safer Internet plus programme 197-198
Salas de chat 153
Salkind,N. 168n1
Salmivalli, C. 40-41, 45, 51
Sanders, B. 273
Sankey, D. 68-69
Scein, N. 46
Schissel 76n6
Schmidt, S. 177
Schuster, B. 40-41
Schwartz, D. 33-34, 164
Sears, J. T. 54
Sefa-Dei, G. 241
Seguin, R. 48
Seleção como censura 245-247
Sengupta, S. 105
Senhor das Moscas (Golding) 170, 183-184, 194, 246

Senoo, Y. 84, 85, 87-88, 91-92
Serup, sra. 253
Servance, R. L. 276, 307, 310
Sexual 70-74
Shaheen, J. 266, 271
Shakespeare, William 35
Shariff, S. 24, 70, 71, 122-126, 130, 143, 160, 185, 192-193, 273, 278-279, 298, 306, 308-309, 339, 340, 353, 356
Shariff, S. e Gouin, R. 278-279
Shariff, S. e Hoff, D. L. 170
Shariff, S. e Johnny, L. 22, 191, 220, 224, 231, 245, 246, 250, 273, 327, 356
Shariff, S. e LaRocque, L. 192-193
Shariff, S. e Manley-Casimir, M. E. 220, 231, 245, 246, 250, 253, 328
Shariff, S. e Sarkar, M. 174-175, 355
Shariff, S. e Strong-Wilson, T. 25-26, 59, 63, 278-279
Shariff, S. et al. 246, 254-255, 340
Sheldon, Willian 168n4
Shintoism 89
Shoujo anime 84-85, 152
Shriever, B. 232
Simmons, D. 93
Simpson, J. A. e Weiner, E. S. 35, 38
Síndrome alcoólica fetal (FAS) 144
Singleton vs. Board of Education USD 500 894 F. Supp. 386 (D. Kan. 1995) 312
Sites de redes sociais 119-120, 151, 175, 234, 344, 219n12
   como território privado 177-186
   definição 207-209
Skiba, R. e Peterson, R. 228
Slashdot 263n12
Slee, P. T. 33
Slee, P. T. e Rigby, K. 33-34
Slid, E. 271
Smith, D. J. 50-51, 168n4
Smith, P. K. e Sharp, S. 33-35, 47-48, 238
Smith, P. K. e Shu, S. 33-34
Smith, W. J. 59
Snerts 78, 153-154
Snider, M. 62
Soloyon, C. 21, 57
Song, W. 92
South Korea 82, 92-93
Spitzberg, B. e Hoobler, G. 70
Standler, R. B. 60
Star Wars kid (Ghisiain Reza) 63-65
Starling, D. H. 144

Steeves, V. e Wing, C. 330
Stonebanks, C. 285
Stratton Oakmont, Inc. vs. Prodigy Services Co., 1995 WL 323710 (N.Y. Sup. Ct. 1995) 292
Stupak, Bart 210
Suicídio 147, 77n15
Suler, J. R. e Philips, W. L. 78, 153-156, 183-184, 186
Sullivan vs. Houston Independent School District, 307 F. Supp. 1328, 1340 (S.D.Tex. 1969) 301
Surinder 44
Suspensões 352-353
Swartz, J. 114

Tanaka, T. 89
Tanner, J. 55, 76n6
Tattum, D. P. 35
Tattum, D. P. e Herbert, G. 52
Tavani, H. e Grodzinsky, F. 70
Teacher Resource Exchange 330
Tecnologia
   mentalidades sobre a 186-189, 288
   uso internacional 80-81
Telecommunications Act (1984) 199, 201
Telefones 303
Temperamento 139n4
Tesco Mobile 106
Thailand 102-103
Thiessen, D. D. 168n3, 169n5
Three wishes (Ellis) 265
Tinker vs. Des Moines Independent Community School District, 3930 U.S. 503 (1969) 302, 307-309, 316
Tinker, John 307-309
Tinker, Mary 307-309
Tiroteios em escolas 32
Tolerância zero 228, 345, 352, 275n6
Tolman, D. L. 46-47, 74, 145-146-147
Tom Brown's Schooldays 35
Toppo 114
Toronto Star, The 270
Tremblay, R. E. 39
Tribunais como censores 273-274
Tribunal de Recursos de Ontário 284
Tribunal de Tecnologia de Internet (Paquistão) 138

UK children go online (UKCGO) 335-338
União Europeia 195
Unofficial Kentlake High Home Page 302-303

Vancouver Conference on Aggressive and Violent Girls 76n7
Vancouver Sun, The 253
Vaquero Energy Ltd vs. Weir (2004) ABQB 68 286
Vergonha 156
Vida Secreta das Abelhas, A (Monk Kidd) 212
Vida, liberdade e segurança, direitos à 311, 320
Virginia Tech University 32, 33
Virk, Reena, vítima do bullying 46, 47
Vítimas, apoio às 236-238
Volenti nonfit injuria 300

Wallechinsky, D. 253
Wang Shunhe 101-102
Wason-Ellam, L. 44, 50, 241
Welcome 153
Welsh, D. M. 46
Wesley, Dawn Marie 71, 234-236, 304-305
What video games have to teach us about learning and literacy (Gee) 361-362
Whitney, I. e Smith, P. K. 33-34
Wiggington, Kayk 182
Wikipedia 60-61, 97-98, 206-209, 213-215
  como site de rede social 207
  sobre o uso educativo dos blogs 212
Willard, N. 27, 58-59, 276
Williams vs. Eady 10 TLR 41 [1893] 247, 293
Wilson, Julia 260-261, 269-270, 311
Wilson, Kristie 260-261
Winkler, Lisa K. 338
Winny 85
"Wired safety" 199

Witchcraft 250, 254-255
Wolack, J. et al. 149-150
Wright, P. 158-159
Wright, S. 210, 211, 344
www.cyberbullying.co.nr 79
Wyman, M. 254-255
Wynne, Kathleen 216

Xiao 100-101
Xiaorong 98-100, 288

Yahoo.com 207, 208, 260-261, 269
Ybarra, M. L. e Mitchell, K. J. K. 70, 72-73, 114, 149-150
Ybarra, M. L. 118
Yoke, Beth 213-214
Yoneyama, S. e Naito, A. 84
YouGov 107-108
Young Adult Library Services Association (YALSA) 213-214
YouTube.com 21, 22, 68-70, 100, 113, 134, 204-205, 207

Zarowny, Karen 297
Zeran vs. America Online, Inc., 958 F. Supp. 1124, 1134 (E.D. Va) aff'd, 129 F.3d 327 (4th Cir. 1997) 291
Zhang Yang 95
Zhang, W. e Wei, J.-Y. 93, 95, 99-100, 101
Zhou 101-102
Zubrick, S. R. et al. 33-34
Zuccato, Kevin 134
Zuckerberg, Mark 65-68

IMPRESSÃO:

Santa Maria - RS - Fone/Fax: (55) 3220.4500
www.pallotti.com.br